A gênese

Solicite nosso catálogo completo, com mais de 500 títulos, onde você encontra as melhores opções do bom livro espírita: literatura infantojuvenil, contos, obras biográficas e de autoajuda, mensagens espirituais, romances, estudos doutrinários, obras básicas de Allan Kardec, e mais os esclarecedores cursos e estudos para aplicação no centro espírita – iniciação, mediunidade, reuniões mediúnicas, oratória, desobsessão, fluidos e passes.

E caso não encontre os nossos livros na livraria de sua preferência, solicite o endereço de nosso distribuidor mais próximo de você.

Edição e distribuição

EDITORA EME
Avenida Brigadeiro Faria Lima, 1080 – Vila Fátima
CEP 13369-040 – Capivari-SP
Telefones: (19) 3491-7000 | 3491-5449
Vivo (19) 9 9983-2575 ☺ | Claro (19) 9 9317-2800
vendas@editoraeme.com.br – www.editoraeme.com.br

Allan Kardec

A gênese

Os milagres e as predições segundo o espiritismo

A doutrina espírita é o resultado do ensinamento coletivo
e concorde dos espíritos.
A ciência é chamada a explicar a Gênese segundo as leis da natureza.
Deus prova Sua grandeza e Seu poder através da imutabilidade de Suas
leis e não pela derrogação de Suas leis.
Para Deus, o passado e o futuro são o presente.

Allan Kardec
Autor de *O Livro dos Espíritos*

1ª EDIÇÃO
de acordo com a quarta edição do original francês de 1868
O MOVIMENTO ESPÍRITA FRANCÓFONO

© 2020 Editora EME

Os direitos autorais da tradução desta obra foram cedidos para a Editora EME, o que propícia a venda dos livros com preços mais acessíveis e a manutenção de campanhas com preços especiais a Clubes do Livro de todo o Brasil.

A Editora EME mantém, ainda, o Centro Espírita Mensagem de Esperança e patrocina, com outras empresas, instituições de atendimento social de Capivari-SP.

4ª reimpressão – dezembro/2024 – de 8.001 a 10.000 exemplares

TRADUÇÃO DOS ORIGINAIS | Cristina Florez (graduada na PUC-SP em língua e literatura francesas e portu-guesas, com proficiência em língua inglesa pela Universidade de Cambridge; professora da Cultura Inglesa de 1999 a 2005; curso superior de tradução e interpretação pela Associação Alumini-SP; médium espírita com participação ativa na capital paulista); e Matheus Rodrigues de Camargo (apenas pequenos trechos e ajustes pertinentes).

TÍTULO ORIGINAL | La Genese

REVISÃO | Rubens Toledo, Maria Izabel Braghero de Camargo

CAPA | André Stenico

PROJETO GRÁFICO E DIAGRAMAÇÃO | Marco Melo

Obras do mesmo autor:
- O Livro dos Espíritos
- O que é o Espiritismo
- O Livro dos Médiuns
- O Evangelho segundo o Espiritismo
- O Céu e o Inferno
- (há um total de 23 obras, incluindo catálogo racional, opúsculos, Viagens Espíritas etc.)

Ficha catalográfica

Kardec, Allan, 1804-1869
    A Gênese (com base na 4ª edição, de 1868) / Allan Kardec; tradução Editora EME – 4ª reimp. dez. 2024 – Capivari, SP: Editora EME.
    288 p.

    1ª edição: outubro/2020

    ISBN 978-65-5543-038-7 (espiral)
        978-65-5543-037-0 (brochura)

1. Espiritismo. 2. Filosofia espírita. 3. Espiritismo: conceituação. I. Título.

CDD 133.9

Sumário

Introdução 9

A gênese segundo o espiritismo

CAPÍTULO I
Caracteres da revelação espírita 14

CAPÍTULO II
Deus 40
   Existência de Deus 40
   Da natureza divina 42
   A providência 45
   A visão de Deus 49

CAPÍTULO III
O bem e o mal 52
   Origem do bem e do mal 52
   O instinto e a inteligência 56
   Destruição dos seres vivos, uns pelos outros 60

CAPÍTULO IV
Papel da ciência na Gênese 63

CAPÍTULO V
Antigos e modernos sistemas do mundo 70

CAPÍTULO VI
Uranografia geral 76
   O espaço e o tempo 76
   A matéria 79
   As leis e as forças 80
   A criação primeira 82

A criação universal 84
Os sóis e os planetas.. 85
Os satélites 87
Os cometas 88
A Via Láctea 89
As estrelas fixas 91
Os desertos do espaço 92
Sucessão eterna dos mundos.. 93
A vida universal... 95
A ciência 96
Considerações morais... 97

CAPÍTULO VII
ESBOÇO GEOLÓGICO DA TERRA 100
Períodos geológicos... 100
Estado primitivo do Globo... 105
Período primário.. 106
Período de transição.. 107
Período secundário... 109
Período terciário.. 111
Período diluviano... 114
Período pós-diluviano ou atual – Nascimento do homem..................... 116

CAPÍTULO VIII
TEORIAS SOBRE A TERRA 118
Teoria da projeção... 118
Teoria da condensação 120
Teoria da incrustação... 120

CAPÍTULO IX
REVOLUÇÕES DO GLOBO... 124
Revoluções gerais ou parciais... 124
Dilúvio bíblico 125
Revoluções periódicas 126
Cataclismos futuros... 129

CAPÍTULO X
GÊNESE ORGÂNICA 131
Primeira formação dos seres vivos 131
Princípio vital 136
Geração espontânea 137
Escala dos seres corpóreos 138
O homem 139

CAPÍTULO XI

GÊNESE ESPIRITUAL 141
Princípio espiritual 141
União do princípio espiritual e da matéria 144
Hipótese sobre a origem do corpo humano 145
Encarnação dos espíritos 146
Reencarnação..151
Emigração e imigração dos espíritos.................................152
Raça adâmica..153
Doutrina dos anjos decaídos e do paraíso perdido 155

CAPÍTULO XII

GÊNESE MOSAICA 160
Os seis dias..160
O paraíso perdido...167

OS MILAGRES SEGUNDO O ESPIRITISMO

CAPÍTULO XIII

CARACTERES DOS MILAGRES 176

CAPÍTULO XIV

OS FLUIDOS 185
Natureza e propriedades dos fluidos.................................185
Explicação de alguns fatos reputados como sobrenaturais 193

CAPÍTULO XV

OS MILAGRES DO EVANGELHO..206
Observações preliminares..206
Sonhos 208
Estrela dos magos..208
Dupla vista 208
Curas...210
Possessos 218
Ressurreições 221
Jesus caminha sobre as águas 223
Transfiguração 223
Tempestade acalmada...224
As bodas de Caná 225
Multiplicação dos pães 225
Tentação de Jesus..228
Prodígios por ocasião da morte de Jesus 229
Aparições de Jesus após sua morte...................................230
Desaparecimento do corpo de Jesus 233

PREDIÇÕES SEGUNDO O ESPIRITISMO

CAPÍTULO XVI
TEORIA DA PRESCIÊNCIA 238

CAPÍTULO XVII
PREDIÇÕES DO EVANGELHO 246
Ninguém é profeta em sua terra 246
Morte e paixão de Jesus 248
Perseguição dos apóstolos 249
Cidades impenitentes 249
Ruína do templo de Jerusalém 250
Maldição dos fariseus 251
Minhas palavras não passarão 252
A pedra angular 253
Parábola dos vinhateiros homicidas 253
Um só rebanho e um só pastor 255
Advento de Elias 256
Anúncio do Consolador 257
Segunda vinda de Cristo 259
Sinais precursores 261
Vossos filhos e filhas profetizarão 264
Julgamento final 264

CAPÍTULO XVIII
OS TEMPOS SÃO CHEGADOS 267
Sinais dos tempos 267
A nova geração 277

Apêndice da Editora EME 282
O codificador 283
Obras básicas de Allan Kardec 285
Prece de Cáritas 288

Introdução

Esta nova obra representa mais um passo à frente nas consequências e aplicações do espiritismo. Conforme seu título indica, ela tem por objeto o estudo de três pontos até hoje interpretados e comentados de maneira diversa: *A Gênese, os milagres e as predições*, em suas relações com as novas leis decorrentes da observação dos fenômenos espíritas.

Dois elementos, ou se preferirem, duas forças regem o Universo: o elemento espiritual e o elemento material. Da ação simultânea desses dois princípios nascem fenômenos especiais que são naturalmente inexplicáveis, se for feita a abstração de um dos dois, do mesmo modo como a formação da água seria inexplicável se fosse abstraído um dos elementos que a constituem: o oxigênio e o hidrogênio.

O espiritismo, demonstrando a existência do mundo espiritual e suas relações com o mundo material, fornece a chave a toda uma variedade de fenômenos incompreendidos e considerados, por isso mesmo, como inadmissíveis por uma certa classe de pensadores. Tais fatos são abundantes nas Escrituras e é pela falta de conhecimento da lei que os rege que os comentadores dos dois campos opostos, movendo-se sem cessar dentro do mesmo círculo de ideias, uns fazendo abstração dos dados positivos da ciência e os outros do princípio espiritual, não puderam chegar a uma solução racional.

Essa solução encontra-se na ação recíproca do espírito e da matéria. Ela retira, é verdade, da maior parte desses fatos, o caráter sobrenatural. Mas o que será melhor: admiti-los como resultantes das leis da natureza, ou rejeitá-los totalmente? Sua rejeição absoluta leva consigo o próprio alicerce do edifício, ao passo que sua admissão, suprimindo-se apenas o acessório, deixa a base intacta. Eis por que o espiritismo conduz tantas pessoas à crença em verdades que, anteriormente, consideravam como sendo utopias.

Esta obra é, portanto, como já o dissemos, um complemento das aplicações do espiritismo, segundo um ponto de vista especial. Seu material estava pronto, ou pelo menos elaborado há muito tempo, mas o momento de publicá-lo ainda não havia chegado. Antes era preciso que as ideias que lhe deveriam servir de base amadurecessem. Era necessário, além disso, atentar para a oportunidade das circunstâncias. O espiritismo não encerra mistérios, nem teorias secretas. Tudo nele é revelado com clareza, a fim de que todos possam julgá-lo com conhecimento de causa. Entretanto, cada coisa deve vir a seu tempo, para que venha com segurança. Uma solução dada precipitadamente, antes da elucidação completa da questão, seria antes causa de atraso do que de avanço. A importância do assunto do qual tratamos aqui nos impunha o dever de evitar qualquer precipitação.

Antes de entrarmos no assunto, pareceu-nos necessário definir claramente o papel respectivo dos espíritos e dos homens na elaboração da nova doutrina. Estas considerações preliminares, que afastam qualquer ideia de misticismo, constituem o objeto do primeiro capítulo, intitulado *Caracteres da revelação espírita*. Chamamos toda atenção para este ponto, porque, de certo modo, nele se encontra o nó da questão.

Apesar da parte que cabe à atividade dos homens na elaboração desta doutrina, sua iniciativa pertence aos espíritos, mas não é formada pela opinião pessoal de nenhum deles. Ela é, e não pode deixar de ser, *o resultado do ensinamento coletivo e concordante dos espíritos*. Somente nessa condição pode ela ser chamada de doutrina *dos espíritos*, do contrário seria apenas a doutrina *de um espírito* e teria somente o valor de uma opinião pessoal.

Generalidade e concordância no ensino, tal é o caráter essencial da doutrina, a própria condição de sua existência. Disso resulta que qualquer princípio que não tenha recebido a consagração do controle da generalidade não pode ser considerado como parte integrante dessa mesma doutrina, mas como uma simples opinião isolada, pela qual o espiritismo não pode assumir responsabilidade.

É essa coletividade concordante da opinião dos espíritos, submetida, além disso, ao critério da lógica, que constitui a força da doutrina espírita e lhe assegura a perpetuidade. Para que ela mudasse, seria preciso que a universalidade dos espíritos mudasse de opinião e viesse um dia dizer o contrário do que havia dito. Uma vez que a doutrina tem sua fonte no ensino dos espíritos, para que desaparecesse seria necessário que os espíritos deixassem de existir. É isso que a fará sempre prevalecer sobre os sistemas pessoais, que não têm, como ela, raízes em toda parte.

O Livro dos Espíritos só viu seu crédito se consolidar porque é a expressão de um pensamento coletivo geral. No mês de abril de 1867, completou seu primeiro decênio. Nesse período, os princípios fundamentais, a partir dos quais sua base foi formada, foram sucessivamente completados e desenvolvidos, em virtude da continuação do ensino progressivo dos espíritos, sem nenhum desmentido pela experiência. Todos, sem exceção, permaneceram de pé, mais vivos do que nunca, enquanto de todas as ideias contraditórias que lhes tentaram impor nenhuma prevaleceu, precisamente porque, em toda parte, o contrário era ensinado. Eis aí um resultado característico que podemos proclamar sem vaidade, porque jamais atribuímos a nós mesmos esse mérito.

Tendo os mesmos escrúpulos presidido à redação de nossas outras obras, podemos, com toda verdade, dizê-las *segundo o espiritismo,* porque estávamos seguros de sua conformidade com o ensino geral dos espíritos. O mesmo ocorre com a presente obra, que podemos, por motivos semelhantes, apresentar como complemento das anteriores, com exceção, todavia, de algumas teorias ainda hipotéticas, que tivemos o cuidado de indicar como tal e que devem ser consideradas apenas como opiniões pessoais, até que sejam confirmadas ou contraditas, para que a responsabilidade por elas não recaia sobre a doutrina.

De resto, os leitores assíduos da *Revista Espírita* terão ali percebido, em esboço, a maior parte das ideias que são desenvolvidas nesta última obra, como o fizemos também nas precedentes. A *Revista* é para nós, com frequência, um terreno de ensaio, destinado a sondar as opiniões dos homens e dos espíritos acerca de certos princípios, antes de admiti-los como parte integrante da doutrina.

A GÊNESE
SEGUNDO O ESPIRITISMO

Capítulo I

Caracteres[1] da Revelação Espírita

1. Pode-se considerar o espiritismo como uma revelação? Nesse caso, qual é seu caráter? Sobre o que se fundamenta sua autenticidade? A quem e de que maneira ela foi feita? A doutrina espírita é uma revelação no sentido litúrgico da palavra, ou seja, é no seu todo o produto de um ensinamento oculto vindo do Alto? Ela é absoluta ou suscetível de modificações? Trazendo aos homens a verdade pronta, não teria a revelação, como consequência, impedi-los de fazerem uso de suas faculdades, uma vez que ela lhes pouparia o trabalho de investigação? Qual pode ser a autoridade do ensinamento dos espíritos, se eles não são infalíveis nem superiores à humanidade?

Qual a utilidade da moral que eles pregam, se essa não é senão a moral do Cristo, que já conhecemos? Quais são as novas verdades que eles nos trazem? O homem tem necessidade de uma revelação e não pode encontrar em si mesmo e em sua consciência tudo de que necessita para se conduzir? Estas são as questões sobre as quais importa que nos fixemos.

2. Definamos, primeiramente, o sentido da palavra *revelação*.

Revelar deriva da palavra véu (do latim *velum*), que significa literalmente retirar o véu, figuradamente, descobrir, dar a conhecer uma coisa secreta ou desconhecida. Em sua acepção mais vulgar, a mais geral, diz-se de qualquer coisa ignorada que é esclarecida, de qualquer ideia nova que nos põe a par de algo que desconhecíamos.

---

1. **Nota da editora**: o autor utilizou-se da palavra "caracteres", cujo significado pode ser traduzido por "fundamentos". Preferimos manter a tradução literal deste título.

Deste ponto de vista, todas as ciências que nos levam a conhecer os mistérios da natureza são revelações, e pode-se dizer que há, para nós, uma revelação incessante: a astronomia nos revelou o mundo sideral, que não conhecíamos; a geologia, a formação da Terra; a química, a lei das afinidades; a fisiologia, as funções do organismo etc. Copérnico, Galileu, Newton, Laplace, Lavoisier são reveladores.

3. O caráter essencial de qualquer revelação deve ser a verdade. Revelar um segredo é dar a conhecer um fato: se é falso, não é um fato e, consequentemente, não há uma revelação. Toda revelação desmentida pelos fatos não é uma revelação. Se ela é atribuída a Deus, não podendo Deus mentir nem se enganar, não pode emanar d'Ele. É necessário considerá-la como produto de uma concepção humana.

4. Qual o papel do professor perante seus alunos senão o de um revelador? Ele lhes ensina o que não sabem, o que eles não teriam nem tempo, nem a possibilidade de descobrirem por si mesmos, porque a ciência é a obra coletiva dos séculos e de uma multidão de homens que trouxeram, cada um deles, seu contingente de observações e das quais os que vieram depois deles tiram proveito. O ensino é, então, na verdade, a revelação de certas verdades científicas ou morais, físicas ou metafísicas, feita por homens que as conhecem àqueles que as ignoram e que, sem isso, teriam continuado a ignorá-las para sempre.

5. Todavia, o professor apenas ensina aquilo que aprendeu; é um revelador de segunda ordem. O homem de gênio ensina aquilo que ele próprio descobriu: é o revelador primitivo, que traz a luz que, pouco a pouco, vulgariza-se. Onde estaria a humanidade sem a revelação dos homens de gênio, que aparecem de tempos em tempos?

Mas quem são esses homens de gênio? Por que são homens de gênio? De onde vêm? Em que se tornam? Notemos que a maioria deles traz, desde o nascimento, faculdades transcendentes e conhecimentos inatos, que basta um pouco de trabalho para desenvolver. Eles pertencem realmente à humanidade, uma vez que nascem, vivem e morrem como nós. De onde terão tirado, então, tais conhecimentos, que não adquiriram durante a vida? Diremos, como os materialistas, que o acaso lhes deu matéria cerebral em maior quantidade e de melhor qualidade? Nesse caso, eles não teriam mais mérito do que um legume maior ou mais saboroso que os outros.

Diremos, como certos espiritualistas, que Deus os dotou de uma alma mais favorecida do que a maioria dos homens? Tal suposição é também absolutamente ilógica, porque suporia uma parcialidade por parte de Deus. A única solução racional para esse problema encontra-se na preexistência da alma e na pluralidade das existências. O homem de gênio é um espírito que viveu mais tempo e que, consequentemente, adquiriu e progrediu mais do que os que são menos adiantados. Ao encarnar-se, ele traz consigo o que sabe, e como sabe muito mais do que os outros, sem precisar aprender, é o que denominamos um homem de gênio. Mas aquilo que ele sabe é fruto de um trabalho anterior e não resultado de um privilégio.

Antes de renascer, ele já era, então, um espírito adiantado. Reencarna, seja para favorecer os demais com aquilo que sabe, ou para adquirir mais conhecimentos. Os homens progridem, incontestavelmente, por si mesmos e pelos esforços de sua inteligência. Mas, abandonados às suas próprias forças, esse progresso é muito lento se não são ajudados por homens mais adiantados, tais como o estudante é auxiliado por seus professores. Todos os povos tiveram seus homens de gênio que vieram, em épocas diversas, para dar um impulso e tirá-los da inércia.

6. Desde que se admite a solicitude de Deus por Suas criaturas, por que não admitirmos que espíritos capazes, por sua energia e pela superioridade de seus conhecimentos, de fazer com que a humanidade avance, encarnem-se pela vontade de Deus, para ajudá-la a progredir num determinado sentido, que eles recebam uma missão, da mesma maneira que um embaixador recebe de seu soberano? Tal é o papel dos grandes gênios. Que vêm eles fazer senão ensinar aos homens verdades que estes ignoram e que continuariam ignorando ainda por longos períodos, a fim de lhes oferecer um ponto de apoio que os ajudará a progredir mais rapidamente? Esses gênios que aparecem ao longo dos séculos como estrelas brilhantes, deixando atrás de si um longo rastro luminoso sobre a humanidade, são missionários, ou, se preferirem, messias. Se eles não ensinassem aos homens nada que eles ignorassem, sua presença seria totalmente inútil. As coisas novas que eles ensinam, seja de ordem física, seja de ordem filosófica, são *revelações*.

Se Deus promove reveladores para as verdades científicas, pode, com mais razão ainda, suscitar reveladores para as verdades morais, que constituem elementos essenciais do progresso. Assim são os filósofos cujas ideias atravessaram os séculos.

7. No sentido especial da fé religiosa, a revelação diz respeito mais particularmente às coisas espirituais que o homem não pode conhecer por si mesmo, que ele não pode descobrir através de seus sentidos e cujo conhecimento lhe é dado por Deus e por Seus mensageiros, seja através da palavra direta, seja através da inspiração. Nesse caso, a revelação é sempre feita a homens privilegiados, designados pelo nome de profetas ou *messias,* ou seja, *enviados, missionários, tendo a missão* de transmitir tal revelação aos homens. Considerada dessa maneira, a revelação implica a passividade absoluta; é aceita sem controle, sem exame, sem discussão.

8. Todas as religiões tiveram seus reveladores, e embora todos estivessem longe de ter conhecimento de toda a verdade, tiveram sua razão de ser providencial, porque eram apropriados à época e ao meio onde viveram, ao gênio dos povos aos quais falaram e aos quais eram relativamente superiores. Apesar dos erros de suas doutrinas, não deixaram de agitar os espíritos e, por isso mesmo, semearam os germes do progresso que, mais tarde, deveriam alastrar-se, como se alastraram um dia ao sol do cristianismo. É, portanto, um erro lançar o anátema sobre eles em nome da ortodoxia, pois dia virá em que todas essas crenças, tão diversas na

A GÊNESE   CARACTERES DA REVELAÇÃO ESPÍRITA   17

forma, mas que repousam na verdade sobre um mesmo princípio fundamental –
Deus e a imortalidade da alma –, se fundirão em uma grande e vasta unidade,
pois a razão terá triunfado sobre os preconceitos.

Infelizmente, as religiões têm sido, em todos os tempos, instrumentos de dominação: o papel de profeta tem tentado as ambições secundárias e tem-se visto
surgir uma multidão de pretensos reveladores ou *messias* que, favorecendo-se do
prestígio desse nome, têm explorado a credulidade em proveito de seu orgulho,
de sua cupidez ou de sua preguiça, achando mais cômodo viver à custa de seus
iludidos. A religião cristã não ficou a salvo de tais parasitas. A esse respeito, pedi-
mos uma atenção especial ao capítulo XXI de *O Evangelho segundo o Espiritismo*:
"Haverá falsos cristos e falsos profetas".

9. Há revelações diretas de Deus aos homens? Essa é uma questão que não
ousaríamos resolver nem afirmativamente, nem negativamente de maneira absoluta. Não é algo radicalmente impossível, mas nada pode prová-lo com certeza. O
que não seria duvidoso é que os espíritos mais próximos de Deus pela perfeição
são penetrados por Seu pensamento e podem transmiti-lo. Quanto aos reveladores
encarnados, de acordo com a ordem hierárquica a que pertençam e ao grau de
seu saber pessoal, podem haurir suas instruções de seus próprios conhecimentos,
ou recebê-las de espíritos mais elevados e também de mensageiros diretos de
Deus. Estes, falando em nome de Deus, puderam ser, às vezes, tomados como
o próprio Deus.

As comunicações desse tipo nada têm de estranho para aquele que conhece os fenômenos espíritas e a maneira como se estabelecem as relações entre
encarnados e desencarnados. As instruções podem ser transmitidas de diversas
maneiras: por inspiração pura e simples, pela audição da palavra, pela voz de
espíritos instrutores em visões e aparições, seja em sonho, seja no estado de
vigília, assim como encontramos tantos exemplos na Bíblia, no Evangelho e nos
livros sagrados de todos os povos. É, portanto, rigorosamente exato dizer que a
maior parte dos reveladores são médiuns inspirados, auditivos ou videntes, o que
não quer dizer que todos os médiuns sejam reveladores e muito menos os intermediários diretos da Divindade ou de Seus mensageiros.

10. Apenas os espíritos puros recebem a palavra de Deus com a missão de
transmiti-la. Mas sabe-se agora que os espíritos estão longe de serem todos perfeitos e que dentre eles há os que se apresentam sob falsas aparências. Foi isso
que levou João a dizer: "Não creiais em todos os espíritos, mas vede antes se os
espíritos são de Deus". (I Epístola de João, capítulo IV, v. 1.)

É possível, portanto, haver revelações sérias e verdadeiras, do mesmo modo
que há as apócrifas e mentirosas. O caráter essencial da revelação divina é o da
verdade eterna. Toda revelação eivada de erros e sujeita a mudanças não podem
emanar de Deus. É assim que a lei do decálogo mantém todos os caracteres
de sua origem, enquanto as outras leis mosaicas, essencialmente transitórias,
frequentemente em contradição com a lei do Sinai, são a obra pessoal e política

do legislador hebreu. Abrandando-se os costumes do povo, essas leis, por si mesmas, caíram em desuso, ao passo que o decálogo permanece de pé, como farol da humanidade. Dele o Cristo fez a base de seu edifício, enquanto aboliu as outras leis. Se estas tivessem sido obra de Deus, ele teria evitado tocá-las. Cristo e Moisés são os dois grandes reveladores que mudaram a face do mundo e essa é a prova de sua missão divina. Uma obra puramente humana não teria tal poder.

11. Uma importante revelação se opera na época atual: é aquela que nos mostra a possibilidade de comunicação com os seres do mundo espiritual. Esse conhecimento não é novo, sem dúvida, mas permaneceu até nossos dias, de certo modo, na condição de letra morta, ou seja, sem proveito para a humanidade. A ignorância das leis que regem essas relações achava-se abafada pela superstição: o homem era incapaz de retirar delas qualquer dedução salutar. Estava reservado à nossa época desembaraçá-las de seus acessórios ridículos, compreender sua importância e fazer com que delas surgisse a luz destinada a aclarar a estrada do futuro.

12. Fazendo-nos conhecer o mundo invisível que nos cerca e em meio ao qual vivíamos sem o saber, as leis que o regem, suas relações com o mundo visível, a natureza e o estado dos seres que o habitam e, por conseguinte, a destinação do homem após a morte, o espiritismo é uma verdadeira revelação na acepção científica da palavra.

13. Por sua natureza, a revelação espírita tem um caráter duplo: participa, ao mesmo tempo, da revelação divina e da revelação científica. Participa da primeira porque seu surgimento é providencial e não o resultado da iniciativa e de um desígnio premeditado do homem; porque os pontos fundamentais da doutrina provêm do ensinamento dado pelos espíritos encarregados por Deus de esclarecer os homens acerca de coisas que eles ignoravam, que não poderiam aprender por si mesmos e que lhes importa conhecer hoje que estão maduros para compreendê-las. Participa da segunda, porque esse ensinamento não é privilégio de nenhum indivíduo, mas é concedido a todo mundo pela mesma via; pelo fato de que aqueles que os transmitem e os que os recebem não são seres *passivos*, dispensados do trabalho de observação e pesquisa; que eles não renunciam ao seu próprio juízo e livre-arbítrio; que o controle não lhes é proibido, mas é, ao contrário, recomendado; enfim, que a doutrina não foi ditada completa, nem imposta à crença cega; porque ela é deduzida, através do trabalho do homem, da observação de fatos que os espíritos colocam diante de seus olhos e das instruções que eles lhes dão, instruções essas que ele estuda, comenta, compara, e das quais ele próprio tira as consequências e aplicações. Em uma palavra, *o que caracteriza a revelação espírita é que sua fonte é divina, que a iniciativa pertence aos espíritos e que a elaboração é o resultado do trabalho do homem.*

14. Como meio de elaboração, o espiritismo procede exatamente da mesma maneira que as ciências positivas, ou seja, aplica o método experimental. Fatos de uma nova ordem se apresentam, que não podem ser explicados pelas leis conhecidas; ele os observa, compara, analisa e, remontando os efeitos às causas, chega à lei que os rege; depois, deduz as consequências e busca suas aplicações úteis. *O espiritismo* não estabelece nenhuma teoria preconcebida. Assim sendo, não estabeleceu como hipótese, nem a existência e intervenção dos espíritos, nem o perispírito, nem a reencarnação, nem qualquer dos princípios da doutrina. Concluiu pela existência dos espíritos, porque tal existência resultou como evidência da observação dos fatos, e, assim, os demais princípios. Não foram os fatos que vieram posteriormente confirmar a teoria, mas a teoria é que veio subsequentemente explicar e resumir os fatos. É, portanto, rigorosamente exato dizer que o espiritismo é uma ciência de observação e não produto da imaginação.

15. Citemos um exemplo: passa-se no mundo dos espíritos um fato muito singular e que certamente ninguém teria suspeitado, que é o de espíritos que não acreditam estar mortos. Muito bem, os espíritos superiores, que conhecem perfeitamente o fato, não vieram dizer antecipadamente: "Há espíritos que acreditam prosseguir vivendo a vida terrena, que conservaram seus gostos, seus hábitos e instintos"; mas eles provocaram a manifestação de espíritos dessa categoria, para que pudéssemos observá-los. Tendo visto, então, espíritos incertos quanto ao seu estado, ou afirmando que pertenciam ainda a este mundo, acreditando desempenharem suas ocupações comuns, do exemplo se concluiu a regra. A multiplicidade de fatos análogos provou que não se tratava de uma exceção, mas de uma das fases da vida espírita, que permitiu que se estudasse todas as variedades e causas dessa ilusão singular. Permitiu reconhecer que essa situação é sobretudo própria dos espíritos pouco avançados moralmente e que ela é peculiar a certos gêneros de morte; que ela é apenas temporária, mas pode durar dias, meses ou anos. Foi assim que a teoria nasceu da observação. O mesmo se dá com todos os outros princípios da doutrina.

16. Da mesma maneira que a ciência propriamente dita tem por objeto o estudo das leis do princípio material, o objeto especial do espiritismo é o conhecimento das leis do princípio espiritual. Ora, como esse último princípio é uma das forças da natureza, que reage incessantemente sobre o princípio material e reciprocamente, disto resulta que o conhecimento de um não pode ser completo sem o conhecimento do outro; que o espiritismo e a ciência completam-se um pelo outro; que a ciência sem o espiritismo encontra-se na impossibilidade de explicar certos fenômenos unicamente pelas leis da matéria e que é por ter feito abstração do princípio espiritual que ela se encontra diante de numerosos impasses; que o espiritismo sem a ciência ficaria sem apoio e controle e poderia embarcar em ilusões. Se tivesse vindo antes das descobertas científicas, o espiritismo teria abortado, como tudo que vem antes do tempo.

17. Todas as ciências se encadeiam e se sucedem dentro de uma ordem racional; nascem umas das outras, à medida que encontram um ponto de apoio nas ideias e conhecimentos anteriores. A astronomia, uma das primeiras que foram cultivadas, permaneceu nos erros da infância até o momento em que a física veio revelar a lei das forças dos agentes naturais; a química, nada podendo sem a física, devia segui-la de perto, para em seguida marcharem juntas, apoiando-se uma na outra. A anatomia, a fisiologia, a zoologia, a botânica, a mineralogia não se tornaram ciências sérias senão pelo apoio das luzes trazidas pela física e pela química. À geologia, nascida ontem, teriam faltado seus verdadeiros elementos de vitalidade sem a astronomia, a física, a química e todas as outras ciências. Ela só poderia surgir depois.

18. A ciência moderna abandonou os quatro elementos primitivos dos Antigos e, de observação em observação, chegou à concepção de um único elemento gerador de todas as transformações da matéria; mas a matéria, por si mesma, é inerte: não tem nem vida, nem pensamento, nem sentimento; necessita de sua união com o princípio espiritual. O espiritismo não descobriu nem inventou esse princípio, mas foi o primeiro a demonstrá-lo através de provas irrefutáveis; ele o estudou, analisou e tornou evidente sua ação. Ao *elemento material,* juntou o *elemento espiritual. Elemento material* e *elemento espiritual*, eis aí os dois princípios, as duas forças vivas da natureza. Pela união indissolúvel desses dois elementos explica-se, sem dificuldade, uma multidão de fatos até agora não explicados.

Por sua própria essência e tendo por objeto o estudo de um dos dois elementos constitutivos do Universo, o espiritismo toca, forçosamente, a maior parte das ciências. Ele não poderia ter vindo senão depois da elaboração dessas ciências e após, sobretudo, que elas tivessem provado sua impossibilidade de tudo explicar apenas pelas leis da matéria.

19. Acusa-se o espiritismo de parentesco com a magia e a bruxaria, mas esquece-se de que a astronomia tem por ancestral a astrologia judiciária, que não está tão distante de nós; que a química é filha da alquimia, da qual nenhum homem sensato ousaria ocupar-se atualmente. Ninguém há de negar, entretanto, que havia na astrologia e na alquimia o germe das verdades de onde surgiram as ciências atuais. Apesar de suas fórmulas ridículas, a alquimia contribuiu para que fossem descobertos os corpos simples e a lei das afinidades; a astrologia se apoiava sobre a posição e o movimento dos astros que ela havia estudado; mas, na ignorância das verdadeiras leis que regem o mecanismo do Universo, os astros eram, para o vulgo, seres misteriosos aos quais a superstição emprestava uma influência moral e um sentido revelador. Quando Galileu, Newton, Kepler tornaram conhecidas essas leis, quando o telescópio descerrou o véu e mergulhou nas profundezas do espaço um olhar, que alguns consideraram indiscreto, foi que os planetas nos apareceram como simples mundos semelhantes ao nosso e toda a estrutura do maravilhoso desmoronou.

O mesmo se deu com o espiritismo em relação à magia e à feitiçaria, que também se apoiavam na manifestação dos espíritos, como a astrologia no movimento dos astros. Todavia, na ignorância das leis que regem o mundo espiritual, ambas mesclaram com essas relações crenças e práticas ridículas, com as quais o espiritismo moderno, fruto da experiência e da observação, nada tem a ver.

Certamente, a distância que separa o espiritismo da magia e da feitiçaria é maior do que a que separa a astronomia da astrologia, a química da alquimia. Pretender confundi-los é demonstrar que nada se sabe a respeito deles.

20. Só o fato da possibilidade de comunicação com os seres do mundo espiritual tem consequências incalculáveis da mais alta gravidade. É todo um mundo novo que se nos revela e que tem ainda mais importância pelo fato de atingir todos os homens, sem exceção. Tal conhecimento não pode deixar de trazer, em se generalizando, uma modificação profunda nos costumes, no caráter, nos hábitos e nas crenças, que tanta influência exercem sobre as relações sociais. É toda uma revolução que se opera nas ideias, revolução ainda maior, mais poderosa, pelo fato de não estar circunscrita a um povo, a uma casta, mas que atinge simultaneamente, pelo coração, todas as classes, todas as nacionalidades, todos os cultos.

É, portanto, com razão que o espiritismo é considerado a terceira grande revelação. Vejamos em que diferem essas revelações e qual o vínculo que une umas às outras.

21. Moisés, como profeta, revelou aos homens o conhecimento de um Deus único, soberano Senhor e Criador de todas as coisas. Ele promulgou a lei do Sinai e assentou os fundamentos da verdadeira fé. Como homem, foi o legislador do povo através do qual essa fé primitiva, em se depurando, deveria um dia se espalhar por toda a Terra.

22. Cristo, tomando da antiga lei o que era eterno e divino e rejeitando aquilo que era apenas transitório, puramente disciplinar e de concepção humana, acrescenta *a revelação da vida futura*, da qual Moisés não tinha falado, bem como a das penas e recompensas que aguardam o homem após a morte. (Ver *Revista Espírita*, 1861, p. 90 e 280.)

23. A parte mais importante da revelação do Cristo, no sentido de que é ela a fonte primeira, a pedra angular de toda sua doutrina, é o ponto de vista totalmente novo pelo qual ele faz encarar a Divindade. Não é mais o Deus terrível, ciumento, vingativo de Moisés, o Deus cruel e impiedoso que rega a terra com o sangue humano, que ordena o massacre e a exterminação dos povos, sem excetuar as mulheres, as crianças e os velhos, que castiga aqueles que poupam as vítimas. Não é mais o Deus injusto, que pune um povo inteiro pela falta de seu chefe, que se vinga do culpado na pessoa do inocente, que atinge os filhos pela falta de seu pai, mas um Deus clemente, soberanamente justo e bom, pleno de mansuetude e misericórdia, que perdoa o pecador arrependido e *dá a cada um segundo suas obras*. Não é mais o Deus de um único povo privilegiado, o *Deus dos exércitos*, presidindo os combates para sustentar sua própria causa contra os deuses de outros povos, mas o pai comum do gênero humano, que estende Sua proteção a todos os Seus filhos, chamando todos a Si. Não é mais o Deus que recompensa e pune apenas pelos bens da Terra, que faz consistir a glória e a felicidade na escravidão dos povos rivais e na multiplicidade da progenitura, mas que diz aos homens: "Vossa verdadeira pátria não é este mundo, mas no reino celeste; é lá que os humildes de coração serão elevados e que os orgulhosos serão humilhados". Não é mais o Deus que considera a vingança como virtude e que ordena o olho por olho, dente por dente, mas o Deus de misericórdia que diz: "Perdoai as ofensas, se desejais serdes perdoados; pagai o mal com o bem; não façais a outrem o que não quereis que vos façam". Não é mais o Deus mesquinho e meticuloso que impõe, sob as mais rigorosas penas, a maneira como deseja ser adorado, que se ofende diante da inobservância de uma fórmula, mas é o Deus grande, que vê o pensamento e não se honra com a forma. Não é mais, enfim, o Deus que deseja ser temido, mas o Deus que quer ser amado.

24. Sendo Deus o centro de todas as crenças religiosas, o objetivo de todos os cultos, *o caráter de todas as religiões é conforme a ideia que elas dão de Deus*. Aquelas que fazem de Deus um ser vingativo e cruel acreditam honrá-Lo através de atos de crueldade, com fogueiras e torturas; aquelas que fazem d'Ele um ser parcial e ciumento são intolerantes; elas são mais ou menos meticulosas na forma, segundo O julguem mais ou menos maculado com fraquezas e frivolidades humanas.

25. Toda a doutrina do Cristo é alicerçada sobre o caráter que ele atribui à Divindade. Com um Deus imparcial, soberanamente justo, bom e misericordioso, ele pode fazer do amor de Deus e da caridade para com o próximo a condição expressa para a salvação, e dizer: *Eis aí toda a lei e os profetas, e não há outra*. Sobre esta única crença, ele pode assentar o princípio da igualdade dos homens perante Deus e da fraternidade universal.

Essa revelação dos verdadeiros atributos da Divindade, aliada à da imortalidade da alma e da vida futura, modificava profundamente as relações recíprocas entre os homens, impunha-lhes novas obrigações, fazia com que eles encarassem a vida presente sob novo ângulo. Essa revelação deveria, por isso mesmo, agir sobre os costumes e as relações sociais. É, incontestavelmente, por suas consequências, o ponto mais capital da revelação do Cristo, e do qual a importância não foi bastante compreendida. E, aliás, é lamentável dizer que esse é o ponto do qual a humanidade mais se afastou e mais tem ignorado na interpretação de seus ensinamentos.

26. Entretanto, o Cristo acrescenta: "Muitas das coisas que eu vos digo, não podeis ainda compreender, e eu teria ainda muitas outras para vos dizer, que não compreenderíeis. É por isso que vos falo em parábolas. Porém, mais tarde *eu vos enviarei o Consolador, o Espírito de Verdade, que restabelecerá todas as coisas e vos explicará todas elas*".

Se o Cristo não disse tudo que poderia ter dito, foi porque acreditou ser melhor deixar certas verdades ocultas até que os homens estivessem em condições de compreendê-las. Como ele mesmo confessou, seu ensinamento estava incompleto, já que anuncia a vinda daquele que deveria completá-lo; previa, então, que suas palavras seriam mal interpretadas, que se desviariam de seu ensinamento; em uma palavra, que desfariam o que ele fizera, porquanto todas as coisas deveriam ser restabelecidas. Ora, só se *restabelece* o que foi desfeito.

27. Por que ele denomina o novo Messias de *Consolador*? Esse nome significativo e sem ambiguidade é toda uma revelação. Ele previa, então, que os homens teriam necessidade de consolações, o que implica a insuficiência do consolo que encontrariam na crença que iriam formular. Talvez nunca o Cristo tenha sido tão claro e explícito quanto nessas últimas palavras, às quais poucas pessoas deram atenção, talvez porque evitaram mesmo esclarecê-las e aprofundar-lhes o sentido profético.

28. Se o Cristo não pôde desenvolver seu ensinamento de maneira completa, é porque faltava aos homens conhecimentos que só poderiam adquirir com o tempo e sem os quais eles não podiam compreendê-lo. Há coisas que teriam parecido sem sentido de acordo com os conhecimentos de então. Completar seu ensinamento deve, então, ser compreendido no sentido de *explicar* e de *desenvolver*, e não no de acrescentar verdades novas, pois tudo se encontra aí em gérmen. Faltava a chave para compreender o sentido de suas palavras.

29. Mas quem ousa interpretar as Escrituras Sagradas? Quem tem esse direito? Quem possui as luzes necessárias senão os teólogos?

Quem o ousa? Em primeiro lugar, a ciência, que não pede permissão a ninguém para fazer conhecer as leis da natureza e passa por cima dos erros e preconceitos. – Quem tem esse direito? Neste século de emancipação intelectual e de liberdade de consciência, o direito de *exame* pertence a todos, e as Escrituras não são mais a arca santa, na qual ninguém ousava encostar o dedo sem correr o risco de ser fulminado. Quanto às luzes especiais necessárias, sem contestar as dos teólogos, por mais esclarecidos que fossem os da Idade Média e em particular os pais da Igreja, não foram o bastante para não condenarem como heresia o movimento da Terra e a crença nos antípodas. E, sem ir muito longe, os teólogos de nossos dias não lançaram o anátema sobre os períodos de formação da Terra?

Os homens não puderam explicar as escrituras senão com o auxílio do que sabiam, das noções falsas e incompletas que possuíam sobre as leis da natureza, mais tarde reveladas pela ciência. Eis por que os próprios teólogos, de muito boa-fé, enganaram-se quanto ao sentido de certas palavras e de certos fatos do Evangelho. Desejando, a todo custo, aí encontrar a confirmação de um pensamento preconcebido, giravam sempre no mesmo círculo, sem abrir mão de seu ponto de vista, de modo que aí não viam senão aquilo que desejavam ver. Por mais sábios teólogos que fossem, não podiam compreender as causas dependentes de leis que não conheciam.

Mas quem irá julgar as interpretações diversas, e não raro contraditórias, dadas fora da teologia? O futuro, a lógica e o bom-senso. Os homens, cada vez mais esclarecidos à medida que novos fatos e novas leis forem sendo revelados, saberão separar os sistemas utópicos da realidade. Ora, a ciência faz conhecer certas leis; o espiritismo faz conhecer outras; umas e outras são indispensáveis à compreensão dos textos sagrados de todas as religiões, desde Confúcio e Buda até o cristianismo. Quanto à teologia, não saberia alegar judiciosamente as contradições da ciência, pois nem sempre está de acordo consigo mesma.

30. O espiritismo, tomando como ponto de partida as próprias palavras do Cristo, como o Cristo partiu das de Moisés, é uma consequência direta de sua doutrina.

À ideia vaga da vida futura, ele acrescenta a revelação da existência do mundo invisível que nos cerca e povoa o espaço, e assim define a crença; ele lhe dá um corpo, uma consistência, uma realidade à ideia.

Define os laços que unem a alma e o corpo e ergue o véu que ocultava aos homens os mistérios do nascimento e da morte.

Pelo espiritismo, o homem sabe de onde vem e para onde vai, por que está na Terra, por que aí sofre temporariamente, e vê em toda parte a justiça de Deus.

Sabe que a alma progride sem cessar através de uma série de existências sucessivas, até que tenha atingido o grau de perfeição que pode aproximá-la de Deus.

Ele sabe que todas as almas, tendo um mesmo ponto de partida, são criadas iguais, com uma mesma aptidão para progredir em virtude de seu livre-arbítrio; que todas têm a mesma essência e que só existe entre elas a diferença quanto ao progresso alcançado; que todas têm a mesma destinação e atingirão o mesmo objetivo, mais ou menos rapidamente, de acordo com seu trabalho e boa vontade.

Ele sabe que não há criaturas deserdadas, nem mais favorecidas umas do que as outras; que Deus não criou almas privilegiadas e dispensadas do trabalho imposto a outras para progredir; que não há seres perpetuamente votados ao mal e ao sofrimento; que aqueles designados pelo nome de *demônios* são espíritos ainda atrasados e imperfeitos, que fazem o mal na condição de espíritos, como o faziam na Terra enquanto homens, mas que se adiantarão e se aperfeiçoarão; que os anjos ou espíritos puros não são seres à parte na Criação, mas espíritos que atingiram o alvo, após terem percorrido o caminho do progresso; que, dessa forma, não há criações múltiplas de diferentes categorias entre os seres inteligentes, mas que toda a Criação deriva da grande lei de unidade que rege o Universo e que todos os seres gravitam em direção a um objetivo comum, que é a perfeição, sem que uns sejam favorecidos em detrimento de outros, visto serem todos filhos de suas próprias obras.

31. Pelas relações que o homem pode agora estabelecer com aqueles que deixaram a Terra, ele tem não apenas a prova material da existência e da individualidade da alma, mas também compreende a solidariedade que liga os vivos e mortos deste mundo, e os deste mundo aos de outros mundos. Conhece a situação deles no mundo dos espíritos; acompanha-os em suas migrações; é testemunha de suas alegrias e penas; sabe por que eles são felizes ou infelizes e conhece a sorte que a si mesmo está reservada, de acordo com o bem ou o mal que tenha feito. Tais relações o iniciam na vida futura, que ele pode observar em todas as suas fases, em todas as suas peripécias. O futuro não é mais uma vaga esperança; é um fato positivo, uma certeza matemática. Então, a morte nada mais tem de aterrorizante, pois é para ele a libertação, a porta para a verdadeira vida.

32. Pelo estudo da situação dos espíritos, o homem sabe que a felicidade e a infelicidade na vida espiritual são inerentes ao grau de perfeição e de imperfeição;

que cada qual sofre as consequências diretas e naturais de suas faltas, em outras palavras, que ele é punido por aquilo em que pecou; que essas consequências duram tanto quanto a causa que as produziu; que, desse modo, o culpado sofreria eternamente caso persistisse eternamente no mal, mas que o sofrimento cessa com o arrependimento e a reparação. Ora, como depende de cada um aperfeiçoar-se, todos podem, em virtude de seu livre-arbítrio, prolongar ou abreviar seus sofrimentos, do mesmo modo que o doente sofre por seus excessos enquanto não lhes põe termo.

33. Assim como a razão rejeita como incompatível com a bondade de Deus a ideia das penas irremissíveis, perpétuas e absolutas, muitas vezes infligidas por uma única falta; os suplícios do inferno, que o arrependimento mais ardente não é capaz de abrandar, ela se inclina diante dessa justiça distributiva e imparcial, que tudo leva em conta, jamais fecha a porta ao retorno e estende sem cessar a mão ao náufrago, em vez de empurrá-lo para o abismo.

34. A pluralidade das existências, cujo princípio o Cristo colocou no Evangelho, mas sem mais defini-lo como muitos outros, é uma das leis mais importantes reveladas pelo espiritismo, no sentido em que demonstra quão necessárias elas são para o progresso. Através desta lei, o homem tem a explicação de todas as anomalias aparentes que a vida humana apresenta; as diferenças quanto à posição social; as mortes prematuras que, sem a reencarnação, tornaria inúteis para a alma as vidas abreviadas; a desigualdade de aptidões intelectuais e morais pela antiguidade do espírito, que viveu mais ou viveu menos, que aprendeu e progrediu mais ou progrediu menos e que traz, ao renascer, as aquisições de suas existências anteriores. (N° 5)

35. Com a doutrina da criação da alma a cada nascimento, tornamos a cair no sistema das criações privilegiadas; os homens são estranhos uns aos outros, nada os une, os laços de família são puramente carnais; eles não são solidários a um passado em que não existiam; com a doutrina do nada após a morte, todas as relações cessam com a vida; não são solidárias com o futuro. Pela reencarnação, são solidários no passado e no futuro; suas relações se perpetuam no mundo espiritual e no mundo corporal, e a fraternidade tem por base as próprias leis da natureza; o bem tem um objetivo e o mal tem suas consequências inevitáveis.

36. Com a reencarnação deixam de existir os preconceitos de raça e de castas, uma vez que o mesmo espírito pode renascer rico ou pobre, grande senhor ou proletário, patrão ou subordinado, livre ou escravo, homem ou mulher. De todos os argumentos invocados contra a injustiça da servidão e da escravatura, contra a submissão da mulher à lei do mais forte, não há nenhum que supere, pela lógica, o fato material da reencarnação. Se, então, a reencarnação fundamenta sobre uma lei da natureza o princípio da fraternidade universal, sobre a mesma lei ela fundamenta o da igualdade dos direitos sociais e, consequentemente, o da liberdade.

Apenas pelo corpo os homens nascem inferiores e subordinados; pelo espírito, são iguais e livres. Daí o dever de tratar os inferiores com bondade, benevolência e humanidade, porque aquele que é hoje nosso subordinado pode ter sido nosso igual ou nosso superior, pode ter sido um parente ou um amigo e, por nossa vez, podemos vir a ser o subordinado daquele que hoje comandamos.

37. Tire ao homem o espírito livre, independente, sobrevivente à matéria, e terá feito dele uma máquina organizada, sem objetivo, sem responsabilidade, sem outro freio que não a lei civil, *bom para ser explorado* como um animal inteligente. Nada esperando após a morte, nada o impede de aumentar os gozos do presente; se sofre, não tem como perspectiva senão o desespero e o nada como refúgio. Com a certeza do porvir, de tornar a encontrar aqueles a quem amou, *o medo de reencontrar aqueles a quem ofendeu,* todas as suas ideias mudam. Se o espiritismo somente houvesse tirado do homem sua dúvida quanto à vida futura, teria feito mais por seu aprimoramento moral do que todas as leis disciplinares que algumas vezes o freiam, mas que não o modificam.

38. Sem a preexistência da alma, a doutrina do pecado original não é apenas inconciliável com a justiça de Deus, que tornaria todos os homens responsáveis pela falta de um só, mas seria um contrassenso injustificável, considerando-se que a alma não existia na época a que se pretende fazer remontar sua responsabilidade. Com a preexistência da alma e a reencarnação, o homem traz ao renascer o germe de suas imperfeições passadas, dos defeitos que não corrigiu e que se traduzem por seus instintos naturais, sua propensão para este ou aquele vício. Eis aí seu verdadeiro pecado original, de que sofre naturalmente as consequências, mas com a diferença capital de que leva consigo a pena de suas próprias faltas e não da falta de outrem; e essa outra diferença, ao mesmo tempo consoladora, encorajadora e soberanamente equitativa, segundo a qual cada existência lhe oferece os meios de resgatar mediante a reparação e de progredir, seja despojando-se de alguma imperfeição, seja adquirindo novos conhecimentos, até que, suficientemente purificado, não tenha mais necessidade da vida corporal e possa viver exclusivamente a vida espiritual, eterna e bem-aventurada.

Pela mesma razão, aquele que progrediu moralmente traz, ao renascer, qualidades naturais, do mesmo modo que aquele que progrediu intelectualmente traz ideias inatas; identifica-se com o bem e o pratica sem esforços, sem cálculos e, por assim dizer, sem nem mesmo pensar. Aquele que é obrigado a combater suas más tendências, ainda está na luta. O primeiro já venceu, enquanto que o segundo se encontra em vias de vencer. Há, então, *virtude original,* como há o *saber original,* e *pecado,* ou melhor, *vício original.*

39. O espiritismo experimental estudou as propriedades dos fluidos espirituais e a ação dos mesmos sobre a matéria. Demonstrou a existência do *perispírito,* do qual se suspeitava desde a Antiguidade, designado por São Paulo sob o nome de *corpo espiritual,* ou seja, corpo fluídico da alma após a destruição do corpo tangível. Sabe-se hoje que esse invólucro é inseparável da alma, que é um dos elementos que constituem o ser humano, que é o veículo de transmissão do pensamento e que, durante a vida do corpo, serve de ligação entre o espírito e a matéria. O perispírito desempenha um papel tão importante no organismo e num sem-número de afecções, que se liga tanto à fisiologia quanto à psicologia.

40. O estudo das propriedades do perispírito, dos fluidos espirituais e dos atributos fisiológicos da alma, abre novos horizontes à ciência e oferece a chave de uma multidão de fenômenos incompreendidos até agora, por que se desconhecia a lei que os regia; fenômenos estes negados pelo materialismo porque se ligam à espiritualidade e que são qualificados por outros como sendo milagres ou sortilégios, segundo as crenças. Tais são, entre outros, os fenômenos da dupla vista, da visão a distância, do sonambulismo natural e artificial, os efeitos psíquicos da catalepsia e da letargia, a presciência, os pressentimentos, as aparições, as transfigurações, a transmissão do pensamento, a fascinação, as curas instantâneas, as obsessões e possessões etc. Demonstrando que esses fenômenos repousam sobre leis tão naturais quanto os fenômenos elétricos e as condições normais sob as quais estes se podem reproduzir, o espiritismo destruiu o império do maravilhoso e do sobrenatural e, consequentemente, a fonte da maior parte das superstições. Se ele faz com que se creia na possibilidade de certas coisas vistas por alguns como quiméricas, impede que se creia em muitas outras, cuja impossibilidade e irracionalidade demonstra.

41. O espiritismo, muito longe de negar ou destruir o Evangelho, vem, ao contrário, confirmar, explicar e desenvolver, pelas novas leis da natureza que revela, tudo aquilo que o Cristo disse ou fez; esclarece sobre os pontos obscuros de seu ensinamento, de tal modo que aqueles para quem certas partes do Evangelho eram ininteligíveis, ou pareciam *inadmissíveis,* passam a compreendê-las sem dificuldade com a ajuda do espiritismo e as admitem; passam a ver melhor seu alcance, podendo distinguir entre a realidade e a alegoria; o Cristo passa a lhes parecer maior: não mais simplesmente um filósofo, mas um Messias divino.

42. Se considerarmos, além disso, o poder moralizador do espiritismo pela finalidade que confere a todas as ações da vida, pelas consequências do bem e do mal que torna quase tangíveis; a força moral, a coragem, as consolações que ele oferece nas aflições, por uma inalterável confiança no futuro, pelo pensamento de ter junto a si os seres a quem se amou, a certeza de que tornará a vê-los, a possibilidade de se comunicar com eles, enfim, pela certeza de que tudo quanto se fez, de tudo aquilo que se adquiriu em inteligência, em ciência, em moralidade, *até o derradeiro momento da vida,* nada é perdido, que tudo servirá para o adiantamento, reconhece-se que o espiritismo realiza todas as promessas do Cristo em relação ao Consolador prometido. Ora, como é o *Espírito de Verdade* que preside o grande movimento da regeneração, a promessa de sua vinda encontra-se assim cumprida, porque, de fato ele é o verdadeiro *Consolador*[2].

---

2. Muitos pais de família deploram a morte prematura de filhos, para cuja educação fizeram grandes sacrifícios e dizem a si mesmos que tudo isso foi pura perda. Com o espiritismo, eles não mais se lastimam por seus sacrifícios e estariam prontos a fazê-los, mesmo com a certeza de verem morrer seus filhos, porque sabem que, se estes não puderam aproveitar essa educação no presente,

43. Se a tais resultados acrescentarmos a rapidez espantosa da propagação do espiritismo, apesar de tudo o que foi feito para abatê-lo, não se poderá negar que sua vinda foi providencial, pois que ele triunfa sobre toda a força e má vontade dos homens. A facilidade com que ele é aceito por um número tão grande de pessoas, sem qualquer constrangimento, sem outros meios senão o poder da ideia, prova que ele atende a uma necessidade: a de acreditar em algo, a fim de preencher o vazio deixado pela incredulidade, e que, portanto, veio no tempo certo.

44. Os aflitos existem em grande número; não é, pois, de surpreender que tanta gente acolha uma doutrina que consola de preferência os desesperados, pois é aos deserdados do mundo, mais do que aos felizes, que se dirige o espiritismo. O doente vê o médico chegar com maior alegria do que aquele que se encontra bem. Ora, os aflitos são os doentes, e o Consolador é o médico.

Vós que combateis o espiritismo, se desejais que o deixem para seguir-vos, oferecei mais e melhor do que ele; curai com mais segurança as feridas da alma. Dai mais consolações, mais satisfações ao coração, esperanças mais legítimas, certezas maiores; fazei do futuro um quadro mais racional, mais sedutor; mas não pensai em trazê-lo com a perspectiva do nada, com a alternativa das chamas do inferno ou a beata e inútil contemplação perpétua.

45. A primeira revelação estava personificada em Moisés, a segunda no Cristo e a terceira não está personificada em indivíduo algum. As duas primeiras são individuais, a terceira é coletiva; eis aí um caráter essencial de grande importância. Ela é coletiva no sentido de não dar o privilégio de sua criação a ninguém; que ninguém, portanto, pode alegar ser seu profeta exclusivo. Ela espalhou-se simultaneamente por toda a Terra, a milhões de pessoas de todas as idades, de todos os tempos e condições, desde o ponto mais baixo até o mais alto da escala, de acordo com esta predição trazida pelo autor dos Atos dos Apóstolos: "Nos últimos tempos, diz o Senhor, derramarei de meu espírito sobre toda carne; vossos filhos e vossas filhas profetizarão; vossos jovens terão visões e vossos velhos terão sonhos". Não proveio de nenhum culto especial, para servir um dia como ponto de referência a todos.[3]

---

ela servirá primeiramente para seu progresso como espíritos e, depois, representará conquistas adquiridas para uma nova existência e que, uma vez que retornarão, lhes servirá como bagagem intelectual que os tornará mais aptos para a aquisição de novos conhecimentos. Tratam-se daquelas crianças que trazem ao nascer ideias inatas, que, por assim dizer, sabem sem ter necessidade de aprender. Se como pais eles não têm a satisfação imediata de ver seus filhos tirarem proveito dessa educação, eles certamente o farão mais tarde, seja como espíritos, seja como homens. Talvez venham a ser eles os pais desses mesmos filhos, que se costuma dizer superdotados pela natureza, mas que devem suas aptidões a uma educação anterior; do mesmo modo, se os filhos se desviam em consequência da negligência dos pais, estes podem vir a sofrer mais tarde pelos aborrecimentos e tristezas que tais filhos lhes suscitarão numa nova existência. (*O Evangelho segundo o Espiritismo*: cap. V, nº 21: Mortes prematuras.)

3. Nosso papel pessoal no grande movimento das ideias que se prepara pelo espiritismo, e que já começa a se operar, é o do observador atento que estuda os fatos para deduzir-lhes a causa e deles extrair as consequências. Temos confrontado tudo quanto nos foi possível reunir; temos comparado e comentado as instruções dadas pelos espíritos em todos os pontos do Globo e, depois, temos

46. Sendo as duas primeiras revelações o produto de um ensinamento pessoal, permaneceram forçosamente localizadas, ou seja, surgiram num só ponto, em torno do qual a ideia se propagou pouco a pouco; mas foram necessários séculos para que elas alcançassem os extremos do mundo, sem tomá-lo por inteiro. A terceira revelação tem isso de particular, pois, não estando personificada em um indivíduo, produziu-se simultaneamente em milhares de pontos diferentes, os quais se tornaram centros ou focos de irradiação. Multiplicando-se esses centros, seus raios se reúnem pouco a pouco, à semelhança dos círculos formados por diversas pedras lançadas na água, de tal modo que, dentro de certo tempo, acabarão por cobrir toda a superfície do mundo.

Essa é uma das causas da rápida propagação da doutrina. Se ela tivesse surgido em um único ponto, se tivesse sido obra exclusiva de um só homem, teria formado uma seita em torno dele; mas talvez meio século tivesse passado e seus limites ainda não tivessem percorrido o país onde tivesse iniciado; tal como é, depois de dez anos, ela tem suas balizas fincadas de um polo a outro.

47. Essa circunstância, inédita na história das doutrinas, confere ao espiritismo uma força excepcional e um poder de ação irresistível; na verdade, se o perseguem em um local, em um país, é materialmente impossível persegui-lo em todos os pontos, em todos os países. Para cada lugar em que lhe entravem a marcha, em mil outros ele florescerá. Mais ainda, se o atingirem em um indivíduo, não poderão atingi-lo nos espíritos, que são sua fonte. Ora, uma vez que os espíritos estão em toda parte, e que eles existirão para sempre, ainda que fosse possível sufocar a doutrina por todo o Globo, ela reapareceria algum tempo mais tarde, porquanto repousa *sobre fato que está na natureza*, e não é possível suprimir as leis da natureza. Disso devem se convencer aqueles que sonham com o aniquilamento do espiritismo. (*Revista Espírita*, fevereiro 1865, pag. 38: Perpetuidade do espiritismo.)

48. Entretanto, esses centros disseminados poderiam permanecer, ainda por muito tempo, isolados uns dos outros, confinados, como alguns se acham, em países longínquos. Era necessário entre eles um traço de união que os colocasse em comunhão de pensamentos com seus irmãos de crença, para informá-los sobre o que se fazia algures. Esse traço de união, que teria faltado ao espiritismo na Antiguidade, encontra-se hoje nas publicações que chegam a toda parte e que condensam, sob uma forma única, concisa e metódica, o ensinamento dado em toda parte, em múltiplas formas e em diversas línguas.

---

coordenado seu conjunto metodicamente; em uma palavra, temos estudado e dado a público o fruto de nossas pesquisas, sem atribuir aos nossos trabalhos outro valor senão o de uma obra filosófica deduzida da observação e da experiência, sem jamais nos colocarmos como chefe de doutrina, nem pretender impor nossas ideias a ninguém. Ao publicá-las, fizemos uso de um direito comum, e aqueles que as aceitaram o fizeram livremente. Se essas ideias encontraram numerosas simpatias, é que elas tiveram o mérito de responder às aspirações de muitos, fato do qual não nos poderíamos vangloriar, pois sua origem não nos pertence. Nosso maior mérito é o da perseverança e devotamento à causa que abraçamos. Em tudo isso, temos feito o que outros poderiam ter feito como nós. É por isso que jamais tivemos a pretensão de nos acreditar profeta ou *messias*, e menos ainda de nos considerarmos como tal.

49. As duas primeiras revelações só poderiam ter sido o resultado de um ensino direto; além disso, elas teriam que ser impostas pela fé na autoridade da palavra do Mestre, uma vez que os homens não estavam suficientemente adiantados para concorrerem para sua elaboração.

Atentemos, entretanto, que há entre elas uma sensível diferença, devido ao progresso dos costumes e das ideias, embora tenham sido feitas entre o mesmo povo e no mesmo meio, mas com um intervalo de quase dezoito séculos entre ambas. A doutrina de Moisés é absoluta, despótica; não admite discussão e se impõe a todo o povo pela força. A de Jesus é essencialmente *conselheira;* é livremente aceita e só se impõe pela persuasão; foi contestada com seu fundador ainda em vida, que não desdenhava discutir com seus adversários.

50. A terceira revelação, vinda em uma época de emancipação e maturidade intelectual, em que a inteligência desenvolvida não se conforma com um papel passivo, na qual o homem nada aceita às cegas, mas quer ver para onde é conduzido, compreender o porquê e o como de cada coisa – teria ela que ser, ao mesmo tempo, o resultado de um ensinamento e o fruto do trabalho, da pesquisa e do livre exame. Os espíritos apenas ensinam o que é necessário para colocar o homem no caminho da verdade, mas se abstêm de revelar aquilo que o homem pode descobrir por si próprio, deixando-lhe o cuidado de discutir, controlar e submeter tudo ao crivo da razão, deixando mesmo, muitas vezes, que adquira a experiência à sua própria custa. Eles lhe fornecem o princípio, os materiais: cabe ao homem aproveitá-los e colocá-los em ação. (N° 15.)

51. Como os elementos da revelação espírita foram ensinados simultaneamente em muitos lugares, a homens de todas as condições sociais e de diversos graus de instrução, é evidente que as observações não poderiam ser feitas por toda parte com o mesmo resultado; que as consequências a tirar, a dedução das leis que regem essa ordem de fenômenos, em suma, a conclusão sobre a qual deviam firmar-se as ideias, só poderiam sair do conjunto e da correlação dos fatos. Ora, cada centro isolado, circunscrito dentro de um círculo restrito, vendo apenas, frequentemente, uma ordem particular de fatos, não raro contraditórios na aparência, tratando geralmente com a mesma categoria de espíritos e, além disso, embaraçado pelas influências locais e pelo espírito partidário, achava-se na impossibilidade material de abranger o conjunto e, por isso mesmo, incapaz de conjugar as observações isoladas a um princípio comum. Como cada um deles apreciava os fatos sob o ponto de vista de seus conhecimentos e de suas crenças anteriores, ou da opinião particular dos espíritos que se manifestassem, logo teriam surgido tantas teorias e sistemas quantos centros existentes, e nenhum chegaria a ser completo, pela falta de elementos de comparação e de controle. Resumindo, cada um se teria imobilizado em sua revelação parcial, acreditando estar de posse da verdade completa, ignorando que em cem outros locais se obtinha mais e melhor.

52. Além disso, deve-se assinalar que em nenhuma parte o ensino espírita foi dado de maneira completa. Abarca um número tão grande de observações, de assuntos tão diversos, exigindo conhecimentos e aptidões mediúnicas especiais, que seria impossível estarem reunidas num mesmo local todas as condições necessárias. Devendo o ensino ser coletivo e não individual, os espíritos dividiram o trabalho, disseminando os temas de estudo e de observação, como se faz em certas fábricas, onde a confecção de cada parte de um mesmo objeto é repartida entre diversos operários.

Desse modo, a revelação foi feita parcialmente, em diversos lugares e por uma multidão de intermediários, e é dessa maneira que ela ainda prossegue, pois nem tudo foi revelado. Cada centro encontra nos demais centros o complemento daquilo que obtém, e tem sido o conjunto, a coordenação de todos os ensinos parciais que constituíram a *doutrina espírita*.

Era necessário, portanto, agrupar os fatos esparsos, para verificar a correlação entre eles, reunir os diversos documentos, as instruções dadas pelos espíritos nos diferentes pontos e sobre todos os assuntos, a fim de compará-los, analisá-los e estudar suas analogias e diferenças. Sendo as comunicações dadas por espíritos de todas as ordens, mais ou menos esclarecidos, era preciso avaliar o grau de confiança que a razão permitia conceder-lhes, distinguir as ideias sistemáticas individuais e isoladas das que tinham a sanção do ensino geral dos espíritos; as utopias das ideias práticas; afastar as que eram notoriamente desmentidas pelos dados da ciência positiva e da lógica sã; utilizar os próprios erros, os ensinamentos fornecidos pelos próprios espíritos do mais baixo estágio, para tomar conhecimento do estado do mundo invisível, para então formar um todo homogêneo. Era preciso, em resumo, um centro de elaboração independente de qualquer ideia preconcebida, de todo preconceito sectário, *disposto a aceitar a verdade tornada evidente, ainda que contrária às opiniões pessoais.* Esse centro formou-se por si mesmo, pela força das coisas, e *sem desígnio premeditado*[4].

---

4. O *Livro dos Espíritos*, a primeira obra que fez com que o espiritismo entrasse na trilha filosófica, pela dedução das consequências morais dos fatos, que abordou todas as partes da doutrina, tocando nas questões mais importantes que ela propõe, tem sido, desde seu surgimento, o ponto de encontro para o qual convergiram, espontaneamente, os trabalhos individuais. É notório que da publicação desse livro data a era do espiritismo filosófico, o qual até então permanecera no campo das experiências para entreter a curiosidade. Se esse livro conquistou a simpatia da maioria, é porque era a expressão dos sentimentos dessa maioria e respondia a suas aspirações. E também porque cada um ali encontrava a confirmação e uma explicação racional do que obtinha em particular. Se ele estivesse em desacordo com o ensino geral dos espíritos, não teria merecido nenhum crédito e depressa caído no esquecimento. Ora, qual tem sido esse ponto de convergência? Não foi por certo o homem, que nada é por si mesmo, sendo apenas uma engrenagem de trabalho que morre e desaparece, mas sim a ideia que não perece quando emana de uma fonte superior ao homem.
Essa concentração espontânea de forças esparsas deu lugar a uma correspondência imensa, monumento único no mundo, quadro vivo da verdadeira história do espiritismo moderno, em que se refletem, ao mesmo tempo, os trabalhos parciais, os sentimentos múltiplos que fizeram nascer a doutrina, as consequências morais, os devotamentos e os fracassos; arquivos preciosos para a posteridade, que poderá julgar os homens e as coisas a partir de documentos autênticos. Diante desses testemunhos irrecusáveis, em que se tornarão, com o tempo, todas as falsas alegações, as difamações da inveja e do ciúme?

53. Desse estado de coisas resultou uma dupla corrente de ideias: umas encaminhando-se das extremidades para o centro, outras se encaminhando do centro para a circunferência. Foi assim que a doutrina caminhou rapidamente para a unidade, apesar da diversidade das fontes das quais emanou; os sistemas divergentes ruíram pouco a pouco, pelo fato de permanecerem isolados frente a ascendência de opiniões da maioria, na qual não encontraram simpatia. Uma comunhão de pensamentos estabeleceu-se desde então entre os diferentes centros parciais; falando a mesma linguagem espiritual, eles se compreendem e simpatizam de um extremo a outro do mundo.

Os espíritas se sentiram mais fortes, lutaram com mais coragem, caminharam com passo mais firme, desde que não se viram mais isolados por terem sentido um ponto de apoio, um elo que os ligava à grande família. Os fenômenos que testemunhavam não mais lhes pareceram estranhos, anormais, contraditórios, pois puderam conjugá-los às leis gerais da harmonia, percebendo de um golpe de vista a totalidade do edifício e vendo nesse conjunto um objetivo grande e humanitário[5].

Mas como saber se um princípio é ensinado em toda parte ou se é o resultado de uma opinião individual? Como os grupos isolados não podiam saber o que era dito fora deles, era necessário que um centro reunisse todas as instruções, a fim de fazer um tipo de depuração das vozes e levar a opinião da maioria ao conhecimento de todos.[6]

54. Não há nenhuma ciência que tenha saído completa do cérebro de um único

---

5. Um testemunho significativo, ao mesmo tempo admirável e comovente, desta comunhão de pensamentos que se estabeleceu entre os espíritas pela conformidade das crenças, são os pedidos de preces que nos chegam dos países mais distantes, desde o Peru até as extremidades da Ásia, da parte de pessoas de religiões e nacionalidades diversas e que nunca vimos. Não é isto o prelúdio da grande unificação que se prepara, a prova das raízes profundas que o espiritismo toma por toda parte?

É digno de nota que de todos os grupos que se formaram com a intenção premeditada de promover a cisão, proclamando princípios divergentes, assim como todos aqueles que por razões de amor-próprio ou outras quaisquer, para não parecer que se submetem à lei comum, acreditaram-se fortes o bastante para caminharem sozinhos, dotados de luzes suficientes para terem necessidade de conselhos, nenhum chegou a constituir uma ideia preponderante e viável. Todos se extinguiram ou vegetaram na sombra. Como poderia ter sido diferente, já que, para distinguir-se em vez de se esforçarem para proporcionar um número maior de satisfações, rejeitaram exatamente os princípios da doutrina com maior poder de atração, o que ela tem de mais consolador, encorajador e racional? Se tivessem compreendido o poder dos elementos morais que constituíram sua unidade, não se teriam acalentado numa ilusão quimérica; contudo, tomando seu pequeno círculo como se fosse o Universo, não viram nos adeptos mais que uma camarilha que poderia ser derrubada por outra camarilha contrária. Era equivocar-se de modo estranho quanto aos caracteres essenciais da doutrina, e tal equívoco só poderia acarretar decepções. Ao invés de romperem a unidade, quebraram o único vínculo que lhes poderia dar a força e a vida. (Ver *Revista Espírita*, abril de 1866, páginas 106 e 111: O espiritismo sem os espíritos; o espiritismo independente.)

6. Esse é o objeto de nossas publicações, que podem ser consideradas como o resultado desse trabalho de depuração. Nelas todas as opiniões são discutidas, mas as questões só são erigidas em princípios depois de haverem recebido a consagração de todos os pontos de comprovação, pois só eles lhes podem dar a força de lei e permitir afirmações. Eis por que não preconizamos levianamente nenhuma teoria, e é nisso que a doutrina, decorrendo do ensino geral, não é o produto de um sistema preconcebido. É isso, igualmente, que lhe dá força e garante seu futuro.

homem; todas, sem exceção, são o produto de observações sucessivas, que se apoiam em observações anteriores, como de um ponto conhecido para chegar ao desconhecido. Foi assim que os espíritos procederam com relação ao espiritismo, razão pela qual seu ensino é gradual; eles somente abordam as questões na medida em que os princípios sobre os quais eles devem se apoiar estejam suficientemente elaborados e quando a opinião esteja amadurecida para assimilá-los. É mesmo de se notar que todas as vezes em que os centros particulares quiseram abordar questões prematuras, acabaram por obter apenas respostas contraditórias não concludentes. Quando, ao contrário, o momento favorável chega, o ensinamento é completamente idêntico na quase totalidade dos centros.

Há, entretanto, uma diferença capital entre a marcha do espiritismo e a das ciências: é que estas só atingiram o ponto a que chegaram após longos períodos, enquanto que bastaram ao espiritismo apenas alguns anos, senão para alcançar o ponto culminante, pelo menos para acumular uma quantidade de observações grande o bastante para constituir uma doutrina. Isso se deve à multidão incontável de espíritos que, pela vontade de Deus, manifestaram-se simultaneamente, cada qual trazendo seu contingente de conhecimentos. É em consequência disso que todas as partes da doutrina, ao invés de serem elaboradas sucessivamente ao longo de vários séculos, ocorreram mais ou menos simultaneamente em alguns anos, o que foi suficiente para agrupá-las e assim formar um todo.

Deus quis que assim fosse, em primeiro lugar, para que o edifício chegasse mais depressa ao topo e, em segundo lugar, para que fosse possível, por meio da comparação, ter um controle por assim dizer imediato e permanente da universalidade do ensino, sendo que cada parte só teria valor e *autoridade* por sua conexão com o conjunto, todas se harmonizando, tomando seu devido lugar no arranjo geral e chegando cada uma a seu tempo.

Ao não confiar a um único espírito a responsabilidade de promulgar a doutrina, quis Deus que tanto o menor assim como o maior dentre os espíritos, como dentre os homens, trouxesse sua pedra para o edifício, a fim de estabelecer entre eles um laço de solidariedade cooperativa, que faltou a todas as doutrinas provenientes de uma fonte única.

Por outro lado, cada espírito, assim como cada homem, possuindo uma soma limitada de conhecimentos, seria individualmente incapaz de tratar *ex professo* das incontáveis questões que são inerentes ao espiritismo. É por isso, igualmente, que a doutrina, para cumprir os desígnios do Criador, não poderia ser obra de um único espírito, nem de um único médium; ela teria que surgir da coletividade dos trabalhos controlados uns pelos outros[7].

55. Um último caráter da revelação espírita, que ressalta as próprias condições em que ela se produz, é que, apoiando-se em fatos, ela é e só pode ser essencialmente progressiva, como todas as ciências de observação. Por sua essência,

---

7. Ver *O Evangelho segundo o Espiritismo*, introdução, p. VI, e *Revista Espírita*, abril de 1864, p. 90: Autoridade da doutrina espírita; controle universal do ensino dos espíritos.

ela contrai aliança com a ciência, que, sendo a exposição das leis da natureza numa certa ordem de fatos, não pode ser contrária à vontade de Deus, o autor dessas leis. *As descobertas da ciência glorificam a Deus, em vez de rebaixá-Lo: elas só destroem aquilo que os homens edificaram sobre as ideias falsas que fizeram de Deus.*

O espiritismo só estabelece como princípio absoluto o que possa ser demonstrado com evidência, ou o que seja deduzido logicamente da observação. Ligado a todos os ramos da economia social, ao qual oferece o apoio com suas próprias descobertas, assimilará sempre todas as doutrinas progressivas, de qualquer ordem que elas sejam, que tenham sido elevadas ao estado de *verdades práticas* e saídas do domínio das utopias, pois sem isso se aniquilaria; deixando de ser o que é, desmentiria sua origem e seu objetivo providencial. Marchando com o progresso, o espiritismo jamais será ultrapassado, porque, se novas descobertas demonstrarem que ele se encontra em erro em um determinado ponto, ele se modificará com relação a tal ponto; se uma nova verdade se revelar, ele a aceitará[8].

56. Qual é a utilidade da doutrina moral dos espíritos, uma vez que ela não é senão a moral do Cristo? O homem tem necessidade de uma revelação, não podendo encontrar em si mesmo tudo o que precisa para se conduzir?

Do ponto de vista moral, Deus deu ao homem, sem dúvida, um guia em sua consciência, que lhe diz: "Não faças a outrem o que não queres que te façam." A moral natural encontra-se certamente inscrita no coração dos homens, mas todos a sabem ler? Não têm eles desprezado esses sábios preceitos? O que fizeram eles da moral do Cristo? Como a praticam aqueles mesmo que a ensinam? Não se tornou ela uma letra morta, uma bela teoria, boa para os outros e não para si próprios? Censurai um pai por repetir dez vezes, cem vezes as mesmas instruções a seus filhos, se eles não as aproveitam? Por que faria Deus menos que um pai de família? Por que Ele não enviaria aos homens, de tempos em tempos, mensageiros especiais, encarregados de chamá-los aos seus deveres e de reconduzi-los ao caminho do bem, quando deste se desviam, de abrir os olhos da inteligência àqueles que os têm fechados, como os homens mais adiantados enviam missionários aos selvagens e bárbaros?

Os espíritos ensinam a moral do Cristo, pelo fato de que não existe outra melhor. Mas, então, para que serve seu ensinamento, se dizem o que já sabemos? O mesmo poderia ser dito da moral do Cristo, que foi ensinada quinhentos anos antes de sua vinda por Sócrates e Platão em termos quase idênticos. O mesmo se pode dizer sobre todos os moralistas que repetem a mesma coisa em todos os tons e em todas as formas. Pois bem, os espíritos vêm, tão simplesmente,

---

8. Diante de declarações tão nítidas e categóricas como as contidas neste capítulo, caem por terra todas as alegações de tendência ao absolutismo e à autocracia dos princípios, todas as falsas interpretações que pessoas prevenidas ou mal informadas atribuem à doutrina. Essas declarações, aliás, não são novas; nós as temos repetido com frequência em nossos escritos, para que não permaneça qualquer dúvida a esse respeito. Elas nos indicam, além disso, nosso verdadeiro papel, o único que ambicionamos: o de trabalhador.

aumentar o número dos moralistas, com a diferença de que, manifestando-se por toda parte, fazem-se ouvir tanto na choupana quanto no palácio, tanto pelos ignorantes como pelas pessoas instruídas.

O que o ensinamento dos espíritos acrescenta à moral do Cristo é o conhecimento dos princípios que regem as relações entre mortos e vivos, os quais completam as noções vagas que ele havia dado acerca da alma, de seu passado e de seu futuro, sancionando sua doutrina pelas próprias leis da natureza. Com o auxílio das novas luzes trazidas pelo espiritismo e pelos espíritos, o homem compreende a solidariedade que une todos os seres; a caridade e a fraternidade passam a ser uma necessidade social e ele passa a fazer por convicção aquilo que fazia apenas por dever, e a fazê-lo melhor.

Quando os homens praticarem a moral do Cristo, somente então poderão afirmar que não mais necessitam de moralistas encarnados e desencarnados; e, então, Deus não mais os enviará.

57. Uma das questões mais importantes dentre as que são colocadas no início deste capítulo é a seguinte: Qual é a autoridade da revelação espírita, uma vez que emana de seres cujas luzes são limitadas e que não são infalíveis?

A objeção seria válida se essa revelação consistisse apenas no ensino dos espíritos, se devêssemos recebê-la exclusivamente deles e aceitá-la cegamente. Mas ela perde todo valor a partir do momento em que o homem lhe traz o concurso de sua inteligência e de seu juízo; desde que os espíritos se limitam a orientá-lo nas deduções que ele próprio pode tirar da observação dos fatos. Ora, as manifestações, em suas incontáveis variedades, são fatos, que o homem estuda, e busca deduzir a lei que as rege; nesse trabalho ele é auxiliado por espíritos de todas as categorias, que são antes colaboradores que reveladores no sentido usual da palavra; ele submete seus conceitos ao controle da lógica e do bom-senso; dessa maneira, ele se beneficia com conhecimentos especiais que eles possuem devido ao seu grau de adiantamento, sem abdicar do uso de sua própria razão.

Sendo os espíritos apenas as almas dos homens, ao nos comunicarmos com eles *não saímos da humanidade,* o que constitui uma circunstância capital a ser considerada. Os homens de gênio, que têm sido os faróis da humanidade, saíram, então, do mundo dos espíritos e para lá voltaram ao deixar a Terra. Desde que os espíritos podem se comunicar com os homens, esses mesmos gênios podem dar-lhes instruções sob a forma espiritual, como fizeram sob a forma corporal; podem instruir-nos após a morte, da mesma maneira como faziam enquanto vivos; são invisíveis e não mais visíveis, eis toda a diferença. Sua experiência e seu saber não devem ser menores que antes, e se a palavra deles, enquanto homens, tinha autoridade, não há por que agora ter menos pelo fato de se acharem no mundo dos espíritos.

58. Todavia, não são apenas os espíritos superiores que se manifestam, mas, também, os espíritos de todas as ordens, e isso foi necessário para nos iniciar no verdadeiro caráter do mundo espiritual, mostrando-nos esse mundo sob todas as suas facetas. Disso resulta que as relações entre o mundo visível e o mundo invisível são mais íntimas, e sua conexão mais evidente. Vemos, de maneira mais clara, de onde viemos e para onde vamos. É esse o objetivo essencial dessas manifestações. Todos os espíritos, seja qual for o grau de adiantamento que atingiram, ensinam-nos alguma coisa. Mas, como são mais ou menos esclarecidos, cabe a nós distinguir o que há neles de bom ou de mau, tirando todo proveito possível de seus ensinamentos. Todos os espíritos, quaisquer que sejam, podem nos ensinar e nos revelar coisas que ignoramos e que, sem eles, não saberíamos.

59. Os grandes espíritos encarnados são individualidades poderosas, sem dúvida, mas sua ação é restrita e necessariamente lenta em propagar-se. Se apenas um deles, ainda que fosse Elias ou Moisés, Sócrates ou Platão, viesse revelar aos homens as condições do mundo espiritual nestes últimos tempos, quem poderia provar a verdade de suas afirmações nesta época de ceticismo? Não o tomariam por um sonhador ou um utopista? Mesmo que dissessem a verdade absoluta, séculos transcorreriam antes que suas ideias fossem aceitas pelas massas. Deus, em Sua sabedoria, não quis que fosse assim; Ele quis que os ensinamentos fossem dados pelos *próprios espíritos*, e não por encarnados, a fim de convencê-los de sua existência, e que isso acontecesse simultaneamente por toda a Terra, seja para propagar esses ensinos mais rapidamente, seja para que se encontrasse na coincidência de seus ensinamentos uma prova da verdade, cada qual tendo, desse modo, os meios necessários de se convencer.

60. Os espíritos não vêm liberar o homem do trabalho, do estudo e da pesquisa; não trazem para ele uma ciência completamente elaborada. Naquilo que o homem pode descobrir por si mesmo, deixam-no entregue a seus próprios esforços. Os espíritas sabem disso hoje perfeitamente. Há muito tempo a experiência tem demonstrado o erro da opinião que atribuía aos espíritos todo conhecimento e toda sabedoria, e que bastaria se dirigir ao primeiro espírito que se apresentasse para conhecer todas as coisas. Tendo saído da humanidade, os espíritos são uma de suas faces: assim como na Terra, há os superiores e os vulgares. Muitos deles sabem, portanto, acerca de ciência e filosofia, menos que certos homens. Eles dizem o que sabem, nem menos, nem mais. Como entre os homens, os espíritos mais adiantados podem nos ensinar sobre mais coisas, dar-nos conselhos mais judiciosos do que os que são atrasados. Pedir conselhos aos espíritos não implica, deste modo, dirigir-se a potências sobrenaturais, mas *aos nossos iguais,* àqueles mesmos a quem nos dirigiríamos neste mundo: pais, amigos ou a indivíduos mais esclarecidos que nós. É isso de que é importante persuadir-se e que ignoram aqueles que, não tendo estudado o espiritismo, fazem uma ideia completamente falsa da natureza do mundo dos espíritos e das relações de além-túmulo.

61. Qual é, então, a utilidade dessas manifestações ou dessa revelação, se assim preferirem, já que os espíritos não sabem mais que nós e se não nos dizem tudo o que sabem?

Em primeiro lugar, como já dissemos, eles se abstêm de nos dar aquilo que podemos adquirir pelo trabalho; em segundo lugar, há coisas que não lhes é permitido revelar, pois nosso grau de adiantamento não o comporta. Mas, além disso, as condições de sua nova existência ampliam o círculo de suas percepções: eles veem o que não conseguiam ver quando na Terra. Libertos dos entraves da matéria, isentos das preocupações da vida corporal, passam a julgar as coisas de um ponto de vista mais elevado e, por isso mesmo, de modo mais são. Sua perspicácia abarca um horizonte mais vasto: compreendem seus erros, retificam suas ideias e livram-se dos preconceitos humanos.

É nisso que consiste a superioridade dos espíritos sobre a humanidade corporal e a razão por que seus conselhos podem ser mais judiciosos e desinteressados que os dos encarnados, de acordo com o grau evolutivo alcançado. O meio em que se encontram lhes permite, por outro lado, iniciar-nos nas questões da vida futura que ignoramos e que não podemos aprender em nosso meio. Até esse dia o homem só havia criado hipóteses sobre seu futuro e é por isso que suas crenças a esse respeito se dividiram em sistemas tão numerosos e tão divergentes, desde a doutrina do nada até as fantásticas concepções do inferno e do paraíso. Hoje, são as testemunhas oculares, os próprios atores da vida de além-túmulo que vêm nos dizer no que consiste essa vida e *os únicos que poderiam fazê-lo*. Essas manifestações serviram, portanto, para nos fazer conhecer o mundo invisível que nos rodeia e do qual não suspeitávamos; e apenas esse único conhecimento já seria de importância capital, supondo que os espíritos não fossem capazes de nos ensinar mais nada.

Se você fosse a um país desconhecido, rejeitaria os ensinamentos do mais humilde camponês que encontrasse? Iria recusar-se a perguntar-lhe sobre as condições do caminho, pelo fato de ser ele apenas um camponês? Você não esperaria dele, certamente, esclarecimentos de elevada envergadura, porém, do que esteja em sua esfera, ele poderá, em certos pontos, ensinar melhor do que um sábio que não conhecesse o país. Você tirará de suas indicações consequências que ele próprio não poderia tirar, mas nem por isso ele terá sido um instrumento menos útil para suas observações, mesmo que ele só tenha servido para fazer você conhecer os costumes dos camponeses. O mesmo acontece em nossas relações com os espíritos, onde o menor dentre eles poderá nos ensinar alguma coisa.

62. Uma simples comparação fará compreender ainda melhor a situação.

Um navio, carregado de imigrantes, parte para uma terra distante. Transporta homens de todas as condições, parentes e amigos daqueles que ficaram para trás. Recebe-se a notícia de que esse navio naufragou sem deixar vestígios e nenhuma notícia foi recebida quanto a sua sorte. Conclui-se que todos os viajantes pereceram e o luto se estabelece em todas as famílias. No entanto, toda a tripulação, sem exceção de um homem sequer, aproximou-se de uma terra desconhecida, terra essa abundante e fértil, onde todos vivem felizes sob um céu ameno. Mas nada se sabe sobre isso. Um belo dia, porém, outro navio aporta nessa terra e ali encontra, sãos e salvos, todos os náufragos. A feliz notícia se espalha com a rapidez de um relâmpago e as pessoas exclamam: "Nossos amigos não estão perdidos!" E rendem graças a Deus. Eles não se podem ver, mas se correspondem. Trocam entre si testemunhos de afeto e, desse modo, a tristeza dá lugar à alegria.

Temos aqui uma imagem representativa da vida terrestre e da vida de além--túmulo, antes e depois da revelação moderna. Esta, como o segundo navio, nos traz a boa nova da sobrevivência daqueles que nos são caros e a certeza de que a eles nos reuniremos um dia. A dúvida quanto ao destino deles e ao nosso não existe mais. O desalento se desfaz perante a esperança.

Mas outros resultados vêm enriquecer essa revelação. Deus, julgando a humanidade madura para penetrar no mistério de sua destinação e contemplar calmamente novas maravilhas, permitiu que o véu que separava o mundo visível do mundo invisível fosse erguido. O fato das manifestações nada tem de sobre-humano: é a humanidade espiritual que vem conversar com a humanidade corporal e lhe dizer:

"Nós existimos, portanto, o nada não existe. Eis o que somos e o que sereis. O futuro vos pertence, assim como a nós. Vós caminháveis nas trevas e nós viemos aclarar vossa estrada e abrir vossos olhos. Seguíeis a esmo, mas nós vos mostramos o propósito. A vida terrena representava tudo para vós, porque não víeis nada além dela. Viemos falar-vos, mostrando-vos a vida espiritual: a vida terrena não é nada. Vossa visão se detinha no túmulo, mas nós vos mostramos, para além dele, um horizonte esplêndido. Não sabíeis por que sofreis na Terra, mas agora enxergais no sofrimento a justiça de Deus; o bem parecia não produzir frutos para o futuro, mas a partir de agora terá um propósito e será uma necessidade; a fraternidade era apenas uma bela teoria, mas agora se assenta sobre uma lei da natureza. Sob o império da crença de que tudo se acaba com a morte, a imensidão é vazia, o egoísmo reina soberano entre vós e vossa palavra de ordem é: 'Cada um por si!' Com a certeza do futuro, os espaços sem fim se povoam ao infinito, o vazio e a solidão não existem em parte alguma, a solidariedade conecta todos os seres, além e aquém do túmulo. É o reino da caridade, com a divisa: 'Um por todos e todos por um'. Enfim, ao final da vida dizíeis um eterno adeus àqueles que vos são caros, mas agora lhes direis: 'Até breve!'"

Esses são, em resumo, os resultados da nova revelação; ela veio preencher o vazio aberto pela incredulidade, levantar os ânimos abatidos pela dúvida ou pela perspectiva do nada, dando a todas as coisas uma razão de ser. Esse resultado seria irrelevante, pelo fato de que os espíritos não vêm resolver os problemas da ciência, nem dar saber aos ignorantes e aos preguiçosos os meios de enriquecer sem esforço? Entretanto, os frutos que o homem deve retirar da nova revelação não são só para a vida futura; ele os colherá ainda sobre a Terra, pela transformação que essas novas crenças devem necessariamente operar em seu caráter, em seus gostos, em suas tendências e, consequentemente, em seus hábitos e nas relações sociais. Pondo fim ao reinado do egoísmo, do orgulho e da incredulidade, elas preparam o do bem, que é o reino de Deus.

Portanto, a revelação tem o propósito de colocar o homem em posse de certas verdades que ele não pode adquirir por si mesmo, com a intenção de acelerar o progresso. Tais verdades se limitam, em geral, a princípios fundamentais destinados a colocá-lo no caminho de investigações e não de conduzi-lo pela mão. São marcos que lhe apontam o objetivo: é sua a tarefa de estudá-los e deduzir suas aplicações. Longe de liberá-lo do trabalho, fornece novos elementos para sua atividade.

Capítulo II

Deus

Existência de Deus – Da natureza divina – A providência
– A visão de Deus

Existência de Deus

1. Deus, sendo a causa primária de todas as coisas, o ponto de partida de
tudo, a base sobre a qual repousa o edifício da criação, é o ponto fundamental a
considerar antes de tudo. Constitui princípio elementar que se julgue uma causa
pelos seus efeitos, mesmo que não se veja a causa. A ciência vai mais longe:
calcula o poder da causa pelo poder do efeito e pode mesmo determinar sua natureza. É assim, por exemplo, que a astronomia deduziu a existência de planetas
em determinadas regiões do espaço, a partir do conhecimento das leis que regem
o movimento dos astros. Buscou-se e foram encontrados os planetas, que se pode
dizer que foram descobertos antes de terem sido vistos.

2. Numa ordem de fatos mais comuns, se nos encontramos em meio a uma
neblina espessa, ao notar uma claridade difusa, julgamos que o sol está no horizonte, embora não se veja o sol. Se um pássaro que corta os ares é atingido por
um disparo mortal, deduzimos que um atirador hábil o atingiu, embora não se veja
o atirador. Não é, pois, sempre necessário ver uma coisa para saber que ela existe.
Em tudo, é observando os efeitos que se chega ao conhecimento das causas.

3. Outro princípio elementar, que se tornou um axioma por força de ser verdadeiro, é que todo efeito inteligente deve ter uma causa inteligente.

Se perguntássemos quem é o construtor de tal mecanismo engenhoso, o arquiteto de tal monumento, o escultor de tal estátua ou o pintor de tal quadro, o que pensaríamos daquele que respondesse que tais coisas se fizeram por si mesmas? Quando se vê uma obra-prima da arte ou da indústria, diz-se que deve ter sido feita por um homem de gênio, porque só uma alta inteligência poderia tê-la concebido. Julgamos, no entanto, que tenha sido feita por um homem, porque se sabe que a obra não está acima da capacidade humana. Mas não ocorrerá a ninguém dizer que ela saiu do cérebro de um idiota ou de um ignorante, e ainda menos que seja trabalho de um animal ou produto do acaso.

4. Em toda parte reconhece-se a presença do homem por trás de suas obras. Se você chega a uma terra desconhecida, ainda que seja um deserto, e aí encontra o mínimo vestígio de trabalhos humanos, concluirá que homens habitam ou habitaram essa região. A existência dos homens antediluvianos não seria provada apenas por fósseis humanos, mas também, e com tanto mais certeza, pela presença, nos terrenos daquela época, de objetos trabalhados pelos homens: um fragmento de vaso, uma pedra talhada, uma arma, um tijolo seriam suficientes para atestar sua presença. Pela rudeza ou pela perfeição do trabalho se reconhecerá o grau de inteligência e de adiantamento daqueles que o realizaram. Se, então, nos encontrássemos num país habitado exclusivamente por selvagens e nos deparássemos com uma estátua digna de Fídias, não hesitaríamos em dizer que, sendo os selvagens incapazes de tê-la feito, é porque deve ser obra de uma inteligência superior à dos selvagens.

5. Pois bem, olhando em torno de si para as obras da natureza, observando-se a previdência, a sabedoria, a harmonia que a todas presidem, reconhece-se que não há nenhuma que não supere o mais alto grau da inteligência humana, uma vez que o maior gênio da Terra seria incapaz de produzir o menor talo de erva. Uma vez que a inteligência humana não as pode produzir, é porque são o produto de uma inteligência superior à da humanidade. Essa harmonia e sabedoria estendem-se desde o grão de areia e o ácaro até os astros incontáveis que giram no espaço, e é preciso concluir daí que essa inteligência abrange o infinito, a menos que se diga que haja efeitos sem causa.

6. A isso alguns opõem o seguinte raciocínio:

As obras ditas da natureza são o produto de forças materiais que atuam mecanicamente, em consequência das leis de atração e repulsão; as moléculas dos corpos inertes agregam-se e desagregam-se sob o império de tais leis. As plantas nascem, brotam, crescem e se multiplicam sempre da mesma maneira, cada qual em sua espécie, por efeito dessas mesmas leis; cada indivíduo é semelhante àquele do qual proveio; o crescimento, a floração, a frutificação, a coloração estão subordinadas a causas materiais, assim como o calor, a eletricidade, a luz, a unidade etc. O mesmo acontece com os animais. Os astros se formam pela atração molecular e movimentam-se perpetuamente em suas órbitas pelo efeito da gravitação. Essa regularidade mecânica no emprego das forças naturais não acusa jamais uma inteligência livre. O homem movimenta seu braço quando quer e como quer; aquele, porém, que o movesse no mesmo sentido desde seu nascimento até a morte seria um autômato. Ora, as forças orgânicas da natureza, consideradas em seu conjunto, são, de certa maneira, automáticas.

Tudo isso é verdadeiro. Mas essas forças são efeitos que devem ter uma causa, e ninguém pretendeu que constituíssem a divindade. Elas são materiais e mecânicas; não são inteligentes por si mesmas, o que também é verdade. Mas são postas em funcionamento, distribuídas, adequadas para as necessidades de cada coisa, por uma inteligência que não é a dos homens. A aplicação útil dessas forças é um efeito inteligente que denota uma causa inteligente. Um pêndulo se move com uma regularidade automática e é essa regularidade que constitui seu mérito. A força que o move é toda material e de nenhum modo inteligente; mas o que seria desse pêndulo, se uma inteligência não tivesse combinado, calculado e distribuído o emprego dessa força para fazê-lo movimentar-se com precisão? Pelo fato de que a inteligência não se encontra no mecanismo do pêndulo e que não a podemos ver, seria racional concluir que ela não existe? Não, pois ela é conhecida por seus efeitos.

A existência do relógio atesta a existência do relojoeiro; a engenhosidade do mecanismo atesta a inteligência e o saber do relojoeiro. Quando se vê um desses relógios complicados, que marcam a hora das principais cidades do mundo e o movimento dos astros que giram no espaço e que parecem, em uma palavra, falar conosco e nos dar, no momento certo, a informação de que necessitamos, ocorreria a alguém dizer: Eis aí um relógio muito inteligente?

O mesmo se dá em relação ao mecanismo do Universo: Deus não se mostra, mas afirma-se através de Suas obras.

7. A existência de Deus é, assim, um fato assente, não apenas pela revelação, mas pela evidência material dos fatos. Os povos mais selvagens não tiveram uma revelação e, entretanto, creem instintivamente na existência de um poder sobre-humano; é que nem os selvagens escapam às consequências lógicas; veem coisas que estão acima do poder humano e concluem que elas provêm de um ser superior à humanidade.

Da natureza divina

8. Não é dado ao homem sondar a natureza íntima de Deus. Seria temerário aquele que pretendesse levantar o véu que O oculta à nossa vista. *Ainda* nos falta o sentido que se adquire através da completa depuração do espírito. Mas, se não pode penetrar Sua essência, mas tendo como premissa Sua existência, pode ele, pelo raciocínio, chegar ao conhecimento de Seus atributos necessários; pois vendo o que Ele não pode absolutamente deixar de ser, sem cessar de ser Deus, deduz daí o que Ele deve ser.

Sem o conhecimento dos atributos de Deus, seria impossível compreender a obra da Criação; é o ponto de partida de todas as crenças religiosas, e é por não se haverem referido a tais atributos como o farol capaz de orientá-las, que a maioria das religiões tem errado em seus dogmas. Aquelas que não atribuíram a Deus toda onipotência imaginaram vários deuses; as que não Lhe atribuíram a soberana bondade fizeram d'Ele um deus ciumento, colérico, parcial e vingativo.

9. *Deus é a suprema e soberana inteligência.* A inteligência do homem é limitada, pois ele não pode nem fazer nem compreender tudo que existe; a inteligência de Deus, abarcando o infinito, deve ser infinita. Se a supuséssemos limitada em um ponto qualquer, poderíamos conceber um ser ainda mais inteligente, capaz de compreender e de fazer o que o outro não faria, e assim por diante até o infinito.

10. *Deus é eterno,* ou seja, não teve começo e não terá fim. Se tivesse tido um começo, é porque teria saído do nada; ora, nada sendo o nada, nada pode produzir; ou Ele teria sido criado por um ser anterior, e então esse ser é que seria Deus. Se supuséssemos para Ele um começo ou um fim, poderíamos, então, conceber um ser que teria existido antes d'Ele, ou que poderia existir depois d'Ele, e assim por diante, até o infinito.

11. *Deus é imutável.* Se Ele fosse sujeito a mudanças, as leis que regem o Universo não teriam nenhuma estabilidade.

12. *Deus é imaterial.* Significa que sua natureza difere de tudo aquilo que chamamos matéria; do contrário, Ele não seria imutável, pois estaria sujeito às transformações da matéria.

Deus não possui forma perceptível aos nossos sentidos; sem isso Ele seria matéria. Dizemos: a mão de Deus, o olho de Deus, a boca de Deus, porque o homem, conhecendo apenas a si próprio, toma-se como termo de comparação para tudo que não compreende. Essas imagens que representam Deus como um ancião de barbas longas, coberto com um manto, são ridículas e têm o inconveniente de rebaixar o Ser Supremo às mesquinhas proporções da humanidade; daí a emprestar-Lhe as paixões humanas, a fazer d'Ele um deus colérico e ciumento, é apenas um passo.

13. *Deus é todo-poderoso.* Se Ele não tivesse o supremo poder, poderíamos conceber um ser mais poderoso, e assim por diante, até que se encontrasse um ente que nenhum outro pudesse superar em poder, e esse seria Deus. Ele não teria feito todas as coisas, e aquelas que Ele não tivesse feito seriam obra de outro deus.

14. *Deus é soberanamente justo e bom.* A sabedoria providencial das leis divinas se revela nas pequenas coisas assim como nas grandes, e essa sabedoria não permite duvidar de Sua justiça e de Sua bondade. Essas duas qualidades implicam todas as outras; se as supuséssemos limitadas, nem que fosse num só ponto, poderíamos conceber um ser que as possuísse em mais alto grau e que Lhe seria superior.

O infinito de uma qualidade exclui a possibilidade da existência de uma qualidade contrária, que a diminuiria ou anularia. Um ser *infinitamente bom* não teria a menor parcela de maldade, nem o ser *infinitamente mau* teria a menor parcela de bondade, da mesma forma que um objeto não poderia ser absolutamente negro se tivesse a mais leve nuance de branco, nem um branco seria absoluto se tivesse a menor nuance de negro.

Deus não saberia ser, então, ao mesmo tempo bom e mau, pois então, não possuindo nem uma nem outra dessas qualidades num grau supremo, não seria Deus. Todas as coisas estariam submetidas ao capricho e não haveria estabilidade em nada. Ele só poderia, então, ser infinitamente bom ou infinitamente mau; se fosse infinitamente mau, nada faria de bom; ora, como Suas obras testemunham Sua sabedoria, Sua bondade e Sua solicitude, é forçoso concluir que, não podendo ser ao mesmo tempo sem cessar de ser Deus, Ele deve ser infinitamente bom.

A soberana bondade implica a soberana justiça, pois se Ele agisse injustamente ou com parcialidade em *uma única circunstância,* ou em favor de *uma única de Suas criaturas,* Ele não seria soberanamente justo e, consequentemente, não seria soberanamente bom.

15. D*eus é infinitamente perfeito.* É impossível conceber Deus sem o infinito das perfeições, sem o que Ele não seria Deus, pois poderíamos sempre conceber um ser que possuísse o que a Ele faltaria. Para que nenhum ente possa superá-Lo, é necessário que Ele seja infinito em tudo.

Sendo os atributos de Deus infinitos, não são suscetíveis de serem aumentados ou diminuídos, pois sem isso eles não seriam infinitos, e Deus não seria perfeito. Se Lhe faltasse a menor parcela de um só de Seus atributos, não se teria mais Deus, visto que poderia haver um ser mais perfeito.

16. *Deus é único.* A unicidade de Deus é a consequência do infinito absoluto das perfeições. Outro Deus não poderia existir a menos que fosse igualmente infinito em todas as coisas, pois se houvesse entre eles a mínima diferença, um seria inferior a outro, subordinado ao seu poder e não seria Deus. Se houvesse entre eles igualdade absoluta, seria por toda eternidade um mesmo pensamento, uma mesma vontade, um mesmo poder. Assim, confundidos em sua identidade não seriam senão um único Deus. Se tivessem cada um deles atribuições especiais, um faria o que o outro não fizesse, e então não haveria entre eles uma igualdade perfeita, uma vez que nem um nem outro teria a soberana autoridade.

17. É a ignorância do princípio do infinito das perfeições de Deus que engendrou o politeísmo, culto de todos os povos primitivos. Eles atribuíram à divindade todo poder que lhes parecia estar acima da humanidade. Mais tarde, a razão os conduziu a confundir esses diversos poderes em um só. Mais tarde, à medida que os homens compreenderam a essência dos atributos divinos, eles retiraram de seus símbolos as crenças que o negavam.

18. Em resumo, Deus não pode ser Deus a menos que não possa ser ultrapassado em nada por outro ser, pois então o ser que o ultrapassasse no que quer que fosse, ainda que na espessura de um cabelo, seria o verdadeiro Deus; assim sendo, é preciso que Ele seja infinito em todas as coisas.

É assim que a existência de Deus sendo constatada por Suas obras, chega-se, pela simples dedução lógica, a determinar os atributos que O caracterizam.

19. Deus é, então, *a suprema e soberana inteligência; Ele é único, eterno, imutável, imaterial, todo-poderoso, soberanamente justo e bom, infinito em todas Suas perfeições,* e não pode ser outra coisa.

Essa é a base sobre a qual repousa o edifício universal; é o farol cujos raios se estendem sobre o Universo inteiro e o único que pode guiar o homem na busca da verdade. Seguindo-o, o homem jamais se perderá, e se tantas vezes se equivocou foi por não ter seguido o caminho que lhe fora indicado.

Esse é também o critério infalível de todas as doutrinas filosóficas e religiosas; o homem tem, para avaliá-las, uma medida rigorosamente exata nos atributos de Deus, e pode dizer a si mesmo, com certeza, que toda teoria, todo princípio, todo dogma, toda crença, toda prática que esteja em contradição com *um único* de Seus atributos, que tenda a não somente anulá-Lo, mas simplesmente a enfraquecê-Lo, não pode estar com a verdade.

Em filosofia, em psicologia, em moral, em religião, só é verdadeiro o que não se afasta um só jota das qualidades essenciais da divindade. A religião perfeita seria aquela em que nenhum artigo de fé estivesse em oposição com essas qualidades, em que todos os dogmas pudessem suportar a prova desse controle, sem que nada os afetasse.

A PROVIDÊNCIA

20. A providência é a solicitude de Deus por todas Suas criaturas. Deus está em toda parte, Ele tudo vê, a tudo preside, mesmo às menores coisas. É nisso que consiste a ação providencial.

"Como é que Deus tão grande, tão poderoso e tão superior a tudo pode imiscuir-se nos detalhes mais ínfimos, preocupar-se com os mínimos atos e pensamentos de cada indivíduo? Tal é a questão que colocam os incrédulos, de onde conclui que, admitindo-se a existência de Deus, Sua ação deve estender-se apenas às leis gerais do Universo; que o Universo funciona de toda a eternidade em virtude dessas leis, às quais cada criatura encontra-se submetida em sua esfera de atividade, sem que haja necessidade do concurso incessante da Providência."

21. Em seu estado atual de inferioridade, os homens podem apenas com dificuldade compreender o Deus infinito, porque estão eles próprios restritos e limitados e é por isso que eles O imaginam restrito e limitado como eles próprios; representam-No como um ser circunscrito e fazem d'Ele uma imagem à semelhança de si mesmos. Nossos quadros que o pintam com traços humanos muito contribuem para reforçar esse erro no espírito das massas, que n'Ele adoram mais a forma do que o pensamento, sendo para a maioria um soberano poderoso, assentado sobre um *trono* inacessível, perdido na imensidão dos céus, e porque suas percepções são limitadas, não compreendem que Deus possa dignar-se a intervir diretamente nas pequenas coisas.

22. Na impotência em que o homem se encontra para compreender a própria essência da divindade, ele pode dela fazer apenas uma ideia aproximativa, com o auxílio de comparações necessariamente muito imperfeitas, mas que podem, ao menos, demonstrar-lhe a possibilidade daquilo que, num primeiro momento, parece-lhe impossível.

Suponhamos um fluido sutil o bastante para penetrar todos os corpos; é evidente que cada molécula desse fluido, encontrando-se em contato com cada molécula da matéria, produzirá sobre o corpo uma ação idêntica àquela que produziria a totalidade do fluido. É isso que a química demonstra todos os dias em proporções limitadas.

Não sendo esse fluido inteligente, age mecanicamente apenas por forças materiais. Mas se supusermos esse fluido dotado de inteligência, de faculdades perceptivas e sensíveis, este não mais agirá cegamente, mas com discernimento, vontade e liberdade. Ele verá, ouvirá e sentirá.

As propriedades do fluido perispiritual nos podem dar uma ideia disso; ele não é inteligente por si mesmo, pois é matéria, mas é o veículo do pensamento, das sensações e das percepções do espírito; é em consequência da sutileza desse fluido que os espíritos a tudo penetram, que examinam nossos pensamentos mais íntimos, que veem e agem a distância. É graças a esse fluido, que atingiu certo grau de depuração, que os espíritos superiores devem o dom da ubiquidade; basta um raio de seu pensamento dirigido sobre diversos pontos, para que possam aí manifestar, simultaneamente, sua presença. A extensão dessa faculdade está subordinada ao grau de elevação e de depuração do espírito. É, ainda, com o auxílio desse fluido que o próprio homem age a distância, pelo poder de sua vontade, sobre certos indivíduos, que modifica, dentro de certos limites, as propriedades da matéria, empresta a substâncias inativas determinadas propriedades, repara desordens orgânicas e opera curas pela imposição das mãos.

23. Mas os espíritos, por mais elevados que sejam, são criaturas limitadas em suas faculdades, em seu poder e na extensão de suas percepções, e não saberiam, por esse aspecto, aproximar-se de Deus. Todavia, eles podem nos servir como ponto de comparação. O que o espírito não pode realizar, senão num limite restrito, Deus, que é infinito, realiza em proporções indefinidas. Outra diferença é que a ação do espírito é momentânea e subordinada às circunstâncias, enquanto que a de Deus é permanente. O pensamento do espírito abarca apenas um tempo e um espaço circunscritos, enquanto que o pensamento de Deus abarca o Universo e a eternidade. Resumindo, entre os espíritos e Deus há a distância que separa o finito do infinito.

24. O fluido perispiritual não é o pensamento do espírito, mas o agente e o intermediário desse pensamento. Como é ele que o transmite, está, de algum modo, dele *impregnado,* e na impossibilidade em que nos encontramos de isolar o pensamento, parece-nos que ele e o fluido se confundem, do mesmo modo que o som parece confundir-se com o ar, de maneira que podemos, por assim dizer, materializá-lo. Do mesmo modo que dizemos que o ar se torna sonoro, poderíamos, tomando o efeito pela causa, dizer que o fluido se torna inteligente.

25. Que seja ou não assim quanto ao pensamento de Deus, quer dizer, que ele atua diretamente ou por intermédio de um fluido; para facilitar nossa compreensão, vamos representá-lo sob a forma concreta de um fluido inteligente preenchendo o Universo infinito, penetrando todas as partes da Criação: *toda a natureza está imersa no fluido divino.* Ora, em virtude do princípio de que as partes de um todo são da mesma natureza e têm as mesmas propriedades do todo, cada átomo desse fluido, se assim pudermos nos expressar, possuiria o pensamento, ou seja, os atributos essenciais da Divindade, e, estando esse fluido por toda parte, tudo está submetido à sua ação inteligente, à sua previdência, à sua solicitude. Não há um único ser, por mais ínfimo que seja, que não esteja de alguma forma saturado desse fluido. Desse modo, estamos constantemente em presença da Divindade e não há uma única de nossas ações que possamos subtrair a seu olhar. Nosso pensamento encontra-se em contato constante com Seu pensamento, e é com razão que se diz que Deus lê nos mais profundos refolhos de nosso coração: *Estamos n'Ele, como Ele está em nós,* segundo as palavras do Cristo.

A fim de estender Sua solicitude sobre todas as Suas criaturas, Deus não tem necessidade de lançar Seu olhar do alto da imensidão; para serem ouvidas por Ele, nossas preces não precisam transpor o espaço, nem serem ditas com voz retumbante, pois, estando Deus incessantemente ao nosso lado, nossos pensamentos repercutem n'Ele. Nossos pensamentos são como os sons de um sino que fazem vibrar todas as moléculas do ar ambiente.

26. Longe de nós a ideia de materializar a Divindade. A imagem de um fluido inteligente universal é, evidentemente, apenas uma comparação, porém adequada para dar uma ideia mais justa de Deus que os quadros que O representam sob uma figura humana. Essa comparação só tem por objetivo fazer compreender a possibilidade de Deus estar em toda parte e se ocupar de tudo.

27. Temos incessantemente sob nossos olhos um exemplo que pode nos dar uma ideia da maneira como a ação de Deus pode ser exercida sobre as partes mais íntimas de todos os seres e, por consequência, como as impressões mais sutis de nossa alma chegam a Ele. Tal exemplo foi tirado de uma instrução dada por um espírito sobre esse assunto.

"Um dos atributos da Divindade é ser infinito. Não se pode representar o Criador como tendo uma forma, um limite, um marco qualquer. Se Ele não fosse infinito, poderíamos conceber algo maior do que Ele e, então, esse algo seria Deus. Sendo infinito, Deus está em toda parte, pois, se Ele não estivesse em toda parte, não seria infinito. Não se pode sair desse dilema. Então, se existe um Deus, e disso ninguém duvida, esse Deus é infinito e não se pode conceber extensão que Ele não ocupe. Ele se encontra, consequentemente, em contato com todas as Suas criações; Ele as envolve e elas estão n'Ele. É, portanto, compreensível que Ele esteja em relação direta com cada criatura.

E para que possam compreender, da maneira mais concreta possível, de que modo essa comunicação se estabelece universal e constantemente, examinemos o que se passa, no homem, entre seu espírito e seu corpo.

O homem é um pequeno mundo, cujo diretor é o espírito e cujo princípio dirigido é o corpo. Nesse universo, o corpo representará uma criação, da qual o espírito seria Deus. (Compreendam que há aqui apenas uma questão de analogia e não de identidade.) Os membros desse corpo, os diferentes órgãos que o compõem, seus músculos, seus nervos, suas articulações são igualmente individualidades materiais, se assim podemos dizer, localizados em um local especial do corpo. Se bem que o número dessas partes constitutivas tão variadas e tão diferentes em sua natureza seja considerável, ninguém duvida que o corpo não possa produzir movimentos, nem que uma impressão qualquer possa acontecer em um local particular, sem que o espírito disso tenha consciência. Há sensações diversas em vários locais simultaneamente? O espírito sente-as todas, distingue-as, analisa-as, determina a causa de cada uma delas e seu lugar de ação.

Um fenômeno análogo tem lugar entre a Criação e Deus. Deus está em toda parte na natureza, do mesmo modo que o espírito está em toda parte no corpo. Todos os elementos da Criação estão em constante relação com Deus, assim como todas as células do corpo humano estão em contato imediato com o ser espiritual. Não há, portanto, razão para que fenômenos da mesma ordem não se produzam da mesma maneira, em um e outro caso.

Um membro se movimenta: o espírito o sente; uma criatura pensa: Deus o sabe. Todos os membros estão em movimento, os diferentes órgãos são postos em vibração: o espírito percebe cada manifestação, distingue-as e as localiza. As diferentes criações, as diferentes criaturas se movem, pensam, agem de maneira diversa, e Deus sabe de tudo o que se passa e destina, a cada um, o que lhe seja particular.

"Pode-se deduzir, igualmente, a solidariedade entre a matéria e a inteligência, entre todos os seres de um mundo entre si, entre todos os mundos e a que existe entre as criaturas e o Criador." (Quinemant, Sociedade de Paris, 1867.)

28. Compreendemos o efeito, o que já é muito. Do efeito, remontamos à causa, e julgamos sua grandeza pela grandeza do efeito. Mas sua essência íntima nos escapa, como nos escapa, igualmente, a essência da causa de uma multidão de fenômenos. Conhecemos os efeitos da eletricidade, do calor, da luz, da gravitação; nós os calculamos e, contudo, ignoramos a natureza íntima do princípio que os produz. Seria, então, mais racional negar o princípio divino, pelo fato de não o compreendermos?

29. Nada impede que se admita para o princípio de inteligência soberana um centro de ação, um foco principal irradiando sem cessar, inundando o Universo com seus eflúvios, como o sol o faz com sua luz. Mas onde estaria esse foco? Isso é o que ninguém pode dizer. É provável que ele não esteja fixado sobre um ponto determinado, assim como acontece com sua ação, e que ele percorra incessantemente as regiões do espaço ilimitado. Se simples espíritos possuem o dom da ubiquidade, tal faculdade, em Deus, deve ser sem limites. Deus preenchendo o Universo, poder-se-ia ainda admitir, a título de hipótese, que esse foco não tem necessidade de se transportar, e que ele se forma em todos os pontos onde a soberana vontade julga que deva produzir, o que nos permitiria dizer que está em toda parte e em parte alguma.

30. Perante esses problemas insondáveis, nossa razão se deve curvar. Deus existe, disso não poderíamos duvidar. Ele é infinitamente justo e bom: Sua essência. Sua solicitude a tudo se estende: nós O compreendemos. Ele só pode, portanto, desejar nosso bem, e é por isso que devemos ter confiança n'Ele. Eis o essencial. Para saber mais, aguardemos até que sejamos dignos de compreender.

A visão de Deus

31. Já que Deus está em toda parte, por que não O vemos? Nós O veremos quando deixarmos a Terra? Estas são as questões que se colocam diariamente.

A primeira é fácil de responder: nossos órgãos materiais têm percepções limitadas, que os tornam impróprios para a visão de certas coisas, até mesmo materiais. É assim que determinados fluidos escapam totalmente à nossa visão e aos nossos instrumentos de análise e, no entanto, não duvidamos de sua existência. Vemos os efeitos da peste, mas não vemos o fluido que a transporta; vemos os corpos se movimentarem sob a influência da gravitação, mas não vemos essa força.

32. As coisas de essência espiritual não podem ser percebidas pelos órgãos materiais. É somente através da visão espiritual que podemos ver os espíritos e as coisas do mundo imaterial; desse modo, apenas nossa alma pode ter a percepção de Deus. Ela O vê imediatamente após a morte? É isso que somente as comunicações de além-túmulo podem nos responder. Através delas, sabemos que a visão de Deus é somente privilégio das almas mais purificadas e, desse modo, bem poucas possuem, ao deixar o envoltório terrestre, o grau de desmaterialização necessário. Algumas comparações simples poderão facilitar a compreensão quanto a isso.

33. Aquele que se encontra no fundo de um vale envolto por denso nevoeiro não vê o sol. Todavia, como já o dissemos anteriormente, por causa da luz difusa, ele percebe a presença do sol. Se ele começar a subir a montanha, à medida que se eleva, a névoa se dissipa, a luz torna-se cada vez mais viva, mas ele ainda não vê o sol. Quando começa a percebê-lo, ainda está encoberto, porque o menor nevoeiro basta para encobrir-lhe o brilho. Somente quando o indivíduo tiver se elevado completamente acima da camada de névoa, ao encontrar-se no ar perfeitamente puro, ele o verá em todo seu esplendor. A mesma coisa acontece com alguém que esteja com a cabeça envolta em vários véus; de início, ele nada vê; a cada véu que se retire, distingue uma luminosidade cada vez mais clara; somente quando o último véu tiver sido retirado, perceberá nitidamente as coisas.

O mesmo ocorre com um licor carregado de matérias estranhas. De início, ele é turvo. A cada destilação, sua transparência aumenta, até que, estando completamente depurado, adquire uma limpidez perfeita e não apresenta nenhum obstáculo à visão.

O mesmo acontece com a alma. O envoltório perispiritual, embora invisível e impalpável para nós, é para a alma uma verdadeira matéria, excessivamente grosseira, ainda, para certas percepções. Esse envoltório se espiritualiza à medida que a alma se eleva em moralidade. As imperfeições da alma são como véus que obscurecem a visão. Cada imperfeição superada é como um véu a menos, mas apenas quando a alma estiver completamente depurada é que desfrutará da plenitude de suas faculdades.

34. Deus, sendo a essência divina por excelência, só pode ser percebido em todo Seu esplendor pelos espíritos que alcançaram o mais alto grau de desmaterialização. Se os espíritos imperfeitos não O veem, não é porque estejam mais afastados d'Ele do que os outros; tal como eles, como todos os seres da natureza, encontram-se mergulhados no fluido divino, como nós o estamos na luz; apenas, suas imperfeições são como véus que O furtam à sua visão. Quando o nevoeiro estiver dissipado, eles O verão resplandecer. Para isso, não precisarão subir, nem ir buscá-Lo nas profundezas do infinito; estando a visão espiritual desembaraçada das vendas morais que a obscureciam, eles O verão em qualquer lugar em que se encontrem, mesmo na Terra, pois Deus está em toda parte.

35. O espírito só se depura com o tempo, e as diferentes encarnações são os alambiques, ao fundo dos quais ele deixa, a cada vez, algumas impurezas. Ao deixar seu envoltório corporal, ele não se despoja instantaneamente de suas imperfeições. É por isso que há muitos que, após a morte, não veem mais a Deus do que em vida. Mas à medida que se depuram, passam a ter d'Ele uma intuição mais distinta; se eles não O veem, já O compreendem melhor: a luz é menos difusa. Quando, pois, alguns espíritos dizem que Deus lhes proíbe de responder a tal pergunta, não é que Deus lhes apareça ou lhes dirija a palavra, para lhes prescrever ou proibir isso ou aquilo, mas é que eles O sentem. Eles recebem os eflúvios de Seu pensamento, do mesmo modo como acontece conosco em relação aos espíritos que nos envolvem com seus fluidos, embora não os vejamos.

36. Nenhum homem pode, então, ver Deus com os olhos da carne. Se tal favor fosse concedido a alguns, isso não o seria senão num estado de êxtase, no qual a alma se encontra de tal modo desprendida dos laços da matéria, que torna isso possível durante a encarnação. Tal privilégio só seria concedido a almas de escol, encarnadas em missão e não em *expiação*. Mas como os espíritos de ordem mais elevada resplandecem com um brilho deslumbrante, é possível que os espíritos menos elevados, encarnados ou desencarnados, impressionados com o esplendor que os envolve, creiam ter visto o próprio Deus. Vimos isso, às vezes, quando um ministro é confundido com seu soberano.

37. Sob que aparência Deus se apresenta àqueles que se tornaram dignos de tal favor? Será sob uma forma qualquer? Sob uma figura humana ou como um foco resplandecente de luz? É isso que a linguagem humana é incapaz de descrever, porque não existe para nós nenhum ponto de comparação que possa nos dar uma ideia. Somos como cegos, a quem em vão se procuraria fazer compreender o brilho do sol. Nosso vocabulário é limitado às nossas necessidades e ao círculo de nossas ideias; o vocabulário de um selvagem não saberia descrever as maravilhas da civilização; o dos povos mais civilizados é pobre demais para descrever os esplendores dos céus, nossa inteligência é limitada demais para compreendê-los e nossa visão, muito fraca, seria por eles ofuscada.

Capítulo III

O bem e o mal

Origem do bem e do mal – O instinto e a inteligência –
Destruição dos seres vivos, uns pelos outros

Origem do bem e do mal

1. Sendo Deus o princípio de todas as coisas e sendo esse princípio todo sabedoria, todo bondade, todo justiça, tudo que d'Ele procede deve participar desses atributos, pois o que é infinitamente sábio, justo e bom nada pode produzir de despropositado, mau e injusto. O mal que observamos não deve, portanto, ter sua origem n'Ele.

2. Se o mal estivesse entre as atribuições de um ser especial, que se costuma denominar *Ahriman* ou Satanás, de duas coisas, uma: ou esse ser seria igual a Deus e, consequentemente, tão poderoso quanto Ele e igualmente eterno, ou este lhe seria inferior. No primeiro caso, haveria duas potências rivais a lutarem entre si sem cessar, uma buscando desfazer o que faz a outra, combatendo-se mutuamente. Esta hipótese é inconciliável com a unidade de visão que se revela na ordem do Universo.

No segundo caso, sendo esse ser inferior a Deus, estaria a Ele subordinado. Não podendo ser eterno como Ele sem ser seu igual, teria tido um começo. Se foi criado, só poderia tê-lo sido por Deus e, desse modo, Deus teria criado o espírito do mal, o que seria a negação da infinita bondade.

A GÊNESE · O BEM E O MAL · 53

3. Segundo certa doutrina, o espírito do mal, tendo sido criado bom, teria se tornado mau, e Deus, para puni-lo, o teria condenado a permanecer eternamente mau, e teria lhe dado a missão de seduzir os homens, a fim de induzi-los ao mal. Ora, podendo uma única queda merecer os mais cruéis castigos por toda a eternidade, sem esperança de perdão, haveria aqui mais do que ausência de bondade, mas uma crueldade premeditada, pois, para tornar a sedução mais fácil e melhor ocultar a armadilha, Satanás estaria autorizado a *transformar-se em anjo de luz e a simular as próprias obras de Deus, a ponto de enganar.* Haveria aí mais iniquidade e falta de providência da parte de Deus, pois toda liberdade sendo concedida a Satã para sair do império das trevas e de entregar-se aos prazeres mundanos, para a estes arrastar os homens, o causador do mal seria menos punido do que as vítimas de suas artimanhas, que nelas caem por fraqueza, sendo que, uma vez no abismo, dele não mais poderiam sair. Deus lhes nega um copo de água para aplacar sua sede e, por toda a eternidade, Ele e os anjos ouvem seus gemidos sem se deixar comover, enquanto permite a Satã todos os gozos que desejar.

Dentre todas as doutrinas sobre a teoria do mal, esta é, sem dúvida, a mais irracional e a mais injuriosa para com a Divindade. (Ver *O Céu e o Inferno,* capítulo X: Os demônios.)

4. Todavia, o mal existe e tem uma causa.

Há males de toda espécie. Há, primeiramente, o mal físico e o mal moral, depois os males que o homem pode evitar e aqueles que são independentes de sua vontade. Entre estes últimos, é necessário incluir os flagelos naturais.

O homem, cujas faculdades são limitadas, não pode penetrar, nem abarcar o conjunto dos desígnios do Criador; julga as coisas segundo os pontos de vista de sua personalidade, interesses artificiais e de convenções que criou para si próprio e que não pertencem à ordem da natureza. É por esta razão que, frequentemente, julga ruim e injusto o que consideraria justo e admirável se lhe conhecesse a causa, o objetivo e o resultado definitivo. Ao buscar a razão de ser e a utilidade de cada coisa, ele reconhecerá que há em tudo a marca da sabedoria infinita e se inclinará perante tal sabedoria, mesmo em relação às coisas que não compreenda.

5. O homem recebeu em regime de partilha uma inteligência por meio da qual pode afastar, ou ao menos atenuar grandemente, os efeitos de todos os flagelos naturais. Quanto mais saber adquire e avança em civilização, menos desastrosos são tais flagelos. Através de uma organização social sabiamente previdente, ele poderá até mesmo neutralizar suas consequências, uma vez que não poderão ser inteiramente evitadas. Assim sendo, pelos mesmos flagelos que têm sua utilidade dentro da ordem geral da natureza e para o futuro, mas que nos atingem no presente, Deus deu ao homem, através das faculdades de que dotou seu espírito, os meios para paralisar seus efeitos.

É assim que ele saneia as regiões insalubres, neutraliza os miasmas pestilentos, fertiliza as terras incultas e utiliza sua inteligência para preservá-las das inundações; que constrói para si habitações mais saudáveis, mais sólidas para resistir aos ventos tão necessários à purificação da atmosfera e que se coloca ao abrigo das intempéries. É desse modo, enfim, que, pouco a pouco, a necessidade fez com que ele criasse as ciências, com a ajuda das quais ele aperfeiçoa as condições de habitabilidade do Globo e aumenta o conjunto de seu bem-estar.

Uma vez que o homem deve progredir, os males a que está exposto são um estimulante ao exercício de sua inteligência, de todas as suas faculdades físicas e morais, convidando-o à pesquisa de meios para evitar tais males. Se nada tivesse a temer, nenhuma necessidade o levaria à busca do melhor; o espírito se lhe entorpeceria na inatividade; nada inventaria e nada descobriria. *A dor é o aguilhão que empurra o homem para frente na via do progresso.*

6. Mas os males mais numerosos são aqueles que o homem criou a si a partir de seus próprios vícios, aqueles que são provenientes de seu orgulho, de seu egoísmo, de sua ambição, de sua cobiça, de seus excessos em todas as coisas: essa é a causa das guerras e das calamidades que elas provocam, das dimensões das injustiças, da opressão do fraco pelo forte e, finalmente, da maior parte das doenças.

Deus estabeleceu leis repletas de sabedoria que têm por objetivo somente o bem. O homem encontra em si mesmo tudo o que é necessário para segui-las. Seu caminho é traçado por sua consciência; a lei divina está gravada em seu coração. Além disso, Deus o faz recordar-se delas, sem cessar, através de seus messias e profetas, através de todos os espíritos encarnados que receberam como missão esclarecê-lo, moralizá-lo, aperfeiçoá-lo e, nestes últimos tempos, pela multidão de espíritos desencarnados que se manifestam por toda parte. *Se o homem se conformasse rigorosamente às leis divinas, não há dúvida de que evitaria os males mais dolorosos e viveria feliz na Terra.* Se não o faz, é em virtude de seu livre-arbítrio, do qual sofre as consequências.

7. Mas Deus, cheio de bondade, colocou o remédio ao lado do mal, ou seja, do próprio mal Ele faz surgir o bem. Chega um momento em que o excesso do mal moral torna-se insuportável e faz com que o homem experimente a necessidade de mudar de caminho. Instruído pela experiência é compelido a buscar um remédio no bem, sempre em virtude de seu livre-arbítrio. Quando toma um caminho melhor, é por efeito de sua vontade e por haver reconhecido os inconvenientes da outra estrada. A necessidade o compele a melhorar moralmente para ser mais feliz, do mesmo modo que essa mesma necessidade o impeliu a aperfeiçoar as condições materiais de sua existência.

Pode-se dizer que *o mal é a ausência do bem, como o frio é a ausência do calor.* Assim sendo, o mal não é um atributo distinto, assim como o frio não é um fluido especial. Um é a negação do outro. Onde o bem não existe, há forçosamente o mal. Não fazer o mal já é o começo do bem. Deus quer apenas o bem; é somente do homem que vem o mal. Se houvesse na Criação um ser encarregado do mal, ninguém poderia evitá-lo; mas tendo o homem a causa do mal *em si mesmo* e, ao mesmo tempo, seu livre-arbítrio e por guia as leis divinas, evitará o mal quando quiser.

Tomemos um fato comum para efeito de comparação: um proprietário sabe que na extremidade de sua terra há um lugar perigoso, onde poderão perecer ou se ferirem os que por lá se aventurarem. O que faz, então, para prevenir acidentes? Coloca nas proximidades desse local um aviso, proibindo que por ali transitem, devido ao perigo. Eis aí a lei: é sábia e previdente. Se, apesar disso, um imprudente despreza o aviso e transita pelo local, acidentando-se, a quem poderá responsabilizar senão a si próprio?

O mesmo acontece com o mal. O homem o evitaria se observasse as leis divinas. Deus, por exemplo, colocou um limite para a satisfação das necessidades: o homem é advertido pela saciedade; se ultrapassa esse limite, ele o faz voluntariamente. As doenças, as enfermidades, a morte que delas pode resultar são feitos do próprio homem e não de Deus.

8. Sendo o mal resultado das imperfeições do homem, e sendo o homem criado por Deus, Deus terá criado, dir-se-ia, senão o mal, pelo menos a causa do mal. Se Ele tivesse criado o homem perfeito, o mal não existiria.

Se o homem tivesse sido criado perfeito, seria fatalmente conduzido ao bem. Ora, em virtude de seu livre-arbítrio, ele não é fatalmente conduzido nem ao bem, nem ao mal. Deus quis que ele se submetesse à lei do progresso e que esse progresso fosse o fruto de seu próprio trabalho, para que o mérito fosse dele, do mesmo modo que ele é responsável pelo mal, que é fruto de sua vontade. A questão é, portanto, saber qual é, no homem, a origem da propensão ao mal[9].

9. Se estudarmos todas as paixões e mesmo todos os vícios, veremos que estes têm seu princípio no instinto de conservação. Esse instinto está presente com toda sua força nos animais e nos seres primitivos, que mais se aproximam da animalidade. Neles, o instinto é que domina, porque para eles não há ainda a contrapartida do senso moral. O ser ainda não nasceu para a vida intelectual. O instinto enfraquece, ao contrário, na medida em que a inteligência se desenvolve, porque esta domina a matéria. Com a inteligência racionalizada nasce o livre-arbítrio, que o homem usa a seu gosto. Somente então começa para ele a responsabilidade por seus atos.

10. A destinação do espírito é a vida espiritual. Mas nas primeiras fases de sua existência corporal, ele tem apenas necessidades materiais a satisfazer, e, para esse fim, o exercício das paixões é uma necessidade para a conservação da espécie e dos indivíduos, materialmente falando. Porém, tendo saído desse

---

9. "O erro consiste em pretender que a alma tivesse saído perfeita das mãos do Criador, quando Ele, ao contrário, quis que a perfeição fosse o resultado da depuração gradual do espírito e sua própria obra. Deus quis que a alma, em virtude de seu livre-arbítrio, pudesse optar entre o bem e o mal, chegando aos seus derradeiros fins por uma vida dedicada e pela resistência ao mal. Se tivesse criado a alma perfeita como Ele e que, saindo de Suas mãos, já lhe houvesse assegurado a beatitude eterna, Ele a teria feito não à Sua imagem, mas semelhante a si mesmo, como já dissemos antes. Conhecendo todas as coisas em virtude de sua essência e sem nada ter aprendido, movida por um sentimento de orgulho nascido da consciência de seus divinos atributos, a alma teria sido levada a renegar sua origem, a desconhecer o autor de sua existência e entraria em estado de rebelião, de revolta contra seu Criador." (Bonnamy, juiz de instrução: *A razão do espiritismo*, capítulo VI).

período, ele tem outras necessidades, que serão de início semimateriais e, depois, exclusivamente morais. É, então, que o espírito domina a matéria. Na medida em que se liberta de seu jugo, ele avança em sua senda providencial e se aproxima de sua destinação final. Se, ao contrário, ele se deixa dominar pela matéria, atrasa-se e se identifica com os irracionais. Nesta situação, *aquilo que antes era um bem, porque era uma necessidade de sua natureza, torna-se um mal, não apenas por não ser mais uma necessidade, mas porque se torna prejudicial à espiritualização do ser.* O mal é, portanto, relativo; e a responsabilidade, proporcional ao grau de adiantamento.

Todas as paixões têm sua utilidade providencial, pois sem isso Deus teria feito algo inútil e prejudicial; é o abuso que constitui o mal, e o homem abusa em virtude de seu livre-arbítrio. Mais tarde, esclarecido por seu próprio interesse, ele escolhe livremente entre o bem e o mal.

O INSTINTO E A INTELIGÊNCIA

11. Qual a diferença entre o instinto e a inteligência? Onde termina um e começa o outro? O instinto é uma inteligência rudimentar ou uma faculdade distinta, um atributo exclusivo da matéria?

O instinto é a força oculta que impulsiona os seres orgânicos a atos espontâneos e involuntários, visando a sua conservação. Nos atos instintivos não há reflexão, nem combinação, nem premeditação. É assim que a planta busca o ar, volta-se para a luz, dirige suas raízes para a água e a terra nutritiva; que a flor se abre e se fecha, alternadamente, segundo suas necessidades; que as plantas trepadeiras enroscam-se em volta de seu apoio, ou se agarram com suas gavinhas. É por instinto que os animais são advertidos quanto ao que lhes é útil ou nocivo, que eles se dirigem de acordo com as estações em busca dos climas propícios; que eles constroem, sem lições prévias, com mais ou menos arte, segundo as espécies, acomodações macias ou abrigos para sua prole, assim como armadilhas engenhosas para apanhar a presa com que se nutrem; que manejam com destreza as armas ofensivas e defensivas de que são dotados; que os sexos se aproximam; que a mãe choca seus filhotes e que estes procuram, instintivamente, o seio materno. No caso do homem o instinto domina exclusivamente no início da vida. É por instinto que a criança faz seus primeiros movimentos, que agarra seu alimento, que chora para expressar suas necessidades, que imita o som da voz, que ensaia para falar e caminhar. Mesmo no adulto, alguns atos são instintivos: os movimentos espontâneos para evitar um perigo, para fugir de uma ameaça, para manter o equilíbrio. Tais são, também, o piscar de olhos para regular a intensidade da luz, a abertura maquinal da boca para respirar etc.

12. *A inteligência se revela através de atos voluntários, refletidos, premeditados, combinados, de acordo com a oportunidade das circunstâncias.* É, incontestavelmente, um atributo exclusivo da alma.

Todo ato mecânico é instintivo; o que denota reflexão, combinação é inteligente: um é livre, o outro, não.

O instinto é um guia seguro, que jamais se engana; a inteligência, pelo fato de ser livre, é, por vezes, sujeita ao erro.

Se o ato instintivo não tem o caráter do ato inteligente, revela, todavia, uma causa inteligente essencialmente previdente. Se admitirmos que o instinto tem sua origem na matéria, será preciso admitirmos que a matéria é inteligente, até mesmo mais inteligente e previdente que a alma, uma vez que o instinto não se engana, ao passo que a inteligência, sim.

Se considerarmos o instinto como uma inteligência rudimentar, como explicar que ele seja, em certos casos, superior à inteligência racional? Como é que possibilita executar coisas que a inteligência não é capaz de produzir?

Se ele é o atributo de um princípio espiritual especial, o que vem a ser esse princípio? Depois que o instinto se apaga, esse princípio seria aniquilado? Se os animais são dotados apenas de instinto, seu futuro fica sem saída; seus sofrimentos não têm nenhuma compensação. Isso não estaria de acordo nem com a justiça, nem com a bondade de Deus.

13. Segundo outro sistema, o instinto e a inteligência teriam um único e mesmo princípio. Tendo chegado a um certo grau de desenvolvimento, esse princípio que, de início, teria apenas as qualidades do instinto, sofreria uma transformação, que lhe daria as qualidades da inteligência livre. Resumindo, ele receberia o que se convencionou chamar de centelha divina. Essa transformação não seria súbita, mas, sim, gradual, de tal modo que, durante certo período, ele teria uma mescla das duas aptidões, a primeira diminuindo à medida que a segunda aumentasse.

14. Por fim, outra hipótese que, de resto, se alia perfeitamente à ideia de unidade de princípio, resulta do caráter essencialmente previdente do instinto e concorda com o que o espiritismo nos ensina quanto às relações entre o mundo espiritual e o mundo corporal.

Sabe-se agora que espíritos desencarnados têm por missão velar pelos encarnados, dos quais são os protetores e guias; que eles os envolvem com seus eflúvios fluídicos e que o homem age, com frequência, de maneira *inconsciente,* sob a ação desses eflúvios.

Sabe-se ainda que o instinto, que por si mesmo produz atos inconscientes, predomina nas crianças e, de modo geral, nos seres cuja razão é frágil. Ora, de acordo com esta hipótese, o instinto não seria um atributo nem da alma, nem da matéria; ele não pertenceria ao ser vivo, mas seria *efeito* da ação direta dos protetores invisíveis, que supririam a imperfeição da inteligência, provocando, eles próprios, os atos inconscientes necessários à conservação do ser. Seria como o andador, que sustenta a criança que ainda não sabe andar. Mas, da mesma forma que o andador é gradualmente retirado à medida que a criança se mantém em pé por si mesma, os espíritos protetores deixam seus protegidos por conta própria, à medida que estes se tornam aptos a se guiarem por sua própria inteligência.

Assim, o instinto, longe de ser o produto de uma inteligência rudimentar e incompleta, seria o efeito de uma inteligência estranha, *na plenitude de sua força*, suprindo a insuficiência, seja de uma inteligência mais jovem, que impulsionaria a fazer inconscientemente, para seu bem, o que essa inteligência ainda é incapaz de fazer por si mesma, seja de uma inteligência madura, mas momentaneamente tolhida no uso de suas faculdades, assim como ocorre com o homem em sua infância e no caso da idiotia e de afecções mentais.

Diz-se, proverbialmente, que há um Deus para as crianças, os tolos e os ébrios. Esse provérbio é mais sábio do que se supõe. Esse Deus nada mais é do que o espírito protetor, que vela pelo ser incapaz de se proteger por sua própria razão.

15. Nessa ordem de ideias, pode-se ir mais longe. Por racional que seja, essa teoria não resolve todas as dificuldades da questão. Para investigar as causas, é preciso estudar os efeitos, e da natureza dos efeitos pode-se concluir a natureza da causa.

Ao observarem-se os efeitos do instinto, nota-se, em primeiro lugar, uma unidade de visão e de conjunto, uma segurança de resultados, que não mais existem a partir do momento em que o instinto é substituído pela inteligência livre. Além disso, na adequação tão perfeita e tão constante das faculdades instintivas às necessidades de cada espécie, reconhecemos uma profunda sabedoria. Essa unidade de visão não poderia existir sem a unidade de pensamento e, por consequência, com a multiplicidade das causas ativas. Ora, em consequência do progresso que as inteligências individuais realizam incessantemente, há entre elas uma diversidade de aptidões e vontades que é incompatível com esse conjunto tão perfeitamente harmonioso que se produz desde a origem dos tempos e em todos os climas, com uma regularidade e uma precisão matemáticas, sem falhar jamais. Essa uniformidade no resultado das faculdades instintivas é um fato característico, que implica, forçosamente, a unidade da causa. Se essa causa fosse inerente a cada individualidade, haveria tantas variedades de instintos quanto há de indivíduos, desde a planta até o homem. Um efeito geral, uniforme e constante deve ter uma causa geral, uniforme e constante; um efeito que revele sabedoria e previdência deve ter uma causa sábia e previdente.

Ora, uma causa sábia e previdente sendo necessariamente inteligente, não pode ser exclusivamente material.

Não se encontrando nas criaturas, encarnadas e desencarnadas, as qualidades necessárias para produzir tal resultado, é preciso ir mais alto, ou seja, ao próprio Criador. Se nos reportarmos à explicação dada sobre a maneira como se pode conceber a ação providencial (Capítulo II, n° 25); considerando-se todos os seres penetrados pelo fluido divino, soberanamente inteligente, compreende-se a sabedoria providencial e a unidade de vistas que presidem a todos os movimentos instintivos para o bem de cada indivíduo. Essa solicitude é tanto mais ativa quanto menos recursos o indivíduo tem em si mesmo e em sua própria inteligência, e é por essa razão que ela se mostra mais absoluta com os animais e com os seres inferiores do que com o homem.

De acordo com essa teoria compreende-se que o instinto seja um guia sempre seguro. O instinto maternal, o mais nobre de todos, que o materialismo rebaixa ao nível das forças atrativas da matéria, é assim elevado e enobrecido. Em razão de suas consequências, não poderia ser entregue às eventualidades caprichosas da inteligência e do livre-arbítrio. *Através da mãe, o próprio Deus vela por Suas criaturas nascentes.*

16. Essa teoria não destrói, de maneira alguma, o papel dos espíritos protetores, cujo concurso é um fato verificado e provado pela experiência. Mas é preciso observar que sua ação é essencialmente individual; que ela se modifica segundo as qualidades próprias do protetor e do protegido, e que em nenhuma parte tem a uniformidade e a generalidade do instinto. Deus, em Sua sabedoria, conduz os cegos, mas confia a inteligências livres o cuidado de conduzir os que enxergam, a fim de deixar a cada um a responsabilidade por seus atos. A missão dos espíritos protetores é um dever que eles aceitam voluntariamente e que é, para eles, um meio de progredir, segundo a maneira como a executam.

17. Todas essas maneiras de encarar o instinto são necessariamente hipotéticas, e não há nenhuma que tenha um caráter suficiente de autenticidade para ser apresentada como solução definitiva. A questão será certamente resolvida um dia, quando se houver reunido os elementos de observação que ainda faltam. Até lá, será necessário que nos limitemos a submeter as opiniões diversas ao cadinho da razão e da lógica, e aguardar que a luz se faça. A solução que mais se aproximar da verdade será, necessariamente, aquela que melhor corresponder aos atributos de Deus, ou seja, à soberana bondade e à soberana justiça. (Ver capítulo II, n° 19).

18. Sendo o instinto o guia e sendo as paixões a força propulsora das almas no primeiro período de seu desenvolvimento, ambos se confundem por vezes em seus efeitos e sobretudo na linguagem humana, que nem sempre se presta suficientemente à expressão de todas as nuanças. Entretanto, há entre esses dois princípios diferenças que é essencial considerar.

O instinto é um guia seguro, sempre bom. Num determinado momento, pode tornar-se inútil, mas jamais nocivo. Ele enfraquece pela predominância da inteligência.

As paixões, nas primeiras idades da alma, têm, em comum com o instinto, o fato de que os seres são por elas solicitados por uma força igualmente inconsciente. Elas nascem mais particularmente das necessidades do corpo e prendem-se ao organismo mais do que o instinto. O que as distingue do instinto, sobretudo, é que são individuais e não produzem, como este último, efeitos gerais e uniformes. Podemos vê-las, ao contrário, variar de intensidade e de natureza, de acordo com os indivíduos. São úteis como estímulo, até a eclosão do senso moral que, de um ser passivo, faz um ser de razão. Nesse momento, as paixões se tornam não apenas inúteis, mas prejudiciais ao progresso do espírito, de quem retardam a desmaterialização. Elas enfraquecem com o desenvolvimento da razão.

19. O homem que agisse constantemente só pelo instinto, poderia ser muito bom, mas deixaria adormecida sua inteligência. Seria como a criança que, não deixando seu andador, não aprendesse a usar suas pernas. Aquele que não domina suas paixões pode ser muito inteligente, mas, ao mesmo tempo, muito mau. *O instinto se extingue por si mesmo; as paixões só são dominadas pelo esforço da vontade.*

Todos os homens passaram pela fieira das paixões; aqueles que as superaram e que não são, por natureza, nem orgulhosos, nem ambiciosos, nem egoístas, nem odientos, nem vingativos, nem cruéis, nem coléricos, nem sensuais, que fazem o bem sem esforços, sem premeditação e, por assim dizer, involuntariamente, é porque progrediram na sequência de suas existências anteriores; limparam-se das impurezas. É injusto dizer que eles têm menos mérito quando fazem o bem do que aqueles que têm que lutar contra suas tendências. Já conquistaram a vitória, enquanto os outros ainda não. Mas quando estes a conquistarem, serão como aqueles. Então, farão o bem sem sequer pensar, como as crianças que leem correntemente, sem ter mais a necessidade de soletrar. São como dois doentes, sendo que um está curado e em pleno vigor, enquanto o outro está ainda convalescendo e tropeça ao caminhar. São, finalmente, como dois corredores, sendo que um está mais próximo da linha de chegada que o outro.

Destruição dos seres vivos, uns pelos outros

20. A destruição recíproca dos seres vivos é uma das leis da natureza que, à primeira vista, menos parece conciliar-se com a bondade de Deus. Pergunta-se por que Ele criou a necessidade de se destruírem mutuamente, a fim de se alimentarem uns à custa dos outros.

Para aquele que só considera a matéria, que limita sua visão à vida presente, isso parecerá, de fato, uma imperfeição na obra divina. Daí a conclusão que disso tiram os incrédulos, de que, Deus não sendo perfeito, não existe Deus. É que eles julgam a perfeição de Deus a partir de seu ponto de vista; medem a sabedoria divina de acordo com seu próprio entendimento e pensam que Deus não poderia fazer melhor do que eles próprios fariam. Sua curta visão não lhes permite compreender o conjunto e impede que compreendam que um bem real pode ser extraído de um mal aparente. O conhecimento do princípio espiritual, considerado em sua verdadeira essência, e o da grande lei da unidade, que constitui a harmonia da criação, é que pode dar ao homem a chave desse mistério e mostrar-lhe a sabedoria providencial e a harmonia exatamente onde ele via uma anomalia e uma contradição. Isso acontece em relação a esta verdade, assim como a tantas outras. O homem só está apto a sondar certas profundezas, quando seu espírito atingiu um nível suficiente de maturidade.

21. A verdadeira vida, tanto do animal quanto do homem, não está no envoltório corporal, assim como não está nas roupas. Ela está no princípio inteligente, que preexiste e sobrevive ao corpo. Esse princípio tem necessidade do corpo para se desenvolver pelo trabalho que deve realizar sobre a matéria bruta; o corpo se desgasta nesse trabalho, mas não o espírito, que dele sai cada vez mais forte, mais lúcido e mais capaz. Que importa, então, que o espírito mude mais ou menos vezes de envoltório! Nem por isso será menos espírito. É exatamente como se um homem mudasse de roupa cem vezes ao longo do ano: nem por isso deixaria de ser o mesmo homem.

Pelo espetáculo incessante da destruição, Deus ensina aos homens a pouca importância que devem dar ao envoltório material e neles suscita a ideia da vida espiritual, fazendo com que a desejem como compensação.

Dirão alguns: E Deus não poderia chegar ao mesmo resultado por outros meios, sem coagir os seres vivos a se destruírem mutuamente? Bem ousado aquele que pretendesse penetrar os desígnios de Deus! Se tudo é sabedoria em Sua obra, não devemos supor que tal sabedoria seja menor num ponto que em outros. Se não O compreendemos, é devido ao nosso pouco adiantamento. Todavia, podemos tentar buscar a causa, tomando por bússola este princípio: *Deus deve ser infinitamente justo e sábio*. Portanto, procuremos em tudo Sua justiça e Sua sabedoria, curvando-nos perante o que ultrapassar nosso entendimento.

22. Uma primeira utilidade que se apresenta para essa destruição, utilidade puramente física, é verdade, é que os corpos orgânicos só se conservam com a ajuda de matérias orgânicas, sendo que somente essas matérias contêm os elementos nutritivos necessários à sua transformação. Como os corpos, instrumentos de ação do princípio inteligente, precisam ser incessantemente renovados, a Providência faz com que sirvam à sua mútua manutenção. É por isso que os seres se alimentam uns dos outros. O corpo se nutre do corpo, mas o espírito não é aniquilado, nem alterado. Apenas fica sem o envoltório corporal.

23. Há, além disso, considerações morais de uma ordem mais elevada.

A luta é necessária ao desenvolvimento do espírito; é na luta que ele exercita suas faculdades. O que ataca para conseguir alimento e o que se defende para conservar a própria vida usam de astúcia e inteligência, aumentando, por isso mesmo, suas forças intelectuais. Um dos dois sucumbe; mas o que foi, na verdade, que o mais forte ou mais hábil tirou do mais fraco? Sua vestimenta de carne e nada mais. O espírito, que não morreu, mais tarde terá outro corpo.

24. Nos seres inferiores da Criação, nos quais o senso moral ainda não existe, nos quais a inteligência ainda não substituiu o instinto, a luta só poderia ter por objetivo a satisfação de uma necessidade material. Ora, uma das necessidades materiais mais imperiosas é a alimentação. Eles lutam, então, unicamente para viver, ou seja, para obter ou defender uma presa, pois não poderiam ser estimulados por um objetivo mais elevado. É nesse primeiro período que a alma se elabora e ensaia para a vida. Assim que ela tiver atingido o grau de maturidade necessário para sua transformação, recebe de Deus novas faculdades: o livre-arbítrio e o senso moral, a centelha divina, em uma palavra, que dão um novo curso a suas ideias, dotando-a de novas aptidões e de novas percepções.

Capítulo III — A Gênese

Mas as novas faculdades de que a alma é dotada só se desenvolvem gradualmente, pois nada é brusco na natureza. Há um período de transição em que o homem muito pouco se distingue dos irracionais. Nos primeiros tempos, o instinto animal domina e a luta continua tendo por objetivo a satisfação de necessidades materiais; mais tarde, o instinto animal e o sentimento moral se contrabalançam. Agora o homem não luta mais para se alimentar, mas para satisfazer sua ambição, seu orgulho e a necessidade de domínio. Para tal, ele ainda terá que destruir. Todavia, à medida que o senso moral prepondera, a sensibilidade se desenvolve e a necessidade de destruição diminui, acabando por desaparecer e tornar-se detestável: o homem passa a ter horror ao sangue.

Entretanto, a luta é sempre necessária ao desenvolvimento do Espírito, pois, mesmo tendo chegado a esse ponto que nos parece culminante, está longe de ser perfeito. É apenas através de sua atividade que ele adquire conhecimentos, experiência e que se despoja dos últimos vestígios de animalidade. Todavia, a luta agora, que era sangrenta e brutal, passa a ser puramente intelectual. O homem luta contra suas dificuldades, e não mais contra seu semelhante[10].

---

10. Esta questão está ligada àquela, não menos grave, entre animalidade e humanidade, de que trataremos mais adiante. Quisemos apenas demonstrar, por meio dessa explicação, que a destruição recíproca dos seres vivos em nada invalida a sabedoria divina e que tudo se encadeia nas leis da Natureza. Esse encadeamento é necessariamente rompido se o princípio inteligente for deixado de lado. É por isso que há tantas questões insolúveis, se considerarmos apenas a matéria.

Capítulo IV

Papel da ciência na Gênese

1. A história da origem de quase todos os povos antigos se confunde com a de suas religiões. É por isso que seus primeiros livros foram livros religiosos. E como todas as religiões se ligam ao princípio das coisas, que é também o da humanidade, deram explicações a respeito da formação e da organização do Universo de acordo com o grau de seus conhecimentos na época e de seus fundadores. Disso resultou que os primeiros livros sagrados foram, ao mesmo tempo, os primeiros livros de ciência, assim como fora, por muito tempo, o único código de leis civis.

2. A religião era, naquele tempo, um freio poderoso para governar. Os povos curvavam-se de boa vontade perante os poderes invisíveis, em nome dos quais eram subjugados. Os governantes diziam ter o domínio de tais poderes, quando não se faziam passar por iguais a estes.

Para dar mais força à religião, era preciso apresentá-la como absoluta, infalível e imutável, sem o que teria perdido a ascendência sobre aqueles seres quase irracionais, em quem a razão começava apenas a despontar. Era preciso que a religião não pudesse ser discutida, assim como acontecia às ordens do soberano. Disso resultou o princípio da fé cega e da obediência passiva que tinham, na origem, sua razão de ser e sua utilidade. A veneração que se tinha pelos livros sagrados, quase sempre supostamente descidos do céu ou inspirados pela divindade, proibia, aliás, qualquer exame.

3. Nos tempos primitivos, os meios de observação, sendo necessariamente imperfeitos, as primeiras teorias sobre o sistema do mundo deviam estar repletas de erros grosseiros. Mas se tais meios tivessem sido tão completos quanto os de hoje, os homens não teriam sabido aproveitá-los. Só poderiam ser, além disso, fruto do desenvolvimento da inteligência e do conhecimento sucessivo das leis da natureza. À medida que o homem progrediu no conhecimento de tais leis, penetrou os mistérios da criação e retificou as ideias que tinha formado sobre a origem das coisas.

4. Da mesma maneira que para compreender e definir o movimento correlativo dos ponteiros de um relógio é necessário conhecer as leis que presidem seu mecanismo, apreciar a natureza dos materiais e calcular a potência das forças atuantes, para compreender o mecanismo do Universo é preciso conhecer as leis que regem todas as forças postas em ação nesse vasto conjunto.

O homem permaneceu impotente para resolver o problema da criação até o momento em que a chave lhe foi entregue pela ciência. Foi preciso que a astronomia lhe abrisse as portas do espaço infinito e permitisse que lançasse ali seu olhar; que, pelo poder do cálculo, pudesse ele determinar, com precisão rigorosa, o movimento, a posição, o volume, a natureza e o papel dos corpos celestes; que a física lhe revelasse as leis da gravitação, do calor, da luz e da eletricidade, assim como a influência de tais agentes sobre a natureza inteira e a causa dos inumeráveis fenômenos que daí decorrem; que a química lhe ensinasse as transformações da matéria, e a mineralogia, as matérias que formam a crosta do Globo; que a geologia lhe ensinasse a ler nas camadas da Terra a formação gradual desse mesmo Globo. A botânica, a zoologia, a paleontologia, a antropologia deveriam iniciá-lo quanto à filiação e à sucessão dos seres organizados. Com a arqueologia, o homem pôde seguir as pegadas da humanidade ao longo das eras. Todas as ciências, em uma palavra, completando-se umas às outras, deveriam trazer seu contingente indispensável para o conhecimento da história do mundo. Sem essas ciências, o homem só teria por guia suas primeiras hipóteses.

Além disso, antes que o homem estivesse de posse desses elementos de avaliação, todos os comentadores da Gênese, cuja razão se deparava com impossibilidades materiais, moviam-se num mesmo círculo, sem dele poder sair. Só puderam fazê-lo quando a ciência abriu o caminho, abrindo uma brecha no velho edifício das crenças e, então, tudo mudou de aspecto. Uma vez encontrado o fio condutor, as dificuldades foram prontamente aplainadas. Em lugar de uma Gênese imaginária, teve-se uma Gênese positiva e, de certa forma, experimental. O campo do Universo estendeu-se ao infinito. Viu-se a Terra e os astros se formarem gradualmente, segundo as leis eternas e imutáveis, que muito melhor testemunham a grandeza e a sabedoria de Deus do que uma criação miraculosa, saída repentinamente do nada, como num piscar de olhos, por uma ideia súbita da Divindade, após uma eternidade de inação.

Uma vez que é impossível conceber a Gênese sem os dados fornecidos pela ciência, podemos dizer com toda verdade que: É a *ciência que é chamada a constituir a verdadeira Gênese, a partir das leis da natureza.*

5. No ponto em que chegou no século XIX, pode a ciência resolver todas as dificuldades do problema da Gênese?

Certamente que não. Mas é incontestável que ela destruiu, de maneira definitiva, todos os erros capitais, e assentou os fundamentos essenciais a partir de dados irrefutáveis. Os pontos ainda incertos são, propriamente dizendo, apenas uma questão de detalhes, cuja solução, qualquer que seja ela no futuro, não poderá prejudicar o conjunto. Além disso, apesar de todos os recursos de que pode dispor, faltou à ciência, até agora, um elemento importante, sem o qual a obra jamais poderá ser completa.

6. De todas as Gêneses antigas, a que mais se aproxima dos dados científicos modernos é, incontestavelmente, a de Moisés, apesar dos erros que contém e que hoje já estão demonstrados até a evidência. Alguns desses erros são, na verdade, mais aparentes que reais e provêm da falsa interpretação de certas palavras, cujo significado primitivo se perdeu ao passar de uma língua para outra através da tradução, ou porque a acepção de certos termos mudou conforme os costumes dos povos, ou ainda devido à forma alegórica característica do estilo oriental, da qual se tomou o significado literal, ao invés de buscar o espírito da letra.

7. A Bíblia contém, evidentemente, fatos que a razão desenvolvida pela ciência hoje não poderia aceitar, enquanto outros parecem estranhos ou repugnantes, porque dizem respeito a costumes que não são mais os nossos. Mas, fora isso, seria parcial não reconhecer que a Bíblia encerra coisas grandes e belas. A alegoria ocupa lugar considerável e oculta, sob seu véu, verdades sublimes que aparecem se lhe buscarmos a essência do pensamento, porque assim o absurdo desaparece.

Por que, então, o véu não foi levantado há mais tempo? Por um lado, pela falta das luzes que somente a ciência e uma sã filosofia poderiam fornecer; por outro, devido ao princípio de imutabilidade absoluta da fé, resultante de um respeito exageradamente cego pela letra, diante da qual a razão deveria curvar-se, e, por conseguinte, o temor de comprometer a base das crenças, edificadas sobre o sentido literal. Como essas crenças partiram de um ponto primitivo, temia-se que, se o primeiro elo da corrente fosse rompido, todas as malhas da rede acabariam por se romper. Por isso, resolveram que era melhor fechar os olhos. Mas fechar os olhos para um perigo não implica evitá-lo. Quando um edifício se inclina, não é mais prudente substituir imediatamente as pedras velhas por outras boas, ao invés de esperar, por respeito à antiguidade do edifício, que não mais haja remédio para o mal e que seja necessário reconstruir tudo, de baixo até em cima?

8. Levando suas investigações até as entranhas da Terra e as profundezas dos céus, a ciência demonstrou, de maneira irrefutável, os erros da Gênese mosaica tomada ao pé da letra e a impossibilidade material de que as coisas tenham acontecido da maneira como são textualmente relatadas. A ciência desferiu, desse modo, um golpe profundo nas crenças seculares. A fé ortodoxa revoltou-se, acreditando ver removida sua pedra fundamental. Mas quem deveria estar com a razão: a ciência em sua marcha prudente e progressiva sobre o terreno sólido dos números e da observação, sem nada afirmar antes de ter uma prova em mãos, ou uma narrativa escrita em uma época em que os meios de observação inexistiam? Quem deve triunfar? Aquele que diz que 2 mais 2 são 5, recusando-se a verificar o resultado, ou o que diz que 2 mais 2 são 4 e comprova essa afirmação?

9. Mas, então, alguém dirá, se a Bíblia é uma revelação divina, terá Deus se enganado? E se ela não é uma revelação divina, deixa de ter autoridade. E a religião desmorona por falta de base.

Das duas coisas, uma: ou a ciência tem razão ou não tem razão; se ela tem razão, não poderá fazer com que uma opinião contrária seja verdadeira, pois não existe revelação que possa prevalecer sobre a autoridade dos fatos.

Incontestavelmente, Deus, que é todo verdade, não pode induzir os homens ao erro, nem consciente nem inconscientemente, sem o que não seria Deus. Se, então, os fatos contradizem as palavras que Lhe são atribuídas, é forçoso concluir logicamente que Ele não as pronunciou ou que elas foram interpretadas de maneira errada.

Se a religião sofre alguns prejuízos com essas contradições, o erro não é da ciência, que não pode transformar em fato aquilo que não o é, mas dos homens, por terem firmado prematuramente dogmas absolutos, dos quais fizeram questão de vida ou morte, a partir de hipóteses suscetíveis de serem desmentidas pela experiência.

Há coisas às quais é preciso se resignar, quer o queiramos ou não, quando não for possível evitá-las. À medida que o mundo avança, sem que a vontade de alguns possa detê-lo, o mais sábio é que o acompanhemos e nos acomodemos à nova situação, ao invés de nos agarrarmos ao passado que desmorona, sob o risco de tombarmos com ele.

10. Deveríamos, então, impor silêncio à ciência por respeito aos textos tidos como sagrados? Isso seria tão impossível quanto impedir a Terra de girar. As religiões, quaisquer que sejam, jamais ganharam coisa alguma em sustentar erros evidentes. A missão da ciência é descobrir as leis da natureza; ora, como essas leis são obra de Deus, não podem ser contrárias às religiões fundadas sobre a verdade. A ciência realiza sua missão pela própria força das coisas e como consequência natural do desenvolvimento da inteligência humana que é, ela também, uma obra divina e só avança com a permissão de Deus, em virtude das leis progressivas que Ele estabeleceu. Lançar o anátema sobre o progresso, como atentado à religião, é ir contra a vontade de Deus. Além disso, é inútil, porque todos os anátemas do mundo não impedirão a ciência de progredir e a verdade de aparecer. *Se a religião se recusar a avançar com a ciência, a ciência avançará sozinha.*

11. Somente as religiões estacionárias podem recear as verdades da ciência, que apenas são funestas àquelas que se distanciam das ideias progressivas, imobilizando-se no absolutismo de suas crenças. Tais religiões em geral fazem da Divindade uma ideia tão mesquinha, que não compreendem que assimilar as leis da natureza, reveladas pela ciência, é glorificar a Deus em Suas obras. Mas, em sua cegueira, preferem render homenagem ao espírito do mal. *Uma religião que não estivesse em contradição com as leis da natureza em nenhum aspecto não teria por que temer o progresso, e seria invulnerável.*

12. A Gênese compreende duas partes: a história da formação do mundo material e a da humanidade, considerada em seu duplo princípio, corporal e espiritual. A ciência limitou-se à pesquisa das leis que regem a matéria; quanto ao homem, estudou apenas seu envoltório carnal. Nesse aspecto, chegou a perceber, com uma precisão incontestável, as principais partes do mecanismo do Universo e do organismo humano. Quanto a este aspecto capital, está em condições de completar a Gênese de Moisés e retificar as partes incorretas.

Mas a história do homem, enquanto ser espiritual, prende-se a uma ordem especial de ideias que não pertencem ao domínio da ciência propriamente dita, as quais, por esse motivo, não são objeto de suas investigações. A filosofia, que tem esse gênero de estudos em suas atribuições, apenas formulou, acerca desse ponto, sistemas contraditórios, que vão desde a espiritualidade pura até a negação do princípio espiritual e mesmo de Deus, sem outras bases que as ideias pessoais de seus autores. Deixou, portanto, a questão indefinida, por falta de um controle adequado.

13. Esta questão é, todavia, a mais importante para o homem, porque trata do problema de seu passado e de seu porvir. A questão relativa ao mundo material apenas o afeta indiretamente. O que lhe importa saber, antes de tudo, é de onde vem e para onde vai, se já viveu e se voltará a viver, e que sorte lhe está reservada.

A ciência se mantém muda em relação a tais questões. A filosofia apresenta apenas opiniões cujo sentido é diametralmente oposto, mas, ao menos, permite discutir o assunto, o que faz com que muitas pessoas se coloquem a seu lado e não ao lado da religião, que nada discute.

14. Todas as religiões estão de acordo quanto ao princípio da existência da alma, sem, contudo, demonstrá-lo. Mas não concordam nem quanto à sua origem, nem quanto ao seu passado, nem quanto ao seu futuro, nem, sobretudo, o que é essencial, quanto às condições das quais depende sua situação futura. A maioria delas apresenta, quanto ao futuro da alma, um quadro imposto à crença de seus adeptos, o que só pode ser aceito pela fé cega, mas que não pode resistir a um exame sério. A destinação que traçam para a alma, estando ligada, dentro de seus dogmas, às ideias que se tinha do mundo material e do mecanismo do Universo nos tempos primitivos, é inconciliável com o nível dos conhecimentos atuais. Uma vez que só podem perder com o exame e a discussão do assunto, acham mais simples proibir um e outro.

15. Das divergências quanto ao futuro do homem, nasceram a dúvida e a incredulidade. E não poderia ser diferente: cada religião, pretendendo estar de posse de toda a verdade, contradizendo-se umas às outras, sem dar provas suficientes para suas afirmações, para reunir a maioria, o homem, na indecisão, restringiu-se ao presente. Entretanto, a incredulidade deixa um vazio penoso. O homem encara com ansiedade o desconhecido, onde deverá entrar, fatalmente, mais cedo ou mais tarde. A ideia do nada o apavora. Sua consciência lhe diz que para além do presente há algo para ele, mas o quê? Sua razão desenvolvida não permite mais que ele aceite as histórias que embalaram sua infância, que tome a alegoria por realidade. Qual o sentido dessa alegoria? A ciência descerrou uma ponta do véu, mas não lhe revelou o que mais lhe importa saber. Ele interroga em vão e nada lhe responde de maneira categórica, capaz de acalmar suas apreensões. Por toda parte ele encontra a afirmação se chocando com a negação, sem provas conclusivas de uma parte ou de outra. Daí a incerteza. E *a incerteza quanto às coisas da vida futura faz com que o homem se lance, tomado por uma espécie de frenesi, sobre as coisas da vida material.*

Esse é o inevitável efeito das épocas de transição. O edifício do passado desmorona e o do futuro ainda não está construído. O homem é como o adolescente que não tem mais a crença ingênua dos primeiros anos nem tampouco os conhecimentos da idade madura. Não tem mais do que vagas aspirações, que ainda não sabe definir.

16. Se a questão do homem espiritual permaneceu, até nossos dias, na condição de teoria, foi porque lhe faltaram meios diretos de observação, de que dispunha para constatar o estado do mundo material, e o campo permaneceu aberto às concepções do espírito humano. Enquanto o homem não conheceu as leis que regem a matéria e não pôde aplicar o método experimental, vagou de sistema em sistema no tocante ao mecanismo do Universo e à formação da Terra. O que ocorreu na ordem moral ocorreu, também, na ordem física. Para fixar as ideias, faltou o elemento essencial: o conhecimento das leis que regem o princípio espiritual. Esse conhecimento estava reservado para nossa época, do mesmo modo que o das leis da matéria foi obra dos dois últimos séculos.

17. Até agora, o estudo do princípio espiritual, compreendido na metafísica, tinha sido puramente especulativo e teórico. No espiritismo, é inteiramente experimental. Com a ajuda da faculdade mediúnica, mais desenvolvida e, sobretudo, generalizada e melhor estudada em nossos dias, o homem encontra-se de posse de um novo instrumento de observação. A mediunidade tem sido para o mundo espiritual o que o telescópio foi para o mundo sideral, e o microscópio para o mundo do infinitamente pequeno. Ela permitiu explorar e estudar, por assim dizer, por observação, suas relações com o mundo corporal; isolar, no homem encarnado, o ser inteligente do ser material, e vê-los agir separadamente. Uma vez em relação com os habitantes desse mundo, foi possível acompanhar a alma em sua marcha ascendente, em suas migrações, em suas transformações; foi possível, enfim, estudar o elemento espiritual. Foi isso que faltou aos antigos comentadores da Gênese, para compreendê-la e retificar seus erros.

18. Estando o mundo espiritual e o mundo material em contato permanente, um é solidário com o outro. Ambos têm sua parte de ação na Gênese. Sem o conhecimento das leis que regem o mundo espiritual seria também impossível constituir uma Gênese completa, do mesmo modo que é impossível a um estatuário dar vida a uma estátua. Somente hoje, embora nem a ciência material, nem a ciência espiritual tenham dado sua última palavra, o homem possui os dois elementos adequados para lançar luz sobre esse imenso problema. Eram absolutamente indispensáveis essas duas chaves para chegar a uma solução, mesmo aproximada. Quanto à solução definitiva, talvez jamais seja dado ao homem encontrá-la na Terra, pois há coisas que são segredos de Deus.

Capítulo V

Antigos e modernos sistemas do mundo

1. A primeira ideia que os homens fizeram da Terra, do movimento dos astros e da constituição do Universo teve que se fundamentar, em sua origem, unicamente no testemunho de seus sentidos. Na ignorância das mais elementares leis da física e das forças da natureza, não tendo senão sua visão limitada como meio de observação, só poderiam julgar pelas aparências.

Vendo o Sol aparecer de manhã de um lado do horizonte e desaparecer à tarde do lado oposto, concluíram, naturalmente, que ele girava em torno da Terra, enquanto o planeta permanecia imóvel. Se tivessem dito a esses homens que acontecia exatamente o contrário, eles responderiam que isso era impossível e teriam dito: vemos o Sol mudar de lugar e não sentimos a Terra se mover.

2. A pouca extensão das viagens, que raramente ultrapassava os limites da tribo ou do vale, não poderia permitir que constatassem a esfericidade da Terra. Como supor, então, que a Terra pudesse ser uma esfera? Se assim fosse, os homens só poderiam se manter nos lugares mais elevados e, supondo-se que fosse habitada em toda sua superfície, como seria possível viver no hemisfério oposto, com a cabeça para baixo e os pés para cima? Isso teria parecido ainda menos possível com um movimento de rotação. Quando vemos, ainda hoje, quando já conhecemos a lei da gravitação, pessoas relativamente esclarecidas não conceberem tal fenômeno, não é de surpreender que os homens primitivos sequer hajam suspeitado de sua existência.

A Terra era para eles, então, uma superfície plana e circular, como uma pedra de moinho, que se estendia a perder de vista na direção horizontal. Vem daí a expressão, ainda hoje utilizada: ir ao fim do mundo. Seus limites, sua espessura, seu interior, sua face inferior, o que havia por baixo dela, tudo era desconhecido[11].

3. Apresentando uma forma côncava, o céu era, segundo a crença comum, considerado verdadeiramente uma abóbada, cujas bordas inferiores repousavam sobre a Terra e marcavam seus limites. Uma vasta cúpula, totalmente preenchida com ar. Sem qualquer noção quanto ao infinito do espaço, incapazes de concebê-lo, os homens imaginavam que essa cúpula era formada por matéria sólida. Daí o nome *firmamento*, que sobreviveu à crença, e que significa *firme, resistente* (do latim *firmamentum*, derivado de *firmus*, e do grego *herma, hermatos*, firme, arrimo, suporte, ponto de apoio).

4. As estrelas, cuja natureza eles não poderiam supor, eram consideradas simples pontos luminosos, maiores ou menores, presos à abóbada, como lâmpadas suspensas, dispostas sobre uma mesma superfície e, por conseguinte, todas na mesma distância da Terra, da mesma maneira como são representadas no interior de certas cúpulas pintadas de azul, para simbolizar o azul dos céus.

Embora as ideias hoje sejam outras, conservou-se o emprego das antigas expressões. Diz-se, ainda, por comparação: a abóbada estrelada, sob a cúpula do céu.

5. A formação de nuvens pela evaporação das águas da terra era, então, igualmente ignorada. Era impossível pensar que a chuva, que cai do céu, tivesse sua origem na terra, de onde não se vê a água subir. Vem daí a crença na existência *de águas superiores e de águas inferiores,* de fontes celestes e de fontes terrestres, de reservatórios localizados nas regiões altas, suposição que se coadunava perfeitamente com a ideia de uma abóbada capaz de mantê-las. As águas superiores, escapando pelas fissuras da abóbada, caíam em forma de chuva e, dependendo dessas fissuras serem maiores ou menores, a chuva seria suave ou torrencial e diluviana.

6. A total ignorância acerca do conjunto do Universo e das leis que o regem, da natureza, da constituição e da finalidade dos astros, que pareciam ser tão pequenos

---

11. "A mitologia hindu ensinava que o astro do dia despojava-se, à noite, de sua luz, e atravessava o céu com uma face obscura. A mitologia grega representava a carruagem de Apolo puxada por quatro cavalos. Anaximandro de Mileto afirmava, segundo Plutarco, que o Sol era um carro repleto de um fogo muito vivo, que escapava por uma abertura circular. Dizem alguns que Epicuro teria dito que o Sol se acendia pela manhã e se apagava à noite nas águas do Oceano. Outros diziam que ele imaginou que essa estrela era uma pedra-pomes aquecida até o grau de incandescência. Já Anaxágoras via o Sol como um ferro quente, do tamanho do Peloponeso. Curiosa afirmativa! Os antigos eram invencivelmente levados a considerar a grandeza aparente desse astro como se fosse real, que perseguiram o filósofo temerário por ter atribuído tal volume à tocha do dia, tendo sido necessária toda a autoridade de Péricles para salvá-lo de uma condenação à morte, comutada por uma sentença de exílio." (Flammarion, *Estudos e leituras sobre astronomia*, página 6.) Quando vemos tais ideias adotadas no século V antes da era cristã, na época de maior esplendor da Grécia, não podemos nos surpreender com as conceituações dos homens primitivos acerca do sistema do mundo.

em comparação com a Terra, devia necessariamente fazer com que esta fosse considerada como a coisa principal, o único motivo da criação, e os astros, como acessórios criados unicamente para o deleite de seus habitantes. Esse preconceito perdura até nossos dias, a despeito das descobertas da ciência que mudaram o aspecto do mundo para o homem. Quantas pessoas ainda acreditam que as estrelas são ornamentos do céu, para encantar os olhos dos habitantes da Terra!

7. Não tardou para que o homem se apercebesse do movimento aparente das estrelas, que se movem em conjunto do oriente para o ocidente, aparecendo à noite e recolhendo-se pela manhã, mas conservando suas respectivas posições. Entretanto, por muito tempo, essa observação só teve a função de confirmar a ideia de uma abóbada sólida, que arrastava as estrelas em seu movimento de rotação.

Tais ideias primitivas, ingênuas, constituíram, por longos períodos seculares, o fundamento das crenças religiosas e serviram de base a todas as cosmogonias antigas.

8. Compreendeu-se, mais tarde, pela direção do movimento das estrelas e seu retorno periódico, na mesma ordem, que a abóbada celeste não poderia ser simplesmente uma semiesfera colocada sobre a Terra, mas sim uma esfera inteira, oca, no centro da qual se achava a Terra, sempre plana ou, no máximo, convexa e habitada somente em sua face superior. Já era um progresso. Mas sobre o que estaria pousada a Terra? Seria inútil relacionar todas as suposições ridículas engendradas pela imaginação, desde a dos indianos que diziam ser ela sustentada por quatro elefantes brancos, apoiados sobre as asas de um imenso abutre. Os mais sábios confessavam nada saber a respeito.

9. Entretanto, uma opinião geralmente difundida nas teogonias pagãs situava nos *lugares baixos*, ou seja as profundezas da Terra, ou debaixo dela, não se sabia ao certo, a morada dos condenados, denominada *inferno,* ou seja, *lugar inferior*; e nos *lugares altos*, para além da região das estrelas, a morada dos bem-aventurados. A palavra *inferno* conserva-se até nossos dias, embora tenha perdido seu significado etimológico depois que a geologia desalojou o local dos suplícios eternos das entranhas da Terra, e que a astronomia demonstrou que não existe nem alto nem baixo no espaço infinito.

10. Sob o céu límpido da Caldeia, da Índia e do Egito, berços das mais antigas civilizações, puderam observar o movimento dos astros com tanta precisão quanto a ausência de instrumentos especiais permitia. Viu-se, primeiramente, que certas estrelas tinham um movimento próprio, independente das demais, o que não permitia supor que estivessem presas à abóbada. Foram denominadas *estrelas errantes* ou *planetas*, para que se distinguissem das estrelas fixas. Seus movimentos e seus retornos periódicos foram calculados.

No movimento diurno da esfera estrelada, notava-se imobilidade da estrela polar, ao redor da qual as demais descreviam, em vinte e quatro horas, círculos oblíquos paralelos, maiores ou menores, conforme sua distância da estrela central. Esse foi o primeiro passo em direção à descoberta da inclinação do eixo da Terra.

Viagens mais longas permitiram que se observasse a diferença do aspecto do céu, conforme as latitudes e as estações. A constatação da elevação da estrela polar acima do horizonte, conforme a variação da latitude, levou o homem a descobrir a esfericidade da Terra. Foi assim que, pouco a pouco, foi-se fazendo uma ideia mais exata do sistema do mundo.

Por volta do ano 600 antes de Cristo, *Tales, de Mileto* (Ásia Menor), descobriu a esfericidade da Terra, a obliquidade da eclíptica e da causa dos eclipses.

Um século mais tarde, *Pitágoras*, de Samos, descobriu o movimento diurno da Terra em redor de seu eixo, seu movimento anual em torno do Sol, e relacionou os planetas e os cometas ao sistema solar.

Cento e sessenta anos antes de Cristo, *Hiparco*, de Alexandria (Egito), inventou o astrolábio, calculou e predisse os eclipses, observou as manchas solares, determinou o ano trópico e a duração das revoluções lunares.

Por mais preciosas que essas descobertas tenham sido para o progresso da ciência, levaram cerca de 2.000 anos para se popularizarem. As ideias novas, tendo apenas raros manuscritos como meio de divulgação, permaneciam nas mãos de alguns filósofos, que as ensinavam a discípulos privilegiados. O povo, que ninguém cogitava esclarecer, não tirava proveito algum dessas ideias, continuando a nutrir-se com as velhas crenças.

11. Por volta do ano 140 da era cristã, *Ptolomeu*, um dos homens mais ilustres da Escola de Alexandria, combinando suas próprias ideias com as crenças vulgares e algumas das mais recentes descobertas astronômicas, compôs um sistema que se pode chamar misto, que leva seu nome, e que durante quase quinze séculos foi o único adotado no mundo civilizado.

De acordo com o sistema de Ptolomeu, a Terra é uma esfera no centro do Universo. Ela seria composta de quatro elementos: terra, água, ar e fogo. Essa seria a primeira região dita *elementar*. A segunda região, denominada *etérea,* compreendia onze céus, ou esferas concêntricas, girando em torno da Terra, a saber: o céu da Lua, o de Mercúrio, de Vênus, do Sol, de Marte, de Júpiter, de Saturno, das estrelas fixas, do primeiro cristalino, esfera sólida transparente, do segundo cristalino e, finalmente, do primeiro móvel, que daria movimento a todos os céus inferiores e os faria realizar uma revolução em 24 horas. Além dos onze céus estava o *Empíreo,* a morada dos bem-aventurados, assim chamado a partir do grego *pyr* ou *pur,* que significa *fogo*, porque se acreditava que essa região era resplandecente de luz, como o fogo.

A crença em diversos céus superpostos prevaleceu por longo tempo, com variações quanto ao número. O sétimo era geralmente considerado como o mais elevado. Vem daí a expressão "Ser arrebatado ao sétimo céu". Paulo disse que tinha sido elevado ao terceiro céu.

Segundo Ptolomeu, além do movimento comum, os astros tinham movimentos próprios particulares, maiores ou menores de acordo com seu distanciamento do centro. As estrelas fixas faziam uma revolução em 25.816 anos. Esta última avaliação denota o conhecimento da precessão dos equinócios, que se completa, efetivamente, em aproximados 25 mil anos.

12. No início do século XVI, *Copérnico,* célebre astrônomo, nascido em Thorn (Prússia) em 1472 e falecido em 1543, retomou as ideias de Pitágoras. Publicou um sistema que, confirmado a cada dia por novas observações, foi favoravelmente acolhido, e não tardou a suplantar o de Ptolomeu. Segundo esse sistema, o Sol está no centro, os planetas descrevem órbitas circulares ao redor desse astro, e a Lua é um satélite da Terra.

Um século mais tarde, em 1609, Galileu, nascido em Florença, inventou o telescópio. Em 1610 ele descobriu os quatro satélites de Júpiter e calculou suas revoluções. Reconheceu que os planetas não têm luz própria como as estrelas, mas que estes são iluminados pelo Sol e que são esferas semelhantes à Terra. Observou suas fases e determinou a duração de sua rotação em torno de seu eixo. Deu, desse modo, a partir de provas materiais, uma sanção definitiva ao sistema de Copérnico.

Desde então, desmoronou o sistema dos céus superpostos. Os planetas foram reconhecidos como sendo mundos semelhantes à Terra e, como a Terra, sem dúvida, habitados; o Sol como sendo uma estrela no centro de um turbilhão de planetas que lhe estão sujeitos, e as estrelas como inumeráveis sóis, centros prováveis de outros sistemas planetários.

As estrelas não permanecem mais confinadas em uma zona da esfera celeste, mas encontram-se irregularmente disseminadas pelo espaço ilimitado. Aquelas que se pareciam tocar encontram-se a distâncias incomensuráveis umas das outras. As aparentemente menores são as mais distanciadas de nós. As maiores, aquelas mais próximas, estão, ainda assim, a centenas de milhares de quilômetros. Os grupos aos quais foi dado o nome de *constelações* são apenas conjuntos aparentes, causados pelo distanciamento, um efeito de perspectiva, como acontece com um grupo de luzes espalhadas numa vasta planície ou com as árvores de uma floresta, para alguém que se coloca num ponto fixo distante. Na verdade, esses aglomerados não existem. Se fosse possível nos transportarmos para a região de uma dessas constelações, à medida que nos aproximássemos, sua forma desapareceria e novos grupos se desenhariam a nossos olhos.

Desde que esses grupos só existem na aparência, o significado que uma crença vulgar supersticiosa lhes atribui é ilusória, e sua influência existiria apenas na imaginação.

Para distinguir as constelações, deram-lhes nomes como: *Leão, Touro, Gêmeos, Virgem, Balança, Capricórnio, Câncer, Orion, Hércules, Grande Ursa ou Carruagem de Davi, Pequena Ursa, Lira etc.*, e foram representadas por figuras que lembram esses nomes, na maior parte fantasiosas, mas que não têm qualquer relação com a forma aparente do agrupamento de estrelas. Seria, portanto, inútil procurar por essas figuras no céu.

A crença na influência das constelações, sobretudo naquelas que constituem os doze signos do zodíaco, provém da ideia associada aos nomes que receberam. Se a que é chamada *Leão* tivesse recebido o nome de *Asno* ou *Ovelha*, certamente lhe teria sido atribuída uma influência totalmente diversa.

13. A partir de Copérnico e de Galileu, as velhas cosmogonias foram destruídas para sempre. A astronomia só poderia avançar e não retroceder. A História relata as lutas que esses homens de gênio tiveram que enfrentar contra os preconceitos e, sobretudo, contra o espírito sectário, interessado em manter os erros sobre os quais tinham sido fundamentadas crenças que acreditavam fundamentadas sobre uma base inabalável. Bastou a invenção de um instrumento ótico para derrubar toda uma construção de vários milhares de anos. Mas nada poderia prevalecer contra uma verdade reconhecida como tal. Graças à imprensa, o público, inteirando-se das novas ideias, passou a não mais se deixar levar por ilusões e passou a tomar parte na luta. Não era mais contra alguns indivíduos que era necessário combater, mas contra a opinião geral, que se alinhava com a verdade.

Como é grande o Universo, comparado às mesquinhas proporções que lhe atribuíam nossos ancestrais! Quão sublime é a obra de Deus, quando a vemos realizar-se segundo as eternas leis da natureza! Mas, também, quanto tempo, quantos esforços da inteligência, quanto devotamento foi necessário para abrir os olhos e arrancar, enfim, a venda da ignorância!

14. Estava, a partir daí, aberto o caminho, no qual numerosos e ilustres sábios entrariam, para completar a obra iniciada. Kepler, na Alemanha, descobre as célebres leis que levam seu nome, com a ajuda das quais ele reconhece que os planetas descrevem, não órbitas circulares, mas elípticas, das quais o Sol ocupa um dos focos. Newton, na Inglaterra, descobre a lei da gravitação universal. Laplace, na França, cria a mecânica celeste. A astronomia passa a ser, desse modo, não mais um sistema fundado sobre conjecturas ou probabilidades, mas uma ciência estabelecida sobre as mais rigorosas bases do cálculo e da geometria. Assim encontra-se assentada uma das pedras fundamentais da Gênese.

Capítulo VI

Uranografia geral[12]

O espaço e o tempo – A matéria – As leis e as forças – A criação primeira – A criação universal – Os sóis e os planetas – Os satélites – Os cometas – A Via Láctea – As estrelas fixas – Os desertos do espaço – Sucessão eterna dos mundos – A vida universal – A ciência – Considerações morais

O ESPAÇO E O TEMPO

1. Diversas definições de espaço foram apresentadas, sendo esta a principal: o espaço é a extensão que separa dois corpos. Dela certos sofistas deduziram que, onde não houvesse um corpo, não haveria espaço. Foi nisso que doutores em teologia se basearam para estabelecer que o espaço era necessariamente finito, alegando que corpos limitados a um certo número não poderiam formar uma série infinita, e que no local em que os corpos acabassem, o espaço também acabaria. Há ainda a definição de espaço: o lugar onde se movem os mundos, o vazio onde a matéria atua etc. Deixemos nos tratados todas essas definições, porque nada definem.

Espaço é uma dessas palavras que representam uma ideia primitiva e axio-

---

12. Este capítulo foi extraído textualmente de uma série de comunicações ditadas à Sociedade Espírita de Paris, em 1862 e 1863, sob o título *Estudos uranográficos*, e assinados por Galileu; médium M. C. F.

mática, evidente por si mesma, e que as diversas definições que se lhe possa dar só servem para torná-la obscura. Todos sabemos o que é o espaço, e desejo apenas estabelecer que ele é infinito, a fim de que nossos estudos posteriores não tenham qualquer obstáculo que se oponha a nossas investigações.

Ora, digo que o espaço é infinito pelo fato de que é impossível supor que tenha qualquer limite e porque, apesar da dificuldade que temos para conceber o infinito, para nós é mais fácil percorrer eternamente o espaço pelo pensamento do que nos determos num ponto qualquer, para além do qual não encontraríamos mais extensão a percorrer.

Para imaginarmos a infinitude do espaço, tanto quanto nos permitem nossas faculdades limitadas, suponhamos que partindo da Terra, perdida em meio ao infinito, em direção a um ponto qualquer do Universo, e isso com a velocidade prodigiosa da faísca elétrica, que percorre *milhares de quilômetros por segundo,* mal tenhamos deixado nosso Globo, já tendo percorrido milhões de quilômetros, nós nos encontraríamos num lugar de onde a Terra nos apareceria sob o aspecto de uma pálida estrela. Um instante mais tarde, seguindo sempre na mesma direção, nos encontraremos em meio às estrelas longínquas, que mal conseguimos distinguir da posição terrena. De lá, não somente a Terra será completamente perdida aos nossos olhos nas profundezas do céu, mas mesmo vosso Sol, em seu esplendor, estará eclipsado pela extensão que dele nos separa. Impulsionados sempre com a mesma velocidade do relâmpago, a cada passo que avançamos pela imensidão, atravessamos esses sistemas de mundos, ilhas de luz etérea, vias estelíferas, paragens suntuosas onde Deus semeou mundos com a mesma profusão com que semeou as plantas nas pradarias terrestres.

Ora, caminhamos apenas por alguns minutos e já centenas de milhões e milhões de quilômetros nos separam da Terra, milhares de mundos passaram sob nossas vistas e, no entanto, escutem: não avançamos, na verdade, um único passo Universo adentro!

Se prosseguirmos por anos, séculos, milhares de séculos, milhões de períodos cem vezes seculares e *incessantemente com a mesma velocidade do relâmpago,* pouco teremos avançado! E o mesmo acontecerá não importando a direção que tomemos, rumo a qualquer ponto que busquemos, a partir desse grão invisível que deixamos e que se chama Terra.

Eis o que é o espaço!

2. O tempo, como o espaço, é uma palavra que se define por si mesma. Dele faremos uma ideia mais justa, estabelecendo sua relação com o todo infinito.

O tempo é a sucessão das coisas. Liga-se à eternidade da mesma maneira que as coisas se ligam ao infinito. Imaginemo-nos na origem do nosso mundo, época primitiva em que a Terra ainda não se equilibrava sob a divina impulsão, em outras palavras, no começo da Gênese. Nessa época, o tempo ainda não havia saído do berço misterioso da natureza e ninguém poderia dizer em que época nos encontrávamos, pois o pêndulo dos séculos ainda não estava em movimento.

Mas, silêncio! A primeira hora de uma Terra isolada soa ao timbre do eterno, o planeta se move no espaço, e desde então há *tarde* e *manhã*. Para além da Terra, a eternidade permanece impassível e imóvel, embora o tempo caminhe em muitos outros mundos. Sobre a Terra, o tempo substitui a eternidade e durante uma série determinada de gerações serão contados os anos e os séculos.

Transportemo-nos, agora, para o último dia desse mundo, à hora em que, curvada sob o peso da velhice, a Terra será apagada do livro da vida, para aí não mais reaparecer. Aqui a sucessão dos acontecimentos termina; os movimentos terrestres que mediam o tempo se interrompem e, com eles, o tempo deixa de existir.

Essa simples exposição das coisas naturais que dão nascimento ao tempo, nutrem-no e deixam que se extinga, é suficiente para mostrar que, considerado do ponto em que nos devemos colocar para nossos estudos, o tempo é uma gota d'água que cai da nuvem para o mar e cuja queda é medida.

Tantos mundos na vasta imensidão, tantos tempos diversos e incompatíveis. Fora dos mundos, apenas a eternidade substitui essas sucessões efêmeras e preenche tranquilamente, com sua luz imóvel, a imensidão dos céus. Imensidão sem fim e eternidade sem limites, tais são as duas grandes propriedades da natureza universal.

O olhar do observador que atravessa, sem jamais encontrar obstáculo, as distâncias incomensuráveis do espaço, e o do geólogo que examina além dos limites das idades ou que desce às profundezas da eternidade aberta, onde se perderão um dia, atuam em concordância, cada qual em sua direção, para adquirir essa dupla noção do infinito: extensão e duração.

Ora, nessa ordem de ideias, será fácil conceber que não sendo o tempo mais do que a relação das coisas transitórias e, portanto, dependendo unicamente das que podem ser medidas, se considerarmos os séculos terrestres um a um e os empilharmos milhares sobre milhares para formar um número colossal, esse número jamais representará mais do que um ponto na eternidade; da mesma forma que milhares de quilômetros somadas a outros milhares de quilômetros são apenas um ponto na extensão do tempo.

Assim, por exemplo, estando os séculos fora da vida etérea da alma, poderíamos escrever um número tão extenso quanto o equador terrestre, e supor-nos tendo idade igual a esse número de séculos, sem que nossa alma, na realidade, contasse um dia a mais. E somando-se a esse número indefinível de séculos uma série longa, como daqui ao Sol, de números semelhantes, ou ainda maior, e se nos imaginássemos vivendo durante a sucessão prodigiosa de períodos seculares, representados pela soma de tais números, quando chegássemos ao fim, o acúmulo inconcebível de séculos que pesaria sobre nossas cabeças seria como se não existisse: restaria sempre, diante de nós, toda a eternidade.

O tempo não é senão uma medida relativa da sucessão das coisas transitórias: a eternidade não é suscetível de qualquer medida do ponto de vista da duração; para ela, não há começo, nem fim; tudo é presente para ela.

Se séculos de séculos são menos que um segundo em relação à eternidade, qual a duração da vida humana?

A MATÉRIA

3. À primeira vista, nada parece tão profundamente variado, tão essencialmente distinto como as diversas substâncias que compõem o mundo. Entre os objetos que a arte ou a natureza apresentam, diariamente, aos nossos olhos, haverá dois que acusem uma identidade perfeita, ou apenas uma semelhança de composição? Quanta diferença do ponto de vista da solidez, da compressibilidade, do peso e das propriedades múltiplas dos corpos, entre os gases atmosféricos e o filete de ouro; entre a molécula aquosa da nuvem e a do mineral que forma a estrutura óssea do Globo! Quanta diversidade entre o tecido químico das variadas plantas que decoram o reino vegetal e dos representantes, não menos numerosos, da animalidade sobre a Terra!

Todavia, podemos considerar como princípio absoluto que todas as substâncias conhecidas e desconhecidas, por mais dessemelhantes que pareçam, seja do ponto de vista de sua constituição íntima, seja sob o aspecto de sua interação recíproca, são apenas modos diversos sob os quais a matéria se apresenta, variedades em que ela se transforma sob a direção de forças inumeráveis que a governam.

4. A química, cujo progresso foi tão rápido desde minha época, em que seus próprios adeptos ainda a relegavam ao domínio secreto da magia, essa nova ciência que se pode, com razão, considerar como filha do século da observação, e como baseada unicamente, e com mais solidez que suas irmãs mais velhas, no método experimental, a química, digo eu, muito esclareceu quanto aos quatro elementos primitivos que os Antigos estavam de acordo em reconhecer na natureza; mostrou que o elemento terrestre é a combinação de substâncias diversas, variadas ao infinito; que o ar e a água são igualmente decomponíveis, que são o produto de certo número de equivalentes de gás; que o fogo, longe de ser um elemento principal, é apenas um estado da matéria, resultante do movimento universal a que está submetida e de uma combustão sensível ou latente.

Em contrapartida, descobriu um número considerável de princípios até então desconhecidos, que lhe pareceram formar, por suas determinadas combinações, as diversas substâncias, os diversos corpos que ela tem estudado e que agem, simultaneamente, segundo certas leis e certas proporções, nos trabalhos realizados no grande laboratório da natureza. Esses princípios foram por ela denominados *corpos simples,* indicando, dessa maneira, que os considera simples e indecomponíveis, e que nenhuma operação, até hoje, seria capaz de reduzi-los a partes relativamente mais simples que elas próprias[13].

5. Mas lá onde se detêm as apreciações dos homens, auxiliados por seus

---

13. Os principais corpos simples são, entre os corpos não-metálicos, o oxigênio, o hidrogênio, o azoto, o cloro, o carbono, o fósforo, o enxofre, o iodo; entre os corpos metálicos: o ouro, a prata, a platina, o mercúrio, o chumbo, o estanho, o zinco, o ferro, o cobre, o arsênico, o sódio, o potássio, o cálcio, o alumínio etc.

80 CAPÍTULO VI A GÊNESE

sentidos artificiais mais impressionáveis, a obra da natureza prossegue; onde as pessoas comuns tomam a aparência pela realidade, onde o experimentador ergue o véu e distingue o começo das coisas, o olhar daquele que pode discernir o modo de ação da natureza não vê, sob os materiais constitutivos do mundo, a *matéria cósmica* primitiva, simples e una, diversificada em certas regiões à época de seu surgimento, repartida em corpos solidários durante sua vida e desmembrada, um dia, no receptáculo da imensidão, por sua decomposição.

6. Há questões que nós mesmos, espíritos amantes da ciência, não saberíamos aprofundar, e acerca das quais não poderíamos emitir senão opiniões pessoais, mais ou menos baseadas em conjecturas. Acerca de tais questões, eu me calarei ou justificarei minha maneira de ver. Esta, contudo, não é uma delas. Àqueles que estariam tentados em ver em minhas palavras apenas uma teoria duvidosa, eu direi: Abarcai, se for possível, com um olhar investigador, a multiplicidade de operações da natureza, e reconhecereis que, se não admitirmos a unidade da matéria, será impossível explicar, não direi apenas os sóis e as esferas, mas sem ir tão longe, a germinação de um grão sob a terra ou a produção de um inseto.

7. Se uma tal diversidade é observada na matéria, é porque as forças que presidiram suas transformações, as condições nas quais elas se produziram, sendo em número ilimitado, as múltiplas combinações da matéria não poderiam deixar de ser, também, ilimitadas.

Então, se a substância diante da qual nos encontramos pertence aos fluidos propriamente ditos, ou seja, aos corpos imponderáveis, ou que ela seja revestida de caracteres e propriedades comuns da matéria, não há, em todo o Universo, senão uma única substância primitiva: o *cosmo* ou a *matéria cósmica* de uranógrafos.

AS LEIS E AS FORÇAS

8. Se um desses seres desconhecidos que passam sua existência efêmera no fundo das regiões tenebrosas do oceano; se um desses poligástricos, dessas nereidas – ínfimos animálculos, que da natureza conhecem apenas os peixes ictiófagos e as florestas submarinas –, recebesse, de repente, o dom da inteligência, a faculdade de estudar seu mundo e estabelecer sobre suas apreciações um raciocínio conjectural extensivo à universalidade das coisas, que ideia faria ele da natureza viva que se desenvolve em seu meio e do mundo terrestre, que não pertence ao campo de suas observações?

Se, agora, por um efeito maravilhoso de seu novo poder, esse mesmo ser chegasse a se elevar acima de suas trevas eternas, à superfície do mar, não distante das margens opulentas de uma ilha com esplêndida vegetação, ao sol fecundo, dispensador de um calor benfazejo, que julgamento faria de suas teorias antecipadamente formuladas acerca da criação universal, teoria que ele depressa abandonaria por uma apreciação mais ampla, mas ainda relativamente tão incompleta quanto a primeira? Essa é, oh homens, a imagem de vossa ciência toda especulativa[14].

9. Uma vez que venho tratar aqui da questão das leis e forças que regem o Universo, eu que, como vós, sou apenas um ser relativamente ignorante frente à ciência real, apesar da aparente superioridade que me dá, acima de meus irmãos da Terra, a possibilidade que tenho de estudar as questões naturais que lhe são vetadas na atual posição em que se encontram. Meu objetivo é apenas apresentar-lhes a noção geral das leis universais, sem explicar pormenorizadamente o modo de ação e a natureza das forças especiais que delas dependem.

10. Há um fluido etéreo que enche o espaço e penetra os corpos. Esse fluido é o éter ou *matéria cósmica* primitiva, geradora do mundo e dos seres. Ao éter são inerentes as forças que presidiram as metamorfoses da matéria, as leis imutáveis e necessárias que regem o mundo. Essas formas múltiplas, indefinidamente variadas conforme as combinações da matéria, localizadas segundo as massas, diversificadas em seus modos de ação segundo as circunstâncias e os meios são conhecidas na Terra pelos nomes de *gravidade, coesão, afinidade, atração, magnetismo, eletricidade ativa;* os movimentos vibratórios do agente são: *som, calor, luz* etc. Em outros mundos, elas se apresentam sob outros aspectos, oferecem outras características aqui desconhecidas, e, na imensa vastidão dos céus, um número indefinido de forças desenvolve-se em escala inimaginável, cuja grandeza somos tão incapazes de avaliar quanto o crustáceo no fundo do oceano está impossibilitado de abarcar a universalidade dos fenômenos terrestres[15].

Ora, do mesmo modo que há apenas uma única substância simples, primitiva, geradora de todos os corpos, mas diversificada em suas combinações, assim também todas essas forças dependem de uma lei universal diversificada em seus efeitos, que está na sua origem, e que, pelos desígnios eternos, foi soberanamente imposta à Criação, a fim de garantir-lhe a harmonia e a estabilidade permanentes.

---

14. Assim é também a situação dos que negam o mundo dos espíritos, uma vez que, após se terem despojado de seu envoltório carnal, os horizontes desse mundo se descortinam aos seus olhos. Compreendem, então, o vazio das teorias através das quais pretendiam tudo explicar exclusivamente pela matéria. Entretanto, esses horizontes têm ainda, para eles, mistérios que apenas se desvelam sucessivamente, à medida que se elevam pela depuração. Mas, desde seus primeiros passos nesse mundo novo, são forçados a reconhecer sua cegueira e quão distantes estavam da verdade.

15. Reportamo-nos sempre àquilo que conhecemos e não compreendemos àquilo que escapa à percepção de nossos sentidos, como o cego de nascença não compreende os efeitos da luz e a utilidade dos olhos. É possível que em outros meios o fluido cósmico tenha propriedades e combinações das quais não fazemos ideia, efeitos apropriados a necessidades que nos são desconhecidas, dando lugar a percepções novas ou a outros modos de percepção. Não compreendemos, por exemplo, que seja possível ver sem os olhos do corpo e sem luz; mas quem nos diz que não existem outros agentes além da luz, através dos quais organismos especiais são afetados? A visão sonambúlica, que não é impedida nem pela distância, nem por obstáculos materiais, nem pela obscuridade, oferece-nos um exemplo. Suponhamos que, em um mundo qualquer, os seres sejam *normalmente* o que nossos sonâmbulos são apenas em caráter excepcional; eles não terão necessidade de nossa luz, nem de nossos olhos e, no entanto, verão o que nós não podemos ver. O mesmo se pode dizer de todas as outras sensações. As condições de vitalidade e perceptibilidade, as sensações e necessidades variam conforme o meio.

82 CAPÍTULO VI A GÊNESE

11. A natureza jamais se opôs a si mesma. O brasão do Universo tem apenas uma divisa: UNIDADE/VARIEDADE. Remontando à escala dos mundos, encontramos a *unidade* de harmonia e de criação, ao mesmo tempo que uma variedade infinita nesse imenso canteiro de estrelas. Percorrendo os degraus da vida, desde o último dos seres até Deus, a grande lei de continuidade se faz reconhecer. Considerando-se as forças em si mesmas, pode-se formar uma série, cuja resultante, confundindo-se com a geratriz, é a lei universal.

Vós não conseguiríeis apreciar essa lei em toda sua extensão, visto que as forças que a representam, no campo de vossas observações, são restritas e limitadas. Todavia, a gravitação e a eletricidade podem ser consideradas como uma ampla aplicação da lei primordial, que reina para além dos céus.

Todas essas forças são eternas – nós explicaremos esta palavra – e universais como a Criação. Sendo inerentes ao fluido cósmico, atuam necessariamente em tudo e em toda parte, modificando sua ação por sua simultaneidade ou sucessão; predominando aqui, atenuando-se mais adiante; poderosas e ativas em certos pontos, latentes ou secretas em outros; mas, finalmente, preparam, dirigem, conservam e destroem os mundos em seus diversos períodos da vida, governando os trabalhos maravilhosos da natureza, em qualquer ponto em que estes se executem, assegurando para sempre o eterno esplendor da Criação.

A CRIAÇÃO PRIMEIRA

12. Após termos considerado o Universo sob os pontos de vista gerais de sua composição, de suas leis e de suas propriedades, podemos conduzir nossos estudos para o modo de formação que deu surgimento aos mundos e aos seres. Voltaremos, em seguida, à criação da Terra em particular e a seu estado atual na universalidade das coisas e, a partir daí, tomando esse Globo como ponto de partida e como unidade relativa, procederemos a nossos estudos planetários e siderais.

13. Se tivermos compreendido bem a relação, ou antes, a oposição da eternidade com o tempo, se nos familiarizarmos com a ideia de que o tempo é apenas uma medida relativa da sucessão das coisas transitórias, enquanto que a eternidade é essencialmente una, imóvel e permanente, e que não é susceptível a nenhuma medida do ponto de vista da duração, compreenderemos que para ela não há começo nem fim.

Por outro lado, se concebermos uma ideia justa – embora necessariamente bem fraca – da infinitude do poder divino, compreenderemos como é possível que o Universo tenha sempre existido e exista sempre. Desde que Deus sempre foi Deus, Suas perfeições eternas se manifestaram. Antes que os tempos existissem, a eternidade incomensurável recebeu a palavra divina e fundou o espaço, eterno como ela.

14. Sendo Deus, por Sua natureza, eterno, tem criado eternamente e não poderia ser diferente, pois a qualquer época remota que recuemos pela imaginação aos supostos limites da criação, restará sempre, para além desse limite, uma eternidade – avaliai bem esse pensamento –, uma eternidade durante a qual as divinas hipóstases, as volições infinitas teriam estado sepultadas em uma letargia muda, inativa e infecunda, uma eternidade de morte aparente para o Pai Eterno que dá vida aos seres; de mutismo indiferente para o verbo que os governa; de esterilidade fria e egoísta para o espírito de amor e vivificação.

Compreendamos melhor a grandeza da ação divina e sua perpetuidade sob a mão do Ser absoluto! Deus é o sol dos seres; é a luz do mundo. Ora, a aparição do Sol dá, instantaneamente, surgimento a ondas de luz que se vão propagando por toda parte na imensidão. Do mesmo modo, o Universo, nascido do Eterno, remonta aos períodos inimagináveis do infinito da duração, ao *Fiat lux do início de todas as coisas.*

15. O começo absoluto das coisas remonta, pois, a Deus; Suas intervenções sucessivas no domínio da existência constituem a ordem da criação perpétua.

Que imortal poderia falar das magnificências desconhecidas e soberbamente veladas sob a noite das idades, que se desenvolveram nesses tempos antigos, em que nenhuma das maravilhas do Universo atual existiam? Nessa época primitiva, em que se tendo feito ouvir a voz do Senhor, os materiais que deveriam, no futuro, fundir-se simetricamente e, por si próprios, formarem o templo da natureza, encontraram-se, de repente, no seio dos vazios infinitos; quando aquela voz misteriosa, que cada criatura venera e acalenta como a de uma mãe, produziu notas harmoniosamente variadas, para vibrarem juntas e modular o concerto dos vastos céus!

O mundo, em seu nascimento, não se apresentava em sua virilidade e plenitude de vida. Não. O poder criador não se contradiz jamais e, como todas as coisas, o Universo nasceu criança. Revestida pelas leis acima mencionadas e pela impulsão inerente à sua própria formação, a matéria cósmica primitiva deu origem, sucessivamente, a turbilhões, a aglomerações desse fluido difuso, a aglomerados de matéria nebulosa, que se dividiram por si próprios e se modificaram ao infinito, para produzir nas regiões incomensuráveis da imensidão diversos centros de criações simultâneas ou sucessivas.

Em razão de forças que predominaram sobre um ou sobre outro, e de circunstâncias ulteriores que presidiram seu desenvolvimento, esses centros primitivos tornaram-se focos de uma vida especial; alguns, menos disseminados no espaço e mais ricos em princípios e em forças atuantes, começaram, desde então, sua vida astral particular; outros, ocupando uma extensão ilimitada, só cresceram com extrema lentidão ou se dividiram, novamente, em outros centros secundários.

16. Se nos reportarmos a apenas alguns milhares de séculos antes da época atual, veremos que nossa Terra ainda não existe, que nosso próprio sistema solar ainda não começou as evoluções da vida planetária, e, entretanto, esplêndidos sóis já iluminam o éter; planetas habitados já dão vida e existência a uma multidão de seres que nos precederam na jornada humana; as produções opulentas de uma natureza desconhecida e os fenômenos maravilhosos do céu desenvolvem, sob outros olhares, os quadros da imensa criação. O que digo? Já deixaram de existir os esplendores que outrora fizeram palpitar o coração de outros mortais, sob o influxo do pensamento do Infinito Poder! E nós, pobres *serezinhos* que chegamos depois de uma eternidade de vida, acreditamo-nos contemporâneos da Criação!

Mais uma vez, compreendamos melhor a natureza. Saibamos que a eternidade está tanto atrás de nós quanto à nossa frente, que o espaço é o teatro de uma sucessão e de uma simultaneidade inimaginável de criações. As nebulosas, que mal divisamos nas longínquas regiões dos céus, são aglomerados de sóis em vias de formação; outras são vias-lácteas de mundos habitados; outras, enfim, as sedes de catástrofes ou de declínio. Saibamos que assim como estamos colocados em meio a uma infinidade de mundos, estamos, igualmente, em meio a uma dupla infinidade de durações anteriores e posteriores; que a criação universal não se limita a nós e que não podemos aplicar essa palavra à formação isolada de nosso pequeno Globo.

A criação universal

17. Após termos remontado, tanto quanto foi possível em nossa pequenez, à fonte oculta da qual emanam os mundos, como as gotas de água de um rio, consideremos a marcha das criações sucessivas e seus desenvolvimentos sequenciados.

A matéria cósmica primitiva continha os elementos materiais, fluídicos e vitais de todos os universos que desdobram suas magnificências perante a eternidade. Ela é a mãe fecunda de todas as coisas, a ancestral, que é a eterna geratriz. Essa substância, da qual as esferas siderais provêm não desapareceu, não está morta, pois que dá à luz ainda, incessantemente, novas criações e recebe, sem cessar, os princípios reconstituídos dos mundos que se apagam do livro eterno.

A matéria etérea, mais ou menos rarefeita, que permeia os espaços interplanetários; esse fluido cósmico que preenche o mundo, mais ou menos rarefeito nas regiões imensas, ricas em aglomerações de estrelas, mais ou menos condensado no ponto em que o céu astral ainda não brilha, mais ou menos modificado por diversas combinações, segundo as localidades do espaço imenso, não é outra coisa senão a substância primitiva em que residem as forças universais, de onde a natureza tem tirado todas as coisas[16].

18. Esse fluido penetra os corpos, à semelhança de um imenso oceano. É nele que reside o princípio vital, que dá origem à vida dos seres e a perpetua sobre cada Globo, de acordo com sua condição, princípio em estado latente que

---

16. Se perguntássemos qual é o princípio dessas forças e como é possível que ele esteja na própria substância que o produz, responderíamos que a mecânica nos oferece numerosos exemplos disso. A elasticidade, que faz distender uma mola, não estaria na própria mola e não dependeria do modo de agregação das moléculas? O corpo que obedece à força centrífuga recebe sua impulsão do movimento primitivo que lhe foi transmitido.

dormita, ali, onde a voz de um ser por ele não chama. Cada criatura mineral, vegetal, animal ou outra – pois há muitos outros reinos naturais, de cuja existência sequer suspeitais – sabe, em virtude desse princípio vital universal, apropriar-se das condições de sua existência e duração.

As moléculas do mineral têm certa quantidade dessa vida, assim como a semente e o embrião, e se agrupam, como no organismo, em figuras simétricas que constituem os indivíduos.

É muito importante que nos compenetremos da noção de que a matéria cósmica primitiva estava revestida, não somente das leis que garantem a estabilidade dos mundos, mas também do princípio vital universal que forma as gerações espontâneas em cada mundo, à medida que apresentem as condições da existência sucessiva dos seres, e quando soa a hora do surgimento dos filhos da vida, durante o período criador.

Assim se dá a criação universal. É correto, então, dizer que, sendo as operações da natureza a expressão da vontade divina, Deus sempre criou, cria sem cessar e criará sempre.

19. Mas até aqui permanecemos em silêncio quanto ao *mundo espiritual*, que também faz parte da criação e cumpre suas destinações, segundo as prescrições augustas do Senhor.

Só posso dar um ensinamento bem restrito sobre o modo de criação dos espíritos, devido à minha própria ignorância, e devo me limitar, mais uma vez, a questões sobre as quais me foi permitido aprofundar-me.

Àqueles que estão religiosamente desejosos de conhecer e que são humildes perante Deus direi, rogando-lhes, todavia, que não deduzam nenhum sistema prematuro a partir de minhas palavras: o espírito só chega a receber a iluminação divina, que lhe confere ao mesmo tempo o livre-arbítrio e a consciência, a noção acerca de sua elevada destinação, depois de ter passado pela série divinamente fatal dos seres inferiores, entre os quais elabora lentamente a obra de sua individualidade. É somente a partir do dia em que o Senhor imprime sobre sua fronte Seu augusto sinal, que o espírito toma lugar entre as humanidades.

Repito: não elaborem, a partir de minhas palavras, vossos raciocínios, tão tristemente célebres na história da metafísica. Preferiria mil vezes me calar acerca de questões tão elevadas acima de nossas meditações habituais, a vos expor a desnaturardes o sentido de meu ensinamento e a vos afundar, por culpa minha, nos intrincados labirintos do deísmo e do fatalismo.

Os sóis e os planetas

20. Ora, aconteceu que em um ponto do Universo, perdido em meio a miríades de mundos, a matéria cósmica se condensou sob a forma de imensa nebulosa. Essa nebulosa estava animada pelas leis universais que regem a matéria. Em virtude dessas leis e, notadamente, da força molecular de atração, ela assumiu uma forma esferoide, a única que pode assumir, primitivamente, uma massa de matéria isolada no espaço.

O movimento circular produzido pela gravitação, rigorosamente igual de todas as zonas moleculares em direção ao centro, logo modificou a esfera primitiva para conduzi-la, de movimento em movimento, à forma lenticular. – Estamos falando do conjunto da nebulosa.

21. Novas forças surgiram após esse movimento de rotação: a força centrípeta e a força centrífuga. A primeira tendendo a reunir todas as partes no centro e a segunda a afastá-las. Ora, com a aceleração do movimento, à medida que a nebulosa se condensava, e com seu raio aumentando conforme ela se aproximava da forma lenticular, a força centrífuga, incessantemente desenvolvida por essas duas causas, logo predominou sobre a atração central.

Do mesmo modo que um movimento excessivamente rápido da atiradeira rompe a corda e arremessa para longe o projétil, assim também a predominância da força centrífuga destacou o círculo equatorial da nebulosa, e desse anel formou uma nova massa isolada da primeira, mas nem por isso menos submetida a seu domínio. Essa massa conservou seu movimento equatorial que, modificado, converteu-se em movimento de translação ao redor do astro solar. Além disso, seu novo estado lhe conferiu um movimento de rotação em torno do próprio centro.

22. A nebulosa geratriz que deu origem a esse novo mundo condensou-se e retomou a forma esférica. Mas com o calor primitivo, desenvolvido por seus movimentos diversos, enfraquecendo com extrema lentidão, o fenômeno que acabamos de descrever se reproduzirá com frequência e por longo período, até que essa nebulosa se torne bastante densa, bastante sólida, para opor uma resistência eficaz às modificações de forma, que seu movimento de rotação sucessivamente lhe imprime.

Assim, essa nebulosa não terá dado nascimento a um astro apenas, mas a centenas de mundos destacados do foco central, saídos dela pelo modo de formação acima mencionado. Ora, cada um desses mundos, revestido como o mundo primitivo das forças naturais que presidem a criação dos universos, gerará sucessivamente novos mundos que, a partir de então, gravitarão em torno dele, assim como ele gravita em conjunto com seus irmãos, em torno do foco de sua existência e de sua vida. Cada um desses mundos será um sol, centro de um turbilhão de planetas sucessivamente destacados de seu equador. Esses planetas receberão uma vida especial, particular, embora dependente de seu astro gerador.

23. Os planetas são, assim, formados por massas de matéria condensada, mas ainda não solidificada, destacadas da massa central pela ação da força centrífuga, tomando, em virtude das leis do movimento, a forma esferoidal, mais ou menos elíptica, conforme o grau de fluidez que tenham conservado. Um desses planetas será a Terra, que antes de ser resfriada e revestida por uma crosta sólida, deu nascimento à Lua, pelo mesmo modo de formação astral a que deve sua própria existência. A Terra, a partir de então inscrita no livro da vida, berço de criaturas cuja fraqueza é protegida sob as asas da Divina Providência, é corda nova na harpa do infinito, que deverá vibrar, no lugar que ocupa, no concerto universal dos mundos.

OS SATÉLITES

24. Antes que as massas planetárias tivessem atingido um grau de resfriamento suficiente para se solidificarem, massas menores, verdadeiros glóbulos líquidos, destacaram-se de algumas delas na região equatorial – região onde a força centrífuga predomina em virtude das mesmas leis adquirirem um movimento de translação em torno do planeta que as gerou, conforme sucedeu com aqueles em relação a seu astro central gerador.

Foi assim que a Terra deu nascimento à Lua, cuja massa menos considerável sofreu um resfriamento mais rápido. Ora, as leis e as forças que presidiram ao seu deslocamento do equador terrestre e seu movimento de translação nesse mesmo plano agiram de tal modo que, este mundo, em vez de tomar a forma esferoide, tomou a de um globo ovoide, ou seja, tomou a forma alongada de um ovo, com o centro de gravidade fixado na parte inferior.

25. As condições pelas quais se efetuou a desagregação da Lua permitiram-lhe distanciar-se pouco da Terra e constrangeram-na a permanecer perpetuamente suspensa no céu como uma figura ovoide, cujas partes mais pesadas lhe formaram a face inferior, voltada para a Terra, e cujas partes menos densas ocuparam seu ponto mais alto, se por esta palavra dissermos que o lado oposto à Terra se volta para a imensidão do céu. É o que faz com que esse astro nos mostre sempre a mesma face. Para melhor compreensão de seu estado geológico, é possível compará-la a um globo de cortiça, cuja base voltada para a Terra fosse formada de chumbo. Daí derivam duas naturezas essencialmente distintas na superfície do mundo lunar: uma, sem analogia possível com o nosso, pois os corpos fluídicos e etéreos aí não existem; outra é leve em comparação à Terra, uma vez que todas as substâncias menos densas se acumularam nesse hemisfério. A primeira, perpetuamente voltada para a Terra, sem água e sem atmosfera, exceto, às vezes, nos limites desse hemisfério subterrestre; a outra, rica em fluidos, perpetuamente oposta ao nosso mundo[17].

---

17. Essa teoria da Lua, inteiramente nova, explica, pela lei da gravitação, a razão pela qual esse astro apresenta sempre a mesma face à Terra. Tendo o centro de gravidade em um dos pontos de sua superfície, em vez de estar no centro da esfera, e sendo consequentemente atraído para a Terra por uma força maior do que aquela que atrai as partes mais leves, a Lua produziria o efeito daqueles bonecos chamados João Teimoso, que são constantemente mantidos sobre sua base, enquanto os planetas, cujo centro de gravidade está a uma distância igual da superfície, giram regularmente ao redor de seu eixo. Os fluidos vivificantes, gasosos ou líquidos, em consequência de seu peso específico, estariam acumulados no hemisfério superior, constantemente oposto à Terra. O hemisfério inferior, o único que vemos, seria desprovido de tais fluidos e seria, por essa razão, impróprio à vida, que reinaria no outro. Se, então, o hemisfério superior for habitado, seus habitantes não terão jamais visto a Terra, exceto em excursões ao outro hemisfério.

Por mais racional e científica que seja esta opinião, como não pôde até agora ser verificada por

26. O número e o estado dos satélites de cada planeta têm variado de acordo com as condições especiais de sua formação. Alguns não deram origem a nenhum astro secundário, como é o caso de Mercúrio, Vênus e Marte[18], ao passo que outros deram origem a um ou vários, como a Terra, Júpiter, Saturno etc.

27. Além de seus satélites ou luas, o planeta Saturno apresenta o fenômeno especial do anel que parece, visto de longe, contorná-lo como que numa auréola branca. Essa formação é, para nós, uma nova prova da universalidade das leis da natureza. Esse anel é, na verdade, resultado de uma separação que ocorreu, em tempos primitivos, no equador de Saturno, do mesmo modo que uma zona equatorial se desprendeu da Terra para formar seu satélite. A diferença reside no fato de que o anel de Saturno se formou, em todas as suas partes, por moléculas homogêneas, provavelmente já em certo estado de condensação, e pôde, desse modo, continuar seu movimento de rotação no mesmo sentido e num tempo mais ou menos igual ao que anima o planeta. Se um dos pontos desse anel tivesse ficado mais denso do que os outros, uma ou várias aglomerações de substância ocorreriam, de repente, e Saturno teria muitos satélites a mais. A partir do tempo de sua formação, esse anel se solidificou, tal como os outros corpos planetários.

OS COMETAS

28. Astros errantes, mais ainda que os planetas que conservaram a denominação etimológica, os cometas serão os guias que nos ajudarão a transpor os limites do sistema ao qual pertence a Terra, para nos levar às regiões longínquas da imensidão sideral.

Mas antes de explorar, com o auxílio desses viajores do Universo, os domínios celestes, será bom dar a conhecer, tanto quanto possível, sua natureza intrínseca e seu papel na economia planetária.

29. Tem-se visto, frequentemente, nesses astros cabeludos, mundos nascentes, elaborando em seu caos primitivo as condições de vida e de existência que são patrimônio das terras habitadas. Outros imaginaram ver, nesses corpos extraordinários, mundos em estado de destruição, e sua aparência singular foi, para muitos, objeto de apreciações errôneas acerca de sua natureza, de tal modo que não faltou, nem mesmo na astrologia judiciária, quem neles vissem presságios de desgraças enviadas, por decretos da Divina Providência, à Terra atemorizada e trêmula.

30. A lei da variedade é aplicada com tão grande profusão nos trabalhos da natureza, que se pergunta como os naturalistas, astrônomos ou filósofos

---

observação direta, só pode ser aceita a título de hipótese e como ideia que possa servir de baliza à ciência.

18. **Nota da Editora:** Hoje se sabe que Marte possui dois satélites, Fobos e Deimos, que à época não eram conhecidos.

têm elaborado tantos sistemas para assemelhar os cometas aos astros planetários, não vendo neles mais do que astros num grau mais ou menos elevado de desenvolvimento ou de caducidade. Entretanto, os quadros da natureza deveriam bastar amplamente para afastar do observador a preocupação de procurar relações que não existem e deixar aos cometas o papel modesto, mas útil, de astros errantes, servindo de exploradores dos impérios solares. Esses corpos celestes a que nos referimos são muito diferentes dos corpos planetários. Não têm, como esses últimos, o destino de servir de morada às humanidades. Vão, sucessivamente, de sol a sol, enriquecendo-se por vezes no caminho de fragmentos planetários reduzidos ao estado de vapores, absorvendo em seus focos os princípios vivificantes e renovadores que derramam sobre os mundos terrestres.

31. Se quando um desses astros se aproxima de nosso pequeno Globo para atravessar-lhe a órbita e retornar ao seu apogeu, situado a uma distância incomensurável do Sol, nós os seguíssemos, pelo pensamento, para visitar com ele as regiões siderais, percorreríamos essa imensidão prodigiosa de matéria etérea que separa o Sol das estrelas mais próximas e, observando os movimentos combinados desse astro, que acreditávamos perdido no deserto do infinito, encontraríamos também aí mais uma prova eloquente da universalidade das leis da natureza, que atuam em distâncias que a mais fértil imaginação mal pode conceber.

Lá, a forma elíptica assume a forma parabólica, e a marcha desacelera a tal ponto, que o cometa não chega a percorrer mais que alguns metros, ao mesmo tempo que no seu perigeu ele percorria muitos milhares de quilômetros. Talvez um sol mais poderoso, mais importante do que o que o cometa acaba de deixar, exerça uma atração preponderante sobre ele, que a receberá no cortejo de seus próprios súditos; e então, as surpresas criaturas de vossa pequena Terra aguardarão em vão seu retorno, que haviam previsto por observações incompletas. Nesse caso, nós, cujo pensamento seguiu o cometa errante a essas regiões desconhecidas, encontraremos uma nova nação que não pode ser vista pelos olhos terrestres, inimaginável para os espíritos que habitam a Terra, inconcebível ao seu pensamento, pois ela será o teatro de maravilhas inexploradas.

Teremos alcançado o mundo astral, esse mundo deslumbrante dos vastos sóis que brilham no espaço infinito, e que são as flores luminosas do canteiro magnífico da criação. Tendo lá chegado é que compreenderemos o que é a Terra.

A Via Láctea

32. Durante as belas noites estreladas e sem Lua, cada um de nós já pôde perceber esse clarão esbranquiçado que atravessa o céu de uma extremidade a outra, e que os antigos denominaram *Via Láctea,* devido à sua aparência leitosa. Esse clarão difuso tem sido longamente observado através do telescópio nos tempos modernos, e esse caminho de pó de ouro ou esse riacho de leite da antiga mitologia transformou-se em um vasto campo de maravilhas desconhecidas. As pesquisas dos observadores conduziram ao conhecimento de sua natureza e demonstraram que lá, onde o olhar perdido encontrara apenas uma débil claridade, existem milhões de sóis mais luminosos e mais importantes do que aquele que ilumina a Terra.

33. A Via Láctea, na realidade, é um campo semeado de flores solares ou planetárias, que brilham em sua vasta imensidão. Nosso Sol e todos os corpos que o acompanham fazem parte desses globos radiantes que compõem a Via Láctea. Mas, apesar de suas dimensões gigantescas em comparação à Terra e à grandeza de seu império, o Sol ocupa apenas um lugar inapreciável dentro da vasta criação. Podem-se contar uns 30 milhões de sóis semelhantes a ele que gravitam nessa imensa região, distantes entre si por mais de 100 mil vezes o tamanho do raio da órbita terrestre[19].

34. Pode-se avaliar, por esse cálculo aproximado, a extensão dessa região sideral e da relação que existe entre nosso sistema e a universalidade dos sistemas que a ocupam. Pode-se avaliar, do mesmo modo, a exiguidade do domínio solar e, consequentemente, da insignificância de nossa pequena Terra. O que dizer dela, então, se considerarmos os seres que a povoam?

Digo insignificância, pois, nossas constatações se aplicam, não apenas à extensão material, física, dos corpos que estudamos – o que seria pouco –, mas também e, sobretudo, ao estado moral em que se acham enquanto morada e à posição que ocupam dentro da eterna hierarquia dos seres. A Criação aí se mostra em toda sua majestade, criando e propagando ao redor do mundo solar e em cada um dos sistemas que o rodeiam, por todos os lados, as manifestações da vida e da inteligência.

35. Conhecemos, desta maneira, a posição ocupada por nosso Sol ou pela Terra no mundo das estrelas. Essas considerações adquirem um peso ainda maior se refletirmos sobre o próprio estado da Via Láctea que, na imensidão das criações siderais, se vista de longe, representa apenas um ponto insignificante e inapreciável, pois não é mais que uma nebulosa estelar entre os milhares que existem no espaço. Se nos parece mais vasta ou mais rica que outras, é pela simples razão de que ela nos rodeia e se desenvolve, em toda sua extensão, sob nossos olhos, enquanto que as outras, perdidas nas profundezas insondáveis, apenas se deixam entrever.

36. Ora, se sabemos que a Terra é nada ou quase nada no sistema solar, que este é nada ou quase nada na Via Láctea, esta não é outra coisa do que nada ou quase nada dentro da universalidade das nebulosas, e que mesmo essa universalidade bem pouco representa dentro do infinito incomensurável, começaremos a compreender o que representa o Globo terrestre.

---

19. Mais de 16 trilhões e 420 bilhões de quilômetros.

As estrelas fixas

37. As estrelas denominadas fixas e que constelam os dois hemisférios do firmamento não estão isentas de toda atração exterior, conforme geralmente se supõe. Longe disso, elas todas pertencem a uma mesma aglomeração de astros estelares. Essa aglomeração não é outra senão a mesma grande nebulosa da qual fazemos parte, e cujo plano equatorial, que se projeta no céu, recebeu o nome de *Via Láctea*. Todos os sóis que a compõem são solidários; suas múltiplas influências reagem perpetuamente umas sobre as outras, e a gravitação universal os reúne, a todos, em uma mesma família.

38. Dentre esses diversos sóis, a maior parte são, como o nosso, cercados por mundos secundários, que eles iluminam e fecundam, segundo as mesmas leis que presidem a vida de nosso sistema planetário. Alguns, como *Sirius*, são milhares de vezes mais grandiosos em dimensões e em riquezas do que o nosso, e o papel que desempenham no Universo é muito mais importante, assim como estão rodeados por planetas em maior número e muito superiores aos nossos. Outros são muito diferentes por suas funções astrais. É assim que um certo número desses sóis, verdadeiros gêmeos de ordem sideral, são acompanhados por seus irmãos da mesma idade e formam, no espaço, sistemas binários, aos quais a natureza deu funções totalmente distintas das que competem ao nosso Sol. Lá, os anos não são mais medidos pelos mesmos períodos, nem os dias pelos mesmos sóis, e esses mundos iluminados por um facho duplo são dotados, por sua vez, de condições de existência inimagináveis para aqueles que nunca saíram deste pequeno mundo terrestre.

Outros astros, sem séquito, privados de planetas, receberam melhores elementos de habitabilidade do que foram dados aos demais. As leis da natureza são diversificadas em sua imensidade, e se unidade é a grande palavra do Universo, a variedade infinita não deixa de ser, por outro lado, o eterno atributo.

39. Apesar do número prodigioso dessas estrelas e de seus sistemas, das distâncias incomensuráveis que as separam, pertencem todas à mesma nebulosa estelar, que a visão dos mais poderosos telescópios pode apenas atravessar e que as concepções mais ousadas da imaginação só conseguem avaliar. Nebulosa essa que, todavia, é apenas uma unidade dentro da ordem das nebulosas que compõem o mundo astral.

40. As estrelas denominadas fixas não são imóveis no espaço. As constelações que figuramos na abóbada do firmamento não são criações simbólicas reais. A *distância* da Terra e a perspectiva sob a qual se mede o Universo a partir da Terra são as duas causas dessa dupla ilusão de ótica.

41. Vimos que a totalidade dos astros que brilham na cúpula azulada está contida numa mesma aglomeração cósmica, dentro de uma mesma nebulosa, por vós denominada *Via Láctea*. Mas, embora pertençam todos ao mesmo grupo, cada um desses astros está impulsionado por um movimento próprio de translação no espaço. O repouso absoluto não existe em parte alguma. Todos são regidos pelas leis universais da gravitação, e giram na imensidão sob a impulsão incessante dessa força imensa. Não giram seguindo rotas traçadas pelo acaso, mas seguindo órbitas fechadas, cujo centro é ocupado por um astro superior. Para tornar minhas palavras mais compreensíveis através de um exemplo, falarei especialmente de vosso Sol.

42. Sabe-se, a partir das observações modernas, que vosso Sol não é um ponto fixo nem central, como se acreditava nos primeiros dias da nova astronomia, mas que ele avança no espaço, arrastando consigo seu vasto sistema de planetas, satélites e cometas.

Ora, essa marcha não é fortuita e ele não segue sem rumo pelos vazios infinitos, levando seus filhos e súditos para longe das regiões que lhe são designadas. Não, sua órbita é determinada e simultânea com outros sóis da mesma ordem, rodeados, como ele, por um certo número de terras habitadas, e gravita em torno de um sol central. Seu movimento de gravitação, assim como o dos sóis seus irmãos, é imperceptível às observações anuais, pois somente um grande número de períodos seculares bastariam para determinar o tempo de um desses anos astrais.

43. O sol central de que acabamos de falar é, ele também, um globo secundário em relação a outro mais importante ainda, ao redor do qual ele perpetua uma marcha lenta e compassada, em companhia de outros sóis da mesma ordem.

Poderíamos constatar essa subordinação sucessiva de sóis a sóis, até que nossa imaginação se cansasse de ascender por essa hierarquia, pois não nos esqueçamos de que se pode contar, em números redondos, uns 30 milhões de sóis na Via Láctea, subordinados uns aos outros, como as engrenagens gigantescas de um imenso sistema.

44. E esses astros inumeráveis vivem uma vida solidária. Do mesmo modo que nada está isolado dentro da economia de vosso pequeno mundo terrestre, nada, igualmente, está isolado dentro do Universo incomensurável.

Esses sistemas de sistemas pareceriam, de longe, aos olhos investigativos do filósofo que pudesse abarcar o quadro desdobrado pelo espaço e pelo tempo, uma poeira de pérolas de ouro, erguida em turbilhões sob o sopro divino, que faz voar nos céus os mundos siderais, como os grãos de areia sobre as encostas do deserto. Não há imobilidade, nem silêncio, nem noite! O grande espetáculo que se desdobra, dessa maneira, aos nossos olhos, seria a criação real, imensa e repleta da vida etérea, que abarca, no conjunto imenso, a visão infinita do Criador.

Mas até aqui falamos apenas de uma nebulosa, cujos milhões de sóis e terras habitadas formam, como já dissemos, apenas uma ilha dentro de um arquipélago infinito.

OS DESERTOS DO ESPAÇO

45. Um deserto imenso, sem limites, estende-se além da aglomeração de estrelas de que acabamos de falar e a envolve. Solidões e solidões se sucedem e planícies incomensuráveis de vazio se estendem ao longe. Os aglomerados de matéria cósmica se encontram isolados no espaço, como ilhas flutuantes num imenso arquipélago. Se quisermos avaliar, de algum modo, a enorme distância que separa os aglomerados de estrelas do qual fazemos parte, das aglomerações mais próximas, será preciso saber que essas ilhas estelares são disseminadas e raras no vasto oceano dos céus, e que a extensão que os separa, umas das outras, é incomparavelmente maior que a que mede suas respectivas dimensões.

Ora, lembremo-nos de que a nebulosa estelar mede, em números redondos, mil vezes a distância das estrelas mais próximas tomadas por unidade, ou seja, cerca de quatrocentos e oitenta mil trilhões de quilômetros. A distância que existe entre elas, por ser muito mais vasta, não poderia ser expressa por números acessíveis à compreensão de nosso espírito. Apenas a imaginação, em suas mais elevadas concepções, é capaz de transpor essa imensidão prodigiosa, essas solidões mudas e privadas de toda aparência de vida e encarar, de algum modo, a ideia dessa infinitude relativa.

46. Esse deserto celeste que envolve nosso Universo sideral e que parece estender-se como os recuados confins de nosso mundo astral é abarcado pela visão e pelo poder infinito do Altíssimo que, para além dos céus de nossos céus, desenvolveu a trama de Sua criação ilimitada.

47. Para além dessas vastas solidões, na verdade, mundos magníficos brilham tanto quanto nas regiões acessíveis às investigações humanas. Para além desses desertos, esplêndidos oásis vagueiam no límpido éter e renovam, incessantemente, as cenas admiráveis da existência e da vida. Ali sucedem-se os conglomerados longínquos de substância cósmica, que o olhar profundo do telescópio entrevê através das regiões transparentes de nosso céu. Essas nebulosas que nomeais nebulosas irresolúveis, e que vos aparecem como leves nuvens de poeira branca, perdidas em um ponto desconhecido do espaço etéreo, ali se revelam e se desenvolvem mundos novos, cujas condições variadas e estranhas às que são inerentes ao vosso Globo, lhes possibilitam uma vida que vossas concepções não conseguem imaginar, e que vossos estudos não conseguem constatar. É lá que resplandece, em toda sua plenitude, o poder criador. Para quem vem das regiões ocupadas por vosso sistema, outras leis aí estão em ação, cujas forças regem as manifestações da vida e as novas estradas que seguimos nesses países estranhos abrem, para nós, perspectivas desconhecidas.

Sucessão eterna dos mundos

48. Vimos que uma única lei primordial e geral foi dada ao Universo, para assegurar a estabilidade eterna, e que essa lei geral é perceptível aos nossos sentidos por diversas ações particulares, que denominamos forças diretrizes da natureza. Vamos mostrar, hoje, que a harmonia do mundo inteiro, considerada sob o duplo aspecto da eternidade e do espaço, é assegurada por essa lei suprema.

49. De fato, se remontarmos à origem primeira das primitivas aglomerações de substância cósmica, notaremos que, desde então, sob o império dessa lei, a matéria sofre as transformações necessárias, que a levam do germe ao fruto maduro e que, sob o impulso das forças diversas nascidas desta lei, ela percorreu a escala de suas revoluções periódicas: a princípio, centro fluídico dos movimentos; a seguir, gerador dos mundos e, mais tarde, núcleo central e atrativo das esferas que nasceram em seu seio.

Já sabemos que essas leis presidem à história do Cosmos; o que importa saber agora é que elas presidem, igualmente, à destruição dos astros, pois a morte não é apenas uma metamorfose do ser vivo, mas também uma transformação da matéria inanimada; e se é verdadeiro dizer, no sentido literal, que a vida só é suscetível à foice da morte, é também justo acrescentar que a substância deve passar, necessariamente, pelas transformações inerentes à sua constituição.

50. Suponhamos um mundo que, desde seu berço primitivo, percorreu toda a extensão dos anos que sua organização especial lhe permitiu percorrer. O foco interior de sua existência se extinguiu, seus elementos próprios perderam sua virtude inicial; os fenômenos de sua natureza, que exigiam, para serem produzidos, a presença e a ação das forças destinadas a esse mundo, já não mais podem se apresentar, porque a alavanca de sua atividade não tem mais o ponto de apoio que lhe dava toda sua força.

Ora, será que essa terra extinta e sem vida continuará a gravitar nos espaços celestes sem uma finalidade e passará como uma cinza inútil no turbilhão dos céus? Permanecerá ela inscrita no livro da vida universal, quando não é mais do que letra morta e desprovida de sentido? Não. As mesmas leis que a elevaram acima do caos tenebroso e lhe proporcionaram esplendores de vida, as mesmas forças que a governaram durante os séculos de sua adolescência, que consolidaram seus primeiros passos na existência e a conduziram à maturidade e à velhice, presidirão à desagregação de seus elementos constitutivos, a fim de restituí-los ao laboratório, de onde o poder criador tira, sem cessar, as condições da estabilidade geral. Esses elementos retornarão a essa massa comum do éter, para se assimilar a outros corpos ou para regenerar outros sóis. E essa morte não será um acontecimento inútil a esta terra, nem a suas irmãs; ela renovará, em outras regiões, outras criações de natureza diferente e, lá, onde os sistemas de mundos se tenham esvanecido, renascerá, em breve, um novo canteiro de flores mais brilhantes e mais perfumadas.

51. Desse modo, a eternidade real e efetiva do Universo é assegurada pelas mesmas leis que dirigem as operações do tempo; desse modo, os mundos sucedem aos mundos, os sóis aos sóis, sem que o imenso mecanismo dos vastos céus seja jamais afetado em suas gigantescas competências.

Lá, onde vossos olhos admiram esplêndidas estrelas sob a abóbada das noites, onde vosso espírito contempla radiações magníficas que resplandecem nos espaços longínquos, há muito tempo o dedo da morte extinguiu tais esplendores, o vazio sucedeu a esses deslumbramentos e recebeu mesmo novas criações ainda desconhecidas. A imensa distância em que se encontram esses astros – distância essa por efeito da qual a luz que nos enviam esses astros leva milhares de anos para chegar até nós – faz com que somente hoje recebamos os raios que estes nos enviaram muito tempo antes da criação da Terra. E nós continuaremos a admirá-los ainda por milhares de anos após seu desapareci-mento real.

Que são os seis mil anos da humanidade histórica diante dos períodos secu-lares? Segundos em vossos séculos? Que são vossas observações astronômicas diante do estado absoluto do mundo? Uma sombra eclipsada pelo Sol.

52. Assim sendo, reconheçamos aqui, como em nossos outros estudos, que a Terra e o homem nada são se comparados ao que existe, e que as mais co-lossais operações de nosso pensamento ainda não alcançam senão um campo imperceptível, em comparação com a imensidão e a eternidade de um Universo que jamais terá fim.

E quando esses períodos de nossa imortalidade tiverem passado sobre nossas cabeças, quando a história atual da Terra parecer para nós como uma sombra vaporosa no fundo de nossa lembrança; quando tivermos habitado durante séculos sem conta esses diversos graus de nossa hierarquia cosmológica; quando os mais longínquos domínios das idades futuras tiverem sido percorridos por incontáveis peregrinações, teremos adiante de nós a sucessão ilimitada dos mundos e, por perspectiva, a imóvel eternidade.

A VIDA UNIVERSAL

53. Essa imortalidade das almas, da qual o sistema do mundo físico é a base, pareceu imaginária aos olhos de certos pensadores preconceituosos. Eles a qualifi-caram, ironicamente, de imortalidade viajante, e não compreenderam que apenas ela era verdadeira ante o espetáculo da criação. Todavia, é possível compreender toda sua grandeza, eu diria, mesmo, quase toda a perfeição.

54. Que as obras de Deus sejam criadas pelo pensamento e inteligência; que os mundos sejam a morada dos seres que os contemplam e que descobrem, sob seu véu, o poder e a sabedoria daquele que os criou, tal questão não deixa dúvidas para nós; mas que as almas que os habitam sejam solidárias, isso é o que importa conhecer.

55. A inteligência humana, com efeito, tem dificuldade em considerar que esses globos radiantes, que brilham na imensidão, são simples massas de matéria inerte e sem vida; é difícil para ela conceber que haja, nessas regiões longínquas, crepúsculos magníficos e noites esplêndidas, sóis fecundos e dias repletos de luz, vales e montanhas nos quais as múltiplas produções da natureza desenvolveram toda sua pompa luxuriante; custa-lhe imaginar, digo, que o espetáculo divino onde a alma pode se retemperar, como em sua própria vida, seja despojado de existência e privado de todo ser pensante que o possa conhecer.

56. Mas a esta ideia eminentemente correta da criação é preciso acrescentar a da humanidade solidária, e é nisso que consiste o mistério da eternidade futura. Uma mesma família humana foi criada na universalidade dos mundos e foram confiados a esses mundos laços de uma fraternidade que ainda não podeis compreender. Se esses astros que se harmonizam em seus vastos sistemas são habitados por inteligências, não o serão por seres desconhecidos uns aos outros, mas por seres marcados na fronte com o mesmo destino, que devem se encontrar momentaneamente segundo suas funções de vida, e que se reencontrarão segundo suas simpatias mútuas; é a grande família dos espíritos que povoam as terras celestes; é a grande irradiação do espírito divino que abraça a extensão dos céus e que permanece como modelo primitivo e final da perfeição espiritual.

57. Por que estranha aberração se acreditou que era necessário recusar à imortalidade as vastas regiões do éter, para encerrá-la num limite inadmissível e numa dualidade absoluta? O verdadeiro sistema do mundo deveria, então, preceder a verdadeira doutrina dogmática, e a ciência preceder a teologia? Esta última se perderá tanto, que sua base se apoie na metafísica? A resposta é fácil e nos mostra que a nova filosofia se assentará, triunfante, sobre as ruínas da antiga, porque sua base se elevará, vitoriosa, sobre os velhos erros.

A ciência

58. A inteligência humana ampliou suas poderosas concepções para além dos limites do espaço e do tempo; penetrou no domínio inacessível das idades antigas, sondou os mistérios dos insondáveis céus, explicou o enigma da Criação. O mundo exterior descerrou aos olhos da ciência seu panorama esplêndido e sua magnífica opulência, e os estudos do homem conduziram-no ao conhecimento da verdade: ele explorou o Universo, encontrou a expressão das leis que o regem e a aplicação das forças que o sustentam, e se não lhe foi dado olhar face a face a causa primeira, ao menos chegou à noção matemática da série das causas secundárias.

Neste último século, sobretudo, o método experimental – o único que é verdadeiramente científico – foi colocado em prática nas ciências naturais e, com seu auxílio, o homem despojou-se, pouco a pouco, dos preconceitos da antiga Escola e das teorias especulativas, para manter-se no campo da observação e cultivá-lo com cuidado e inteligência.

Sim, a ciência humana é sólida e fecunda, digna de nossas homenagens por seu passado difícil e longamente testado, digno de nossa simpatia por seu futuro repleto de descobertas úteis e proveitosas, pois a natureza é agora um livro acessível às pesquisas do homem estudioso, um mundo aberto às investigações do pensador, uma região brilhante que o espírito humano já visitou e na qual ele pode avançar corajosamente, empregando a experiência por bússola.

59. Um velho amigo de minha vida terrestre me disse, outrora, que uma peregrinação nos havia reconduzido à Terra e que nós, mais uma vez, estudávamos esse mundo sob o aspecto moral. Meu velho companheiro acrescentou que o homem está hoje familiarizado com as mais abstratas leis da mecânica, da física e da química; que suas aplicações à indústria não são menos notáveis que as deduções da ciência pura, e que toda a Criação, sabiamente estudada por ele, parecia ser, doravante, seu real atributo. E como prosseguimos nossa marcha, já fora deste mundo, eu lhe respondi nos seguintes termos:

60. Frágil átomo perdido em um ponto imperceptível do infinito, o homem acreditou-se capaz de abarcar com os olhos a vastidão universal, quando podia apenas contemplar a região que habita; acreditou estudar as leis da natureza inteira, quando suas apreciações se limitam às forças em ação ao redor de si; acreditou determinar a grandeza do céu, quando se consome para conseguir determinar um simples grão de poeira. O campo de suas observações é de tal modo exíguo, que lhe custa encontrar um fato perdido de vista. O céu e a terra do homem são tão pequenos, que a alma, em seu voo, não tem o tempo de estender as asas antes que chegue às últimas paragens acessíveis à observação. O Universo incomensurável nos cerca por toda parte, ostentando para além de nossos céus riquezas desconhecidas, colocando em jogo forças inapreciáveis, desenvolvendo modos de existência inconcebíveis para nós e propagando ao infinito o esplendor e a vida.

Pretenderia o pobre ácaro-da-farinha, privado de asas e de luz, cuja triste existência transcorre sobre a folha em que nasceu, ter o direito de falar sobre a árvore imensa à qual essa folha pertence, árvore da qual ele percebe apenas a sombra, pelo simples fato de ter dado alguns passos sobre a folha agitada ao vento? Imaginaria ele, tolamente, poder raciocinar acerca da floresta da qual sua árvore faz parte e discutir com sabedoria sobre a natureza dos vegetais que aí se desenvolvem, dos seres que aí habitam, acerca do sol distante, cujos raios alcançam-no, por vezes, para levar-lhe movimento e vida? De fato, o homem seria estranhamente pretensioso em querer medir a grandeza infinita, a partir de sua infinita pequenez!

O homem deve estar, também, firmemente compenetrado de que se os áridos labores dos séculos passados lhe permitiram a aquisição dos primeiros conhecimentos das coisas, se o progresso do espírito o colocou no vestíbulo do saber, ele nada mais fez até agora do que soletrar a primeira página do livro. Ele é, como a criança, suscetível de enganar-se a cada palavra e, longe de pretender interpretar a obra de maneira doutoral, deve se contentar em estudar humildemente, página por página, linha por linha. Felizes aqueles que podem fazê-lo!

Considerações morais

61. Vós nos acompanhastes em nossas excursões celestes e visitastes conosco as regiões imensas do espaço. Sob nossos olhos, os sóis sucederam aos sóis, os sistemas aos sistemas, as nebulosas às nebulosas. O panorama esplêndido da harmonia do cosmos se desenrolou ante nossos passos e recebemos um antegozo da ideia de infinito, que só poderemos compreender em toda sua amplitude conforme nossa perfectibilidade futura. Os mistérios do éter nos desvendaram seu enigma, até aqui indecifrável, e concebemos, ao menos, a ideia da universalidade das coisas. Importa, agora, parar e refletir.

62. É belo, sem dúvida, ter reconhecido a insignificância da Terra e sua medíocre importância na hierarquia dos mundos; é belo ter abatido a presunção humana, que nos é tão cara, e nos termos humilhado ante a grandeza absoluta. Mas será ainda mais belo interpretarmos, no sentido moral, o espetáculo do qual fomos testemunha. Quero falar do poder infinito da natureza e da ideia que devemos fazer de seu modo de ação nas diversas partes do vasto Universo.

63. Habituados como estamos a julgar as coisas a partir de nossa pobre e pequenina morada, imaginamos que a natureza só possa ou deva agir nos outros mundos segundo as regras que temos reconhecido em nosso planeta. Ora, é precisamente nesse ponto que devemos reformular nosso modo de pensar.

Lançai, por um instante, o olhar sobre uma região qualquer de vosso Globo e sobre uma das produções de vossa natureza; não reconheceis aí o cunho de uma variedade infinita e a prova de uma atividade sem igual? Não vedes na asa de um pequeno pássaro das Canárias, na pétala de um botão de rosa entreaberto, a prodigiosa fecundidade dessa bela natureza?

Que vossos estudos se apliquem aos seres que planam nos ares; que se estendam às violetas dos campos; que mergulhem nas profundezas do oceano, e em tudo e por toda parte lereis esta verdade universal: a natureza todo-poderosa age segundo os lugares, os tempos e as circunstâncias; ela é única em sua harmonia geral, mas múltipla em suas produções; ela se compraz num sol assim como numa gota d'água; ela povoa de seres vivos um mundo imenso, com a mesma facilidade com que faz eclodir um ovo depositado pela borboleta no outono.

64. Ora, se tal é a variedade que a natureza pôde nos descrever em todos os lugares deste pequeno mundo, tão estreito, tão limitado, quanto mais amplo deveis considerar esse modo de ação se avaliardes as perspectivas dos vastos mundos! Quanto mais desenvolvido e pujante haveis de reconhecer seu poderoso alcance, se a aplicais a esses mundos maravilhosos que, bem mais que a Terra, atestam sua perfeição incognoscível?

Não vejais, pois, em torno de cada um dos sóis do espaço, sistemas semelhantes ao vosso sistema planetário? Não vejais nesses planetas apenas os supostos três reinos da natureza que brilham em torno de vós, mas compreendei, ao contrário, que assim como nenhum rosto humano é igual a outro em todo o gênero humano, assim também uma diversidade prodigiosa, inimaginável se acha espalhada pelas moradas etéreas que flutuam no seio dos espaços. Do fato de que vossa natureza animada começa no zoófito para terminar no homem; de que a atmosfera alimenta a vida terrestre; de que o elemento líquido a renova sem cessar; de que vossas estações fazem suceder nesta vida os fenômenos que as distinguem, não deveis concluir que os milhões e milhões de mundos que vagueiam na imensidão sejam semelhantes ao nosso! Longe disso, eles diferem segundo as condições diversas que lhes foram designadas e segundo seu papel respectivo na cena do mundo. Essas são as pedrarias variadas de um imenso mosaico, as flores diversificadas de um admirável jardim.

Capítulo VII

Esboço geológico da Terra

Períodos geológicos – Estado primitivo do Globo – Período primário – Período de transição – Período secundário – Período terciário – Período diluviano – Período pós-diluviano ou atual – Nascimento do homem

Períodos geológicos

1. A Terra traz em si os traços evidentes de sua formação. Podem-se seguir suas fases com uma precisão matemática nos diversos terrenos que compõem sua estrutura. O conjunto desses estudos constitui a ciência denominada *geologia*, ciência essa nascida neste século, e que lançou luz sobre a questão tão controvertida da origem da Terra e dos seres vivos que a habitam. Aqui não há hipótese; é o resultado rigoroso da observação dos fatos, e perante fatos não se permite a dúvida. A história da formação do Globo está escrita nas camadas geológicas de um modo bem mais certo que nos livros preconcebidos, porque aqui é a própria natureza que fala, que se mostra a descoberto, e não a imaginação dos homens que cria os sistemas. Onde se vê vestígios de fogo, pode-se dizer, com certeza, que o fogo existiu; onde se vê marcas de água, pode-se dizer, com a mesma certeza, que a água aí esteve; onde se vê vestígios de animais, pode-se dizer que os animais aí viveram.

A geologia é, desse modo, uma ciência toda de observação; só tira consequências do que vê; sobre os pontos duvidosos ela nada afirma: emite tão somente opiniões discutíveis, cuja solução definitiva aguarda observações mais completas. Sem as descobertas da geologia, assim como da astronomia, a Gênese do mundo estaria ainda nas trevas da lenda. Graças a ela o homem conhece hoje a história de sua morada, e a base das fábulas que cercaram seu berço ruiu, para não mais se levantar.

2. Em toda parte, nos terrenos, onde existam fendas, escavações naturais ou realizadas pelos homens, observa-se o que se denomina *estratificações,* ou seja, camadas superpostas. Os terrenos que apresentam tal disposição são designados *terrenos estratificados.* Essas camadas de espessura muito variável, que vai de alguns centímetros até 100 metros e mais, distinguem-se entre si pela cor e natureza das substâncias das quais se compõem. Os trabalhos de arte, a perfuração de poços, a exploração de pedreiras e, sobretudo, de minas, permitiram observá-las até uma profundidade bastante grande.

3. As camadas são geralmente homogêneas, ou seja, cada uma é formada de uma mesma substância, ou de diversas substâncias que tenham existido juntas, e que tenham formado um todo compacto. A linha de separação que as isola, umas das outras, é sempre nitidamente traçada, como nas fileiras de tijolos de um edifício; em parte alguma elas se misturam e se perdem, umas nas outras, nos locais de seus limites respectivos, como é o caso, por exemplo, das cores do prisma e do arco-íris.

Por essas características reconhece-se que elas foram formadas sucessivamente, depositadas umas sobre as outras em condições e por causas diferentes; as mais profundas foram, naturalmente, formadas primeiro, e as mais superficiais, posteriormente. A última de todas, aquela que se encontra na superfície, é a camada de terra vegetal, que deve suas propriedades aos detritos das matérias orgânicas provenientes de plantas e animais.

As camadas inferiores, colocadas sob a camada vegetal, receberam, em geologia, o nome de *rochas*, termo que, nessa acepção, não implica sempre a ideia de uma substância pedregosa, mas significa um leito ou um banco composto de uma substância mineral qualquer. Umas são formadas de areia, de argila ou barro, de marga, de pedregulhos; outras de pedras propriamente ditas, mais ou menos duras, como o arenito, os mármores, o giz, os calcários ou pedras de cal, as pedras de mó, os carvões minerais, os asfaltos etc. Diz-se que uma rocha é mais ou menos poderosa, conforme sua espessura seja mais ou menos considerável.

4. Pela inspeção da natureza dessas rochas ou camadas, reconhece-se, por meio de determinados sinais, que umas provêm de matérias fundidas e, por vezes, vitrificadas pela ação do fogo; outras provêm de substâncias terrosas depositadas pelas águas. Algumas dessas substâncias ficam desagregadas, como as areias; outras, de início em estado pastoso, sob a ação de certos agentes químicos e outras endurecem-se e adquirem, ao longo do tempo, a consistência de pedra. Os bancos de pedras superpostas anunciam os depósitos sucessivos. O fogo e a água tiveram, então, sua parte de ação na formação dos materiais que compõem a estrutura sólida do Globo.

5. A posição normal das camadas terrosas ou pedregosas, provenientes de depósitos aquosos, é a horizontal. Quando se veem essas imensas planícies que se estendem por vezes a perder de vista, de uma horizontalidade perfeita, unidas como se tivessem sido niveladas por um rolo, ou esses fundos de vales tão planos quanto a superfície de um lago, pode-se ter certeza de que em uma época mais ou menos recuada esses lugares estiveram cobertos, por longo tempo, por águas tranquilas que, ao se retirarem, deixaram a seco as terras que elas haviam depositado durante sua permanência. Após a retirada das águas, essas terras cobriram-se de vegetação. Se, em lugar de terras gordurosas, limosas, argilosas ou arenosas, próprias para assimilar os princípios nutritivos, as águas tivessem depositado apenas areias siliciosas, sem agregação, haveria essas planícies arenosas e áridas, que constituem as charnecas e os desertos. Os depósitos deixados pelas inundações parciais e os que formam os aterros nas embocaduras dos rios podem nos dar uma pequena ideia disso.

6. Se bem que a horizontalidade seja a posição normal e a mais geral das formações aquosas, vê-se, com frequência, sobre extensões bastante grandes, nos países de montanhas, rochas duras, cuja natureza indica terem sido formadas pelas águas, em uma posição inclinada e por vezes, mesmo, vertical. Ora, como pela lei do equilíbrio dos líquidos e da gravidade os depósitos aquosos só se podem formar em planos horizontais, visto que aqueles que se formaram em planos inclinados são arrastados nos baixios pelas correntes e por seu próprio peso, fica evidente que esses depósitos devem ter sido elevados por uma força qualquer, após sua solidificação ou transformação em pedras.

A partir dessas considerações, podemos concluir, com certeza, que todas as camadas pedregosas provenientes de depósitos aquosos em uma posição perfeitamente horizontal foram formadas no decorrer dos séculos por águas tranquilas, e que, todas as vezes que elas têm posição inclinada, é porque o solo foi abalado e deslocado, posteriormente, por convulsões gerais ou parciais mais ou menos consideráveis.

7. Um fato característico da mais alta importância, pelo testemunho irrecusável que fornece, consiste nos restos *fósseis* de animais e de vegetais que são encontrados, em quantidades incomensuráveis, nas diferentes camadas. E como esses restos se encontram até mesmo nas pedras mais duras, deve-se concluir que a existência desses seres é anterior à formação de tais pedras. Considerando o número prodigioso de séculos que foi necessário para que se operasse o endurecimento dessas pedras, até chegarem ao estado em que estão, desde tempos imemoriais, conclui-se, forçosamente, que a aparição de seres orgânicos sobre a Terra se perde na noite dos tempos e é bem anterior, por conseguinte, à data assinalada pela Gênese[20].

---

20. *Fóssil*, do latim *fossilia, fossilis,* derivado de *fossa* e do verbo *fodere,* cavar, escavar a terra. Essa palavra é usada, em geologia, para designar corpos ou restos de corpos organizados, provenientes de

8. Entre esses restos de vegetais e animais há os que foram penetrados, em todas as partes de sua substância, sem que sua forma fosse alterada, por matérias siliciosas ou calcárias que as transformaram em pedras, sendo que algumas têm a dureza do mármore; são as petrificações propriamente ditas. Outros foram simplesmente envolvidos por uma matéria no estado pastoso; encontram-se intactos e alguns deles inteiros nas pedras mais duras. Outros, por fim, deixaram apenas sua impressão, mas com uma nitidez e delicadeza perfeitas. No interior de certas pedras tem-se encontrado, até mesmo, a marca de pegadas, e pela forma do pé, dos dedos e das unhas tem-se reconhecido a que espécie animal elas pertenciam.

9. Os fósseis de animais não compreendem senão as partes sólidas e resistentes: os ossos, as escamas e os chifres. São, por vezes, esqueletos completos, mas, na maioria das vezes, são apenas partes destacadas, mas cuja procedência é fácil reconhecer. Ao inspecionar-se um maxilar, um dente, vê-se logo se estes pertenceram a um animal herbívoro ou carnívoro. Como todas as partes do animal têm uma correlação necessária, a forma da cabeça, de uma omoplata, de um osso da perna, de um pé basta para determinar o porte, a forma geral e o gênero de vida do animal[21]. Os animais terrestres têm uma organização que não permite que sejam confundidos com os animais aquáticos. Os peixes e os moluscos fósseis são excessivamente numerosos; os moluscos formam, às vezes, bancos inteiros de grande espessura. Por sua natureza, pode-se reconhecer, sem dificuldade, se são de animais marinhos ou de água doce.

10. Os seixos rolados, que em certos locais constituem rochas poderosas, são um índice inequívoco de sua origem. São arredondados como os calhaus da borda do mar, sinal certo do atrito que sofreram por efeito das águas. As regiões onde são encontrados em massas consideráveis foram, incontestavelmente, ocupados pelo oceano ou por águas violentamente agitadas.

11. Os terrenos das diversas formações são, além disso, caracterizados pela própria natureza dos fósseis que encerram; os mais antigos contêm espécies animais ou vegetais que desapareceram inteiramente da superfície do Globo. Certas espécies mais recentes também desapareceram, mas conservaram seus análogos que só diferem de sua estirpe pelo porte e por algumas variações de forma.

---

seres que viveram anteriormente aos tempos históricos. Por extensão, o termo é usado, igualmente, para designar substâncias minerais que revelam traços da presença de seres organizados, tais como as impressões deixadas por vegetais ou animais. A palavra *fóssil,* de acepção mais geral, substituiu o termo *petrificação,* que só se aplicava aos corpos transformados em pedras pela infiltração de matérias siliciosas ou calcárias em tecidos orgânicos. Todas as petrificações são necessariamente fósseis, mas nem todos os fósseis são petrificações. Os objetos que se revestem de uma camada pedregosa, quando mergulhados em certas águas carregadas de substâncias calcárias, não são petrificações propriamente ditas, mas simples incrustações. Quanto aos monumentos, inscrições e objetos provenientes de fabricação humana, pertencem ao domínio da arqueologia.

21. O ponto ao qual Georges Cuvier elevou a ciência paleontológica permite que um único osso baste, muitas vezes, para determinar o gênero, a espécie e a forma de um animal, seus hábitos e, até mesmo, para reconstruí-lo por inteiro.

Outras, por fim, das quais vemos os derradeiros representantes, tendem evidentemente a desaparecer num futuro mais ou menos próximo, como os elefantes, os rinocerontes, os hipopótamos etc. Assim, à medida que as camadas terrestres se aproximam de nossa época, as espécies animais e vegetais aproximam-se, também, das que existem atualmente.

As perturbações, os cataclismos que ocorreram sobre a Terra, desde sua origem, alteraram as condições de vitalidade e fizeram desaparecer gerações inteiras de seres vivos.

12. Estudando a natureza das camadas geológicas sabe-se, da maneira mais positiva possível, se, à época de sua formação, a região que as encerra era ocupada pelo mar, por lagos, ou por florestas e planícies povoadas por animais terrestres. Se, então, em uma mesma região, se encontrar uma série de camadas superpostas, contendo alternativamente fósseis marinhos, terrestres e de água doce, várias vezes repetidas, isso é uma prova irrefutável de que essa mesma região foi diversas vezes invadida pelo mar, coberta por lagos e posta a seco.

E quantos séculos de séculos, certamente, de milhares de séculos, talvez, foram necessários para que cada período se cumprisse! Que força poderosa não teria sido necessária para deslocar o oceano e fazê-lo voltar e para erguer as montanhas! Por quantas revoluções físicas, comoções violentas, não teve a Terra que passar antes de ser tal como a vemos desde os tempos históricos! E haveríamos de pretender que fosse obra de menos tempo que o necessário para fazer brotar uma planta!

13. O estudo das camadas geológicas atesta, como já foi dito, as formações sucessivas que mudaram o aspecto do Globo e dividem sua história em diversas épocas. Essas épocas constituem o que se denomina *períodos geológicos*, cujo conhecimento é essencial para o estabelecimento da Gênese. Contam-se seis principais, designados pelos nomes de período primário, de transição, secundário, terciário, diluviano, pós-diluviano ou atual. Os terrenos formados ao longo de cada período são também chamados: terrenos primitivos, de transição, secundários etc. Diz-se, assim, que tal ou qual camada ou rocha, tal ou qual fóssil encontram-se nos terrenos de tal ou qual período.

14. É essencial notar que o número desses períodos não é absoluto e que ele depende dos sistemas de classificação. Não se compreende nos seis principais, acima mencionados, senão aqueles que foram marcados por uma mudança notável e geral no estado do Globo; mas a observação prova que várias formações sucessivas foram operadas ao longo de cada um desses períodos. É por essa razão que são divididos em subperíodos, caracterizados pela natureza dos terrenos, e que eleva a 26 o número de formações gerais bem caracterizadas, sem contar as que provêm de modificações devidas a causas puramente locais.

Estado primitivo do Globo

15. O achatamento dos polos e outros fatos concludentes são indícios certos de que a Terra deve ter apresentado, em sua origem, um estado de fluidez ou de moleza. Esse estado podia ter como causa a matéria liquefeita pelo fogo ou amolecida pela água.

Diz-se proverbialmente: Não há fumaça sem fogo. Essa proposição rigorosamente verdadeira é uma aplicação do princípio: Não há efeito sem causa. Pela mesma razão, pode-se dizer: Não há fogo sem lareira. Ora, pelos fatos que se produzem sob nossos olhos, não se trata somente da produção de fumaça, mas sim de um fogo bem real, que deve ter uma lareira. Como esse fogo vem do interior da Terra e não de cima, o foco deve ser interior. E sendo o fogo permanente, o foco que o produz também deve ser permanente.

O calor que aumenta à medida que se penetra no interior da Terra e que, a uma certa distância da superfície, alcança uma temperatura muito alta; as fontes termais, tanto mais quentes quanto de maior profundidade venham; os fogos e as massas de matérias fundidas e incandescentes que saem dos vulcões, como por vastos respiradouros, ou pelas fendas produzidas em certos tremores de terra, não podem deixar dúvida quanto à existência de um fogo interior.

16. A experiência demonstra que a temperatura se eleva em um grau a cada 30 metros de profundidade, de onde se conclui que a uma profundidade de 300 metros, o aumento será de 10 graus; a 3.000 metros, de 100 graus, a temperatura da água em ebulição; a 30.000 metros (30 quilômetros), o aumento será de 1.000 graus; a 120 quilômetros, a mais de 3.300 graus, temperatura à qual nenhuma matéria conhecida resiste à fusão. Desse ponto até o centro, há ainda um espaço de mais 6.700 quilômetros, ou seja, de 13.500 quilômetros diametralmente, que seriam ocupadas por matérias fundidas.

Embora isso não seja mais do que uma conjectura, julgando-se a causa pelo efeito, ela tem todas as características de probabilidade, e chega-se ainda à conclusão de que a Terra é ainda uma massa incandescente, recoberta por uma camada sólida de 107 quilômetros de espessura, o que corresponde somente à 120ª parte de seu diâmetro. Proporcionalmente, isso seria muito menos do que a espessura da mais fina casca de laranja.

De resto, a espessura da crosta da Terra é muito variável, pois há regiões, sobretudo nas terras vulcânicas, onde o calor e a flexibilidade do solo indicam que ela é muito pouco considerável. A alta temperatura das águas termais é igualmente o indício da proximidade do fogo central.

17. Assim sendo, fica evidente que o estado primitivo de fluidez ou moleza da Terra deve ter tido como causa a ação de seu calor, e não da água. A Terra era, então, em sua origem, uma massa incandescente. Como resultado da irradiação do calórico, deu-se o que se verifica com toda matéria em fusão: ela esfriou, pouco a pouco, e o resfriamento começou, naturalmente, pela superfície, que endureceu, enquanto o interior permaneceu fluido. Pode-se, assim, comparar a Terra a um bloco de carvão que sai todo vermelho da fornalha e cuja superfície se apaga e se resfria ao contato com o ar; se for quebrado, encontra-se o interior ainda em brasa.

18. Na época em que o Globo terrestre era uma massa incandescente, não continha um átomo a mais ou a menos que hoje; apenas, sob a influência dessa alta temperatura, a maior parte das substâncias que o compõem e que vemos sob a forma de líquidos ou de sólidos, de terras, de pedras, de metais e de cristais se encontravam num estado bem diferente; apenas passaram por uma transformação; em consequência do resfriamento e de misturas, os elementos formaram novas combinações. O ar, consideravelmente dilatado, deveria estender-se a uma distância incomensurável; toda água, forçosamente reduzida a vapor, estava misturada ao ar; todas as matérias suscetíveis de se volatizarem, como os metais, o enxofre, o carbono, encontravam-se em estado de gás. O estado da atmosfera não tinha nada de comparável ao que é hoje; a densidade de todos esses vapores dava-lhe uma opacidade que nenhum raio de sol podia atravessar. Se um ser vivo pudesse ter existido na superfície do Globo nessa época, não seria iluminado senão pelo brilho sinistro da fornalha colocada sob seus pés e da atmosfera incandescente.

Período primário

19. O primeiro efeito do resfriamento foi o de solidificar a superfície exterior da massa em fusão e de formar, aí, uma crosta resistente que, fina, de início, se espessou pouco a pouco. Essa crosta constitui a pedra chamada *granito*, de uma dureza extrema, assim denominada por seu aspecto granulado. Distinguem-se aí três substâncias principais: o feldspato, o *quartzo,* ou cristal de rocha, e a mica; esta última tem o brilho metálico, embora não seja um metal. A camada granítica é, pois, a primeira que se formou sobre o Globo, que ela envolve por inteiro, e do qual constitui, de certo modo, a estrutura óssea; ela é o produto direto da matéria em fusão, consolidada. É sobre ela, e nas cavidades que apresentava sua superfície revolta, que se depositaram, sucessivamente, as camadas de outros terrenos formados posteriormente. O que a distingue destes últimos é a ausência de toda estratificação; ou seja, ela forma uma massa compacta e uniforme em toda sua espessura, e não disposta em camadas. A efervescência da matéria incandescente devia aí produzir numerosas e profundas fendas, pelas quais verteria essa matéria.

20. O segundo efeito do resfriamento foi o de liquefazer algumas das matérias contidas no ar no estado de vapores, e que se precipitaram sobre a superfície do solo. Houve, então, chuvas e lagos de enxofre e de betume, verdadeiros riachos de ferro, de chumbo e outros metais fundidos, que se infiltraram nas fissuras e que constituem, atualmente, os veios e filões metálicos. Sob a influência desses diversos agentes, a superfície granítica experimentou decomposições alternativas; fizeram-se misturas que formaram os terrenos primitivos propriamente ditos, distintos da rocha granítica, mas em massas confusas e sem estratificações regulares. Vieram a seguir as águas que, caindo sobre o solo fervente, vaporizaram-se novamente, tornando a cair em chuvas torrenciais, e assim sucessivamente, até que a temperatura lhes permitiu permanecer sobre o solo em estado líquido.

É na formação dos terrenos graníticos que começa a série de períodos geológicos. Aos seis períodos principais, seria conveniente, pois, acrescentar o do estado primitivo de incandescência do Globo.

21. Tal foi o aspecto desse primeiro período, verdadeiro caos de todos os elementos confundidos, buscando sua estabilização, no qual nenhum ser vivo poderia existir. Também, uma de suas características distintivas em geologia é a ausência de qualquer vestígio de vida vegetal e animal.

É impossível assinalar uma duração determinada a esse primeiro período, assim como aos seguintes. Porém, observando-se o tempo que se faz necessário para que uma bala de canhão, de um determinado volume, aquecida ao vermelho-branco, tenha sua superfície resfriada até que uma gota de água possa aí permanecer em estado líquido, tem-se calculado que, se essa bala tivesse a grossura da Terra, seriam necessários mais de um milhão de anos para que isso acontecesse.

PERÍODO DE TRANSIÇÃO

20.[22] No começo do período de transição, a crosta sólida granítica ainda possuía pequena espessura e apenas oferecia uma resistência bastante fraca à efervescência das matérias abrasadas, que ela recobria e comprimia. Aí se produziam inchaços, rachaduras numerosas, por onde escorria a lava interior. O solo apresentava apenas desigualdades pouco consideráveis.

As águas, pouco profundas, cobriam quase toda a superfície do Globo, com exceção das partes elevadas, formando terrenos baixos, frequentemente submersos.

O ar foi purificado pouco a pouco das matérias mais pesadas, momentaneamente em estado gasoso e que, condensando-se pelo efeito do resfriamento, foram precipitadas à superfície do solo, sendo depois arrastadas e dissolvidas pelas águas.

Quando se fala de resfriamento naquela época, é preciso que se compreenda essa palavra num sentido relativo, ou seja, em comparação ao estado primitivo, pois a temperatura devia ser ainda ardente.

Os espessos vapores aquosos que se elevavam de todas as partes da imensa superfície líquida, tornavam a cair em forma de chuvas abundantes e quentes, e obscureciam o ar. Todavia, os raios do Sol começavam a aparecer através dessa atmosfera brumosa.

Uma das últimas substâncias de que o ar deve ter sido purgado, por estar

---

22. **Nota da Editora:** No original francês há uma falha na sequência dos tópicos. Em vez de 22 (que seria a sequência correta), o original volta ao número 20. Achamos melhor manter a numeração tal qual está no original francês, caso contrário haveria confusão se fossem citados esses tópicos em outros trechos da obra ou em outras obras de estudo da doutrina.

naturalmente em estado gasoso, é o ácido carbônico, que formava, então, uma de suas partes constituintes.

21. Nessa época começaram a se formar as camadas de terrenos de sedimento, depositadas pelas águas carregadas de limo e de matérias diversas próprias à vida orgânica.

Aparecem então os primeiros seres vivos do reino vegetal e do reino animal. Deles foram encontrados vestígios em pequeno número, de início, tornando-se estes cada vez mais frequentes à medida que se chega às camadas mais elevadas dessa formação. É de se notar como, em toda parte, a vida se manifesta assim que as condições se tornam propícias e que cada espécie nasce, desde que se produzam as condições adequadas à sua existência. Dir-se-ia que os germens estavam latentes, aguardavam apenas as condições favoráveis para eclodir.

22. Os primeiros seres orgânicos que apareceram na Terra foram os vegetais de organização menos complexa, designados em Botânica pelos nomes de criptógamos, acotilédones, monocotilédones, isto é, os liquens, cogumelos, musgos, fetos e plantas herbáceas. Não se viam ainda árvores de troncos lenhosos, mas as do gênero das palmeiras, cujo tronco esponjoso é análogo ao das ervas.

Os animais desse período, que sucederam aos primeiros vegetais, eram exclusivamente marinhos. Eram, a princípio, os polipeiros, os radiados, os zoófitos, animais cuja organização simples e, por assim dizer, rudimentar, mais se aproxima da dos vegetais. Mais tarde, vieram os crustáceos e os peixes, cujas espécies não mais existem atualmente.

23. Sob o império do calor e da umidade e, por conseguinte, do excesso de ácido carbônico disperso no ar, gás impróprio à respiração dos animais terrestres, mas necessário às plantas, os terrenos descobertos cobriram-se rapidamente de uma vegetação poderosa, ao mesmo tempo em que as plantas aquáticas se multiplicaram no seio dos charcos. As plantas do tipo que atualmente são simples ervas de alguns centímetros atingiam uma altura e grossura prodigiosas. É assim que havia florestas de fetos arborescentes de oito a dez metros de altura e de uma grossura proporcional, licopódios (pé-de-lobo; gênero de musgo) do mesmo porte; prelas[23] de quatro a cinco metros, das quais só existe um tipo atualmente. Ao final desse período começam a aparecer algumas árvores do tipo das coníferas ou pinheiros.

24. Em consequência do deslocamento das águas, os terrenos que produziram essas massas de vegetais foram repetidamente submersos, recobertos por novos sedimentos terrosos, enquanto que os terrenos postos a seco cobriam-se, por sua vez, de vegetação semelhante. Houve, assim, várias gerações de vegetais alternativamente aniquiladas e renovadas. O mesmo não se deu com os animais que, sendo todos aquáticos, não poderiam ter sofrido tais alternâncias.

Os resíduos, acumulados durante uma longa série de séculos, formaram

---

23. Planta pantanosa, vulgarmente chamada de cauda-de-cavalo.

camadas de grande espessura. Sob a ação do calor, da umidade, da pressão exercida pelos depósitos terrosos posteriores e sem dúvida, também, de diversos agentes químicos, gases, ácidos e sais produzidos pela combinação dos elementos primitivos, essas matérias vegetais sofreram uma fermentação que as converteu em *hulha* ou *carvão de terra*. As minas de hulha são, portanto, o produto direto da decomposição dos amontoados de vegetais acumulados durante o período de transição. É por essa razão que os encontramos em quase todas as regiões.[24]

25. Uma vez que os restos fósseis da vegetação poderosa daquela época encontram-se atualmente tanto sob os gelos das terras polares quanto na zona tórrida, daí se conclui que, uma vez que a vegetação era uniforme, a temperatura deveria ser também uniforme. Os polos não eram naquela época cobertos de gelo como são agora. Isso porque, então, a Terra tirava seu calor de si mesma, do fogo central que aquecia de uma maneira igual toda a camada sólida, ainda pouco espessa. Esse calor era bem superior ao que os raios solares poderiam fornecer, enfraquecidos como eram pela densidade da atmosfera. Somente mais tarde, quando o calor central só podia exercer sobre a superfície exterior do Globo uma atuação fraca ou nula, foi que o calor do sol se tornou preponderante, e as regiões polares, que somente recebiam seus raios oblíquos, os quais davam muito pouco calor, cobriram-se de gelo. Compreende-se que na época a que nos referimos, e ainda muito tempo mais tarde, o gelo era desconhecido na Terra.

Esse período deve ter sido muito longo, a julgar pelo número e pela espessura das camadas de hulha.[25]

PERÍODO SECUNDÁRIO

26. Com o período de transição desapareceram a vegetação colossal e os animais que caracterizavam essa época, seja porque as condições atmosféricas não fossem mais as mesmas, seja porque uma sequência de cataclismos tenha aniquilado tudo quanto tinha vida sobre a terra. É provável que ambas as causas tenham contribuído para essa mudança, pois, por um lado, o estudo dos terrenos que marcam o fim desse período atesta grandes convulsões causadas por movimentos sísmicos e erupções que derramaram sobre o solo grandes quantidades de lava e, por outro lado, notáveis mudanças se operaram nos três reinos da natureza.

27. O período secundário é caracterizado, sob o ponto de vista mineral, por

---

24. A turfa é formada, da mesma forma, pela decomposição de amontoados de vegetais em terrenos pantanosos, mas com a diferença de ser muito mais recente e, sem dúvida, em outras condições, não teve tempo para se carbonizar.

25. Na baía de Fundy (Nova Escócia), o sr. Lyell encontrou, sobre uma espessura de carvão de 400 metros, 68 níveis diferentes que apresentavam vestígios evidentes de diversos pisos de floresta, em que os troncos das árvores ainda conservavam raízes. (L. Figuier). Supondo-se no máximo mil anos para a formação de cada um desses níveis, já se contaria 68.000 anos apenas para essa camada de carvão.

110 CAPÍTULO VII A GÊNESE

camadas numerosas e poderosas, que atestam uma formação lenta no interior das águas e marcam diferentes épocas bem caracterizadas.

A vegetação é menos rápida e menos colossal que no período precedente, sem dúvida em consequência da diminuição do calor, da umidade e de modificações sobrevindas nos elementos constitutivos da atmosfera. Às plantas herbáceas e polpudas juntam-se as de caules lenhosos e as primeiras árvores propriamente ditas.

28. Os animais ainda são *aquáticos* ou, no máximo, anfíbios. A vida animal sobre terra seca progride pouco. Uma quantidade prodigiosa de animais de conchas se desenvolve no seio dos mares, em consequência da formação das matérias calcárias; novos peixes, de uma organização mais aperfeiçoada que no período precedente, nascem; aparecem os primeiros cetáceos. Os animais mais característicos dessa época são os répteis monstruosos, entre os quais destacam-se:

O *ictiossauro*, espécie de peixe-lagarto, que chegava até a 10 metros de comprimento, e cujos maxilares prodigiosamente alongados eram armados com cento e oitenta dentes. Sua forma geral lembra um pouco a do crocodilo, mas sem a couraça escamosa. Seus olhos tinham o volume da cabeça de um homem. Ele tinha nadadeiras como a baleia e, como ela, expelia água por orifícios.

O *plesiossauro*, outro réptil marinho, também grande como o ictiossauro, cujo pescoço excessivamente longo se curvava como do cisne e lhe dava a aparência de uma enorme serpente, presa ao corpo de uma tartaruga. Tinha a cabeça do lagarto e os dentes do crocodilo. Sua pele devia ser lisa como a do ictiossauro, pois não se encontrou nenhum vestígio de escamas, nem de concha.[26]

O *teleossauro* se aproxima mais dos crocodilos atuais, que parecem ser uma miniatura dele. Como os crocodilos, o teleossauro possuía uma couraça escamosa e vivia tanto na água quanto na terra. Tinha cerca de dez metros de comprimento, dos quais três ou quatro só para a cabeça. Sua enorme goela tinha uma abertura de dois metros.

O *megalossauro*, grande lagarto, uma espécie de crocodilo de 14 a 15 metros de comprimento, essencialmente carnívoro, nutria-se de répteis, pequenos crocodilos e tartarugas. Sua impressionante mandíbula era armada com dentes em forma de lâminas de serrote, de gume duplo, recurvados para trás, de tal modo que, uma vez cravados na presa, era impossível para ela desprender-se.

O *iguanodonte*, o maior lagarto que já apareceu na Terra, tinha de 20 a 25 metros da cabeça à extremidade da cauda. Seu focinho era dominado por um chifre ósseo semelhante ao do iguana de nossos dias, do qual parece diferir apenas pelo tamanho. O atual tem apenas um metro de comprimento. O formato dos dentes permite concluir que era um herbívoro, e o das patas, que foi um animal terrestre.

O *pterodáctilo*, animal bizarro, do tamanho de um cisne, tendo o corpo em forma de réptil, a cabeça de um pássaro e, do morcego, tinha a membrana carnuda, que ligava os dedos prodigiosamente longos, e lhe servia de paraquedas quando

---

26. O primeiro fóssil desse animal foi descoberto em 1823.

se precipitava sobre uma presa, do alto de uma árvore ou de um rochedo. Não possuía o bico córneo como o dos pássaros, mas os ossos da mandíbula, também alongados, como a metade do corpo, eram guarnecidos de dentes, terminando em ponta, como um bico.

29. Durante esse período, que deve ter sido muito longo, como atestam o número e a espessura das camadas geológicas, a vida animal ganhou enorme impulso no seio das águas, tal como havia acontecido com a vegetação no período precedente. O ar, mais depurado e mais propício à respiração, começou a permitir que alguns animais vivessem sobre a terra. O mar foi deslocado muitas vezes, mas recuou sem abalos violentos. Com esse período desapareceram, por sua vez, as raças de gigantescos animais aquáticos, substituídos mais tarde por espécies análogas, menos desproporcionais na forma e de porte infinitamente menor.

30. O orgulho tem levado o homem a dizer que todos os animais foram criados por sua causa e para a satisfação de suas necessidades. Mas quantas são as espécies de animais que o servem diretamente, que tenha conseguido domesticar, comparadas ao número incalculável daquelas com as quais ele jamais teve, nem jamais terá qualquer relação? Como sustentar semelhante tese diante das inumeráveis espécies que sozinhas povoaram a Terra, por milhares e milhares de séculos, antes que ele surgisse, e que desapareceram? Pode-se dizer que elas tenham sido criadas para seu proveito? Entretanto, todas essas espécies tiveram sua razão de ser, sua utilidade. Deus não as teria criado por um capricho de Sua vontade e para se dar o prazer de aniquilá-las, porque todas tiveram vida, instintos, sensação de dor e de bem-estar. Com que objetivo as teria feito? Com um objetivo soberanamente sábio, embora ainda não o compreendamos. Talvez um dia seja dado ao homem conhecê-lo, para confundir o seu orgulho. Mas, enquanto aguarda, uma grande quantidade de ideias surge face a novos horizontes, nos quais agora é permitido que ele mergulhe o olhar, e que desenrolam diante dele o imponente espetáculo dessa criação, tão majestosa no seu lento caminhar, tão admirável em sua previdência, tão pontual, tão precisa e tão invariável em seus resultados.

Período terciário

31. Com o período terciário, começa, para a Terra, uma nova ordem de coisas. O estado da sua superfície muda completamente sua aparência, as condições de vitalidade estão profundamente modificadas e se aproximam do estado atual. Os primeiros tempos desse período são assinalados por uma parada na produção vegetal e animal. Tudo leva os traços de uma destruição quase que generalizada dos seres vivos. E, então, aparecem sucessivamente novas espécies, cuja organização, mais perfeita, está adaptada à natureza do meio em que são chamadas a viver.

32. Durante os períodos precedentes, a crosta sólida do planeta, em razão de sua pouca espessura, apresentava, como foi dito, uma resistência muito fraca à ação do fogo interior. Esse envoltório, facilmente desfeito, permitia que as matérias em fusão se espalhassem livremente sobre a superfície do solo. Não aconteceu o mesmo quando ela adquiriu certa espessura. As matérias em brasa, comprimidas por todos os lados, como a água em ebulição em um recipiente fechado, acabaram produzindo uma espécie de explosão; a massa granítica, violentamente rompida em uma porção de pontos, ficou crivada de fendas, como um *vaso rachado*. Sobre o *percurso dessas fendas,* a crosta sólida, soerguida e aprumada, formou picos, as cadeias de montanhas e suas ramificações. Certas partes não rompidas do envoltório foram simplesmente alteradas, de maneira que, em certos pontos, produziram-se afundamentos e escavações.

A superfície do solo tornou-se então muito desigual; as águas, que até aquele momento cobriam-na de maneira quase uniforme, na maior parte de sua extensão, foram repelidas para as partes mais baixas, deixando a seco vastos continentes, ou os cumes de montanhas isoladas, que formaram ilhas.

Tal foi o grande fenômeno ocorrido no período terciário e que transformou o aspecto do Globo. Ele não se produziu nem instantaneamente, nem simultaneamente em toda a parte, mas sucessivamente e em épocas mais ou menos distantes.

33. Uma das primeiras consequências desses erguimentos foi, como já foi dito, a inclinação das camadas de sedimentos primitivamente horizontais, e que permaneceram nessa posição por toda a parte onde o solo foi revolvido. Foi, pois, nos flancos e nas proximidades das montanhas que essas inclinações ficaram mais pronunciadas.

34. Nas regiões onde as camadas de sedimento conservaram sua horizontalidade, para atingir as camadas de primeira formação, é preciso atravessar todas as outras, na maioria das vezes até uma profundidade considerável, ao final da qual encontra-se, inevitavelmente, a rocha granítica. Mas quando essas camadas se elevaram em montanhas, foram trazidas acima de seu nível normal e, às vezes, a grandes alturas, de maneira que, quando se faz um corte vertical na lateral da montanha, as camadas se mostram em toda a sua espessura e superpostas, como as fiadas de uma construção.

É assim que se encontram, em grandes elevações, bancos consideráveis de conchas, primitivamente formadas no fundo dos mares. É perfeitamente reconhecido atualmente que em época alguma pôde o mar alcançar tal altura, pois todas as águas que existem sobre a Terra não seriam suficientes para tal, nem mesmo se houvesse cem vezes mais. Seria necessário supor que a quantidade de água diminuiu, e então caberia perguntar onde foi parar a porção desaparecida. Os soerguimentos, que são atualmente um fato incontestável e demonstrado pela ciência, explicam de maneira lógica e rigorosa os depósitos marinhos que se encontram sobre certas montanhas. Esses terrenos estiveram evidentemente submersos durante uma longa sequência de séculos, mas em seu nível primitivo e não no local que ocupam atualmente.

É exatamente como se uma porção do fundo de um lago se encontrasse elevada a 25 ou 30 metros acima da superfície da água. O cume dessa elevação

A GÊNESE ESBOÇO GEOLÓGICO DA TERRA

traria os restos de plantas e animais que jaziam outrora no fundo da água, o que não implicaria, de modo algum, que as águas do lago se tivessem elevado àquela altura.

35. Nos lugares onde o soerguimento da rocha primitiva produziu ruptura completa do solo, seja por sua rapidez, seja pela forma, altura e volume da massa soerguida, o granito ficou exposto, *como um dente que perfura a gengiva*. As camadas que o cobriam, erguidas, partidas e endireitadas, foram colocadas a descoberto. É assim que os terrenos pertencentes às formações mais antigas, e que se encontravam em sua posição primitiva, a uma grande profundidade, formam hoje em dia o solo de certas regiões.

36. A massa granítica, deslocada pelo efeito dos soerguimentos, deixou em alguns lugares fissuras por onde escapa o fogo interior e pelas quais eclodem as matérias em fusão: são os vulcões. Os vulcões são como as chaminés dessa imensa fornalha, ou, melhor ainda, são *válvulas de segurança* que, dando vazão ao demasiado volume de matérias ígneas, preservam nosso Globo de comoções muito mais terríveis. Daí se pode dizer que o número de vulcões em atividade é um fator de segurança para o conjunto da superfície do solo.

Pode-se fazer uma ideia da intensidade desse fogo, imaginando que os vulcões que se abrem até no meio do mar, e que a massa de água que os recobre e neles penetra não é suficiente para extingui-los.

37. Os soerguimentos operados na massa sólida necessariamente deslocaram as águas, que refluíram nas partes escavadas, tornadas mais profundas pela elevação dos terrenos emersos e pelos afundamentos. Mas esses mesmos terrenos baixos, elevados por sua vez, ora num local, ora em outro, expulsaram as águas, que refluíram nas partes escavadas, e assim por diante, até que pudessem se acomodar num lugar mais estável.

Os sucessivos deslocamentos dessa massa líquida forçosamente trabalharam e remoeram a superfície do solo. As águas, escoando, arrastaram parte dos terrenos de formações anteriores, postos a descoberto pelos soerguimentos, desnudaram algumas montanhas que estavam cobertas por tais camadas, deixando à mostra sua base granítica ou calcária. Vales profundos foram escavados e outros foram aterrados.

Assim, há montanhas formadas diretamente pela ação do fogo central: são principalmente as montanhas graníticas. Outras são devidas à ação das águas que, arrastando as terras móveis e as matérias solúveis, cavaram vales ao redor de sua base resistente, calcária, ou de outra natureza.

As matérias arrastadas pela corrente das águas formaram as camadas do período terciário, que facilmente se distinguem das precedentes, não tanto por sua composição, que é mais ou menos a mesma, do que por sua disposição.

As camadas dos períodos primário, de transição e secundário, formadas sobre uma superfície pouco acidentada, são mais ou menos uniformes por toda a Terra. As do período terciário, ao contrário, formadas sobre uma base muito desigual e pelo arrastamento das águas, têm um caráter mais local. Por toda parte, quando se perfura a uma certa profundidade, encontram-se todas as camadas anteriores, na ordem da sua formação, ao passo que não se encontra, em parte alguma, o terreno terciário, nem todas as suas camadas.

38. Durante as convulsões do solo ocorridas no início desse período, é fácil conceber que a vida orgânica teve que ficar estacionária, o que se pode reconhecer pela inspeção dos terrenos privados de fósseis. Mas, desde que veio um estado mais calmo, os vegetais e os animais reapareceram. Estando mudadas as condições de vitalidade e a atmosfera mais depurada, viu-se a formação de novas espécies de uma organização mais perfeita. As plantas, sob o ponto de vista de sua estrutura, pouco diferem das de nossos dias.

39. Durante os dois períodos precedentes, os terrenos não cobertos pelas águas apresentavam pouca extensão; além disso eram pantanosos e, frequentemente, submersos. É por isso que só havia, então, animais aquáticos ou anfíbios. O período terciário, no qual se deu a formação de vastos continentes, caracterizou-se pelo aparecimento dos animais terrestres.

Assim como o período de transição viu nascer uma vegetação colossal e o período secundário os répteis monstruosos, o período terciário viu se produzirem mamíferos gigantescos, como o *elefante*, o *rinoceronte*, o *hipopótamo*, o *paleotério*, o *megatério*, o *dinotério, o mastodonte, o mamute* etc. Viu nascer também os pássaros, assim como a maior parte das espécies que vivem ainda em nossos dias. Algumas espécies dessa época sobreviveram aos cataclismos posteriores; por outro lado, outras, designadas pela qualificação genérica de *animais antediluvianos,* desapareceram por completo, ou foram substituídas por espécies análogas, de formas menos pesadas e menos maciças, dos quais os primeiros tipos foram como que esboços. Tais são o *felis speloea*, um animal carnívoro do tamanho de um touro, tendo os caracteres anatômicos do tigre e do leão; o *cervus megaceron*, variedade de cervo, cujas galhadas, de 3 a 4 metros de comprimento, eram espaçadas de 3 a 4 metros entre suas extremidades.

40. Por muito tempo se acreditou que o macaco e as diversas variedades de quadrúmanos, animais que se aproximam mais do homem pela conformação, ainda não existiam; mas descobertas recentes parecem não deixar dúvidas quanto à presença desses animais, pelo menos ao fim do período.

PERÍODO DILUVIANO

41. Este período foi assinalado por um dos maiores cataclismos que atingiram o Globo, mudaram mais uma vez o aspecto da superfície e destruíram, para sempre, uma multidão de espécies vivas, das quais só se encontram vestígios. Por toda parte, deixou sinais que atestam sua generalidade. As águas, violentamente arrancadas de seu leito, invadiram os continentes, arrastando com elas as terras e as rochas, desnudando as montanhas, desenraizando as florestas seculares.

Os novos depósitos que formaram são designados, em geologia, com o nome de *terrenos diluvianos*.

42. Um dos traços mais significativos desse grande desastre são as rochas denominadas *blocos erráticos*. Assim são chamadas as rochas de granito que se encontram isoladas nas planícies, repousando sobre terrenos terciários e no meio de terrenos diluvianos, por vezes a várias centenas de quilômetros das montanhas das quais foram arrancadas. É evidente que foram transportadas a tão grandes distâncias pela violência das correntes[27].

43. Um fato não menos característico, cuja causa ainda não foi explicada, é que é nos terrenos diluvianos são encontrados os primeiros *aerólitos*[28]. Uma vez que somente nessa época é que eles começaram a cair, a causa que os produziu não existia anteriormente.

44. Foi ainda nessa época que os polos começaram a se cobrir de gelo e que se formaram as geleiras nas montanhas, o que indica mudança notável na temperatura do Globo. Essa mudança deve ter sido súbita, porque, se tivesse se operado gradualmente, os animais como os elefantes, que só vivem atualmente nos climas quentes e que se encontram em grande número no estado de fóssil nas terras polares, teriam tido tempo de se retirar, pouco a pouco, para regiões mais temperadas. Tudo prova, ao contrário, que tenham sido surpreendidos bruscamente por um grande frio e envolvidos pelos gelos.

45. Esse foi, pois, o verdadeiro dilúvio universal. As opiniões se dividem quanto às causas que podem tê-lo produzido, mas, quaisquer que tenham sido elas, o fato existiu.

A suposição mais generalizada é de que uma mudança brusca ocorreu na posição do eixo da Terra, em consequência da qual os polos foram deslocados, resultando numa projeção geral das águas sobre a superfície. Se essa mudança se tivesse operado com lentidão, as águas se teriam deslocado gradualmente, sem abalo, embora tudo indique uma comoção violenta e súbita. Na ignorância de qual tenha sido a verdadeira causa, só se pode emitir hipóteses.

O deslocamento súbito das águas pode também ter sido ocasionado pelo soerguimento de certas partes da crosta sólida e da formação de novas montanhas no fundo dos mares, como aconteceu no início do período terciário. Mas, além do fato de esse cataclismo não ter ocorrido de forma geral, não explicaria a mudança súbita de temperatura dos polos.

46. Na tormenta causada pela convulsão das águas, muitos animais pereceram; outros, para escaparem da inundação, retiraram-se para lugares altos, em cavernas e fendas, onde morreram em massa, quer de fome, quer devorando-se uns aos outros, quer talvez, também, pela irrupção das águas nos lugares onde se haviam refugiado, e de onde não puderam escapar. Assim se explicaria a grande

---

27. É um desses blocos, provindo, sem dúvida, pela sua composição, das montanhas da Noruega, que serve de pedestal à estátua de Pedro, o Grande, em São Petersburgo.

28. Pedras caídas da atmosfera.

quantidade de ossadas de animais diversos, carnívoros e outros, que se podem encontrar em certas fendas ou cavernas, chamadas, por essa razão, *cavernas ossosas*. São encontrados, mais frequentemente, sob as estalagmites. Em algumas, as ossadas pareceram ter sido arrastadas pela correnteza das águas[29].

PERÍODO PÓS-DILUVIANO OU ATUAL – NASCIMENTO DO HOMEM

47. Uma vez restabelecido o equilíbrio na superfície do Globo, a vida animal e vegetal prontamente retomou seu curso. O solo, consolidado, ficou numa situação mais estável; o ar, mais depurado, era conveniente a órgãos mais delicados. O Sol, que brilhava com todo seu esplendor através de uma atmosfera límpida, derramava, com sua luz, um calor menos sufocante e mais vivificante que o da fornalha interior. A Terra se povoava de animais menos selvagens e mais sociáveis; os vegetais mais suculentos proporcionavam uma alimentação menos grosseira. Tudo, enfim, estava preparado na Terra para o novo hóspede que deveria habitá-la. Foi então que surgiu o *homem*, o último ser da Criação, aquele cuja inteligência deveria, a partir de então, colaborar para o progresso geral, à medida que ele próprio progredia.

48. O homem não teria existido realmente sobre a Terra senão depois do período diluviano, ou teria aparecido antes dessa época? Essa questão é muito controvertida hoje, mas sua solução, qualquer que seja, tem apenas uma importância secundária, pois nada mudaria em relação ao conjunto dos fatos estabelecidos.

O que faria pensar que a aparição dos homens tenha sido posterior ao dilúvio, foi que não encontraram nenhum vestígio autêntico de sua existência durante o período anterior. As ossadas descobertas em diversos lugares, e que levaram a crer na existência de uma pretensa raça de gigantes antediluvianos, foram reconhecidas como sendo de elefantes.

Sobre o que não há dúvida é de que homem não existiu nem no período primário, nem no de transição, nem no secundário, não apenas por que dele não se achou nenhum vestígio, mas porque não havia condições de vida para ele. Se apareceu no período terciário, só pode ter sido próximo do seu final e, ainda, em número reduzido. Aliás, já que são encontrados vestígios, os mais delicados, de um número tão grande de animais que viveram nessa época, não se compreenderia que os homens não tivessem deixado nenhum indício de sua presença, quer pelos restos de seus corpos, quer por quaisquer trabalhos.

De resto, tendo sido curto, o período diluviano não trouxe mudanças notáveis nas condições climáticas e atmosféricas; os animais e os vegetais também

---

29. Conhece-se um grande número de cavernas semelhantes, sendo que algumas delas têm uma extensão considerável. Há algumas no México que medem alguns quilômetros. A de Aldelsberg, em Carniole (Áustria), não tem menos que 14 quilômetros. Uma das mais notáveis é a de Gailenreuth, em Wurtemberg. Há diversas na França, na Inglaterra, na Alemanha, na Sicília, e em outras regiões da Europa.

eram os mesmos antes e depois. Não há, pois, impossibilidade material de que a aparição do homem tenha precedido esse grande cataclismo. A presença do macaco nessa época aumenta a probabilidade do fato, que descobertas recentes parecem confirmar[30].

Seja como for, quer tenha o homem aparecido ou não antes do grande dilúvio universal, é certo que seu papel humanitário só começou a se desenhar no período pós-diluviano. Pode-se, assim, considerá-lo como caracterizado por sua presença.

---

30. Ver os trabalhos do Sr. Boucher de Perthes.

Capítulo VIII

Teorias sobre a Terra

Teoria da projeção – Teoria da condensação – Teoria da incrustação

Teoria da projeção

1. De todas as teorias sobre a origem da Terra, a que teve mais crédito nos últimos tempos é a de *Buffon*, seja pela posição de seu autor no mundo científico, seja porque, à época, não se sabia mais nada sobre ela.

Observando todos os planetas se moverem na mesma direção, do ocidente para o oriente e no mesmo plano, percorrendo órbitas cuja inclinação não ultrapassa sete graus e meio, a partir dessa uniformidade Buffon concluiu que eles deveriam ter sido colocados em movimento pela mesma causa.

Segundo ele, sendo o Sol uma massa incandescente em fusão, um cometa teria se chocado obliquamente com ele e, raspando sua superfície, destacou uma porção de matéria que foi projetada no espaço pela violência do choque e se dividiu em vários fragmentos. Estes formaram os planetas, que continuaram a se mover circularmente, pela combinação das forças centrípeta e centrífuga, no sentido imprimido pela direção do choque inicial, ou seja, no plano da eclíptica.

Os planetas seriam, assim, partes da substância incandescente do Sol e, consequentemente, teriam sido também incandescentes em sua origem. Para se resfriarem e se solidificarem levaram um tempo proporcional a seus respectivos volumes e, quando a temperatura o permitiu, a vida surgiu em suas superfícies.

Em consequência da diminuição gradual do calor central, a Terra chegaria, dentro de um determinado tempo, a um estado completo de resfriamento; a massa líquida seria inteiramente congelada e o ar, cada vez mais condensado, acabaria por desaparecer. A queda da temperatura, tornando a vida impossível, levaria à diminuição e depois ao desaparecimento de todos os seres organizados. O resfriamento, que começou pelos polos, se estenderia sucessivamente por todas as regiões, até o equador.

Tal é, segundo Buffon, o estado atual da Lua que, sendo menor que a Terra, seria hoje um mundo extinto, do qual a vida está inteiramente excluída. O próprio Sol teria, um dia, a mesma sorte. De acordo com seus cálculos, a Terra teria gasto por volta de 74.000 anos para chegar à sua temperatura atual, e dentro de 93.000 anos testemunharia o fim da existência da natureza organizada.

2. A teoria de Buffon, contestada pelas novas descobertas da ciência, está hoje quase que completamente abandonada, pelos seguintes motivos:

> **1º** – Por muito tempo se acreditou que os cometas eram corpos sólidos, cujo encontro com um planeta poderia levar à destruição deste. Nessa hipótese, a suposição de Buffon nada teria de improvável. Porém, sabe--se agora que eles são formados por uma matéria gasosa condensada, suficientemente rarefeita para que se possa perceber estrelas de média grandeza através de seu núcleo. Nesse estado, oferecendo menos resistência que o Sol, um choque violento, capaz de projetar ao longe uma porção de sua massa, é impossível.
>
> **2º** – A natureza incandescente do Sol é igualmente uma hipótese que nada, até os dias atuais, veio confirmar, e que as observações parecem, ao contrário, desmentir. Embora ainda não se tenha certeza sobre sua natureza, o alcance dos meios de observação de que se dispõe atualmente permite estudá-lo melhor. Hoje, a ciência admite, em geral, que o Sol é um globo composto de matéria sólida, envolto por uma atmosfera luminosa, que não está em contato com sua superfície[31].
>
> **3º** – No tempo de Buffon, só se conhecia os seis planetas que os antigos conheciam: Mercúrio, Vênus, Terra, Marte, Júpiter e Saturno. Desde então, descobriu-se um grande número deles, dos quais principalmente três, Juno, Palas e Ceres têm sua órbita inclinada de 13, 10 e 34 graus, o que não está de acordo com a hipótese de um movimento de projeção único.
>
> **4º** – Os cálculos de Buffon sobre o resfriamento são reconhecidos como completamente inexatos, desde a descoberta da lei do decréscimo do

---

31. Pode-se encontrar uma dissertação completa e à altura da ciência moderna sobre a natureza do Sol e dos cometas na obra *Estudos e palestras sobre a astronomia,* da autoria de Camille Flammarion. Volume 1 In-12. Preço: 2 francos e 50 c. Impressor: Gauthier-Villard, 55, quai des Augustins, Paris.

calor, por J. Fourier. Não foram necessários 74.000 anos para que a Terra chegasse à sua temperatura atual, mas milhões de anos.

5° – Buffon só considerou o calor interno da Terra, sem levar em conta o dos raios solares. Ora, reconhece-se atualmente, a partir de dados científicos de precisão rigorosa, baseados na experiência, que, em razão da espessura da crosta terrestre, o calor interno do Globo não interfere, desde há muito, senão de maneira insignificante, na temperatura da superfície exterior. As variações que essa atmosfera sofre são periódicas e devidas à ação preponderante do calor solar (Capítulo VII, n° 25). Sendo o efeito dessa causa permanente, enquanto que o do calor central é nulo, ou quase nulo, a diminuição desse fator não pode produzir modificações sensíveis à superfície da Terra. Para que a Terra se tornasse inabitável devido ao resfriamento geral, seria necessária a extinção do Sol[32].

Teoria da Condensação

3. A teoria da formação da Terra pela condensação da matéria cósmica é a que prevalece atualmente na ciência, por ser a que está melhor justificada pela observação, a que resolve o maior número de dificuldades e a que se apoia, mais que todas as outras, sobre o grande princípio da unidade universal. Ela foi descrita anteriormente, no capítulo VI, *Uranografia geral*.

Essas duas teorias, como se vê, tendem ao mesmo resultado: o estado primitivo de incandescência do Globo, a formação de uma crosta sólida pelo resfriamento, a existência do fogo central e a aparição da vida orgânica, assim que a temperatura a tornou possível. Elas diferem quanto ao modo de formação da Terra e é provável que, se Buffon vivesse atualmente, tivesse tido outras ideias. São, portanto, duas rotas diferentes, que conduzem ao mesmo objetivo. A geologia estuda a Terra a partir do momento em que a observação direta torna-se possível. Seu estado anterior, que escapa à experimentação, só pode ser conjectural. Ora, entre duas hipóteses, o bom-senso diz que é preciso escolher a que for sancionada pela lógica e que melhor concorde com os fatos observados.

Teoria da Incrustação

4. Só mencionamos essa teoria a título de informação, já que ela nada tem de científico, mas unicamente porque teve alguma repercussão nos últimos tempos e seduziu algumas pessoas. Ela está resumida na seguinte carta:

"Deus, segundo a Bíblia, criou o mundo em seis dias, quatro mil anos antes da era cristã. Todavia, os geólogos contestam essa afirmação pelo estudo dos fósseis

---

32. Para mais detalhes sobre este assunto e sobre a lei da diminuição do calor, ver: *Cartas sobre as revoluções do Globo*, por Bertrand, páginas 19 e 307.

e de milhares de caracteres incontestáveis de antiguidade, que fazem a origem da Terra recuar a milhões de anos. No entanto, as Escrituras dizem a verdade e os geólogos também e foi um simples camponês[33] quem as colocou de acordo, quando declarou que nossa Terra é apenas um planeta *incrustativo* muito moderno, composto por materiais muito antigos.

"Após o desaparecimento do *planeta desconhecido,* chegado à maturidade ou em harmonia com o que existia no lugar que hoje ocupamos, a alma da Terra recebeu a ordem de reunir seus satélites para formar nosso Globo atual, segundo as regras do progresso em tudo e por tudo. Apenas quatro desses astros consentiram com a associação que lhes era proposta; somente a Lua persistiu em sua autonomia, uma vez que os globos também têm seu livre-arbítrio. Para proceder a essa fusão, a alma da Terra lançou em direção aos satélites um raio magnético atrativo, que colocou em estado cataléptico todos os elementos vegetais, animais e hominais que possuíam e que trouxeram para a comunidade. A operação teve apenas por testemunha a alma da Terra e os grandes mensageiros celestes que ajudaram nessa grande obra, abrindo esses globos, para reunir suas entranhas. Após a soldagem, as águas escoaram para os vazios deixados pela ausência da Lua. As atmosferas se confundiram e o despertar ou a ressurreição dos *germes que estavam em catalepsia* começou. O homem foi tirado por último de seu estado de hipnotismo e viu-se cercado pela vegetação luxuriante do paraíso terrestre e dos animais que pastavam em paz, em volta dele. Tudo isso poderia ser feito em seis dias com operários tão poderosos quanto os que Deus havia encarregado dessa tarefa. O planeta Ásia nos trouxe a raça amarela, a de civilização mais antiga; a África, a raça negra; a *Europa*, a raça branca, e a *América*, a raça vermelha. A Lua talvez nos tivesse trazido a raça verde ou azul.

"Assim, certos animais, dos quais só encontramos os restos, não teriam jamais vivido em nossa Terra atual, mas, sim, ter sido trazidos de outros mundos, desfeitos pela velhice. Os fósseis encontrados em climas onde eles não poderiam ter existido aqui na Terra, viviam, sem dúvida, em zonas bem diferentes, nos globos em que nasceram. Os despojos que se encontram nos polos, aqui na Terra, são de animais que viviam no equador dos mundos aos quais pertenciam."

5. Esta teoria tem contra si os mais positivos dados da ciência experimental, além de deixar sem solução a questão de origem, que pretendeu resolver. Ela diz como a Terra se teria formado, mas não diz como se formaram os quatro mundos reunidos para constituí-la. Se as coisas tivessem acontecido assim, por que é que em parte alguma se encontram os vestígios dessas imensas soldaduras, que deveriam alcançar até as entranhas do Globo? Se cada um desses mundos tivesse trazido seus materiais próprios, a Ásia, a África, a Europa e a América teriam, cada uma delas, sua geologia particular diferente, *o que não acontece.* Vê-se, ao contrário, primeiramente que o núcleo granítico é uniforme, de composição ho-

---

33. Michel de Figagnères, autor de *La clef de la vie* (A chave da vida.)

mogênea em todas as partes do Globo, *sem solução de continuidade*. Além disso, as camadas geológicas são da mesma formação, idênticas em sua constituição, superpostas em todos os lugares na mesma ordem, contínuas, sem interrupção de um lado a outro dos mares, da Europa à Ásia, à África, à América e vice-versa. Essas camadas, testemunhas das transformações do Globo, atestam que essas transformações ocorreram sobre toda sua superfície, e não apenas em uma parte. Elas nos mostram os períodos de aparecimento, de existência e de desaparecimento das mesmas espécies animais e vegetais, igualmente nas diferentes partes do mundo. Mostram a fauna e a flora desses períodos recuados, estendendo-se por toda parte, simultaneamente, sob a influência de uma temperatura uniforme, mudando de características por toda parte, à medida que a temperatura se modificou. Tal estado de coisas é inconciliável com a formação da Terra pela junção de vários mundos diferentes.

Se esse sistema tivesse sido concebido há apenas um século, teria podido conquistar um lugar provisório nas cosmogonias especulativas puramente imaginárias e fundamentadas sem o método experimental. Atualmente, todavia, não tem nenhuma validade e não suporta o exame, porque é contestada pelos fatos materiais.

Sem discutir aqui o livre-arbítrio atribuído aos planetas, nem a questão de sua alma, perguntaríamos o que teria sido do mar, que ocupa o vazio deixado pela Lua, se esta não tivesse tido a má vontade de se reunir com seus irmãos. O que teria sido da Terra atual, se um dia ocorresse à Lua vir retomar seu lugar, expulsando o mar?

6. Esse sistema seduziu algumas pessoas, porque ele parecia explicar a presença das diferentes raças de homens sobre a Terra e sua localização. Mas uma vez que essas raças teriam podido germinar em mundos separados, por que não teriam podido se desenvolver sobre pontos diversos de um mesmo Globo? Isso seria tentar resolver uma dificuldade, por meio de outra bem maior. De fato, qualquer que fosse a rapidez e a *destreza* com que tal *operação* se tivesse realizado, essa junção não poderia ter ocorrido sem abalos violentos. Quanto mais rápida ela fosse, mais desastrosos teriam sido os cataclismos. Parece, então, impossível que seres *simplesmente adormecidos por um sono cataléptico* tenham podido resistir, para despertar, em seguida, tranquilamente. Se eram apenas germes, em que consistiam? Como poderiam seres completamente formados serem reduzidos ao estado de germes? Ficaria sempre a questão de saber como esses germes se teriam desenvolvido de novo. Seria ainda a Terra sendo formada por via miraculosa, mas por um processo menos poético e menos grandioso que o primeiro, ao passo que as leis naturais dão uma explicação muito mais completa de sua formação e, sobretudo, mais racional, deduzida da experiência e da observação[34].

A concordância que se pretende estabelecer, por esse sistema, entre a Gênese

---

34. Quando semelhante sistema se liga a toda uma cosmogonia, deve-se perguntar sobre que base racional o resto pode estar baseado.

bíblica e a ciência é totalmente ilusória, uma vez que é contradita pela própria ciência. Por outro lado, todas as crenças baseadas no texto bíblico têm por pedra angular a criação de um casal único, do qual surgiram todos os homens. Removida essa pedra, todo o edifício rui. Ora, esse sistema, dando à humanidade uma origem múltipla, é a negação da doutrina que lhe confere um pai comum.

O autor da carta acima, homem de grande saber, seduzido num dado momento por essa teoria, depressa percebeu seus pontos vulneráveis e não tardou a combatê-la com as armas da ciência.

Capítulo IX

Revoluções do Globo

Revoluções gerais ou parciais – Dilúvio bíblico – Revoluções periódicas – Cataclismos futuros

Revoluções gerais ou parciais

1. Os períodos geológicos marcam as fases do aspecto geral do Globo, como consequência de suas transformações. Mas, exceção feita ao período diluviano, que traz os caracteres de uma transformação súbita, todos os outros se processaram lentamente e sem transição brusca. Ao longo de todo o tempo que os elementos constitutivos do Globo levaram para se estabilizar, as mudanças devem ter sido gerais. Uma vez consolidada a base, não havia a produzir senão modificações parciais na superfície.

2. Além das revoluções gerais, a Terra passou por um grande número de perturbações locais, que mudaram o aspecto de certas regiões. Assim como para as demais, duas causas contribuíram para essas perturbações: o fogo e a água.

O fogo: quer pelas erupções vulcânicas, que sepultaram sob espessas camadas de cinza e lava os terrenos circunvizinhos, fazendo desaparecer cidades e seus habitantes; quer por tremores de terra, quer pelo soerguimento da crosta sólida, represando as águas nas regiões mais baixas; quer pelo afundamento dessa mesma crosta em certos lugares, por sobre uma extensão maior ou menor onde as águas se acumularam, deixando outros terrenos secos. Foi assim que surgiram ilhas no meio do oceano, enquanto outras desapareceram; que porções de continentes se separaram e formaram ilhas; que, ao secarem, braços de mar ligaram ilhas aos continentes.

A água: quer pela invasão ou pelo recuo do mar em certos litorais, quer por desmoronamentos que, detendo os cursos de água, formaram os lagos; quer devido a transbordamentos e inundações; quer, enfim, por aterros formados nas embocaduras dos rios. Esses aterros, fazendo o mar recuar, criaram novas regiões. Tal é a origem do delta do Nilo ou Baixo Egito, do delta do Ródano ou Camarga, e de tantos outros.

DILÚVIO BÍBLICO

3. Pelo exame dos terrenos dilacerados pelo soerguimento das montanhas e das camadas que formam seus contrafortes, pode-se determinar sua idade geológica. Por idade geológica de montanhas não se deve entender o número de anos de sua existência, mas o período durante o qual elas foram formadas e, por conseguinte, sua idade relativa. Seria um erro acreditar que essa idade corresponde à sua elevação ou à sua natureza exclusivamente granítica, consi-derando-se que a massa de granito, ao se erguer, pode ter perfurado e separado as camadas superpostas.

Constatou-se, assim, pela observação, que as montanhas dos Vosges, da Bretanha e da Côte-d'Or, na França, que não são muito altas, pertencem às mais antigas formações. Elas datam do período de transição e são anteriores aos depósitos de carvão mineral. O Jura formou-se por volta da metade do período secundário. É contemporâneo dos répteis gigantescos. Os Pirineus se formaram mais tarde, no começo do período terciário. O Monte Blanco e o grupo dos Alpes ocidentais são posteriores aos Pirineus e datam da metade do período terciário. Os Alpes orientais, que compreendem as montanhas do Tirol, são mais recentes ainda, pois não se formaram antes do fim do período terciário. Algumas montanhas da Ásia são mesmo posteriores ao período diluviano ou lhe são contemporâneas.

Esses soerguimentos devem ter ocasionado grandes perturbações e inunda-ções, mais ou menos consideráveis, pelo deslocamento das águas, assim como pela interrupção e mudança do curso dos rios[35].

---

35. O último século oferece um exemplo notável de um fenômeno desse gênero. A seis dias de caminhada da cidade do México havia, em 1750, uma região fértil e bem cultivada, onde o arroz, o trigo e bananas cresciam em abundância. No mês de junho, terríveis tremores de terra agitaram o solo, repetindo, sem cessar, ao longo de dois meses inteiros. Na noite de 28 ou 29 de setembro, a Terra sofreu uma violenta convulsão. Um terreno de muitos quilômetros de extensão elevou-se pouco a pouco e chegou a atingir uma altura de 150 metros, sobre uma superfície de 50 quilômetros quadrados. O terreno ondulava como as ondas do mar sob o sopro da tempestade. Milhares de montículos se elevavam e desapareciam seguidamente. Finalmente, um abismo de aproximadamente 14 quilômetros se abriu; fumaça, fogo, pedras em brasa, cinzas foram lançadas à uma altura prodigiosa. Seis montanhas surgiram desse abismo escancarado, entre as quais o vulcão

4. O dilúvio bíblico, também designado sob o nome de grande dilúvio asiático, é um fato cuja existência não pode ser contestada. Deve ter sido ocasionado pelo soerguimento de uma parte das montanhas daquela região, como ocorreu no México. O que vem corroborar essa opinião é a existência de um mar interior, que se estendia outrora do Mar Negro até o oceano Boreal, o que foi atestado por observações geológicas. O mar de Azoff, o mar Cáspio, cujas águas são salgadas, embora não se comuniquem com nenhum outro mar; o lago Aral e os incontáveis lagos espalhados nas imensas planícies da Tartária[36] e nas estepes da Rússia, parecem ser restos daquele antigo mar. Quando do levantamento das montanhas do Cáucaso, uma parte daquelas águas foi arrastada para o norte, na direção do oceano Boreal; a outra parte para o sul, na direção do Oceano Índico. Essas águas inundaram e devastaram precisamente a Mesopotâmia e toda a região habitada pelos ancestrais do povo hebreu. Embora esse dilúvio se tenha estendido sobre uma área grande bastante, sabe-se atualmente, com certeza, que ele foi apenas local; que não pode ter sido causado pela chuva, pois, por mais abundante e contínua que tivesse sido ao longo de quarenta dias, os cálculos provam que a quantidade de água que caiu não seria suficiente para cobrir toda a Terra, até mesmo acima das mais altas montanhas.

Para os homens daquela época, que conheciam apenas uma extensão muito limitada da superfície do Globo e que não tinham nenhuma ideia de sua configuração, já que a inundação atingira os países conhecidos, para eles isso equivaleria à Terra inteira. Se acrescentarmos a essa crença a forma imagética e exagerada característica do estilo oriental, não ficaremos surpresos com o exagero do relato bíblico.

5. O dilúvio asiático foi, evidentemente, posterior ao aparecimento do homem na Terra, visto que sua lembrança é conservada pela tradição de todos os povos daquela parte do mundo, que a consagraram em suas teogonias.

É igualmente posterior ao grande dilúvio universal, que assinalou o período geológico atual. E quando se fala sobre homens e animais antediluvianos, estamos nos referindo àquele primeiro cataclismo.

REVOLUÇÕES PERIÓDICAS

6. Além de seu movimento anual ao redor do Sol, que dá origem às estações, e de seu movimento de rotação ao redor de si mesma, em 24 horas, e que

---

a que se deu o nome de *Jorullo*, que se ergue atualmente 550 metros acima da antiga planície. No momento em que começou o abalo do solo, os dois rios de *Cuitimba* e *San Pedro*, refluindo para trás, inundaram toda a planície hoje ocupada pelo Jorullo. Mas, no terreno que se elevava continuamente, abriu-se uma rachadura, que os engoliu. Os rios ressurgiram a oeste, sobre um local muito distante de seu leito antigo. (Louis Figuier, *La Terre avant le déluge*, página 390.)

36. **Nota de Editora**: A Tartária era um nome utilizado por europeus desde a Idade Média até o início do século XX para designar uma grande extensão de território da Ásia Central e setentrional que se estendia do Mar Cáspio e das Montanhas Urais até o Oceano Pacífico.

produz o dia e a noite, a Terra tem um terceiro movimento que se realiza a cada 25.000 anos, aproximadamente (25.868 anos, para ser mais exato), que produz o fenômeno designado em astronomia pelo nome de *precessão dos equinócios.*

Esse movimento, que seria impossível explicar em poucas palavras, sem o auxílio de figuras e sem uma demonstração geométrica, consiste em um tipo de oscilação circular, que se pode comparar à de um pião ao desacelerar. Em consequência dessa oscilação, o eixo da Terra, mudando de inclinação, descreve um duplo cone, cujo vértice está no centro da Terra e cujas bases abrangem a superfície circunscrita pelos círculos polares; ou seja, uma amplitude de 23 graus e meio de raio[37].

7. O equinócio é o instante em que o Sol, passando de um hemisfério para o outro, encontra-se perpendicularmente sobre o equador, o que ocorre duas vezes por ano, em 20 de março, quando o Sol passa para o hemisfério boreal, e 22 de setembro, quando ele retorna ao hemisfério austral.

Mas, em consequência da mudança gradual na obliquidade do eixo, o que resulta na obliquidade do equador sobre a eclíptica, o instante do equinócio se encontra adiantado, a cada ano, em alguns minutos (25 minutos e 7 segundos). É esse avanço que é chamado de precessão dos equinócios (do latim *proecedere,* marchar adiante, composto por *proe,* antes, e *cedere,* ir-se).

Esses poucos minutos, a longo prazo, transformam-se em horas, dias, meses e anos. Disso resulta que o equinócio da primavera, que atualmente chega em março, chegará, dentro de um determinado tempo, em fevereiro, depois em janeiro, depois em dezembro e, então, o mês de dezembro terá a temperatura do mês de março, e março a de junho, e assim por diante, até que, voltando ao mês de março, as coisas se encontrarão, de novo, na situação atual, o que ocorrerá dentro de 25.868 anos, para recomeçar a mesma revolução, indefinidamente[38].

8. Desse movimento cônico do eixo resulta que os polos da Terra não têm sempre diante de si os mesmos pontos do céu; que a Estrela Polar não será sempre Estrela Polar; que os polos estão gradualmente mais ou menos inclinados para o Sol e dele recebem raios mais ou menos diretos. Disso resulta que a Islândia e a Lapônia, por exemplo, que estão sob o círculo polar, poderão, dentro de certo

---

37. Uma ampulheta composta por dois copos cônicos, girando sobre si mesma em uma posição inclinada; ou, ainda, dois bastões cruzados em forma de X, girando sobre seu ponto de intersecção, podem dar uma ideia aproximada da figura formada por esse movimento do eixo.

38. A precessão dos equinócios leva a uma outra mudança, a que se opera na posição dos signos do zodíaco. A Terra girando ao redor do Sol em um ano, à medida que ela avança, o Sol se encontra a cada mês em uma nova constelação. Essas constelações são em número de doze, a saber: Áries, *Touro, Gêmeos, Câncer, Leão, Virgem, Balança, Escorpião, Sagitário, Capricórnio, Aquário, Peixes.* São chamadas de constelações zodiacais ou signos do zodíaco, e elas formam um círculo no plano do equador terrestre. Segundo o mês de nascimento de um indivíduo, dizia-se que ele tinha nascido sob um determinado signo. Vêm daí os prognósticos da astrologia. Mas, em consequência da precessão dos equinócios, acontece que os meses não correspondem mais às mesmas constelações que havia há 2.000 anos: desse modo, aquele que nasce no mês de julho não é mais do signo de Leão, mas de Câncer. Cai, assim, a ideia supersticiosa relacionada à influência dos signos. (Capítulo V, nº 2.)

tempo, receber os raios solares como se estivessem na latitude da Espanha e da Itália, e que, na posição oposta extrema, a Espanha e a Itália poderão ter a temperatura da Islândia e da Lapônia, e assim por diante, a cada início do período de 25.000 anos.

9. As consequências desse movimento não puderam ainda ser determinadas com precisão, porque só se pôde observar uma parte muito fraca de sua revolução. Não há, portanto, a esse respeito, mais que suposições, sendo que algumas delas têm uma certa probabilidade.

Essas consequências são:

> **1º** – O aquecimento e o resfriamento alternados dos polos e, consequentemente, a fusão dos gelos polares durante a metade do período de 25.000 anos, e sua nova formação durante a outra metade desse período. Disso resultaria que os polos não seriam fadados a uma esterilidade perpétua, mas desfrutariam, por sua vez, dos benefícios da fertilidade.
>
> **2º** – O deslocamento gradual do mar, pouco a pouco, invade as terras, enquanto deixa outras descobertas, para então abandoná-las e retornar ao seu antigo leito. Esse movimento periódico, que se repete indefinidamente, constituiria uma verdadeira maré universal de 25.000 anos.

A lentidão com que se opera esse movimento do mar torna-o quase imperceptível para cada geração; mas torna-se sensível ao súbito, porque os homens se retiram, de geração em geração, à medida que o mar avança, e eles avançam para as terras de onde o mar se retira. Essa é a causa, mais que provável, para que alguns sábios atribuam o afastamento do mar de certos litorais e sua invasão de outros.

10. O deslocamento lento, gradual e periódico do mar é um fato provado pela experiência e atestado por numerosos exemplos em todos os pontos do Globo. Ele tem, como consequência, a conservação das forças produtivas da Terra. Essa longa imersão é um tempo de repouso, ao longo do qual as terras submersas recuperam os princípios vitais esgotados por um não menos longo período de produção. Os imensos depósitos de matérias orgânicas formados pela permanência das águas ao longo de séculos e séculos são adubos naturais periodicamente renovados, e as gerações se sucedem sem se dar conta dessas mudanças[39].

---

39. Entre os fatos mais recentes que provam o deslocamento do mar, podemos citar os seguintes: No golfo de Gasconha, entre o velho Soulac e a torre de Cordouan, quando o mar está calmo, percebe-se, no fundo da água, partes de uma muralha: são os restos da antiga e grande cidade de Noviomagus, invadida pelas águas em 580. O rochedo de Cordouan, que naquela época era ligado à margem, atualmente encontra-se a 12 quilômetros dela. No mar da Mancha, na costa do Havre, o mar ganha terreno todos os dias e mina as falésias de Sainte-Adresse, que desmoronam pouco a pouco. A 2 quilômetros da costa, entre Sainte-Adresse e o cabo de Hève, existe o banco de L'Eclat, que outrora era visível e reunido à terra firme. Antigos documentos constatam que sobre esse local, onde se navega atualmente, havia a vila de Saint-Denis-Chef-de-Caux. Tendo o mar invadido o terreno no século XIV, a igreja foi tragada em 1378. Dizem que se pode ver seus restos no fundo

CATACLISMOS FUTUROS

11. As grandes comoções da Terra ocorreram na época em que a crosta sólida, por sua pouca espessura, oferecia apenas uma fraca resistência à efervescência das matérias incandescentes do interior. Essas comoções foram diminuindo de intensidade e de generalidade, à medida que a crosta se consolidou. Numerosos vulcões encontram-se extintos atualmente, outros foram recobertos pelos terrenos de formação posterior.

Poderão ainda certamente ocorrer perturbações locais, em consequência de erupções vulcânicas, pela eclosão de alguns novos vulcões, por inundações súbitas de certas regiões; algumas ilhas poderão surgir do mar e outras nele submergir. Mas o tempo dos cataclismos gerais, como os que marcaram os grandes períodos geológicos, passou. A Terra adquiriu uma estabilidade que, sem ser absolutamente invariável, coloca o gênero humano ao abrigo de perturbações gerais, a não ser pela intervenção de causas desconhecidas, estranhas ao nosso Globo, e que nada poderia fazer prever.

12. Quanto aos cometas, estamos hoje plenamente certos de sua influência, mais salutar que nociva, porque parecem destinados a revitalizar os mundos, se assim podemos dizer, trazendo-lhes os princípios vitais que armazenaram ao longo de seu percurso pelo espaço e nas circunvizinhanças dos sóis. Seriam, desse modo, fontes de prosperidade e não mensageiros de desgraças.

Por sua natureza fluídica, atualmente bem constatada (Capítulo VI, n° 28 e seguintes), não há por que temer um choque violento, pois caso um deles viesse de encontro à Terra, seria esta última que passaria através do cometa, como através de um nevoeiro.

A cauda dos cometas também não é algo a ser temido; é apenas o reflexo da luz solar na imensa atmosfera que os envolve, pois ela está constantemente dirigida ao lado oposto do Sol, e muda de direção de acordo com a posição dele. Essa matéria gasosa poderia, também, devido à rapidez de sua marcha, formar um tipo de cabeleira, como o rastro que acompanha um navio ou como a fumaça de uma locomotiva. De resto, vários cometas já se aproximaram da Terra sem causar-lhe qualquer dano. E, em razão de sua densidade respectiva, a Terra exerceria sobre

---

da água, quando o mar está calmo. Sobre quase toda a extensão do litoral da Holanda, o mar só é contido a poder de diques, que se rompem de tempos em tempos. O antigo lago *Flevo*, ligado ao mar em 1225, forma atualmente o golfo do *Zuyderzée*. Essa invasão do oceano engoliu várias aldeias. Segundo essas informações, o território de Paris e da França seria um dia novamente ocupado pelo mar, como já sucedeu por diversas vezes, como é comprovado por observações geológicas. As partes montanhosas formaram, então, ilhas, como são atualmente Jersey, Guernesey e a Inglaterra, outrora ligadas ao continente.

Será, então, possível navegar por regiões que são atualmente percorridas de trem; os navios aportarão em Montmartre, no Monte Valérien, nas encostas de Saint-Cloud e de Meudon; os campos e as florestas pelos quais se caminha estarão sepultados sob as águas, recobertos de lodo e povoados por peixes, no lugar de pássaros. O dilúvio bíblico não pode ter tido a mesma causa, visto que a invasão das águas foi súbita e sua permanência de curta duração, enquanto que, de outro modo, ela teria sido de vários milhares de anos e ainda perduraria, sem que os homens dela se apercebessem.

o cometa uma atração maior do que o cometa sobre a Terra. Apenas um vestígio de velhos preconceitos pode inspirar receios quanto à sua presença[40].

13. É preciso relegar igualmente entre as hipóteses imaginárias, a possibilidade da colisão da Terra com um outro planeta. A regularidade e a invariabilidade das leis que presidem aos movimentos dos corpos celestes anulam toda possibilidade de tal colisão.

A Terra, todavia, terá um fim. Como isso se dará? É impossível prevê-lo. Mas como se encontra ainda longe da perfeição que poderá atingir e do envelhecimento que seria um sinal de declínio, seus habitantes atuais podem estar certos de que tal fato não se dará em seus dias. (Cap. VI, n° 48 e seguintes.)

14. Do ponto de vista físico, a Terra teve as convulsões de sua infância. Desde então, entrou num período de estabilidade relativa, no progresso pacífico que se realizou pela repetição regular dos mesmos fenômenos físicos e pela colaboração inteligente do homem. Entretanto, *ela se encontra em pleno trabalho de parto quanto ao progresso moral. Essa será a causa de suas maiores comoções. Até que a humanidade tenha crescido suficientemente em perfeição, pela inteligência e pela prática das leis divinas, as maiores perturbações serão mais obra dos homens do que da natureza. Em outras palavras, serão mais morais e sociais do que físicas.*

---

40. O cometa de 1861 atravessou a órbita da Terra a 20 horas de distância do ponto em que ela se encontrava, o que deve ter feito com que a Terra ficasse mergulhada na atmosfera do cometa, sem que disso tenha resultado nenhum acidente.

Capítulo X

Gênese orgânica

Primeira formação dos seres vivos – Princípio vital – Geração espontânea – Escala dos seres corpóreos – O homem

Primeira formação dos seres vivos

1. Houve um tempo em que os animais não existiam; logo, eles tiveram um começo. Viu-se aparecer cada espécie à medida que o Globo adquiria as condições necessárias à sua existência: eis o que é positivo. Como se formaram os primeiros indivíduos de cada espécie? Compreende-se que, a partir da existência de um primeiro casal, os indivíduos se multiplicaram. Mas, de onde surgiu o primeiro casal? Eis aí um desses mistérios que se liga ao princípio das coisas e sobre os quais só se pode levantar hipóteses. Se a ciência não pode ainda resolver completamente o problema, pode, pelo menos, buscar uma solução.

2. Uma primeira questão que se coloca é esta: Cada espécie animal terá vindo de um *primeiro casal* ou de diversos casais criados ou, se preferirem, desenvolvidos a partir de *germes,* simultaneamente, em diferentes lugares?

A última suposição é a mais provável; pode-se mesmo dizer que ela resulta da observação. De fato, existe numa mesma espécie uma variedade infinita de gêneros, que se distinguem por características mais ou menos distintas. Era preciso, necessariamente, ao menos um tipo para cada variedade, apropriado ao meio em que foi chamado a viver, visto que cada um se reproduz de forma idêntica a si mesmo.

Por outro lado, a vida de um indivíduo, sobretudo a de um recém-nascido, está sujeita a tantas eventualidades, que toda uma criação poderia se comprometer sem a pluralidade dos tipos primitivos, o que não estaria de acordo com a Providência Divina. Aliás, se um tipo pôde se formar em um local, não há razão para que não se tenha formado em vários locais pela mesma causa.

Enfim, a observação das camadas geológicas atesta a presença, nos terrenos de mesma formação, em proporções enormes, da mesma espécie nos mais distantes pontos do Globo. Essa multiplicação tão geral e de certo modo contemporânea, teria sido impossível com um único tipo primitivo.

Tudo concorre para provar que houve criação simultânea e múltipla dos primeiros casais de cada espécie animal e vegetal.

3. A formação dos primeiros seres vivos pode se deduzir, por analogia, da mesma lei segundo a qual foram formados, e se formam todos os dias, os corpos inorgânicos. À medida que nos aprofundamos no estudo das leis da natureza, vemos seus mecanismos, que, a princípio, pareciam tão complicados, simplificarem-se e se confundirem na grande lei da unidade, que preside a toda a obra da Criação. Compreenderemos melhor, quando levarmos em conta a formação dos corpos inorgânicos, que é seu primeiro estágio.

4. A química considera como elementares um certo número de substâncias, tais como: o oxigênio, o hidrogênio, o azoto, o carbono, o cloro, o iodo, o flúor, o enxofre, o fósforo e todos os metais. Por sua combinação, eles formam os corpos compostos: os óxidos, os ácidos, os álcalis, os sais e as incontáveis variedades que resultam da combinação dos mesmos.

A combinação de dois corpos, para formar um terceiro, exige a existência de determinadas circunstâncias: seja um determinado grau de calor, de secura ou de umidade, seja o movimento ou o repouso, seja uma corrente elétrica etc. Se tais condições não existirem, a combinação não ocorre.

5. Quando ocorre uma combinação, os corpos componentes perdem suas propriedades características, enquanto que o composto que deles resulta possui propriedades novas e diferentes das primeiras. É assim, por exemplo, que o oxigênio e o hidrogênio, que são gases invisíveis, combinados quimicamente, formam a água, que é líquida, sólida e vaporosa, conforme a temperatura. Na água não há mais, propriamente, oxigênio e hidrogênio, mas um novo corpo. Decomposta essa água, os dois gases, novamente livres, recobram suas propriedades, e não há mais água. A mesma quantidade de água pode ser, desse modo, alternadamente decomposta e recomposta ao infinito.

Na simples mistura não há a produção de um novo corpo, e os princípios misturados conservam suas propriedades intrínsecas, que são simplesmente enfraquecidas, como acontece com o vinho misturado à água. É assim que uma mistura de 21 partes de oxigênio e de 79 partes de azoto formam o ar respirável, enquanto que uma combinação química de 5 partes de oxigênio e 2 de azoto produzem o ácido nítrico.

6. A composição e a decomposição dos corpos ocorrem em consequência do grau de afinidade que os princípios elementares têm entre si. A formação da água, por exemplo, resulta da afinidade recíproca do oxigênio e do hidrogênio. Mas se for colocado em contato com a água um corpo que tenha mais afinidade com o oxigênio do que com o hidrogênio, a água se decompõe: o oxigênio é absorvido, o hidrogênio torna-se livre e não há mais água.

7. Os corpos compostos se formam sempre em proporções definidas, ou seja, pela combinação de uma quantidade determinada de princípios constituintes. Assim, para formar a água, é preciso uma parte de oxigênio e duas de hidrogênio. Assim, mesmo que se colocasse, nas mesmas condições, uma proporção maior de um ou de outro dos dois gases, só a quantidade necessária seria absorvida e a excedente ficaria livre. Se, em outras condições, houver duas partes de oxigênio combinadas com duas de hidrogênio, em lugar de água se obterá o dióxido de hidrogênio, um líquido corrosivo formado, todavia, pelos mesmos elementos que a água, mas numa outra proporção.

8. Essa é, em poucas palavras, a lei que preside a formação de todos os corpos da natureza. A incontável variedade desses corpos resulta de um número muito pequeno de princípios elementares combinados em proporções diferentes.

Assim, o oxigênio combinado em certas proporções com o carbono, o enxofre, o fósforo, forma os ácidos carbônico, sulfúrico e fosfórico; o oxigênio e o ferro formam o óxido de ferro ou ferrugem; o oxigênio e o chumbo, ambos inofensivos, dão lugar aos óxidos de chumbo, como o litargírio, o branco de alvaiade, o mínio, que são venenosos. O oxigênio, com os metais chamados cálcio, sódio, potássio, forma a cal, a soda cáustica, a potassa. A cal, unida ao ácido carbônico, forma os carbonatos de cal ou pedras calcárias, como o mármore, o giz, a pedra de batimento, as estalactites das grutas; unida ao ácido sulfúrico, ela forma o sulfato de cal ou gesso, e o alabastro; unida ao ácido fosfórico, o fosfato de cálcio, base sólida dos ossos; o hidrogênio e o cloro formam o ácido clorídrico; o cloro e o sódio formam o cloreto de sódio ou sal marinho.

9. Todas essas combinações e milhares de outras são obtidas artificialmente, em pequenas quantidades, nos laboratórios de química; elas se operam espontaneamente, em grande quantidade, no grande laboratório da natureza.

A Terra, em sua origem, não continha essas matérias combinadas, mas apenas seus princípios constituintes volatilizados. Quando as terras calcárias e outras, que se tornaram pedregosas com o tempo, depositaram-se sobre sua superfície, não estavam totalmente formadas. Mas havia no ar, no estado gasoso, todas as substâncias primitivas. Essas substâncias, precipitadas pelo efeito do resfriamento, sob o domínio de circunstâncias favoráveis, combinaram-se segundo o grau de sua afinidade molecular. Foi então que se formaram as diferentes variedades de carbonatos, sulfatos etc., a princípio dissolvidos nas águas, mais tarde depositados na superfície do solo.

Suponhamos que, por uma causa qualquer, a Terra volte ao seu estado de incandescência primitiva, tudo isso entrará em decomposição; os elementos se separarão; todas as substâncias fusíveis derreteriam; todas as que são volatizáveis se volatilizariam. Mais tarde, um segundo resfriamento levaria a uma nova precipitação, e as combinações antigas tornariam a se formar.

10. Essas considerações provam o quanto a química era necessária para a compreensão da Gênese. Antes que se conhecesse as leis de afinidade molecular era impossível compreender a formação da Terra. Essa ciência esclareceu a questão de uma nova forma, como a astronomia e a geologia fizeram por outros pontos de vista.

11. Na formação dos corpos sólidos, um dos fenômenos mais notáveis é o da cristalização, que consiste na forma regular que apresentam certas substâncias quando de sua passagem do estado líquido ou gasoso para o estado sólido. Essa forma, que varia conforme a natureza da substância, é geralmente a de sólidos geométricos, como o prisma, o romboide, o cubo, a pirâmide. Todos conhecem os cristais de açúcar cândi; os cristais de rocha, ou sílica cristalizada, que são prismas de seis faces, que terminam em uma pirâmide, também hexagonal. O diamante é carbono puro ou carvão cristalizado. Os desenhos que se formam sobre os vidros, no inverno, são devidos à cristalização do vapor d'água sob a forma de agulhas prismáticas.

A disposição regular dos cristais corresponde à forma particular das moléculas de cada corpo. Essas partículas, infinitamente pequenas para nós, também ocupam espaço, e ligadas umas às outras, por atração molecular, arranjam-se e se justapõem de acordo com a exigência de sua forma, de maneira a que cada uma tome seu lugar em torno do núcleo, ou primeiro centro de atração, de modo a formar um conjunto simétrico.

A cristalização só se opera sob certas circunstâncias favoráveis, fora das quais não pode ocorrer. O grau da temperatura e o repouso são condições essenciais. Compreende-se que um calor muito forte, mantendo as moléculas afastadas, não permite que se condensem, e que com a agitação, impossibilitando seu arranjo simétrico, elas apenas formariam uma massa confusa e irregular, não ocorrendo a cristalização propriamente dita.

12. A lei que preside à formação dos minerais conduz, naturalmente, à formação de corpos orgânicos.

A análise química nos mostra que todas as substâncias vegetais e animais são compostas pelos mesmos elementos que os corpos inorgânicos. Dentre esses elementos, o oxigênio, o hidrogênio, o azoto e o carbono desempenham o papel principal; os demais só se encontram de modo acessório. Como no reino mineral, a diferença de proporção na combinação desses elementos produz todas as variedades de substâncias orgânicas e suas propriedades diversas, tais como os músculos, os ossos, o sangue, a bile, os nervos, a matéria cerebral e a gordura nos animais; a seiva, a madeira, as folhas, os frutos, as essências, os óleos, as resinas etc., nos vegetais. Assim sendo, na formação dos animais e das plantas não entra qualquer elemento especial que não se encontre, também, no reino mineral[41].

13. Alguns exemplos comuns ajudarão a compreender as transformações que se operam no reino orgânico pela simples modificação dos elementos constitutivos. No suco de uva, não há ainda nem o vinho, nem o álcool, mas simplesmente água e suco. Quando esse suco amadurece e é colocado em circunstâncias propícias, produz-se nele um trabalho íntimo, ao qual se dá o nome de fermentação. Nesse trabalho, uma parte do açúcar se decompõe; o oxigênio, o hidrogênio e o carbono se separam e se combinam nas proporções necessárias para fazer o álcool. De modo que ao se beber suco de uva, não se bebe realmente álcool, pois ele ainda não existe.

No pão e nos legumes que comemos não há, certamente, nem carne, nem sangue, nem ossos, nem bile, nem matéria cerebral e, no entanto, quando esses alimentos vão se decompondo e recompondo pelo trabalho da digestão, irão produzir essas diferentes substâncias pela simples transformação de seus elementos constitutivos.

Na semente de uma árvore, também não há nem madeira, nem folhas, nem flores, nem frutos, e é um erro pueril acreditar que a árvore inteira, sob forma microscópica, se encontra nessa semente. Não existe nela nem a quantidade de oxigênio, hidrogênio e carbono necessária para formar uma folha da árvore. A semente encerra um germe que eclode quando ela se encontra em condições favoráveis; esse germe cresce graças aos nutrientes que retira da terra e aos gases que aspira do ar. Esses nutrientes, que não são nem madeira, nem folhas, nem flores, nem frutos, infiltrando-se na planta formam a seiva, assim como os alimentos formam o sangue nos animais. Essa seiva, levada pela circulação a todas as partes do vegetal, conforme os órgãos em que chega e onde sofre uma elaboração especial, transforma-se em madeira, folhas e frutos, assim como o sangue se transforma em carne, ossos, bile etc., e, todavia, são sempre os mesmos elementos: oxigênio, hidrogênio, azoto e carbono, combinados de maneiras diversas.

---

41. O quadro abaixo, com a análise de algumas substâncias, mostra a diferença das propriedades, que resulta unicamente da diferença na proporção dos elementos constituintes. Para 100 partes:

	Carbono	Hidrogênio	Oxigênio	Nitrogênio
Açúcar de cana	42.470	6.900	50.630	-
Açúcar de uva	36.710	6.780	56.510	-
Álcool	51.980	13.700	34.320	-
Azeite	77.210	13.360	9.430	-
Óleo de nozes	79.774	10.570	9.122	0,534
Banha	78.996	11.700	9.304	-
Fibrina	53.360	7.021	19.685	19.934

14. As diferentes combinações dos elementos para a formação das substâncias minerais, vegetais e animais só podem se operar nos meios e nas circunstâncias propícias. Fora dessas circunstâncias, os princípios elementares ficam numa espécie de inércia. Mas desde que as circunstâncias sejam favoráveis, um trabalho de elaboração tem início: as moléculas entram em movimento, agitam-se, atraem-se, aproximam-se, separam-se, em virtude da lei das afinidades e, por suas múltiplas combinações, compõem a infinita variedade de substâncias. Quando essas condições cessam, o trabalho é interrompido subitamente, para recomeçar quando as condições propícias novamente se apresentarem. É assim que a vegetação se ativa, torna-se lenta, cessa e recomeça, sob a ação do calor, da luz, da umidade, do frio ou da seca. É por isso que uma determinada planta se desenvolve em um clima ou em um terreno, e definha e morre em outro.

15. O que acontece diariamente sob nossos olhos pode nos dar uma ideia do que aconteceu na origem dos tempos, pois as leis da natureza são sempre as mesmas.

Uma vez que os elementos constitutivos dos seres orgânicos e dos seres inorgânicos são os mesmos, e que nós os vemos, incessantemente, em presença de determinadas circunstâncias, formar as pedras, as plantas e os frutos, pode-se concluir que os corpos dos primeiros seres vivos se formaram, como as primeiras pedras, pela reunião de moléculas elementares, em virtude da lei de afinidade, à medida que as condições de vitalidade do Globo tornaram-se propícias a esta ou aquela espécie.

A semelhança de forma e de cores na reprodução dos indivíduos de cada espécie pode ser comparada à *semelhança de forma de cada espécie de cristal*. As moléculas, justapondo-se sob o comando da mesma lei, produzem um conjunto análogo.

Princípio vital

16. Ao dizer que as plantas e os animais são formados pelos mesmos princípios constitutivos que os minerais, é preciso compreender isso no sentido exclusivamente material: trata-se aqui apenas da questão do corpo.

Sem falar do princípio inteligente, que é uma questão à parte, há na matéria orgânica um princípio especial, inapreensível, que ainda não pôde ser definido: é o *princípio vital*. Esse princípio, que é ativo nos seres vivos, está *extinto* no ser morto, mas nem por isso deixa de dar à substância as propriedades características que a distinguem das substâncias inorgânicas. A química, que decompõe e recompõe a maior parte dos corpos inorgânicos, pôde decompor os corpos orgânicos, mas nunca chegou a reconstituir sequer uma folha morta, prova evidente de que há nela algo que não existe nos outros.

17. Será o princípio vital algo de distinto, tendo uma existência própria? Ou então, para ser integrado no sistema de unidade do elemento gerador, não seria um estado particular, uma das modificações do fluido cósmico universal, que se torna princípio da vida, como se torna luz, fogo, calor, eletricidade? É nesse último sentido que a questão é resolvida pelas comunicações reproduzidas acima. (Capítulo VI, *Uranografia geral*.)

Mas, qualquer que seja a opinião que se tenha sobre a natureza do princípio vital, ele existe, porque podemos observar seus efeitos. Pode-se admitir, então, logicamente que, ao se formarem, os seres orgânicos assimilaram o princípio vital que era necessário à sua destinação; ou, se preferirem, que esse princípio se desenvolveu em cada indivíduo pelo efeito da combinação dos elementos, como se vê se desenvolverem, em determinadas circunstâncias, o calor, a luz e a eletricidade.

18. O oxigênio, o hidrogênio, o azoto e o carbono, ao se combinarem, sem o princípio vital, só poderiam formar um mineral ou um corpo inorgânico; o princípio vital, modificando a constituição molecular desse corpo, fornece-lhe propriedades especiais. Em vez de uma molécula mineral, tem-se uma molécula de matéria orgânica.

A atividade do princípio vital é mantida durante a vida pela ação do funcionamento dos órgãos, como o calor é mantido pelo movimento de rotação de uma roda; quando essa ação cessa pela morte, o princípio vital *se extingue,* assim como o calor, quando a roda para de girar. Mas o *efeito* produzido sobre o estado molecular do corpo pelo princípio vital subsiste após a extinção desse princípio, como a carbonização da madeira persiste após a extinção do calor e a cessação do movimento da roda. Na análise dos corpos orgânicos, a química encontra os elementos constitutivos: o oxigênio, o hidrogênio, o azoto e o carbono, mas ela não pode reconstituí-los, porque, não existindo mais a causa, ela não pode reproduzir o *efeito*, ao passo que ela pode reconstituir uma pedra.

19. Tomamos por comparação o calor produzido pelo movimento de uma roda, porque se trata de um efeito comum, conhecido por todos, e mais fácil de compreender; mas teria sido mais exato dizer que, na combinação dos elementos para formar os corpos orgânicos, desenvolve-se a *eletricidade*. Os corpos orgânicos seriam, assim, verdadeiras *pilhas elétricas*, que funcionam enquanto os elementos dessas pilhas estão dentro das condições necessárias para produzir a eletricidade: é a vida; e que param de funcionar quando cessam essas condições: é a morte. Assim, o princípio vital não seria mais que uma espécie particular de eletricidade, designada sob o nome de *eletricidade animal,* que se desprende durante a vida pela ação dos órgãos, e cuja produção é suspensa com a morte, porque cessa essa ação.

Geração espontânea

20. Pergunta-se, naturalmente, por que não se formam mais seres vivos nas mesmas condições dos primeiros que apareceram na Terra.

A questão da geração espontânea, que atualmente preocupa a ciência, embora não haja um consenso quanto à sua solução, não deixa de lançar luz

138 CAPÍTULO X A GÊNESE

sobre essa questão. O problema proposto é o seguinte: Formam-se atualmente, espontaneamente, seres orgânicos, pela mera união dos elementos constitutivos, sem embriões previamente produzidos pelo modo de geração comum, ou seja, sem pais, nem mães?

Os partidários da geração espontânea respondem afirmativamente, e apoiam--se em observações diretas que parecem conclusivas. Outros pensam que todos os seres vivos se reproduzem uns através de outros, e se baseiam no fato, constatado pela experiência, de que os germes de certas espécies vegetais e animais, mesmo estando dispersas, podem conservar uma vitalidade latente durante um tempo considerável, até que as circunstâncias sejam favoráveis à sua eclosão. Essa opinião deixa sempre pendente a questão da formação dos primeiros tipos de cada espécie.

21. Sem discutir os dois sistemas, convém notar que o princípio da geração espontânea só pode se aplicar, evidentemente, aos seres das ordens mais inferiores do reino vegetal e do reino animal, àqueles em que a vida começa a despontar e cujo organismo extremamente simples é, de certo modo, rudimentar. São efetivamente os primeiros que surgiram na Terra, e cuja geração deve ter sido espontânea. Estaríamos assistindo, assim, a uma criação permanente, análoga à que ocorreu nas primeiras idades do mundo.

22. Mas, então, por que não vemos se formarem da mesma maneira os seres de uma organização mais complexa? Esses seres não existiram sempre, isso é um fato positivo, portanto, eles tiveram um começo. Se o musgo, o líquen, o zoófito, o infusório, os vermes intestinais e outros podem se produzir espontaneamente, por que não ocorre o mesmo com as árvores, os peixes, os cães e os cavalos?

Aqui param, por enquanto, as investigações. O fio condutor se perde e, até que seja encontrado, o campo permanece aberto às hipóteses. Seria, portanto, imprudente e prematuro, apresentar sistemas como verdades absolutas.

23. Se o fato da geração espontânea está demonstrado, ainda que de forma limitada, nem por isso deixa de ser um fato capital, um marco que pode conduzir novas observações. Se os seres orgânicos complexos não se reproduzem dessa maneira, quem sabe como eles começaram? Quem conhece o segredo de todas as transformações? Quando se vê o carvalho e sua semente, quem pode dizer que não existe um elo misterioso do pólipo ao elefante?

Deixemos ao tempo a preocupação de trazer a luz ao fundo desse abismo, se é que um dia ele poderá ser sondado. Esses conhecimentos são interessantes, sem dúvida, do ponto de vista da ciência pura, mas não são eles que influem nos destinos do homem.

ESCALA DOS SERES CORPÓREOS

24. Não há uma delimitação claramente traçada entre os reinos vegetal e animal. Na fronteira dos dois reinos estão os *zoófitos* ou *animais-plantas*, cujo nome indica que participam de um e do outro: é o traço de união.

Como os animais, as plantas nascem, vivem, crescem, nutrem-se, respiram, reproduzem-se e morrem. Como eles, para viver, elas têm necessidade de luz, calor e água. Se deles forem privadas, enfraquecem e morrem. A absorção de um ar viciado e de substâncias deletérias as envenena. Sua característica distintiva mais marcante é estarem presas ao solo e dele tirar seu alimento sem se deslocarem.

O zoófito tem a aparência exterior da planta. Como planta, ele se mantém preso ao solo; como animal, a vida nele é mais acentuada. Retira seu alimento do meio ambiente.

Um grau acima, o animal é livre e vai buscar seu alimento. Inicialmente, são as incontáveis variedades de pólipos de corpo gelatinoso, sem órgãos bem distintos, e que só diferem das plantas pela locomoção; depois seguem, na ordem do desenvolvimento dos órgãos, da atividade e do instinto: os helmintos ou vermes intestinais; os moluscos, animais carnudos, sem ossos, dos quais alguns são nus como as lesmas, os polvos ou lulas, outros são providos de concha, como os caramujos e as ostras. Depois, os crustáceos, cuja pele é revestida de uma casca dura como os lagostins e a lagosta; seguem-se os insetos, nos quais a vida assume uma atividade prodigiosa e se manifesta o instinto industrioso, como a formiga, a abelha e a aranha. Alguns sofrem uma metamorfose, como a lagarta, que se transforma na elegante borboleta. Em seguida vem a ordem dos vertebrados, animais com esqueleto ósseo, que compreende os peixes, os répteis, os pássaros, e, por fim, os mamíferos, cuja organização é a mais completa.

O HOMEM

25. Do ponto de vista corpóreo e puramente anatômico, o homem pertence à classe dos mamíferos, do qual só difere por algumas nuanças na forma exterior. De resto, ele tem a mesma composição química que todos os animais, os mesmos órgãos, as mesmas funções e mesmos modos de nutrição, respiração, secreção e reprodução. Ele nasce, vive e morre nas mesmas condições, e com sua morte seu corpo se decompõe como o de tudo o que vive. Não possui em seu sangue, em sua carne, em seus ossos, um átomo a mais ou a menos que nos corpos dos animais. Como estes, ao morrer, devolve à terra o oxigênio, o hidrogênio, o azoto e o carbono que se haviam combinado para formá-lo e que irão, através de novas combinações, formar novos corpos minerais, vegetais e animais. A analogia é tão grande, que se estuda suas funções orgânicas em certos animais, uma vez que as experiências não podem ser feitas com ele próprio.

26. Dentro da classe dos mamíferos, o homem pertence à ordem dos *bímanos.* Imediatamente abaixo dele vêm os *quadrúmanos* (animais de quatro mãos) ou macacos, sendo que alguns deles, como o orangotango, o chimpanzé, o jongo, têm alguns dos gestos do homem, a tal ponto que foram designados por muito tempo sob o nome de *homens dos bosques.* Como o homem, eles caminham eretos, servindo-se de bastões, e levam os alimentos à boca com a mão, que são sinais característicos.

27. Por pouco que observemos a escala dos seres vivos do ponto de vista do organismo, reconhece-se que, desde o líquen até a árvore, e desde o zoófito até o homem, há uma cadeia que se eleva, gradativamente, sem solução de continuidade, em que todos os elos têm um ponto de contato com o elo precedente. Seguindo-se passo a passo a série dos seres, dir-se-ia que cada espécie é um aperfeiçoamento, uma transformação da espécie imediatamente inferior. Uma vez que o corpo do homem está em condições idênticas aos outros corpos, química e constitucionalmente, que ele nasce, vive e morre da mesma maneira, deve ter-se formado nas mesmas condições.

28. Por mais que isso possa custar ao seu orgulho, o homem deve se resignar a ver em *seu corpo material* nada mais que o último elo da animalidade *sobre a Terra*. O argumento inexorável dos fatos aí está, contra o qual ele protestaria em vão.

Mas quanto mais o corpo diminui de valor aos seus olhos, mais o princípio espiritual cresce em importância. Se o primeiro o coloca no mesmo nível dos irracionais, o segundo o eleva a uma altura incomensurável. Vemos o círculo onde se detém o animal, mas não vemos o limite a que pode chegar o espírito do homem.

29. O materialismo pode ver por aí que o espiritismo, longe de temer as descobertas da ciência e seu positivismo, vai ao seu encontro e as favorece, porque tem a certeza de que o princípio espiritual, que tem sua existência própria, não pode sofrer nenhum prejuízo.

Capítulo XI

Gênese espiritual

Princípio espiritual – União do princípio espiritual e da matéria – Hipótese sobre a origem do corpo humano – Encarnação dos espíritos – Reencarnação – Emigração e imigração dos espíritos – Raça adâmica – Doutrina dos anjos decaídos e do paraíso perdido

Princípio espiritual

1. A existência do princípio espiritual é um fato que, por assim dizer, não tem maior necessidade de demonstração do que o princípio material. É, de certo modo, uma verdade axiomática. Afirma-se por seus efeitos, assim como a matéria pelos que lhe são próprios.

Segundo a máxima: "Todo efeito tendo uma causa, todo efeito inteligente deve ter uma causa inteligente", não há quem não faça diferença entre o movimento mecânico de um sino agitado pelo vento e o movimento desse mesmo sino quando destinado a dar um sinal, uma advertência, comprovando, por isso mesmo, a existência de um pensamento, de uma intenção. Ora, como não pode ocorrer a ninguém atribuir pensamento à matéria de que é feito o sino, conclui-se que ele é movido por uma inteligência, à qual ele serve de instrumento para se manifestar.

Pela mesma razão, ninguém terá a ideia de atribuir pensamento ao corpo de um homem morto. Se quando está vivo o homem pensa, é porque há nele alguma coisa que não mais existe quando está morto. A diferença que existe entre ele e o sino é que a inteligência que faz mover o sino está fora dele, ao passo que a que faz o homem agir está nele mesmo.

2. O princípio espiritual é o corolário da existência de Deus. Sem esse princípio, Deus não teria razão de ser, pois não se poderia conceber a soberana inteligência reinando pela eternidade apenas sobre a matéria bruta, assim como não se poderia conceber um monarca terrestre que reinasse por toda a vida apenas sobre pedras. Como não se pode admitir Deus sem os atributos essenciais da divindade: a justiça e a bondade, qualidades que seriam inúteis se só devessem ser exercidas sobre a matéria.

3. Por outro lado, não se poderia conceber um Deus soberanamente justo e bom, criando seres inteligentes e sensíveis para consagrá-los ao nada, após alguns dias de sofrimentos sem compensações, entretendo sua vida nessa sucessão indefinida de seres que nascem sem o terem desejado, pensam por um instante para conhecer apenas a dor e extinguem-se para sempre, após uma existência efêmera.

Sem a sobrevivência do ser pensante, os sofrimentos da vida seriam uma crueldade sem propósito da parte de Deus. Por esse motivo, o materialismo e o ateísmo são consequência um do outro. Negando-se a causa, não se pode admitir o efeito; negando-se o efeito, não se pode admitir a causa. O materialismo é, portanto, coerente consigo mesmo, ainda que não esteja com a razão.

4. A ideia da perpetuidade do ser espiritual é inata no homem. Está nele no estado de intuição e de aspiração, pois ele compreende que apenas nela reside a compensação das misérias da vida. É por isso que sempre houve, e sempre haverá, mais espiritualistas que materialistas, e mais deístas do que ateus.

À ideia intuitiva e à potência do raciocínio, o espiritismo vem acrescentar a confirmação pelos fatos, a prova material da existência do ser espiritual, de sua sobrevivência, de sua imortalidade e de sua individualidade. Ele especifica e define o que essa ideia tinha de vago e abstrato, mostra-nos o ser inteligente agindo fora da matéria, tanto após quanto durante a vida do corpo.

5. O princípio espiritual e o princípio vital são uma e a mesma coisa?

Partindo-se, como sempre, da observação dos fatos, diremos que, se o princípio vital fosse inseparável do princípio inteligente, haveria certa razão para confundi-los. Mas como se veem seres que vivem e que não pensam, como as plantas; corpos humanos que continuam animados pela vida orgânica, quando não mais existe neles nenhuma manifestação do pensamento; que no ser vivo são produzidos movimentos vitais, independentes de todo ato da vontade; que durante o sono a vida orgânica encontra-se em plena atividade, ao passo que a vida intelectual não se manifesta por nenhum sinal exterior, é preciso admitir que a vida orgânica reside em um princípio inerente à matéria, independente da vida espiritual, que é inerente ao espírito. Desde que a matéria tem uma vitalidade independente do espírito, e que o espírito tem uma vitalidade independente da matéria, fica evidente que essa dupla vitalidade repousa sobre dois princípios diferentes.

6. Teria o elemento espiritual sua fonte no elemento cósmico universal? Não seria ele apenas uma transformação, um modo de existência desse elemento, como a luz, a eletricidade, o calor etc.? Se assim fosse, o princípio espiritual sofreria as vicissitudes da matéria, se extinguiria pela desagregação, como o princípio vital. O ser inteligente só teria uma existência momentânea como o corpo e, com a morte, retornaria ao nada ou, o que daria no mesmo, desapareceria no todo universal. Isso seria, em uma palavra, a confirmação das doutrinas materialistas.

As propriedades *sui generis* que se reconhecem no princípio espiritual provam que ele tem existência própria, independente, pois, se tivesse sua origem na matéria, não teria tais propriedades. Uma vez que a inteligência e o pensamento não podem ser atributos da matéria, conclui-se, remontando dos efeitos às causas, que o elemento material e o elemento espiritual são os dois princípios constituintes do Universo. O elemento espiritual individualizado constitui os seres chamados *espíritos*, da mesma forma que o elemento material individualizado constitui os diferentes corpos da natureza, orgânicos e inorgânicos.

7. Admitindo-se o ser espiritual, e não podendo ele proceder da matéria, qual seria sua origem, seu ponto de partida?

Aqui, os meios de investigação inexistem, como sucede a tudo que diz respeito ao princípio das coisas. O homem só pode constatar o que existe; quanto a tudo o mais, só pode emitir hipóteses. E seja porque esse conhecimento ultrapassa o alcance de sua inteligência atual, seja porque seria inútil ou inconveniente que ele o possuísse agora, Deus não o concede, nem mesmo por revelação.

O que Deus lhe transmite através de Seus mensageiros e o que, a partir daí, o homem pode deduzir por si mesmo do princípio da soberana justiça, que é um dos atributos essenciais da Divindade, é que todos os seres espirituais têm o mesmo ponto de partida: todos são criados simples e ignorantes, com igual aptidão para progredir mediante sua atividade individual; todos atingirão o grau de perfeição compatível com a criatura, a partir de seus esforços pessoais; todos, sendo filhos de um mesmo Pai, são objeto de igual solicitude e que não há nenhum mais favorecido ou melhor dotado que os demais, nem dispensado do trabalho imposto aos outros para atingir o objetivo.

8. Ao mesmo tempo que Deus criou mundos materiais por toda eternidade, criou também seres espirituais por toda eternidade. Sem isso, os mundos materiais não teriam razão de ser. Seria mais fácil conceber a existência dos seres espirituais sem os mundos materiais, do que estes últimos sem os seres espirituais. São os mundos materiais que devem fornecer aos seres espirituais os elementos de atividade, para o desenvolvimento de sua inteligência.

9. O progresso é a condição normal dos seres espirituais, e a perfeição relativa é o objetivo que devem atingir. Ora, tendo Deus criado os seres espirituais por

toda eternidade e incessantemente, também por toda eternidade houve aqueles que atingiram o ponto culminante da escala.

Antes que a Terra existisse, mundos já haviam sucedido mundos, e quando a Terra saiu do caos dos elementos, o espaço já se encontrava povoado por seres espirituais em todos os graus de adiantamento, desde os que nasciam para a vida até aqueles que, de toda eternidade, haviam tomado lugar entre os espíritos puros, vulgarmente chamados anjos.

União do princípio espiritual e da matéria

10. Devendo a matéria ser o objeto de trabalho do espírito para o desenvolvimento de suas faculdades, era preciso que ele pudesse agir sobre ela, e é por isso que o espírito veio habitá-la, como o lenhador habita a floresta. Devendo a matéria ser, ao mesmo tempo, o objetivo e o instrumento de trabalho, Deus, em lugar de uni-lo à pedra rígida, criou, para seu uso, corpos organizados, flexíveis, capazes de receber todos os impulsos de sua vontade e de prestar-se a todos os seus movimentos.

O corpo é, então, ao mesmo tempo, o envoltório e o instrumento do espírito e, à medida que este adquire novas aptidões, passa a revestir-se de um envoltório, apropriado ao novo gênero de trabalho que deve realizar, do mesmo modo que se entrega a um operário ferramentas menos grosseiras à medida que ele se torna capaz de realizar uma obra mais delicada.

11. Para ser mais exato, é preciso dizer que é o próprio espírito que fabrica seu envoltório e o ajusta a suas novas necessidades. Ele o aperfeiçoa, desenvolve e completa, à medida que experimenta a necessidade de manifestar novas faculdades. Em uma palavra, ele o molda de acordo com sua inteligência. Deus lhe fornece os materiais e cabe ao espírito trabalhá-los. É assim que as raças adiantadas têm um organismo, ou, se preferirem, um ferramental mais aperfeiçoado do que as raças primitivas. Assim também se explica o cunho especial que o caráter do espírito imprime aos traços da fisionomia e aos aspectos do corpo.

12. Desde que um espírito nasce para a vida espiritual, deve, para seu adiantamento, utilizar suas faculdades, inicialmente rudimentares. É por isso que ele se reveste de um envoltório corporal apropriado ao seu estado de infância espiritual, envoltório que ele abandona para vestir um outro, à medida que suas forças crescem. Ora, como desde sempre houve mundos e esses mundos deram nascimento a corpos organizados, próprios para receberem espíritos, desde sempre os espíritos encontraram, qualquer que fosse seu grau de adiantamento, os elementos necessários à sua vida carnal.

13. Sendo o corpo exclusivamente material, sofre as vicissitudes da matéria. Após ter funcionado durante algum tempo, ele se desorganiza e se decompõe. O próprio princípio vital, não mais encontrando elemento para sua atividade, extingue-se, e o corpo morre. O espírito, para o qual o corpo sem vida é doravante sem utilidade, deixa-o, como se deixa uma casa em ruínas ou uma roupa imprestável.

14. O corpo não é senão um envoltório destinado a receber o espírito. Assim sendo, pouco importa sua origem e os materiais com os quais foi construído. Quer o corpo do homem seja uma criação especial ou não, não deixa de ser formado pelos mesmos elementos que formam os animais, animado pelo mesmo princípio vital – em outras palavras, aquecido pelo mesmo fogo –, assim como é iluminado pela mesma luz, sujeito às mesmas vicissitudes e necessidades: este é um ponto incontestável.

Ao considerar apenas a matéria, fazendo abstração do espírito, o homem nada tem que o diferencie do animal. Mas tudo muda de aspecto, se fizermos uma distinção entre a *habitação* e o *habitante.*

Um grande senhor, numa cabana ou vestido com os trajes de um camponês, nem por isso deixa de ser um grande senhor. O mesmo acontece com o homem: não é sua veste de carne que o eleva acima do animal e dele faz um ser à parte, mas sim seu ser espiritual, seu espírito.

HIPÓTESE SOBRE A ORIGEM DO CORPO HUMANO

15. Pela semelhança de formas exteriores que existem entre o corpo do homem e o do macaco, alguns fisiologistas concluíram que o primeiro não era mais que uma transformação do segundo. Nada há de impossível nisso, mesmo que, se assim for, isso possa afetar a dignidade do homem. Corpos de macacos poderiam muito bem ter servido de vestimenta aos primeiros espíritos humanos, necessariamente pouco avançados, que vieram encarnar na Terra, sendo essas vestimentas as mais apropriadas às suas necessidades e mais adequadas ao exercício de suas faculdades do que o corpo de qualquer outro animal. Ao invés de uma veste especial que tenha sido feita para o espírito, ele teria encontrado uma já pronta. Ele pôde, então, vestir-se com a pele do macaco, sem deixar de ser um espírito humano, da mesma forma que o homem se veste, às vezes, com a pele de certos animais, sem deixar de ser homem.

Que fique bem claro que se trata aqui de uma hipótese, de maneira alguma colocada em princípio, mencionada simplesmente para mostrar que a origem do corpo não prejudica o espírito, que é o ser principal, e que a semelhança do corpo do homem com o corpo do macaco não implica paridade entre seu espírito e o do macaco.

16. Admitindo-se essa hipótese, pode-se dizer que sob a influência e pelo efeito da atividade intelectual de seu novo habitante, o envoltório se modificou, embelezou-se em seus detalhes, embora conservando a forma geral do conjunto. Os corpos aperfeiçoados, procriando-se, reproduziram-se dentro das mesmas condições, como acontece com as árvores enxertadas. Deram origem a uma nova espécie, que pouco a pouco distanciou-se do tipo primitivo, à medida que o espírito progrediu. O espírito macaco, que não foi aniquilado, continuou a procriar corpos de macacos para seu uso, do mesmo modo que o fruto da árvore silvestre reproduz árvores silvestres, e o espírito humano procriou corpos de homens, variantes do primeiro molde em que se estabeleceu. O tronco bifurcou-se, produziu um ramo e esse ramo tornou-se tronco.

Como não há transições bruscas na natureza, é provável que os primeiros homens que surgiram na Terra pouco tenham diferido do macaco quanto à forma exterior e, sem dúvida, também não muito no tocante à inteligência. Há, ainda atualmente, selvagens que, pelo comprimento dos braços, dos pés e pela conformação da cabeça, mantêm, de tal forma, os traços do macaco, que só lhes falta serem peludos para completar a semelhança.

Encarnação dos espíritos

17. O espiritismo nos ensina de que maneira se opera a união do espírito e do corpo na encarnação.

O espírito, por sua essência espiritual, é um ser indefinido, abstrato, que não pode exercer uma ação direta sobre a matéria. Faltava-lhe um intermediário e esse intermediário se encontra no envoltório fluídico, que faz, de algum modo, parte integrante do espírito, envoltório semimaterial, ou seja, ligando-se à matéria por sua origem, e à espiritualidade por sua natureza etérea; como toda matéria, ele encontra-se mergulhado no fluido cósmico universal, que sofre, nessa circunstância, uma modificação especial. Esse envoltório, designado pelo nome de *perispírito*, torna o espírito de um ser abstrato em um ser concreto, definido, acessível pelo pensamento. Torna-o apto a agir sobre a matéria tangível, do mesmo modo que todos os fluidos imponderáveis, que são, conforme se sabe, os mais possantes motores.

O fluido perispiritual é, pois, o traço de união entre o espírito e a matéria. Durante sua união com o corpo, é o veículo de seu pensamento, para transmitir o movimento às diferentes partes do organismo, que agem sob o impulso de sua vontade e para repercutir no espírito as sensações produzidas pelos agentes exteriores. Tem por fios condutores os nervos, como no telégrafo o fluido elétrico tem por condutor o fio metálico.

18. Quando um espírito deve encarnar num corpo humano em vias de formação, um laço fluídico, que nada mais é que uma expansão de seu perispírito, liga-o ao gérmen para o qual ele se encontra atraído por uma força irresistível, desde o momento da concepção. À medida que o gérmen se desenvolve, o laço se firma; sob influência *do princípio vital material do gérmen*, o perispírito, que possui certas propriedades da matéria, une-se, *molécula a molécula*, ao corpo que se forma, de onde se pode dizer que o espírito, por intermédio de seu perispírito, cria, de algum modo, *raiz* nesse gérmen, como uma planta na terra. Quando o gérmen se encontra inteiramente desenvolvido, a união é completa e, então, ele nasce para a vida exterior.

Por um efeito contrário, essa união entre o perispírito e a matéria carnal, que se havia efetuado sob a influência do princípio vital do gérmen, quando esse princípio cessa de agir, em decorrência da desorganização do corpo, que acarreta a morte, a união, que só era mantida por uma força atuante, cessa quando essa força deixa de agir. Então, o perispírito se desliga, *molécula a molécula*, como ele se havia unido, e o espírito é entregue à liberdade. Não é, portanto, *a partida do espírito que causa a morte do corpo, mas é a morte do corpo que causa a partida do espírito*.

19. O espiritismo nos ensina, através dos fatos que nos faculta observar, os fenômenos que acompanham essa separação: ela é às vezes rápida, fácil, suave e insensível; outras vezes é muito lenta, trabalhosa, horrivelmente penosa, conforme o estado moral do espírito, e pode durar meses inteiros.

20. Um fenômeno particular, igualmente assinalado pela observação, sempre acompanha a encarnação do espírito. Logo que é apanhado no laço fluídico que o prende ao gérmen, a perturbação dele se apodera e aumenta à medida que o laço se estreita e, nos últimos instantes, o espírito perde toda consciência de si mesmo, de modo que não é jamais consciente de seu nascimento. No momento em que a criança respira, o espírito começa a recuperar suas faculdades, que se desenvolvem à medida que os órgãos que devem servir às suas manifestações se formam e consolidam. Aqui, mais uma vez, brilha a sabedoria que preside a todas as partes da obra da Criação. Faculdades excessivamente ativas desgastariam e destruiriam órgãos delicados *que apenas se esboçam*. Essa é a razão pela qual sua energia é proporcional à força de resistência desses órgãos.

21. Mas ao mesmo tempo em que o espírito recobra a consciência de si mesmo, perde a lembrança de seu passado, sem, todavia, perder as faculdades, as qualidades e as aptidões anteriormente adquiridas, aptidões essas que haviam ficado momentaneamente em estado latente e que, recobrando sua atividade, irão ajudá-lo a fazer mais e melhor do que fizera antes. Ele retoma o que realizou por seu esforço anterior. É para ele um novo ponto de partida, um novo degrau a escalar. Manifesta-se aqui, mais uma vez, a bondade do Criador, pois a lembrança de um passado muitas vezes penoso e humilhante, somando-se às amarguras de sua nova existência, poderia perturbá-lo e criar-lhe embaraços. Ele só se recorda do que aprendeu, pois isso lhe é útil. Se, às vezes, conserva uma vaga intuição dos acontecimentos passados, é como a lembrança de um sonho fugidio. É, portanto, um homem novo, qualquer que seja a idade de seu espírito. Adota novos projetos, auxiliado por aquilo que adquiriu. Quando retorna à vida espiritual, seu passado espiritual se desenrola perante seus olhos e ele avalia se empregou bem ou mal seu tempo.

22. Não há, pois, solução de continuidade na vida espiritual, apesar do esquecimento do passado. O espírito é sempre *ele mesmo*, antes, durante e após a encarnação, que é apenas uma fase especial de sua existência. Esse esquecimento só ocorre durante a vida exterior de relação; durante o sono, o espírito parcialmente emancipado dos laços carnais, entregue à liberdade e à vida espiritual, recorda-se; sua visão espiritual já não está tão obscurecida pela matéria.

23. Considerando-se a humanidade em seu grau mais ínfimo na escala espiritual, da maneira como se encontra entre os selvagens mais atrasados, seria de se perguntar se não estaria aí o ponto de partida da alma humana.

Segundo a opinião de alguns filósofos espiritualistas, o princípio inteligente, distinto do princípio material, individualiza-se e elabora-se, passando pelos diversos graus da animalidade. Seria aí que a alma ensaiaria suas primeiras faculdades, através do exercício. Seria, por assim dizer, seu tempo de incubação. Chegando ao grau de desenvolvimento que este estado comporta, ela receberia as faculdades especiais que constituem a alma humana. Haveria, assim, filiação espiritual do animal para o homem, como há filiação corporal.

Esse sistema, fundado sobre a grande lei de unidade que preside a Criação, corresponde, é preciso convir, à justiça e à bondade do Criador. Oferece uma chave, um objetivo, uma destinação aos animais, que deixam de ser seres deserdados e que encontram, no porvir que lhes está reservado, uma compensação a seus sofrimentos. O que constitui o homem espiritual não é sua origem, mas os atributos especiais de que ele é dotado quando de seu ingresso na condição de humanidade, atributos que o transformam e fazem dele um ser distinto, assim como o fruto saboroso é distinto da raiz amarga da qual se originou. Por ter passado pela fileira da animalidade, o homem não seria por isso menos humano, ele não seria mais animal, assim como o fruto não é mais raiz, assim como o sábio não é mais o feto informe pelo qual começou no mundo.

Mas esse sistema levanta várias questões, cujos prós e contras não cabe discutir aqui, assim como também não cabe aqui examinar as diferentes hipóteses que se têm formulado a seu respeito. Sem pesquisarmos, pois, a origem da alma e as etapas pelas quais ela possa ter passado, nós a consideraremos *a partir de sua entrada na humanidade,* no ponto em que, dotada de senso moral e de livre-arbítrio, começa a exercer responsabilidade por seus atos.

24. A obrigação pela nutrição de seu corpo, por sua segurança e por seu bem-estar, impele o espírito encarnado a aplicar suas faculdades em pesquisas, em exercitá-las e desenvolvê-las. Sua união com a matéria é, portanto, útil ao seu adiantamento e é por isso que a encarnação é uma necessidade. Além disso, pelo trabalho inteligente que ele opera sobre a matéria a seu benefício, ajuda na transformação e no progresso material do Globo em que habita. É assim que, progredindo, ele colabora com a obra do Criador, na qual é o agente inconsciente.

25. Mas a encarnação do espírito não é nem constante, nem perpétua. É apenas transitória. Ao deixar um corpo, ele não retoma outro instantaneamente. Durante um espaço de tempo mais ou menos considerável, ele vive a vida espiritual, que é sua vida normal, de modo que a soma do tempo passado nas diferentes encarnações pouco representa, se comparada ao tempo que passa no estado de espírito livre.

No intervalo de suas encarnações o espírito também progride, no sentido de que coloca em uso, para seu adiantamento, os conhecimentos e as experiências adquiridos durante a vida corporal – falamos do espírito que atingiu o estado de alma humana, tendo liberdade de ação e a consciência de seus atos. Ele examina o que fez durante sua permanência na Terra, passa em revista aquilo que aprendeu, reconhece suas faltas, traça seus planos e toma as resoluções a partir das quais pretende se guiar numa nova existência, buscando fazer o melhor. É assim que cada existência é um passo à frente na estrada do progresso, uma espécie de escola de aplicação.

A encarnação não é, pois, normalmente, uma punição para o espírito, conforme alguns pensavam, mas uma condição inerente à inferioridade do espírito e um modo de progredir.

À medida que o espírito progride moralmente, ele se desmaterializa, ou seja, subtraindo-se à influência da matéria, ele se depura, sua vida se espiritualiza, suas faculdades e percepções se ampliam, sua felicidade acontece em razão do progresso realizado. Mas como ele age em virtude de seu livre-arbítrio, pode, por negligência ou má vontade, retardar seu avanço e prolongar, consequentemente, a duração de suas encarnações materiais, que então se tornam para ele uma punição, visto que, por sua culpa, permanece nas etapas inferiores, obrigado a recomeçar a mesma tarefa. Depende, pois, do espírito abreviar, através de seu trabalho de depuração de si mesmo, a duração do período das encarnações.

26. O progresso material de um Globo acompanha o progresso moral de seus habitantes. Ora, como a criação dos mundos e dos espíritos é incessante e estes progridem mais ou menos rapidamente em virtude de seu livre-arbítrio, disso resulta que há mundos mais ou menos antigos, com diferentes graus de adiantamento físico e moral, onde a encarnação é mais ou menos material e onde, consequentemente, o trabalho para os espíritos é mais ou menos rude. Nesse ponto de vista, a Terra é um dos mundos menos adiantados. Povoada por espíritos relativamente inferiores, a vida corporal nela é mais penosa que em outros mundos, como há aqueles mais atrasados, onde a vida é ainda mais penosa que na Terra, e para cujos habitantes esta seria, relativamente, um mundo feliz.

27. Quando os espíritos tiverem adquirido em um mundo a soma de progresso que o estado desse mundo comporta, eles o deixam, para encarnar em outro mais avançado, onde adquirem novos conhecimentos, e assim sucessivamente, até que a encarnação em um corpo material, não lhes sendo mais útil, eles passam a viver exclusivamente a vida espiritual, onde progridem ainda em outro sentido e por outros meios. Tendo alcançado o ponto culminante do progresso, eles desfrutam da suprema felicidade. Admitidos nos conselhos do Altíssimo, eles têm Seu pensamento e tornam-se Seus mensageiros, Seus ministros diretos para o governo dos mundos, tendo sob suas ordens espíritos de diferentes graus de adiantamento.

Assim, todos os espíritos encarnados e desencarnados, em qualquer grau da hierarquia a que pertençam, desde o menor até o maior, têm suas atribuições no grande mecanismo do Universo. Todos são úteis ao conjunto, ao mesmo tempo que são úteis a si mesmos. Aos menos adiantados, como a simples serviçais, cabe uma tarefa material, de início inconsciente e, depois, gradualmente inteligente. Por toda parte, há atividade no mundo espiritual, e em parte alguma reina a inútil ociosidade.

A coletividade dos espíritos é, de certo modo, a alma do Universo. É o elemento espiritual que atua sobre tudo e em toda parte, sob o impulso do pensamento divino. Sem esse elemento, tudo que há é a matéria inerte, sem objetivo, sem inteligência, sem outro motor senão as forças materiais, o que deixa uma multidão de problemas sem solução. Pela ação do elemento espiritual *individualizado*, tudo passa a ter um propósito, uma razão de ser e tudo se explica. Eis por que, sem a espiritualidade, o ser humano se depara com dificuldades insuperáveis.

28. Quando a Terra se achou em condições climáticas adequadas à existência da espécie humana, espíritos vieram nela encarnar-se. E se admitirmos que eles encontraram envoltórios prontos, que lhes bastou adaptarem para seu uso, compreende-se ainda melhor que pudessem nascer, simultaneamente, em vários pontos do Globo.

29. Se bem que os primeiros espíritos que para cá vieram devessem ser pouco avançados, mesmo pelo fato de que tiveram que encarnar em corpos muito imperfeitos, devia haver entre eles diferenças sensíveis quanto a seus caracteres e aptidões, segundo o grau de seu desenvolvimento moral e intelectual. Os espíritos semelhantes agruparam-se, naturalmente, por analogia e simpatia. Foi assim que a Terra se achou povoada por diferentes categorias de espíritos, mais ou menos aptos ou rebeldes quanto ao progresso. Tendo seus corpos recebido a marca do caráter do espírito e tendo esses corpos se procriado segundo seu tipo respectivo, disso resultaram diferentes raças, tanto do ponto de vista físico quanto moral. Os espíritos semelhantes, continuando a encarnar, de preferência, entre seus semelhantes, perpetuaram o caráter distintivo físico e moral das raças e dos povos, que só foi se perdendo ao longo do tempo pela fusão entre eles e pelo progresso dos espíritos. (*Revista Espírita,* julho de 1860, página 198; Frenologia e fisiognomia.)

30. Pode-se comparar os espíritos que vieram povoar a Terra a esses grupos de imigrantes, de diferentes origens, que vão se estabelecer numa terra virgem. Aí eles encontram madeira e pedra para construírem suas habitações e cada qual dá uma aparência diferente à sua, de acordo com seu grau de saber e de inteligência. Eles se agrupam por analogia de origens e de gostos, e acabam por formar tribos, mais tarde povos, tendo cada qual seus costumes e seu caráter próprio.

31. O progresso, desse modo, não foi uniforme em toda a espécie humana: as raças mais inteligentes ultrapassaram as outras, naturalmente, sem contar que espíritos recém-nascidos para a vida espiritual, vindo a encarnar na Terra depois dos primeiros que aqui chegaram, tornaram ainda mais sensíveis as diferenças quanto ao progresso. Seria impossível, sem dúvida, atribuir à criação dos selvagens, que mal se distinguem dos macacos, a mesma antiguidade que a dos chineses e, menos ainda, que a dos europeus civilizados.

Esses espíritos selvagens, entretanto, também fazem parte da humanidade e alcançarão, um dia, o nível de desenvolvimento de seus irmãos mais velhos, embora isso decerto não venha a ocorrer nos corpos da mesma raça física, impróprios a um certo desenvolvimento intelectual e moral. Quando o instrumento não estiver mais de acordo com seu desenvolvimento, eles emigrarão desse meio para encarnar em outro mais elevado e assim por diante, até que tenham conquistado todas as graduações terrestres, após o que deixarão a Terra, para passar a mundos cada vez mais avançados. (*Revista Espírita,* abril de 1862, página 97: Perfectibilidade da raça negra.)

REENCARNAÇÃO

32. O princípio da reencarnação é uma consequência fatal da lei do progresso. Sem a reencarnação, como explicar a diferença que existe entre a condição social atual e a dos tempos da barbárie? Se as almas são criadas ao mesmo tempo que os corpos, as que hoje nascem são todas também novas e tão primitivas quanto aquelas que viviam há mil anos. Acrescentemos a isso que não há nenhuma conexão entre elas, nenhuma relação necessária, que elas são completamente independentes umas das outras. Por que, então, as almas de hoje deveriam ser melhor dotadas por Deus que as que as precederam? Por que haveriam de ter melhor compreensão? Por que têm elas instintos mais depurados e costumes mais brandos? Por que têm a intuição de certas coisas, sem tê-las aprendido? Desafiamos alguém a solucionar esses dilemas, ao menos que admita que Deus cria almas com qualidades diversas, de acordo com as épocas e os lugares, proposição que é inconciliável com a ideia de uma justiça soberana.

Admitindo-se, ao contrário, que as almas de hoje já viveram em tempos recuados, que podem ter sido bárbaras como o século em que viveram, mas progrediram; que a cada nova existência elas trazem as aquisições de existências anteriores e que, por conseguinte, as almas dos tempos civilizados não são almas criadas mais perfeitas, mas que se autoaperfeiçoaram com o tempo, e tereis a única explicação plausível acerca da causa do progresso social. (*O Livro dos Espíritos,* cap. IV e V.) [42]

---

42. Algumas pessoas pensam que as diferentes existências da alma se realizam de mundo em mundo, e não sobre um mesmo Globo, onde cada espírito apareceria uma única vez. Essa doutrina seria admissível se todos os habitantes da Terra estivessem exatamente no mesmo nível intelectual e moral. Nesse caso, só poderiam progredir indo para outro mundo e sua encarnação na Terra seria inútil. Ora, Deus nada faz de inútil. Desde o instante em que aí se encontram todas as gradações de inteligência e de moralidade, desde a selvageria que beira o animal até a civilização mais avançada, fica claro que este mundo oferece um vasto campo ao progresso. Por que teria o selvagem que ir procurar em outro lugar o grau de progresso acima dele, quando este se encontra a seu lado, e assim sucessivamente; por que o homem adiantado não poderia ter vivido suas primeiras etapas em mundos inferiores, enquanto que os análogos de todos esses mundos estão em torno dele? Há diferentes graus de progresso, não apenas de um povo para outro, mas no mesmo povo e na

Emigração e imigração dos espíritos

33. No intervalo de suas existências corpóreas, os espíritos permanecem no estado de erraticidade e compõem a população espiritual ambiente do Globo. Através das mortes e dos nascimentos, essas duas populações mesclam-se, incessantemente, uma na outra. Assim sendo, há, diariamente, emigrações do mundo corpóreo para o mundo espiritual, e imigrações do mundo espiritual para o mundo corpóreo: é o normal.

34. Em certas épocas, regidas pela sabedoria divina, essas emigrações e essas imigrações se operam em massas mais ou menos consideráveis, em consequência de grandes convulsões, que fazem partir, ao mesmo tempo, quantidades incontáveis de espíritos, que logo são substituídos por quantidades equivalentes de encarnações. É preciso, então, considerar os flagelos destruidores e os cataclismos como ocasiões de chegadas e partidas coletivas, maneiras providenciais de renovar a

mesma família. Sendo assim, Deus teria feito algo inútil ao colocar lado a lado a ignorância e o saber, a barbárie e a civilização, o bem e o mal, quando é precisamente esse contato que faz avançar os retardatários.

Não há, portanto, necessidade de que os homens mudem de mundo a cada etapa de aperfeiçoamento, assim como não é necessário que o estudante mude de colégio para passar de uma série a outra. Longe de contribuir para o progresso, isso seria um entrave para ele, pois o espírito seria privado do exemplo que lhe proporciona a observação do que ocorre nos graus mais elevados e da possibilidade de reparar seus próprios equívocos por esforço próprio, no mesmo ambiente e na presença daqueles a quem ofendeu, possibilidade esta que é, para ele, o mais poderoso meio de realizar seu progresso moral. Após uma curta coabitação, dispersando-se os espíritos, e tornando-se estranhos uns aos outros, os laços de família e de amizade se romperiam por falta de tempo para se consolidarem.

Ao inconveniente moral se somaria um inconveniente material. A natureza dos elementos, as leis orgânicas, as condições de existência variam de acordo com os mundos. Sob esse aspecto, não há dois perfeitamente idênticos. Nossos tratados de física, química, anatomia, medicina, botânica etc., de nada serviriam em outros mundos e, contudo, o que se aprende não é perdido. Não apenas isso desenvolve a inteligência, como também as ideias que daí derivam auxiliam na aquisição de outras novas. (Cap. VI, n° 61 e seguintes.) Se o espírito faz apenas uma aparição, frequentemente de curta duração, no mesmo mundo, a cada migração ele se encontraria em condições inteiramente diversas. A cada vez, operaria sobre elementos novos, com forças e segundo leis que lhe são desconhecidas, antes de ter tido tempo para elaborar os elementos conhecidos, estudá-los e se exercitar com eles. Seria cada vez um novo aprendizado a fazer, e as incessantes mudanças seriam um obstáculo ao progresso. O espírito deve, pois, permanecer no mesmo mundo até que tenha adquirido a soma de conhecimentos e o grau de perfeição que esse mundo comporta. (n° 31)

Que os espíritos deixem um mundo no qual nada mais possam adquirir, por um mundo mais adiantado, assim é que deve ser: tal é o princípio. Se há os que deixam antecipadamente o mundo onde vinham encarnando, isso é devido a causas individuais, que Deus analisa em Sua sabedoria.

Tudo tem um objetivo na criação, sem o que Deus não seria nem prudente, nem sábio. Ora, se a Terra estivesse destinada a ser uma única etapa para o progresso do indivíduo, que utilidade haveria para o espírito das crianças que morrem em tenra idade? Vir passar aqui alguns anos, alguns meses, algumas horas durante as quais nada pudessem adquirir? É a mesma situação dos idiotas e dos cretinos. Uma teoria só é boa se resolver todas as questões que a ela se ligam. A questão das mortes prematuras tem sido uma pedra de tropeço para todas as doutrinas, exceto para a doutrina espírita, a única que foi capaz de resolvê-la de maneira racional.

Para aqueles que cumprem na Terra uma missão normal, há, para seu progresso, uma vantagem real em tornar a se encontrar no mesmo meio, para dar prosseguimento ao que deixaram inacabado, não raro na mesma família ou em contato com as mesmas pessoas, a fim de reparar o mal que possam ter feito, ou para aí sofrer a pena de talião.

população corpórea do Globo, de revitalizá-la pela introdução de novos elementos espirituais mais depurados. Se nessas catástrofes acontece a destruição de um grande número de corpos, o que há é apenas *vestes dilaceradas,* mas espírito algum perece; apenas muda de ambiente. Ao invés de partir isoladamente, partem em grande número, eis toda a diferença, pois quer partam por uma ou outra causa, fatalmente terão que partir, cedo ou tarde.

As renovações rápidas e quase instantâneas que se operam no elemento espiritual da população, em consequência dos flagelos destruidores, aceleram o progresso social. Sem as emigrações e imigrações que vêm, de tempos em tempos, dar-lhe uma violenta impulsão, o progresso se realizaria com extrema lentidão.

É notável como todas as grandes calamidades que dizimam populações são sempre seguidas por uma era de progresso na ordem física, intelectual ou moral e, consequentemente, na condição social das nações nas quais elas acontecem. É que elas têm por objetivo operar uma remodelação na população espiritual, que é a população normal e ativa do Globo.

35. Essa transfusão que se opera entre a população encarnada e a população desencarnada de um Globo se opera igualmente entre os mundos, seja individualmente e em condições normais, seja em massas e em circunstâncias especiais. Há, portanto, emigrações e imigrações coletivas de um mundo para outro. Disso resulta a introdução, na população de um Globo, de elementos inteiramente novos; novas raças de espíritos vindo se misturar às raças existentes, constituindo novas raças de criaturas humanas. Ora, como os espíritos jamais perdem o que adquiriram, trazem com eles a inteligência e a intuição dos conhecimentos que possuem. Imprimem, por conseguinte, seu caráter à raça corpórea que vêm animar. Para isso, não precisam que novos corpos sejam criados especialmente para seu uso. Desde que a espécie corporal exista, eles os encontram prontos para recebê-los. São, portanto, apenas novos habitantes chegando à Terra. Fazem, a princípio, parte de sua população espiritual e, depois, encarnam como os demais.

Raça adâmica

36. Segundo os ensinamentos dos espíritos, foi uma dessas grandes imigrações, ou, se preferirem, uma dessas *colônias de espíritos* vindos de outra esfera, que deu origem à raça simbolizada na pessoa de Adão e, por essa razão, denominada *raça adâmica.* Quando chegaram, a Terra já era habitada desde tempos imemoriais, *como aconteceu à América, quando lá chegaram os europeus.*

A raça adâmica, mais adiantada do que as que a haviam precedido na Terra, é a mais inteligente. Foi ela que impulsionou todas as outras ao progresso. A Gênese a mostra, desde seus primórdios, como industriosa, apta às artes e às ciências, sem ter passado pela infância intelectual, o que não é próprio das raças primitivas, mas que está de acordo com a opinião de que ela se compunha de espíritos que já tinham progredido. Tudo prova que ela não é antiga na Terra e nada se opõe ao fato de que ela aqui esteja apenas há alguns milhares de anos, o que não estaria em contradição nem com os fatos geológicos, nem com as observações antropológicas, mas tenderia, ao contrário, a confirmá-las.

37. A doutrina segundo a qual todo o gênero humano procede de uma única individualidade, há seis mil anos, não é admissível no atual estado dos conhecimentos. As principais considerações que a contradizem, extraídas da ordem física e moral, resumem-se nos seguintes pontos:

38. Do ponto de vista fisiológico, certas raças apresentam tipos particulares característicos, que não permitem que se lhes assinale uma origem comum. Há diferenças que não são, evidentemente, efeito do clima, visto que os brancos que se reproduzem no país dos negros não se tornam negros, e vice-versa. O ardor do sol tosta e escurece a pele, mas jamais transformou um branco em negro, nem lhe achatou o nariz, nem alterou a forma dos traços fisionômicos, nem tornou encarapinhados e lanudos os cabelos longos e sedosos. Sabe-se, atualmente, que a cor do negro provém de um tecido particular subcutâneo, peculiar à espécie.

É preciso, pois, considerar as raças negras, mongólicas e caucásicas como tendo origem própria, tendo nascido simultânea e sucessivamente nas diferentes partes do Globo. Seu cruzamento produziu as raças mistas secundárias. Os caracteres fisiológicos das raças primitivas são o indício evidente de que elas provêm de tipos especiais. As mesmas considerações existem, então, tanto para o homem como para os animais, quanto à pluralidade dos troncos.

39. Adão e seus descendentes são representados na Gênese como homens essencialmente inteligentes, uma vez que, desde a segunda geração, constroem cidades, cultivam a terra e trabalham os metais. Seus progressos nas artes e nas ciências são rápidos e constantemente sustentados. Não seria possível conceber, então, que esse tronco tivesse tido como ramos povos numerosos tão atrasados, de uma inteligência tão rudimentar, que, ainda em nossos dias, ombreiam com a animalidade, que teriam perdido todo traço e até a mínima recordação tradicional do que faziam seus pais. Uma diferença tão radical nas aptidões intelectuais e no desenvolvimento moral atesta, não com menos evidência, uma diferença quanto à origem.

40. Independentemente dos fatos geológicos, a prova da existência do homem sobre a Terra antes da época fixada pela Gênese pode ser tirada da população do Globo.

Sem falar da cronologia chinesa, que remonta, digamos, a trinta mil anos, documentos mais autênticos atestam que o Egito, a Índia e outras regiões eram povoadas e florescentes, pelo menos três mil anos antes da era cristã, por conseguinte, após a criação do primeiro homem segundo a cronologia bíblica. Documentos e observações recentes parecem não deixar nenhuma dúvida, atualmente, quanto às relações que existiram entre a América e os antigos egípcios, de onde se deve concluir que essa região já era povoada nessa época. Seria preciso, então, que se admitisse que, em mil anos, a posteridade de um único homem tenha podido povoar a maior parte da Terra.

Ora, tal fecundidade seria contrária a todas as leis antropológicas. A própria Gênese não atribui aos primeiros descendentes de Adão uma fecundidade anormal, uma vez que os enumera, nominalmente, até Noé.

41. A impossibilidade torna-se ainda mais evidente quando se admite, de acordo com a Gênese bíblica, que o dilúvio destruiu *todo o gênero humano*, com exceção de Noé e de sua família, que não era numerosa, no ano 1656 do mundo, ou seja, 2.348 anos antes de Jesus Cristo. Seria, então, a partir de Noé que dataria o povoamento do Globo. Ora, nessa época, a história mostra Menés como rei do Egito. Quando os hebreus se estabeleceram nesse país, 642 anos após o dilúvio, o Egito já era um poderoso império, que teria sido povoado, sem falar das outras regiões, em menos de seis séculos, apenas pelos descendentes de Noé, o que é inadmissível.

Notemos, de passagem, que os egípcios acolheram os hebreus na condição de estrangeiros. Seria de espantar que eles tivessem perdido a lembrança de uma origem comum, tão próxima, quando conservavam religiosamente os monumentos de sua história.

Uma lógica rigorosa, corroborada por fatos, demonstra, então, da maneira mais categórica, que o homem se encontra na Terra desde um tempo indeterminado, bem anterior à época assinalada pela Gênese. O mesmo se dá em relação à diversidade de troncos primitivos, uma vez que demonstrar a impossibilidade de uma proposição é demonstrar a possibilidade da proposição contrária. Se a geologia descobre sinais autênticos da presença do homem antes do grande período diluviano, a demonstração será ainda mais absoluta.

DOUTRINA DOS ANJOS DECAÍDOS E DO PARAÍSO PERDIDO[43]

42. A palavra *anjo,* como muitas outras, tem muitas acepções. Pode ser empregada indiferentemente para o bem como para o mal, visto que se diz: os bons e os maus anjos, o anjo de luz e o anjo das trevas. Disso resulta que, em sua acepção geral, significa simplesmente *espírito.*

Os anjos não são seres fora da humanidade, criados perfeitos, mas espíritos que atingiram a perfeição, como todas as criaturas, através de seus esforços e de seu mérito. Se os anjos fossem seres criados perfeitos, sendo a rebelião contra Deus um sinal de inferioridade, aqueles que se revoltaram não poderiam ser

---

43. Quando publicamos, na *Revista Espírita* de janeiro de 1862, um artigo sobre a interpretação da doutrina dos anjos caídos, apresentamos essa teoria apenas como uma hipótese, tendo tão somente a autoridade de uma opinião pessoal controversa, uma vez que nos faltava, à época, elementos suficientemente completos para uma afirmação absoluta; nós a havíamos publicado a título de ensaio, com a intenção de provocar o exame do assunto, bem determinados a abandoná-lo ou a modificá-lo, se, para tal, houvesse lugar. Hoje, essa teoria foi colocada à prova do controle universal e não apenas acolhida pela vasta maioria dos espíritos como a mais racional e a mais de acordo com a soberana justiça de Deus, como também foi confirmada pela generalidade das instruções dadas pelos espíritos acerca do assunto. O mesmo se deu com a teoria que diz respeito à origem da raça adâmica.

anjos. Seria inconcebível a rebelião contra Deus da parte de seres que Ele tivesse criado perfeitos, ao passo que seria concebível da parte de seres ainda atrasados.

Etimologicamente, a palavra anjo, do grego *aggêlos,* significa *enviado, mensageiro.* Ora, não seria racional supor que Deus tivesse escolhido Seus mensageiros entre seres imperfeitos a ponto de se revoltarem contra Ele.

43. Até que os espíritos tenham atingido um certo grau de perfeição, estão sujeitos a falhar, seja no estado de erraticidade, seja como encarnados. Falhar é infringir a lei de Deus, e, se bem que essa lei esteja inscrita no coração de todos os homens, a fim de que eles não tenham necessidade da revelação para conhecerem seus deveres, o espírito só a compreende gradualmente e à medida que sua inteligência se desenvolve. Aquele que infringe essa lei por ignorância e por falta de experiência, o que só se adquire com o tempo, incorre apenas numa responsabilidade relativa. Contudo, no caso daquele cuja inteligência está desenvolvida e que dispõe de todos os modos para se esclarecer e, ainda assim, infringe voluntariamente a lei e faz o mal com conhecimento de causa, trata-se de revolta, de rebelião contra o autor da lei.

44. Os mundos progridem fisicamente pela elaboração da matéria e, moralmente, pela depuração dos espíritos que o habitam. A felicidade aí existe em razão da predominância do bem sobre o mal, e a predominância do bem sobre o mal é o resultado do progresso moral dos espíritos. O progresso intelectual não basta, uma vez que com a inteligência estes podem fazer o mal.

Quando, pois, um mundo chega a um desses períodos de transformação que devem fazê-lo subir na hierarquia dos mundos, mutações se operam em sua população encarnada e desencarnada. É nesse período que acontecem as grandes emigrações e imigrações. Aqueles que, a despeito de sua inteligência e conhecimento, perseveraram no mal, em sua revolta contra Deus e Suas leis, seriam a partir desse momento um entrave para o progresso moral posterior, uma causa permanente de perturbação para o repouso e a felicidade dos bons. São, por essa razão, daí excluídos e enviados para mundos menos avançados, onde aplicarão sua inteligência e a intuição de seus conhecimentos adquiridos para o progresso daqueles entre os quais são chamados a viver, ao mesmo tempo em que expiarão, em uma série de existências penosas e trabalho duro, suas faltas passadas e seu endurecimento *voluntário.*

O que serão eles em meio a esses povos novos para eles, ainda na infância da barbárie, senão anjos ou espíritos decaídos, enviados em expiação? A terra *de onde foram expulsos* não será para eles um *paraíso perdido*? Não era ela um *lugar de delícias* em comparação com o meio ingrato, onde se encontrarão relegados ao longo de milhares de séculos, até o dia em que terão merecido sua libertação? A vaga recordação intuitiva que conservam é para eles como uma miragem distante, que faz com que se lembrem do que perderam *por sua própria culpa.*

45. Mas ao mesmo tempo em que os maus terão deixado o mundo que habitavam, serão substituídos por espíritos melhores, vindos seja da erraticidade desse mesmo mundo ou de um mundo menos avançado, que terão o mérito de deixar, e para os quais a nova morada é uma recompensa. Estando a população espiritual, desse modo, renovada e livre de seus piores elementos, ao cabo de algum tempo o estado moral do mundo se encontrará melhor.

Essas mudanças são, às vezes, parciais, ou seja, limitadas a um povo, a uma raça; outras vezes, são gerais, quando o período de renovação tiver chegado para o Globo.

46. A raça adâmica tem todas as características de uma raça proscrita. Os espíritos que a compõem foram exilados na Terra já habitada, mas por homens primitivos, mergulhados na ignorância, e que eles tiveram por missão fazer progredir, trazendo entre eles as luzes de uma inteligência desenvolvida. Não é esse, com efeito, o papel que essa raça tem desempenhado até os dias atuais? Sua superioridade intelectual prova que o mundo que deixaram era mais avançado que a Terra; porém, esse mundo devendo entrar em uma nova fase de progresso, e esses espíritos, dado sua obstinação, não tendo sabido colocar-se à altura desse progresso, aí ficariam deslocados e seriam um entrave à marcha providencial das coisas. É por isso que foram excluídos, enquanto outros mereceram vir substituí-los.

Ao relegar essa raça sobre essa terra de trabalho e de sofrimentos, Deus teve razão ao dizer-lhe: "Dela tirarás teu alimento com o suor de teu rosto". Em Sua mansuetude, Ele lhe prometeu que lhe enviaria um *Salvador*, ou seja, aquele que haveria de instruí-lo quanto ao caminho a seguir para sair desse lugar de miséria, desse *inferno,* e alcançar a felicidade dos eleitos. Esse Salvador, Deus lhe enviou na pessoa do Cristo, que ensinou a lei do amor e da caridade para ele desconhecida, e que deveria ser a verdadeira tábua de salvação. O Cristo não apenas ensinou a lei, mas deu o exemplo da prática dessa lei, por sua mansuetude, sua humildade, sua paciência de sofrer sem murmurar os tratamentos mais ignominiosos e as maiores dores. Para que tal missão fosse cumprida sem desvios, era necessário um espírito acima das fraquezas humanas.

É igualmente para fazer avançar a humanidade num sentido determinado que espíritos superiores, sem terem as qualidades do Cristo, encarnam de tempos em tempos, para aí cumprirem missões especiais que possibilitam seu progresso pessoal, caso eles as cumpram de acordo com as expectativas do Criador.

47. Sem a reencarnação, a missão do Cristo seria um contrassenso, assim como a promessa feita por Deus. Suponhamos, com efeito, que a alma de cada homem seja criada no momento do nascimento de seu corpo e que ela tão somente apareça e desapareça na Terra, não havendo qualquer relação entre aquelas que vieram desde Adão até Jesus Cristo, nem entre aquelas que vieram depois, e que sejam todas completamente estranhas umas às outras. A promessa de um Salvador, feita por Deus, não poderia se aplicar aos descendentes de Adão, se suas almas ainda não tivessem sido criadas. Para que a missão do Cristo pudesse estar associada às palavras de Deus, era preciso que tais palavras se pudessem aplicar às mesmas almas. Se essas almas forem novas, não podem estar manchadas pela falta cometida pelo primeiro pai, que é apenas o pai carnal e não o pai espiritual. Caso contrário, Deus teria *criado* almas que estariam manchadas pela falta que não tinham cometido. A doutrina vulgar do pecado original implica, pois, a necessidade de uma relação entre as almas do tempo do Cristo e das do tempo de Adão e, consequentemente, da reencarnação.

Dizendo que todas as almas faziam parte da colônia de espíritos exilados sobre a Terra no tempo de Adão e que elas estavam manchadas pelas faltas que as haviam excluído de um mundo melhor, teremos a única interpretação racional do pecado original, pecado próprio de cada indivíduo e não o resultado da responsabilidade pela falta de um outro, que jamais conheceu.

Dizendo que essas almas ou espíritos renascem diversas vezes sobre a Terra na vida corporal, a fim de progredir e se depurar; que o Cristo veio esclarecer essas mesmas almas, não apenas com relação a suas vidas passadas, mas para suas vidas futuras, somente então estará sendo dado um objetivo real e sério à sua missão, aceitável pela razão.

48. Um exemplo familiar, chocante por sua analogia, fará compreender ainda melhor os princípios que acabam de ser expostos.

Em 24 de maio de 1861, a fragata *Ifigênia* trouxe à Nova Caledônia uma companhia disciplinar composta por 291 homens. O comandante da colônia lhes endereçou, à sua chegada, uma ordem do dia nos seguintes termos:

> Ao colocardes os pés sobre esta terra longínqua, vós compreendestes o papel que vos está reservado.
>
> A exemplo de nossos bravos soldados da marinha, que servem sob vossos olhos, vós nos ajudareis a levar brilhantemente, em meio das tribos selvagens da Nova-Caledônia, a bandeira da civilização. Não é uma missão nobre e bela, eu vos pergunto? Vós a cumprireis dignamente.
>
> Escutai a voz e os conselhos de vossos chefes. Estou à frente deles. Que minhas palavras sejam bem compreendidas.
>
> A escolha de vosso comandante, de vossos oficiais, de vossos suboficiais e cabos é garantia segura de todos os esforços que serão envidados, para fazer de vós excelentes soldados. Digo mais, para vos elevar à categoria de bons cidadãos e vos transformar em colonos honrados, se assim o desejardes.
>
> Vossa disciplina é severa e deve ser assim. Colocada em nossas mãos, ela será firme e inflexível, estejais bem certos disso, como também justa e paternal, ela saberá distinguir o erro do vício e da degradação...

Eis, pois, aí, homens expulsos de um país civilizado por sua má conduta, e enviados, como punição, para junto de um povo bárbaro. O que lhes diz o chefe?

> Vós infringistes as leis de vosso país, onde fostes causa de perturbação e escândalo, e dali fostes expulsos. Fostes enviados para cá, mas podereis resga-

tar vosso passado. Podeis, pelo trabalho, criar para vós mesmos uma posição honrada e vos tornar cidadãos honestos. Tendes uma bela missão a cumprir: a de trazer a civilização para estas tribos selvagens. A disciplina será severa, mas justa, e saberemos reconhecer os que se conduzirem bem.

Para esses homens relegados em meio aos selvagens, a mãe-pátria não será o paraíso perdido por sua própria falta e por sua rebeldia em face da lei? Nesta terra longínqua, não são anjos decaídos? A linguagem do chefe não é a mesma que Deus utilizou para falar aos espíritos exilados sobre a Terra: "Vós haveis desobedecido Minhas leis e é por isso que vos expulsei do mundo onde poderíeis viver felizes e em paz. Aqui, sereis condenados ao trabalho, mas podereis, por vossa boa conduta, merecer o perdão e reconquistar a pátria que haveis perdido por vossa própria culpa, ou seja o céu?"

49. À primeira vista, a ideia de decadência parece estar em contradição com o princípio que diz que os espíritos não podem retrogradar. Mas é preciso considerar que não se trata, aqui, de uma volta ao estado primitivo. O espírito, embora numa posição inferior, não perde nada do que havia adquirido. Seu desenvolvimento moral e intelectual é o mesmo, qualquer que seja o meio em que esteja colocado. Está na posição do homem do mundo, que é condenado à prisão por seus delitos. É verdade que está decaído do ponto de vista social, mas não se tornou mais estúpido, nem mais ignorante.

50. Podemos acreditar que esses homens enviados à Nova-Caledônia irão se transformar subitamente em modelos de virtude? Que irão desistir, de repente, de seus erros passados? Seria necessário não conhecer a humanidade para acreditar nessa possibilidade. Pela mesma razão, os espíritos da raça adâmica, uma vez transferidos para a terra de exílio, não se despojaram instantaneamente de seu orgulho e de seus maus instintos. Por muito tempo ainda, conservaram as tendências de sua origem, um resquício do velho fermento. Ora, não é esse o pecado original? A mancha que trazem ao nascer é a da raça dos espíritos culpados e punidos, à qual pertencem, mancha essa que podem apagar pelo arrependimento, pela expiação e pela renovação de seu ser moral. O pecado original, considerado como a responsabilidade por uma falta cometida por outrem, é um contrassenso e a negação da justiça de Deus. Considerado, ao contrário, como consequência e resíduo de uma imperfeição anterior do indivíduo, não somente a razão o admite, como se considera em total conformidade com a justiça a responsabilidade que dela decorre.

Capítulo XII

Gênese mosaica

Os seis dias – O paraíso perdido

Os seis dias

1. Capítulo I – No princípio, Deus criou o céu e a terra. – 2. Ora, a Terra estava vazia e vaga, as trevas cobriam o abismo e um vento de Deus pairava sobre as águas. – 3. Deus disse: "Haja luz" e houve luz. – 4. Deus viu que a luz era boa, e Deus separou a luz e as trevas. – 5. Deus chamou à luz "dia" e às trevas "noite". Houve uma tarde e uma manhã: primeiro dia. – 6. Deus disse: "Haja um firmamento no meio das águas e que ele separe as águas das águas", e assim se fez. – 7. Deus fez o firmamento, que separou as águas que estão sob o firmamento das águas que estão acima do firmamento. – 8. E Deus chamou ao firmamento "céu". Houve uma tarde e uma manhã: segundo dia. – 9. Deus disse: Que as águas que estão sob o céu se reúnam numa só massa e que apareça o continente" e assim se fez. – 10. Deus chamou ao continente "terra" e à massa das águas "mares', e Deus viu que isso era bom. – 11. Deus disse: "Que a terra verdeje de verdura: ervas que deem semente e árvores frutíferas que deem sobre a terra, segundo sua espécie, frutos contendo sua semente" e assim se fez. – 12. A terra produziu verdura: ervas que dão semente, segundo sua espécie, árvores que dão, segundo sua espécie, frutos contendo sua semente, e Deus viu que isso era bom. – 13. Houve uma tarde e uma manhã: terceiro dia. – 14. Deus disse: "Que haja luzeiros no firmamento do céu, para separar o dia e a noite; que eles sirvam de sinais, tanto para as festas quanto para os dias e os anos. – 15. Que sejam luzeiros no firmamento do céu para iluminar a terra" e assim se fez. – 16. Deus fez os dois luzeiros maiores: o grande luzeiro, para governar o dia, e o pequeno luzeiro, para governar a noite, e as estrelas. – 17. Deus os colocou no firmamento do céu, para iluminar a terra, – 18. para governarem o dia e a noite, para separarem a luz e as trevas, e Deus viu que isso era bom. – 19. Houve uma tarde e uma manhã: quarto dia. – 20. Deus disse: "Fervilhem as águas um fervilhar de seres vivos e que as aves voem acima da terra, sob o firmamento do céu" e assim se fez. – 21. Deus criou as grandes serpentes do mar e todos os seres vivos que rastejam e que fervilham nas águas segundo sua espécie, e as aves aladas segundo sua espécie, e Deus viu que isso era bom. – 22. Deus os abençoou e disse: "Sede fecundos, multiplicai-vos, enchei a água dos mares, e que as aves se multipliquem sobre a terra." – Houve uma tarde e uma manhã: quinto dia. – 24. Deus disse: "Que a terra produza seres vivos segundo sua espécie: animais domésticos, répteis e feras, segundo sua espécie" e assim se fez. – 25. Deus fez as feras segundo sua espécie, os animais domésticos segundo sua espécie e todos os répteis do solo segundo sua espécie, e Deus viu que isso era bom. – 26. Deus disse: "Façamos o homem à nossa imagem, como nossa semelhança, e que eles dominem sobre os peixes do mar, as aves do céu, os animais domésticos, todas as feras e todos os répteis que rastejam sobre a terra." – 27. Deus criou o homem à sua imagem, à imagem de Deus Ele o criou, homem e mulher. – 28. Deus os abençoou e lhes disse: "Sede fecundos, multiplicai-vos, enchei a Terra e submetei-a; dominai sobre os peixes do mar, as aves do céu e todos os animais que rastejam sobre a Terra." – 29. Deus disse: "Eu vos dou todas as ervas que dão semente, que estão sobre toda a superfície da terra, e todas as árvores que dão frutos que dão semente: isso será vosso alimento. – 30. A todas as feras, a todas as aves do céu, a tudo o que rasteja sobre a terra e que é animado de vida, eu dou como alimento toda a verdura das plantas" e assim fez. – Deus viu tudo o que tinha feito: e era muito bom. Houve uma tarde e uma manhã: sexto dia.

Capítulo II – 1. Assim foram concluídos o céu e a terra e todo o seu ornamento. – 2. Tendo Deus terminado no sétimo dia a obra que tinha feito, descansou de seu trabalho. – 3. Deus abençoou o sétimo dia e o santificou, pois nele descansou depois de toda a sua obra de Criação. – 4. Tal é a origem da criação do céu e da terra. No tempo em que o Senhor Deus fez a terra e o céu. – 5. Não existia ainda sobre a terra nenhum arbusto nos campos, e nenhuma erva havia ainda brotado nos campos, porque o Senhor Deus não tinha feito chover sobre a terra, nem havia homem que a cultivasse; – 6. Mas subia da terra um vapor que regava toda a sua superfície. – 7. O Senhor Deus formou, pois, o homem do barro da terra, e inspirou-lhe as narinas o sopro da vida, e o homem se tornou um ser vivente.

(Conforme texto da tradução em português de *A Bíblia de Jerusalém*.)

2. Após as explanações contidas nos capítulos anteriores sobre a origem e a constituição do Universo, segundo os dados fornecidos pela ciência, quanto à parte material, e pelo espiritismo, para a parte espiritual, seria útil colocar em paralelo o próprio texto da Gênese de Moisés, a fim de que cada um possa estabelecer uma comparação e julgar com conhecimento de causa. Algumas explicações suplementares bastarão para fazer compreender as partes que necessitem de esclarecimentos especiais.

3. Em alguns pontos, há certamente uma concordância notável entre a Gênese de Moisés e a doutrina científica. Mas seria um erro acreditar que basta substituir os seis dias de vinte e quatro horas da criação pelos seis períodos indeterminados, para encontrar uma analogia completa. E não seria um erro menor acreditar que, excetuando-se o sentido alegórico de algumas palavras, a Gênese e a ciência seguem uma à outra, passo a passo, e que não são senão a paráfrase uma da outra.

4. Notemos, primeiramente, que, tal como já foi dito (Capítulo VII, nº 14), o número de seis períodos geológicos é arbitrário, visto que se contam mais de 25 formações bem caracterizadas. Esse número marca apenas as grandes fases gerais. Foi adotado, a princípio, apenas para encaixar as coisas, o mais possível, ao texto bíblico, numa época não tão distante, em que se acreditava que se deveria controlar a ciência pela Bíblia. É por isso que os autores da maior parte das teorias cosmogônicas esforçaram-se em se colocar de acordo com o texto sagrado, a fim de serem mais facilmente aceitos. Quando a ciência se apoiou sobre o método experimental, sentiu-se mais forte e se emancipou. Atualmente, a Bíblia é que é controlada pela ciência.

Por outro lado, a geologia, tomando como seu ponto de partida somente a formação dos terrenos graníticos, não abrange, no número de seus períodos, o do estado primitivo da Terra. Ela tampouco se ocupa com o Sol, com a Lua, com as estrelas, nem com o conjunto do Universo, que dizem respeito à astronomia. Para se encaixar no quadro da Gênese, convém, pois, acrescentar um primeiro período que inclua essa ordem de fenômenos, o qual poderíamos denominar *período astronômico*.

Além disso, o período diluviano não é considerado por todos os geólogos como constituindo um período distinto, mas como um fato transitório e passageiro, que não alterou de maneira sensível o estado climático do Globo, nem assinalou uma nova fase no que diz respeito às espécies vegetais e animais, visto que, com raras exceções, as mesmas espécies existiam antes e depois do dilúvio. Pode-se, então, fazer abstração dele, sem se afastar da verdade.

5. O quadro comparativo a seguir, no qual estão resumidos os fenômenos que caracterizam cada um dos seis períodos, permite abranger o conjunto e analisar as relações e as diferenças que existem entre eles e a Gênese bíblica:

CIÊNCIA	GÊNESE MOSAICA
I – PERÍODO ASTRONÔMICO Aglomeração da matéria cósmica universal sobre um ponto do espaço em uma nebulosa que deu origem, pela condensação da matéria, sobre diversos pontos, às estrelas, ao Sol, à Terra, à Lua e a todos os planetas. Estado primitivo fluídico e incandescente da Terra – Atmosfera imensa, carregada de toda a água no estado de vapor e de todas as matérias volatilizáveis.	**1º DIA** O Céu e a Terra. – A Luz.
II – PERÍODO PRIMÁRIO Endurecimento da superfície da Terra pelo resfriamento; formação de camadas graníticas.– Atmosfera espessa e ardente, impenetrável aos raios do Sol. – Precipitação gradual de água e de matérias sólidas volatilizadas no ar. – Ausência de qualquer vida orgânica.	**2º DIA** O firmamento. Separação das águas que estão sob o firmamento das que estão acima.
III – PERÍODO DE TRANSIÇÃO As águas cobrem toda a superfície do Globo. – Primeiros depósitos de sedimento, formados pelas águas. – Calor úmido. – O Sol começa a penetrar a atmosfera brumosa. – Primeiros seres organizados de constituição mais rudimentar. – Líquens, musgos, fetos, licopódios. – As plantas herbáceas. – Vegetação colossal. – Primeiros animais marinhos: zoófitos, pólipos, crustáceos. – Depósitos hulhíferos.	**3º DIA** As águas que estão sob o firmamento se reúnem; o elemento árido aparece. – A terra e os mares. – As plantas.
IV – PERÍODO SECUNDÁRIO Superfície da Terra pouco acidentada; águas pouco profundas e pantanosas. Temperatura menos abrasadora; atmosfera mais depurada. Depósitos consideráveis de calcários pelas águas. – Vegetação menos colossal; novas espécies; plantas lenhosas; primeiras árvores. – Peixes; cetáceos; animais de conchas; grandes répteis aquáticos e anfíbios.	**4º DIA** O Sol, a Lua, as Estrelas.
V – PERÍODO TERCIÁRIO Grandes levantamentos da crosta sólida; formação dos continentes. Acumulação das águas nos lugares baixos; formação dos mares. – Atmosfera depurada; temperatura atual produzida pelo calor solar. – Animais terrestres gigantescos. Vegetais e animais atuais. Pássaros. Dilúvio Universal.	**5º DIA** Os peixes e os pássaros.
VI – PERÍODO QUATERNÁRIO OU PÓS-DILUVIANO Terrenos de aluvião. – Vegetais e animais da atualidade. – O homem.	**6º DIA** Animais terrestres. O homem.

6. Um primeiro fato que ressalta do quadro comparativo acima é que a obra de cada um dos seis dias não corresponde, rigorosamente, como muitos acreditam, a cada um dos períodos geológicos. A concordância mais notável é a da sucessão dos seres orgânicos, que é muito próxima, e na aparição do homem por último. Ora, eis aqui um fato importante.

Há também coincidência, não com a ordem numérica dos períodos, mas com fato, na passagem em que se diz que no terceiro dia: "As águas que estão sob o céu se reuniram em um só lugar e o elemento árido surgiu." É a expressão do que aconteceu no período terciário, quando os soerguimentos da crosta sólida colocaram a descoberto os continentes e fizeram recuar as águas que formaram os mares. Foi somente então que apareceram os animais terrestres, segundo a geologia e segundo Moisés.

7. Quando Moisés diz que a Criação foi feita em seis dias, terá ele querido falar em dias de vinte e quatro horas ou terá ele compreendido tal palavra no sentido de período, duração, espaço de tempo indeterminado, uma vez que a palavra hebraica *dia* tem essa dupla acepção? A primeira hipótese é a mais provável, caso se refira ao próprio texto. A especificação de tarde e manhã, as quais limitam cada um dos seis dias, permite supor que ele quis falar de dias comuns. Não se pode mesmo conceber qualquer dúvida a esse respeito, quando ele diz no versículo 5: "Deus chamou à luz *dia* e às trevas *noite*. Houve uma tarde e uma manhã: primeiro dia". Isso só se pode aplicar, evidentemente, ao dia de vinte e quatro horas, dividido pela luz e pelas trevas. O sentido é ainda mais preciso quando ele diz, no versículo 17, ao falar do Sol, da Lua e das estrelas: "Deus os colocou no firmamento do céu, para iluminar a Terra; para governarem o dia e a noite, para separarem a luz e as trevas, e Deus viu que isso era bom. Houve uma tarde e uma manhã: quarto dia".

Aliás, tudo na Criação era miraculoso, e quando se envereda pela via dos milagres, pode-se perfeitamente acreditar que a Terra tenha sido feita em seis dias de vinte e quatro horas, sobretudo quando se ignora as primeiras leis naturais. Tal crença foi compartilhada por todos os povos civilizados até o momento em que a geologia veio, com suas peças na mão, demonstrar sua impossibilidade.

8. Um dos pontos mais criticados na Gênese é a criação do Sol depois da luz. Tentou-se explicá-lo segundo os próprios dados fornecidos pela geologia, dizendo-se que estando a atmosfera terrestre carregada de vapores densos e opacos nos primeiros tempos de sua formação, não permitia ver o Sol, o qual, desse modo, não existia para a Terra. Essa razão talvez fosse admissível se, naquela época, houvesse habitantes para atestar a presença ou a ausência do Sol. Ora, segundo o próprio Moisés, havia apenas plantas que, todavia, não teriam podido crescer e multiplicar-se sem a ação do calor do Sol.

Há, pois, evidentemente, um anacronismo na ordem que Moisés indica para a criação do Sol. Mas, involuntariamente ou não, ele não cometeu um erro ao dizer que a luz havia precedido o Sol.

O Sol não é o princípio universal da luz, mas sim uma concentração do elemento luminoso sobre um ponto; em outras palavras, o fluido, que nas circunstâncias dadas, adquire as propriedades luminosas. Esse fluido, que é a causa, devia necessariamente existir antes do Sol, que é apenas um efeito. O Sol é *causa* para a luz que espalha, mas é *efeito*, em relação à que recebe.

Num quarto escuro, uma vela acesa é um pequeno sol. O que se fez para acender a vela? Desenvolveu-se a propriedade iluminante do fluido luminoso e concentrou-se esse fluido sobre um ponto. A vela é a causa da luz que se espalha pelo quarto, mas, se o princípio luminoso não existisse antes da vela, esta não poderia ter sido acesa.

O mesmo se dá em relação ao Sol. O erro vem da falsa ideia, que vigorou por longo tempo entre os homens, de que o Universo inteiro começou com a Terra e, por essa razão, não se pode compreender que o Sol tenha sido criado depois da luz. Sabe-se, atualmente, que, antes de nosso Sol e de nossa Terra, milhões de sóis e Terras existiram, os quais fruíam, por conseguinte, da luz. A afirmativa de Moisés é, portanto, perfeitamente exata, em princípio; mas é falsa no ponto em que faz crer que a Terra tivesse sido criada antes do Sol. A Terra, estando sujeita ao Sol em seu movimento de translação, teve que ser formada depois dele. E é isso que Moisés não poderia saber, pois ignorava a lei da gravitação.

O mesmo pensamento se encontra na Gênese dos antigos persas, no primeiro capítulo do Vendedad, onde Ormuzd, narrando a origem do mundo, diz: "Criei a luz que foi iluminar o Sol, a Lua e as estrelas." (*Dicionário da mitologia universal*.) A forma aqui é, sem dúvida, mais clara e mais científica do que em Moisés e dispensa comentários.

9. Moisés compartilhava, evidentemente, as mais primitivas crenças sobre a cosmogonia. Como os homens de seu tempo, ele acreditava na solidez da abóbada celeste e em reservatórios superiores para as águas. Esse pensamento está expresso, sem alegoria, nesta passagem (versículo 6 e seguintes): "Deus disse: *Haja um firmamento no meio das águas e que ele separe as águas das águas*, e assim se fez. Deus fez o firmamento, que separou as águas que estão sob o firmamento das águas que estão acima do firmamento." (Ver capítulo V, *Sistemas dos mundos antigos e modernos*, nº 3, 4, 5.)

Uma antiga crença fazia com que se considerasse a água como o princípio, o elemento gerador primitivo. Também, Moisés não fala sobre a criação das águas, que parecem já existir. "As trevas cobriam o abismo", ou seja, as profundezas do espaço, que a imaginação concebia vagamente ocupada pelas águas, e nas trevas, antes da criação da luz. Eis por que Moisés diz que: "O Espírito de Deus pairava sobre as águas". A Terra, sendo supostamente formada no meio das águas, era preciso isolá-la. Supunha-se, então, que Deus tivesse feito o firmamento, abóbada sólida, que separava as águas do alto, das que estavam sobre a Terra.

Para compreender determinadas partes da Gênese, é preciso, necessariamente, colocar-se do ponto de vista das ideias cosmogônicas do tempo do qual ela é o reflexo.

10. Ante os progressos da física e da astronomia, semelhante doutrina é insustentável[44]. Contudo, Moisés atribui essas palavras ao próprio Deus. Ora, uma vez que elas exprimem um fato notoriamente falso, das duas, uma: ou Deus se enganou no relato que faz de Sua obra, ou esse relato não é uma revelação divina. Sendo a primeira suposição inadmissível, é preciso concluir que Moisés exprimiu suas próprias ideias. (Capítulo I, nº 3.)

11. Moisés está mais próximo da verdade, quando diz que Deus formou o homem do barro da terra[45]. A ciência nos demonstra, com efeito (Capítulo X), que o corpo humano é composto de elementos retirados da matéria inorgânica, ou seja, do barro da terra.

A mulher formada de uma costela de Adão é uma alegoria, pueril na aparência, se a tomarmos ao pé da letra, mas profunda pelo sentido. Ela tem por objetivo mostrar que a mulher tem a mesma natureza que o homem, que é, por conseguinte, sua igual perante Deus, e não uma criatura à parte, feita para ser usada como escrava e tratada de maneira abjeta. A imagem de igualdade, sugerida pela expressão "Saída de sua própria carne", é bem mais expressiva do que se ela tivesse sido formada separadamente do mesmo barro; é para dizer ao homem que ela é sua igual e não sua escrava, e que ele deve amá-la como parte de si mesmo.

12. Para os espíritos incultos, sem qualquer noção das leis gerais, incapazes de abarcar o conjunto e de conceber o infinito, essa criação miraculosa e instantânea tinha algo de fantástico e impressionava a imaginação. O quadro do Universo tirado do nada em alguns dias, por um único ato da vontade criadora, era para eles o sinal mais incontestável do poder de Deus. Que pintura, com efeito, é mais sublime e mais poética do que o poder destas palavras: "Deus disse: *Haja luz e houve luz!*" Deus, criando o Universo pelo cumprimento lento e gradual das leis da natureza, lhes teria parecido menor e menos poderoso. Eles precisavam de algo de maravilhoso, que fugisse das vias comuns, do contrário teriam dito que Deus não era mais hábil que os homens. Uma teoria científica e racional da criação os teria deixado frios e indiferentes.

Os homens primitivos são como crianças, a quem é preciso dar a nutrição intelectual que sua inteligência comporta. Hoje, que estamos esclarecidos pelas luzes da ciência, relevemos os erros materiais do relato de Moisés, mas não o culpemos por ter falado a linguagem de seu tempo, sem o que ele não teria sido compreendido, nem aceito.

Respeitemos esses quadros que atualmente nos parecem pueris, como respeitamos os apólogos que iluminaram nossa primeira infância e abriram nossa inteligência, ensinando-nos a pensar. Foi com esses quadros que Moisés inculcou

---

44. Por mais grosseiro que seja o erro de tal crença, ela ainda é incutida no cérebro das crianças como uma verdade sagrada. É com receio que os educadores ousam arriscar uma tímida interpretação. Como pretender que isso não faça incrédulos mais tarde?

45. A palavra hebraica *haadam,* homem, que deu origem a Adão, e a palavra *haadama*, terra, têm o mesmo radical.

nos corações dos primeiros homens a fé em Deus e em Seu poder, fé ingênua, que deveria ser depurada mais tarde pela chama da ciência. Pelo fato de sabermos ler correntemente, não desprezemos o livro onde aprendemos a soletrar!

Não rejeitemos, pois, a Gênese bíblica; estudemo-la, ao contrário, como se estuda a história da infância dos povos. É uma epopeia rica em alegorias, cujo sentido oculto é necessário buscar, que é preciso comentar e explicar com o auxílio das luzes da razão e da ciência. Ressaltemos as belezas poéticas e as instruções veladas sob a forma de imagens fortes, mas demonstremos decididamente os erros, no próprio interesse da religião. Haveremos de respeitá-la mais, quando esses erros não mais forem impostos à fé como verdades, e Deus aparecerá maior e mais poderoso quando Seu nome não mais for misturado a fatos controversos.

O PARAÍSO PERDIDO[46]

13. Capítulo II – 8. Iahweh Deus plantou um jardim em Éden, no oriente, e aí colocou o homem que modelara. – 9. Iahweh Deus fez crescer do solo toda espécie de árvores formosas de ver e boas de comer, e a árvore da vida no meio do jardim[47], e a árvore do conhecimento do bem e do mal. [*Fez sair Jeová, Eloïm, da terra* (min haadama), *toda árvore boa à vista e boa para comer, e a árvore da vida* (vehetz hachayim) *no meio do jardim, e a árvore da ciência do bem e do mal.*] 15.Iahweh Deus tomou o homem e o colocou no jardim de Éden, para o cultivar e guardar. – 16. E Iahweh Deus deu ao homem esse mandamento: "Podes comer de todas as árvores do jardim. (*Ele ordenou, Jeová Eloïm, ao homem* (hal haadam), *dizendo: De toda árvore do jardim* (hagan) *tu podes comer;* – 17. Mas da árvore do conhecimento do bem e do mal não comerás, porque no dia em que dela comeres terás que morrer. [*E da árvore do conhecimento do bem e do mal* (oumehetz hadaat tob vara) *tu não comerás, pois, no dia em que dela comeres, morrerás).*]

14. Capítulo III – 1. A serpente era o mais astuto de todos os animais dos campos, que Iahweh Deus tinha feito. Ela disse à mulher: "Por que Deus disse que não podeis comer de todas as árvores do paraíso?" E a serpente era mais astuta que todos os animais terrestres que Jeová Eloim tinha feito; ela disse à mulher (*el haïscha*): "Eloim disse: Vós não comereis de nenhuma árvore do jardim?" – 2. A mulher respondeu à serpente: "Nós podemos comer do fruto das árvores do jardim. (Ela disse, a mulher, à serpente, do fruto (*miperi*) das árvores do jardim, nós podemos comer.) – 3. Mas do fruto que está no meio do jardim, Deus disse: Dele não comereis, nele não tocareis, sob pena de morte.4. A serpente disse então à mulher: "Não, não morrereis! – 5. Mas Deus sabe que, no dia em que

---

46. Na sequência de alguns versículos foi colocada a tradução literal do texto hebraico, que vai mais fielmente ao encontro do pensamento primitivo. O sentido alegórico, assim, aparece mais claramente.

47. Paraíso, do latim *paradisus,* feito do grego *paradeisos,* jardim, vergel, local plantado de árvores. A palavra hebraica empregada na Gênese é *hagan,* que tem o mesmo significado.

168   Capítulo XII   A Gênese

dele comerdes, vossos olhos se abrirão e vós sereis como deuses, versados no bem e no mal." 6. A mulher viu que a árvore era boa ao apetite e formosa à vista, e que essa árvore era desejável para adquirir discernimento. Tomou-lhe do fruto e comeu. Deu-o também a seu marido, que com ela estava, e ele comeu. Ela viu, a mulher, que a árvore era boa como alimento, e que era desejável a árvore para compreender (*leaskil*), e ela tomou de seu fruto etc. 8. Eles ouviram o passo de Iahweh Deus que passeava no jardim à brisa do dia e o homem e sua mulher se esconderam da presença de Iahweh Deus, entre as árvores do jardim. 9. Iahweh Deus chamou o homem: "Onde estás?", disse Ele. – 10. "Ouvi Teu passo no jardim", respondeu o homem; "tive medo, porque estou nu, e me escondi." – 11. Ele retomou: "E quem te fez saber que estavas nu? Comeste, então, da árvore que te proibi comer!" – 12. O homem respondeu: "A mulher que puseste junto de mim me deu da árvore, e eu comi!" – 13. Iahweh Deus disse à mulher: "Que fizeste?" E a mulher respondeu: "A serpente me seduziu e eu comi." – 14. Então Iahweh Deus disse à serpente: "Porque fizeste isso és maldita entre todos os animais domésticos e todas as feras selvagens. Caminharás sobre teu ventre e comerás poeira todos os dias de tua vida. – 15. Porei hostilidade entre ti e a mulher, entre tua linhagem e a linhagem dela. Ela te esmagará a cabeça e tu lhe ferirás o calcanhar." 16. À mulher Ele disse: "Multiplicarei as dores de tuas gravidezes, na dor darás à luz filhos. Teu desejo te impelirá ao teu marido e ele te dominará." 17. Ao homem, Ele disse: Porque escutaste a voz de tua mulher e comeste da árvore que eu te proibira comer, maldito é o solo por causa de ti! Com sofrimentos, dele te nutrirás todos os dias de tua vida. – 18. Ele produzirá para ti espinhos e cardos, e comerás a erva dos campos. – 19. Com o suor de teu rosto comerás teu pão, até que retornes ao solo, pois dele foste tirado. Pois tu és pó e ao pó tornarás." 20. O homem chamou sua mulher *Eva*, por ser a mãe de todos os viventes. 21. Iahweh Deus fez para o homem e sua mulher túnicas de pele, e os vestiu. – 22. Depois disse Iahweh Deus: "Se o homem já é como um de nós, versado no bem e no mal, que agora ele não estenda a mão e colha também da árvore da vida, e coma e viva para sempre!" Ele disse, Jeová Eloim: "Vede, o homem tornou-se como um de nós pelo conhecimento do bem e do mal; e agora ele pode estender a mão e tomar da árvore da vida (*veata pen ischlach yado velakach mehetz hachayim*); ele a comerá e viverá eternamente. 23. E Iahweh Deus o expulsou do jardim de Éden, para cultivar o solo de onde fora tirado. 24. Ele baniu o homem e colocou, diante do jardim de Éden, os querubins[48] e a chama da espada fulgurante para guardar o caminho da árvore da vida.

15. Sob uma imagem pueril e às vezes ridícula, se nos prendermos à forma, a alegoria oculta, não raro, as maiores verdades. Há fábula mais absurda, à primeira vista, do que a de Saturno, um deus que devorava pedras, que ele tomara por

---

48. Do hebreu *cherub, keroub*, (boi), *charab* (trabalhar). Anjos do segundo coro da primeira hierarquia, que eram representados com quatro asas, quatro faces e com pés de boi.

seus filhos? Mas, ao mesmo tempo, o que há de mais profundamente filosófico e verdadeiro que essa figura, se dela buscarmos o sentido moral! Saturno é a personificação do tempo; sendo todas as coisas obra do tempo, ele é o pai de tudo quanto existe, mas tudo, também, se destrói com o tempo. Saturno devorando pedras é o emblema da destruição pelo tempo dos corpos, os mais duros, que são seus filhos, já que eles se formaram com o tempo. E quem escapa dessa destruição, conforme a mesma alegoria? Júpiter, o emblema da inteligência superior, do princípio espiritual que é indestrutível. Essa imagem é mesmo tão natural, que na linguagem moderna, sem alusão à fábula antiga, se diz de uma coisa deteriorada ao longo do tempo, que ela foi devorada, corroída, devastada pelo tempo.

16. Toda mitologia pagã não é, na verdade, senão um vasto quadro alegórico de diversos lados bons e maus da humanidade. Para os que procuram seu espírito, é um curso completo da mais elevada filosofia, como sucede, também, com nossas fábulas modernas. O absurdo seria tomar a forma pelo fundo. Mas os padres pagãos ensinavam apenas a forma, seja porque alguns nada soubessem, seja porque tinham interesse em manter o povo preso a essas crenças que, favorecendo sua dominação, eram-lhes mais proveitosas que a filosofia. A veneração do povo pela forma era uma fonte inesgotável de riquezas, pelos donativos acumulados nos templos, as oferendas e os sacrifícios feitos por intenção aos deuses, mas, na realidade, em proveito de seus representantes. Um povo menos crédulo seria menos dado às imagens, às estátuas, aos emblemas e aos oráculos. Sócrates também fora condenado, como ímpio, a beber a cicuta, por ter querido secar essa fonte, colocando a verdade no lugar do erro. Ainda não era costume queimar vivos os heréticos. E cinco séculos mais tarde, o Cristo foi condenado a uma morte infamante, como ímpio, por ter, como Sócrates, querido substituir a letra pelo espírito, e porque sua doutrina toda espiritual arruinaria a supremacia dos escribas, dos fariseus e dos doutores da lei.

17. O mesmo sucede com a Gênese, onde é preciso ver grandes verdades morais sob a forma de figuras materiais, que, tomadas ao pé da letra, seria tão absurda como se, em nossas fábulas, tomássemos ao pé da letra as cenas e os diálogos atribuídos aos animais.

Adão é a personificação da humanidade: sua falta individualiza a fraqueza do homem, em quem predominam os instintos materiais, aos quais não sabe resistir.

A árvore, como árvore da vida, é o conjunto da vida espiritual; como árvore do conhecimento, é o da consciência que o homem adquire acerca do bem e do mal, pelo desenvolvimento de sua inteligência e do livre-arbítrio, em virtude do qual escolhe entre ambos; marca o ponto em que a alma do homem, deixando de ser guiada apenas pelos instintos, toma posse de sua liberdade e assume a responsabilidade por seus atos.

O fruto da árvore é o emblema do objetivo dos desejos materiais do homem, é a alegoria da cobiça. Resume, em uma mesma imagem, os motivos do arrastamento ao mal. Comê-lo é sucumbir à tentação[49]. Cresce em meio ao jardim de delícias, para mostrar que a sedução se encontra no próprio seio dos prazeres e, ao mesmo tempo, para fazer lembrar ao homem que, se der preponderância aos gozos materiais, ficará atado à Terra e se afastará de sua destinação espiritual.

A morte, da qual o homem está ameaçado caso infrinja a proibição que lhe é feita, é uma advertência quanto às consequências inevitáveis, físicas e morais, que decorrem da violação das leis divinas, que Deus gravou em sua consciência. Está bem claro que não se trata aqui da morte corporal, visto que, após cometer a falta, Adão viveu por muito tempo ainda, mas sim da morte espiritual ou, em outras palavras, da perda dos bens que resultam do progresso moral, perda da qual sua expulsão do jardim de delícias é a imagem. Atualmente, a serpente está longe de ser a personificação da astúcia. Ela entra aqui mais por uma alusão à sua forma do que por sua índole, numa alusão à perfídia dos maus conselhos, que se insinuam como a serpente e dos quais por essa razão, frequentemente, não desconfiamos. Aliás, se a serpente foi condenada a rastejar por ter enganado a mulher, isso poderia significar que antes possuía pernas e, nesse caso, não se trataria mais de uma serpente. Por que, então, impor como verdades à fé ingênua e crédula das crianças alegorias tão evidentes e que, deturpando seu julgamento, faz como que vejam a Bíblia, mais tarde, como uma trama de fábulas absurdas?

18. Se a falta de Adão é literalmente ter comido um fruto, não poderia, incontestavelmente, por sua natureza quase pueril, justificar o rigor com que foi punida. Não seria nem mais racional admitir que este seja o fato que geralmente se supõe. De outra maneira Deus, considerando esse fato como um crime irremissível, teria condenado sua própria obra, visto que tinha criado o homem para a propagação. Se Adão tivesse compreendido nesse sentido a proibição de tocar no fruto da árvore e a isso se tivesse escrupulosamente conformado, onde estaria a humanidade e o que teria sido dos desígnios do Criador? Se tivesse sido assim, Deus teria criado o imenso aparelho do Universo para dois indivíduos, e a humanidade teria surgido contra Sua vontade e Suas previsões.

Deus não tinha criado Adão e Eva para ficarem sós na Terra, e a prova disso está nas próprias palavras que Ele lhes dirigiu imediatamente após os haver formado, quando eles ainda estavam no paraíso terrestre: Deus os abençoou e lhes disse: "Sede fecundos, multiplicai-vos, *enchei a Terra* e submetei-a." (Cap. I, v. 28.) Já que a multiplicação do homem era uma lei desde o paraíso terrestre, sua expulsão não pode ter por causa o fato suposto.

---

49. Em nenhum texto o fruto é identificado como a *maçã*. Essa palavra só se encontra em versões infantis. O termo que aparece no texto hebreu é *peri,* que possui as mesmas acepções que no francês, sem especificação de espécie e que pode ser tomada no sentido material, moral, alegórico, próprio e figurado. Para os israelitas, não há interpretação obrigatória. Visto que uma palavra tem várias acepções, cada qual o compreende como quer, contanto que a interpretação não seja contrária à gramática. A palavra *peri* foi traduzida em latim como *malum*, que pode se referir à maçã como a qualquer espécie de fruta. Deriva do grego *mélon*, particípio do verbo *mélo*, que significa interessar, tomar conta, atrair.

O que deu crédito a essa suposição foi o sentimento de vergonha que se apoderou de Adão e Eva quando viram Deus e que os levou a se cobrirem. Mas essa vergonha é uma figura por comparação: ela simboliza a confusão que todo culpado experimenta perante aquele a quem ofendeu.

19. Qual é, então, em definitivo, essa falta tão grande, a ponto de ter condenado perpetuamente todos os descendentes daquele que a cometeu? Caim, o fratricida, não foi tratado com igual severidade. Nenhum teólogo conseguiu defini-la logicamente, porque todos, não tendo saído da letra, permaneceram num círculo vicioso.

Atualmente, sabemos que essa falta não é um ato isolado, pessoal, de um indivíduo, mas que ela compreende, sob um fato alegórico único, o conjunto das faltas das quais a humanidade ainda imperfeita da Terra pode tornar-se culpada e que se resumem nestas palavras: *infração à lei de Deus*. Eis por que a falta do primeiro homem, simbolizando a humanidade, é figurada por um ato de desobediência.

20. Ao dizer a Adão que ele tirará seu alimento da terra com o suor de seu rosto, Deus simboliza a obrigação do trabalho. Mas por que Ele faz do trabalho uma punição? O que seria da inteligência do homem se ele não a desenvolvesse pelo trabalho? O que seria da terra, se ela não fosse fecundada, transformada, saneada pelo trabalho inteligente do homem?

Disse (cap. II, v. 5 e 7): "Não havia ainda nenhum arbusto dos campos sobre a terra e nenhuma erva dos campos tinha ainda crescido, porque Iahw eh Deus não tinha feito chover sobre a terra e não havia homem para cultivar o solo. Então Iahweh Deus modelou o homem com a argila do solo". Tais palavras, comparadas a estas: "Enchei a Terra", provam que o homem estava, desde o início, destinado a *ocupar toda a terra e a cultivá-la*. E, além disso, que o paraíso não era um lugar circunscrito a um canto do Globo. Se o cultivo da terra devia ser uma consequência da falta de Adão, disso resultaria que, se Adão não tivesse pecado, a terra não teria sido cultivada e que os desígnios de Deus não se teriam cumprido.

Por que Deus diz à mulher que, porque ela cometeu a falta, ela parirá com dor? Como pode a dor do parto ser um castigo, quando ela é uma consequência do organismo, e que está provado fisiologicamente que ela é necessária? Como algo que está de acordo com as leis da natureza pode ser uma punição? É o que os teólogos ainda não explicaram e o que não poderão fazer enquanto não saírem do ponto de vista em que se situaram. Entretanto, essas palavras, que parecem tão contraditórias, podem ser justificadas.

21. Notemos, primeiramente, que, se no momento da criação de Adão e Eva suas almas tivessem acabado de ser tiradas do nada, como se ensina, eles deveriam ser novatos em todas as coisas. Eles não deveriam saber o que é morrer. Uma vez que eles estavam sós sobre a Terra, enquanto viveram no paraíso terrestre, não tinham visto ninguém morrer. Como, então, poderiam ter compreendido a ameaça de morte que Deus lhes fazia? Como teria Eva compreendido que parir com dor seria uma punição, uma vez que, tendo acabado de nascer para a vida, ela jamais tivera filhos e era a única mulher no mundo?

As palavras de Deus não deviam fazer, portanto, qualquer sentido para Adão e Eva. Recém-tirados do nada, não deviam saber nem por que, nem como tinham sido do nada tirados. Não deviam compreender nem o Criador, nem a proibição que Ele lhes impunha. Sem nenhuma experiência acerca das condições da vida, eles pecaram como crianças que agem sem discernimento, o que torna ainda mais incompreensível a terrível responsabilidade que Deus fez pesar sobre eles e sobre a humanidade inteira.

22. O que constitui um impasse para a teologia, o espiritismo explica sem dificuldade e de uma maneira racional, pela anterioridade da alma e pela pluralidade das existências, lei sem a qual tudo é mistério e anomalia na vida do homem. Com efeito, admitamos que Adão e Eva tivessem já vivido e tudo estaria justificado: Deus não lhes fala como a duas crianças, mas como a seres em condições de compreendê-Lo e que O compreendem, prova evidente de que possuem aquisições anteriores. Admitamos, além disso, que eles tenham vivido em um mundo mais avançado e menos material que o nosso, onde o trabalho do espírito substituía o trabalho do corpo; que, por sua revolta contra as leis de Deus, representada pela desobediência, eles tenham sido expulsos e exilados como castigo na Terra, onde o homem, em consequência da natureza do Globo, é constrangido a um trabalho corporal e Deus teria razão para dizer-lhes: No mundo onde irão viver a partir de agora, "vós cultivareis a terra e dela tirareis vosso alimento com o suor de vosso rosto"; e à mulher: "Parirás com dor", porque essa é a condição desse mundo. (Cap. XI, nº 31 e seguintes.)

O paraíso terrestre, do qual se tem tentado inutilmente encontrar vestígios na Terra, era então a representação do mundo feliz onde Adão tinha vivido, ou melhor, a raça dos espíritos dos quais ele é a personificação. A expulsão do paraíso marca o momento em que esses espíritos vieram encarnar-se entre os habitantes desse mundo e a mudança de situação que se seguiu. O anjo armado com uma espada, que protege a entrada do paraíso, simboliza a impossibilidade em que se encontram os espíritos de mundos inferiores de penetrar em mundos superiores antes de o haverem merecido por sua depuração. (Ver a seguir Cap. XIV, nº 9 e seguintes.)

23. Caim (após a morte de Abel) respondeu ao Senhor: "Minha culpa é muito pesada para suportá-la. Vê! Hoje, Tu me banes do solo fértil, terei de ocultar-me longe de Tua face e serei um errante fugitivo sobre a Terra: Mas o primeiro que me encontrar me matará!" – Iahweh lhe respondeu: "Quem matar Caim será vingado sete vezes." E Iahweh colocou um sinal sobre Caim, a fim de que não fosse morto por quem o encontrasse.

> Caim se retirou da presença de Iahweh e foi morar na terra de Nod, a leste de Éden. – Caim conheceu sua mulher, que concebeu e deu à luz Henoc. Tornou-se construtor de cidade e deu à cidade o nome de seu filho, Enochia. (Cap. IV, versículos de 13 a 16.)

24. Caso se reporte à letra da Gênese, vejamos as consequências a que se chegam: Adão e Eva estavam sós no mundo após terem sido expulsos do paraíso terrestre; só posteriormente é que tiveram por filhos Caim e Abel. Ora, tendo Caim matado seu irmão e se retirado para uma outra região, não mais reviu seu pai e sua mãe, que novamente ficaram sós. Foi apenas muito tempo depois, com a idade de 130 anos, que Adão teve um terceiro filho, chamado Seth. Após o nascimento de Seth, ele viveu ainda, de acordo com a genealogia bíblica, 800 anos e teve filhos e filhas.

Quando Caim veio se estabelecer no oriente do Éden, só havia na Terra três pessoas: seu pai, sua mãe e *tão somente* ele próprio a seu lado. Entretanto, ele teve uma mulher e um filho. Quem poderia ser essa mulher e onde ele a teria encontrado? Ele construiu uma cidade; mas uma cidade supõe a existência de habitantes, pois não é de se presumir que ele a tenha construído para si próprio, sua esposa e filho, nem que a tenha podido construir sozinho.

É preciso inferir desse relato, então, que a região era povoada. Ora, não poderia ser pelos descendentes de Adão, que agora se resumiam a Caim. A presença de outros habitantes resulta, igualmente, dessas palavras de Caim: "Eu serei fugitivo e vagabundo, e aquele que me encontrar, irá matar-me", e da resposta que Deus lhe deu. Por quem poderia ele temer ser morto e para que serviria o sinal que Deus colocou sobre ele, a fim de preservá-lo, se ele não deveria encontrar ninguém? Se havia, pois, sobre a Terra outras pessoas fora da família de Adão, é porque eles aí estavam antes dele. De onde essa dedução, tirada do próprio texto da Gênese, de que Adão não é o primeiro, nem o único pai do gênero humano. (Cap. XI, nº 34.)

25. Seriam precisos os conhecimentos que o espiritismo trouxe no que diz respeito às relações do princípio espiritual e do princípio material, à natureza da alma, sua criação no estado de simplicidade e ignorância, sua união com o corpo, sua marcha progressiva, indefinida, ao longo das existências sucessivas e dos mundos que constituem igualmente degraus no caminho do aperfeiçoamento, sua libertação gradual da influência da matéria pelo uso de seu livre-arbítrio, a causa de suas tendências boas ou más e de suas aptidões, o fenômeno do nascimento e da morte, o estado do espírito na erraticidade e, finalmente, o futuro, que é o prêmio por seus esforços para melhorar-se e por sua perseverança no bem, para lançar a luz sobre todas as partes da Gênese espiritual.

Graças a essa luz, o homem sabe, a partir daí, de onde vem, para onde vai, por que está sobre a Terra e por que sofre; sabe que seu futuro está em suas mãos e que a duração de seu cativeiro neste mundo depende dele. A Gênese, saída da alegoria estreita e mesquinha, surge diante dele grande e digna da majestade, da bondade e da justiça do Criador. Considerada sob esse ponto de vista, a Gênese confundirá a incredulidade e a vencerá.

OS MILAGRES
SEGUNDO O ESPIRITISMO

Capítulo XIII

CARACTERES[50] DOS MILAGRES

1. Em sua acepção etimológica, a palavra *milagre* (de *mirari*, admirar) significa: *admirável, coisa extraordinária, surpreendente.* A Academia definiu essa palavra: *Um ato do poder divino, contrário às leis conhecidas da natureza.*

Em sua acepção comum, essa palavra perdeu, como tantas outras, seu significado primitivo. De geral que era, ficou restrita a uma ordem particular de fatos. No pensamento das massas, um *milagre* implica a ideia de um fato sobrenatural; no sentido litúrgico, é uma derrogação das leis da natureza, através da qual Deus manifesta Seu poder. Tal é, com efeito, sua acepção vulgar, que se converteu em sentido próprio, e é apenas por comparação ou por metáfora que é aplicada às circunstâncias comuns da vida.

Um dos caracteres do milagre propriamente dito é ser inexplicável, porque ocorre fora das leis naturais. Tanto é essa a ideia associada a essa palavra, que, se for encontrada uma explicação para um fato miraculoso, diz-se, então, que não é mais um milagre, por mais surpreendente que seja.

Outra característica do milagre é o de ser insólito, isolado e excepcional. A partir do momento em que um fenômeno se produz, seja espontaneamente, seja por um ato da vontade, é porque está submetido a uma lei e, portanto, seja essa lei conhecida ou não, não pode ser um milagre.

2. A ciência faz milagres, todos os dias, aos olhos dos ignorantes. Que um homem realmente morto seja trazido de volta à vida por uma intervenção divina,

---

50. **Nota da editora**: o autor utilizou-se da palavra "caracteres" que, neste caso, pode também ser traduzida por "características". Preferimos manter a grafia original.

eis aí um verdadeiro milagre, porque é um fato contrário às leis da natureza. Mas se esse homem tem apenas as aparências da morte, se há ainda nele um resto de *vitalidade latente* e a ciência ou uma ação magnética chega a reanimá-lo, então trata-se de um fenômeno natural para as pessoas esclarecidas, mas aos olhos do homem comum e ignorante o fato passará por miraculoso. Se um físico lançar uma pipa elétrica em meio a alguns camponeses, fazendo cair um raio sobre uma árvore, esse novo Prometeu será certamente visto como possuidor de um poder diabólico. Mas Josué, parando o movimento do Sol, ou melhor, da Terra, caso se admita o fato, eis aí um verdadeiro milagre, visto que não existe nenhum magnetizador dotado de tão grande poder, para operar tal prodígio.

Os séculos de ignorância foram fecundos em milagres, porque tudo aquilo cuja causa era desconhecida passava por miraculoso. À medida que a ciência foi revelando novas leis, o círculo do maravilhoso restringiu-se; mas como ela não tinha explorado todo o campo da natureza, restava ainda uma parte bastante grande para o maravilhoso.

3. O maravilhoso, expulso do domínio da materialidade pela ciência, entrincheirou-se no da espiritualidade, que tem sido seu derradeiro refúgio. O espiritismo, demonstrando que o elemento espiritual é uma das forças vivas da natureza, força que atua incessantemente em conjunto com a força material, faz voltar ao círculo das coisas naturais os fenômenos que dele haviam saído, porque esses fatos, assim como os demais, estão sujeitos a leis. Se o maravilhoso for expulso do domínio da espiritualidade, não terá mais razão de ser, e somente a partir de então se poderá dizer que o tempo dos milagres passou[51].

4. O espiritismo vem, pois, por sua vez, fazer o que cada ciência fez ao surgir: revelar novas leis e explicar, por conseguinte, os fenômenos que são da competência dessas leis.

Esses fenômenos, é verdade, prendem-se à existência dos espíritos e à sua intervenção no mundo material. Aí está, dizem alguns, o sobrenatural! Mas para se fazer essa afirmação seria preciso provar que os espíritos e suas manifestações são contrários às leis da natureza, e que neles não há, nem pode haver, nenhuma dessas leis.

O espírito nada mais é do que a alma que sobreviveu ao corpo; é o ser principal, pois não morre, ao passo que o corpo nada mais é que um acessório que se destrói. Sua existência é, portanto, igualmente natural após como durante a encarnação. O espírito está sujeito às leis que regem o princípio espiritual, assim como o corpo está sujeito às leis que regem o princípio material. Mas como esses dois princípios têm uma afinidade necessária e que reagem, incessantemente, um

---

51. A palavra *elemento* não é empregada aqui com o sentido de *corpo simples elementar,* de *moléculas primitivas,* mas no sentido de *parte constituinte de um todo.* Nesse sentido, pode-se dizer que o elemento espiritual tem uma parte ativa dentro da economia do Universo, do mesmo modo que se diz que o *elemento civil* e o *elemento militar* são partes integrantes de uma população; que o *elemento religioso* faz parte da educação; que na Argélia é preciso levar em conta o *elemento árabe* etc.

sobre o outro, que de sua ação simultânea resultam o movimento e a harmonia do conjunto, disso resulta que a espiritualidade e a materialidade são as duas partes de um mesmo todo, tão naturais uma como a outra, e que a primeira não é uma exceção, uma anomalia dentro da ordem das coisas.

5. Durante sua encarnação, o espírito age sobre a matéria por intermédio de seu corpo fluídico ou perispírito. O mesmo ocorre fora da encarnação. Como espírito, e na medida de suas capacidades, faz o mesmo que fazia enquanto encarnado. Apenas, pelo fato de não ter mais o corpo carnal como instrumento, ele se serve, quando necessário, dos órgãos materiais de um encarnado, que passa a ser, então, o que se denomina *médium*. Ele faz como aquele que, não podendo escrever por si mesmo, serve-se da mão de um secretário, ou como aquele que, não sabendo uma língua, serve-se de um intérprete. Um secretário, um intérprete são os médiuns de um encarnado, da mesma forma que o médium é o secretário ou o intérprete de um espírito.

6. O meio no qual agem os espíritos e os modos de execução não sendo mais os mesmos que no estado de encarnação, os efeitos são diferentes. Esses efeitos só parecem sobrenaturais porque são produzidos com o auxílio de agentes que não são mais aqueles dos quais nos servimos enquanto encarnados. Mas, a partir do instante em que esses agentes estão na natureza e que os fatos de manifestação se realizam em virtude de certas leis, nada há de sobrenatural, nem de maravilhoso. Antes de conhecer as propriedades da eletricidade, os fenômenos elétricos eram tomados por prodígios aos olhos de certas pessoas, mas, a partir do momento em que a causa se tornou conhecida, o maravilhoso desapareceu. O mesmo se passa com os fenômenos espíritas, que não estão mais fora da ordem das leis naturais do que os fenômenos elétricos, acústicos, luminosos e outros, que foram a fonte de uma multidão de crenças supersticiosas.

7. Entretanto, poderão dizer, admitis que um espírito possa levantar uma mesa e mantê-la no espaço sem um ponto de apoio. Não seria isso uma derrogação da lei da gravidade? – Isso pode parecer uma derrogação à lei conhecida; mas conheceremos todas as leis? Antes que se tivesse experimentado a força ascensional de certos gases, poderia dizer que uma máquina pesada, carregando vários homens, poderia triunfar sobre a lei da atração? Aos olhos do homem comum, isso não deveria parecer maravilhoso, diabólico? Aquele que propôs, há um século, a possibilidade de transmitir uma mensagem a uma distância de 2.400 quilômetros e de receber uma resposta a esta em alguns minutos não teria passado por louco? Se ele o fizesse, poder-se-ia crer que ele tinha o diabo à sua disposição, porque, então, apenas o diabo seria capaz de ir tão rápido? E, no entanto, atualmente isso não é apenas reconhecido como possível, mas parece absolutamente natural. Por que, então, um fluido desconhecido não teria a propriedade, dentro de determinadas circunstâncias, de contrabalancear o efeito do peso, da mesma forma que o hidrogênio contrabalança o peso do balão? É isso, com efeito, que acontece no caso do qual falamos. (*O Livro dos Médiuns*, cap. IV.)

8. Os fenômenos espíritas, estando na natureza, aconteceram em todos os tempos. Mas, precisamente pelo fato de que seu estudo não poderia ser feito pelos meios naturais dos quais a ciência comum dispõe, permaneceram mais tempo do que outros no domínio do sobrenatural, de onde o espiritismo atualmente o retira. O sobrenatural, baseado em aparências inexplicáveis, permite livre curso à imaginação que, vagando pelos caminhos do desconhecido, dá surgimento a crenças supersticiosas. Uma explicação racional fundamentada nas leis da natureza, trazendo o ser humano para o terreno da realidade, coloca um ponto final aos desvarios da imaginação e destrói as superstições. Longe de dar campo ao domínio do sobrenatural, o espiritismo o restringe até seus últimos limites e tira-lhe seu derradeiro refúgio. Se ele faz crer na possibilidade de certos fatos, impede que se acredite em muitos outros, porque demonstra no âmbito da espiritualidade, como o faz a ciência no âmbito da materialidade, o que é possível e o que não é. Todavia, como o espiritismo não tem a pretensão de ter a última palavra acerca de todas as coisas, mesmo no que diz respeito àquelas que são de sua competência, não se coloca como regulador absoluto do possível, e deixa de lado os conhecimentos que o futuro reserva.

9. Os fenômenos espíritas consistem nos diferentes modos de manifestação da alma ou espírito, seja durante a encarnação, seja no estado de erraticidade. É através de suas manifestações que a alma revela sua existência, sua sobrevivência e sua individualidade. Podemos atestá-la por seus efeitos: sendo a causa natural, o efeito também o é. São seus efeitos que constituem o objeto especial das pesquisas e do estudo do espiritismo, a fim de chegar ao conhecimento tão completo quanto possível da natureza e dos atributos da alma, assim como das leis que regem o princípio espiritual.

10. Para aqueles que negam a existência do princípio espiritual independente e, consequentemente, a existência da alma individual e sobrevivente, toda natureza reside na natureza tangível; todos os fenômenos que se ligam à espiritualidade são, a seus olhos, sobrenaturais e, por conseguinte, fantasiosos. Não admitindo a causa, não podem admitir o efeito, e uma vez que os efeitos são patentes, eles o atribuem à imaginação, à ilusão, à alucinação, e se recusam a aprofundar-se neles. Constata-se aí, de sua parte, uma opinião preconcebida, que os torna incapazes de julgar o espiritismo de maneira sã, porque partem do princípio da negação de tudo que não seja material.

11. Pelo fato de o espiritismo admitir os efeitos que são a consequência da existência da alma, isso não implica que ele aceite todos os efeitos qualificados como maravilhosos e que tente justificá-los e creditá-los, que ele seja o campeão de todos os sonhadores, de todas as utopias, de todas as excentricidades sistemáticas, de todas as lendas miraculosas. Seria preciso conhecê-lo bem pouco, para pensar assim. Seus adversários acreditaram apresentar um argumento sem possibilidade de réplica quando, após haver feito pesquisas eruditas sobre os convulsionários de Saint-Médard, sobre os Camisards de Cévennes ou as religiosas de Loudun, aí chegaram a descobrir fatos patentes de fraude que ninguém contesta. Mas seriam essas histórias o Evangelho do espiritismo? Teriam seus partidários negado que o charlatanismo tem explorado fatos em proveito próprio, que a imaginação engendrou outros tantos e que o fanatismo levou ao exagero? O espiritismo não é solidário com as extravagâncias cometidas em seu nome, assim como a verdadeira ciência não o é com os abusos da ignorância, nem a verdadeira religião com os excessos de fanatismo. Muitos críticos julgam-no apenas com base nos contos de fadas e das lendas populares que são suas ficções. Seria o mesmo que julgar a História pelos romances históricos ou pelas tragédias.

12. Os fenômenos espíritas são, na maior parte das vezes, espontâneos, e se produzem sem nenhuma ideia preconcebida, com pessoas que menos o esperam. Em certas circunstâncias, podem ser provocados pelos agentes designados sob o nome de *médiuns*. No primeiro caso, o médium é *inconsciente* daquilo que se produz por seu intermédio; no segundo, age-se com conhecimento de causa. Daí a distinção entre *médiuns conscientes* e *médiuns inconscientes*. Os últimos são os mais numerosos e se encontram entre os mais obstinados incrédulos, que desse modo agem segundo o espiritismo sem seu conhecimento e a despeito de sua vontade. Os fenômenos espontâneos têm, por isso mesmo, uma importância capital, pois não se pode duvidar da boa-fé daqueles que os obtêm. É o caso também do sonambulismo que, em certos indivíduos, é natural e involuntário, e no caso de outros é provocado pela ação magnética[52].

Mas sejam esses fenômenos ou não o resultado da vontade, a causa primeira é exatamente a mesma e em nada se desvia das leis naturais. Os médiuns não produzem, portanto, absolutamente nada de sobrenatural e, consequentemente, não fazem *nenhum milagre*. As próprias curas instantâneas não são mais miraculosas que os outros efeitos, pois devem-se à ação de um agente fluídico que funciona como agente terapêutico, cujas propriedades não são menos naturais pelo fato de terem sido desconhecidas até hoje. O título de *taumaturgo,* conferido a certos médiuns pela crítica ignorante acerca dos princípios do espiritismo, é totalmente impróprio. A qualificação de *milagres* conferida, por comparação, a esse tipo de fenômenos só pode induzir ao erro acerca de seu verdadeiro caráter.

13. A intervenção de inteligências ocultas nos fenômenos espíritas não os tornam mais milagrosos que todos os outros fenômenos que são atribuídos a agentes invisíveis, porque esses seres ocultos que povoam os espaços são uma das potências da natureza, potência cuja atuação sobre o mundo material é incessante, assim como sobre o mundo moral.

Ao nos esclarecer acerca dessa potência, o espiritismo nos dá a chave de uma multidão de coisas inexplicadas e inexplicáveis por todos outros modos, e que puderam, em tempos recuados, passar por prodígios. Ele revela, assim como o magnetismo, uma lei, senão desconhecida, pelo menos mal compreendida.

---

52. *O Livro dos Médiuns,* cap. V. – *Revista Espírita*; exemplos: dezembro de 1865, página 370; – agosto de 1865, página 231.

Ou, melhor dizendo, os efeitos eram conhecidos, pois produziram-se em todas as épocas, mas não se conhecia a lei, e foi a ignorância dessa lei que engendrou a superstição. Uma vez conhecida essa lei, o maravilhoso desaparece e os fenômenos entram na ordem das coisas naturais. Eis aí por que os espíritas não fazem mais milagres ao fazer girar uma mesa ou escrever os mortos, do que o médico ao fazer reviver um moribundo ou o físico ao fazer cair o raio. Aquele que pretendesse, com o auxílio dessa ciência, *fazer milagres*, ou seria ignorante do assunto ou um charlatão.

14. Uma vez que o espiritismo repudia toda pretensão às coisas milagrosas, haveria fora dele milagres na acepção geral da palavra? Digamos, primeiramente, que entre os fatos chamados milagrosos que aconteceram antes do surgimento do espiritismo e que acontecem ainda em nossos dias, a maior parte, senão todos, encontram sua explicação nas leis novas que ele acaba de revelar. Desse modo, esses fatos entram, embora sob outro nome, na ordem dos fenômenos espíritas e, como tal, nada têm de sobrenatural. Fica bem entendido que não se trata aqui senão de fatos autênticos e não daqueles que, sob o nome de milagres, são o produto de uma indigna farsa, uma vez que exploram a credulidade; tampouco nos referimos a certos fatos lendários que podem ter tido, em sua origem, um fundo de verdade, mas que a superstição ampliou ao absurdo. É sobre esses fatos que o espiritismo vem lançar a luz, fornecendo os meios de se distinguir entre o erro e a verdade.

15. Quanto aos milagres propriamente ditos, nada sendo impossível a Deus, Ele pode fazê-los, sem dúvida. Mas Ele os faz? Em outras palavras: Ele derroga as leis que estabeleceu? Não cabe ao ser humano prejulgar os atos da Divindade e subordiná-los à fragilidade de seu entendimento; todavia, temos por critério de nosso julgamento, no tocante às coisas divinas, os próprios atributos de Deus. Ao soberano poder, Ele acrescenta a soberana sabedoria, de onde é necessário concluir que Ele nada faz de inútil.

Por que, então, Ele faria milagres? Para atestar seu poder, poderiam dizer; mas o poder de Deus não se manifesta de maneira muito mais eloquente pelo conjunto grandioso das obras da Criação, pela sabedoria previdente que preside às suas partes mais ínfimas como às maiores, e pelas leis que regem o Universo, do que por algumas pequenas e pueris derrogações que os prestidigitadores sabem imitar? O que se diria de um sábio mecânico que, para provar sua habilidade, destruísse o relógio que construiu, obra-prima da ciência, para provar que pode desfazer aquilo que fez? Seu saber não ressalta mais, ao contrário, da regularidade e da precisão do movimento?

A questão dos milagres propriamente ditos não é da alçada do espiritismo. Mas apoiando-se no raciocínio de que Deus nada faz de inútil, a doutrina espírita emite esta opinião: não sendo os milagres necessários à glorificação de Deus, nada no Universo se afasta das leis gerais. Se há fatos que não compreendemos, é porque ainda nos faltam os conhecimentos necessários.

16. Admitindo-se que Deus tenha, por razões que não podemos avaliar, derrogado acidentalmente as leis que estabeleceu, então essas leis não são mais imutáveis. Mas ao menos é racional pensar que só Ele tem esse poder. Mas não poderíamos admitir, sem negar a onipotência de Deus, que fosse permitido ao espírito do mal desfazer Sua obra, realizando, por sua vez, prodígios capazes de seduzir até mesmo os eleitos, o que implicaria a ideia de um poder igual ao Seu. Todavia, é isso que ensinam. Se Satanás tem o poder de interromper o curso das leis naturais, que são a obra divina, sem a permissão de Deus, então ele é mais poderoso que Deus e, assim sendo, Deus não é todo-poderoso. E se, como pretendem, Deus lhe delega esse poder, para induzir mais facilmente os seres humanos ao mal, então Deus não tem a soberana bondade. Em ambos os casos, é a negação de um dos atributos, sem os quais Deus não seria Deus.

Assim sendo, a Igreja distingue os bons milagres, que vêm de Deus, dos maus milagres, que vêm de Satanás. Mas como consegue identificá-los? Quer um milagre seja oficial ou não, é uma derrogação das leis que emanam unicamente de Deus. Se um indivíduo é curado, por assim dizer, milagrosamente, seja por Deus ou por Satã, nem por isso está menos curado. É preciso ter uma ideia bem pobre da inteligência humana, para esperar que tais doutrinas possam ser aceitas em nossos dias.

A possibilidade do reconhecimento de certos fatos como milagrosos leva à conclusão de que, qualquer que seja a fonte a qual sejam eles atribuídos, são efeitos naturais de que *espíritos* ou *encarnados* se podem valer, como de sua própria inteligência e de seus conhecimentos científicos, para o bem ou para o mal, de acordo com sua bondade ou sua perversidade. Um ser perverso, valendo-se de seu saber, poderá fazer coisas que passam por prodígios aos olhos dos ignorantes; mas quando esses efeitos têm como resultado um bem qualquer, seria ilógico atribuí-lo a uma origem diabólica.

17. Mas, dizem, a religião se apoia em fatos que nem são explicados, nem explicáveis. Não explicados, talvez, mas inexplicáveis, é outra questão. Sabemos que descobertas e conhecimentos o futuro nos reserva? Sem falar do milagre da Criação, o maior de todos, sem dúvida, e que pertence atualmente ao domínio da lei universal, não vemos no âmbito do magnetismo, do sonambulismo, do espiritismo, reproduzirem-se os êxtases, as visões, as aparições, a visão a distância, as curas instantâneas, as suspensões de objetos, as comunicações orais e outras com os seres do mundo invisível, fenômenos conhecidos desde tempos imemoriais, considerados outrora como maravilhosos, e hoje demonstrados como pertencendo à ordem das coisas naturais, de acordo com a lei constitutiva dos seres? Os livros sagrados estão repletos de fatos desse tipo, qualificados como sobrenaturais. Porém, como outros semelhantes a estes, e ainda mais maravilhosos, são encontrados em todas as religiões pagãs da Antiguidade, se a verdade de uma religião dependesse do número e da natureza desses fatos, não se saberia dizer qual delas deveria prevalecer.

A GÊNESE CARACTERES DOS MILAGRES 183

18. Alegar que o sobrenatural é o fundamento necessário de todas as religiões, que seja o ponto principal do edifício cristão, é sustentar uma tese perigosa. Apoiar as verdades do cristianismo sobre a base única do maravilhoso é dar-lhe um apoio frágil, cujas pedras se soltam a cada dia. Essa tese, da qual eminentes teólogos se fizeram defensores, conduz diretamente à conclusão de que, dentro de um determinado tempo, não haverá mais religião possível, nem mesmo a religião cristã, se aquilo que é olhado como maravilhoso for demonstrado como sendo natural. Porque, por mais que se acumulem os argumentos, não se poderá manter a crença de que um fato é milagroso, quando está provado que ele não o é. Ora, a prova de que um fato não constitui exceção às leis naturais aparece quando ele pode ser explicado por essas mesmas leis e que, podendo ser reproduzido por intermédio de um indivíduo qualquer, ele deixa de ser privilégio dos santos. Não é o *sobrenatural* que é necessário às religiões, mas sim o *princípio espiritual*, que confundem erroneamente com o maravilhoso e sem o qual não há religião possível.

O espiritismo considera a religião cristã de um ponto mais elevado: ele lhe dá uma base mais sólida que os milagres, e essa base são as leis imutáveis de Deus, que regem tanto o princípio espiritual quanto o princípio material. Essa base desafia o tempo e a ciência, pois ambos virão sancioná-la.

Deus não é menos digno de nossa admiração, de nosso reconhecimento e de nosso respeito por não haver derrogado Suas leis, que são grandes sobretudo por sua imutabilidade. Não há necessidade do sobrenatural para render a Deus o culto que Lhe é devido. Não será a natureza suficientemente imponente por si mesma, para que seja necessário acrescentar-lhe algo para provar a Suprema Onipotência? A religião contará com muito menos incrédulos, quando todos os seus aspectos forem sancionados pela razão. O cristianismo nada tem a perder com tal sanção; pelo contrário, só tem a ganhar. Se algo pode prejudicá-lo na opinião de certas pessoas, é precisamente o abuso do maravilhoso e do sobrenatural.

19. Se tomarmos a palavra *milagre* em sua acepção etimológica, no sentido de *coisa admirável*, temos incessantemente milagres sob nossos olhos; nós os aspiramos no ar e os pisamos com nossos pés, pois tudo é milagre na natureza.

Desejam dar ao povo, aos ignorantes, aos pobres de espírito uma ideia do poder de Deus? Então é preciso mostrá-lo na sabedoria infinita que a tudo preside, no admirável organismo de tudo que vive, na frutificação das plantas, na adequação de todas as partes de cada ser às suas necessidades, conforme o meio em que ele foi chamado a viver. É preciso que mostrem a eles a ação de Deus no talo da erva, na flor que desabrocha, no Sol que a tudo vivifica. É preciso que mostrem Sua bondade em Sua solicitude por todas as criaturas, por mais ínfimas que sejam, Sua providência na razão de ser de cada coisa, posto que nada é inútil, no bem que sempre resulta de um mal aparente e momentâneo. Façam com que compreendam, sobretudo, que o verdadeiro mal é obra das criaturas humanas e não de Deus. Não busquem apavorar as pessoas com o quadro das chamas eternas, nas quais elas acabam por descrer e que faz com que elas duvidem da bondade de Deus. Mas as encorajem com a certeza de poder resgatar e reparar um dia o mal que possam ter feito. Mostrem às criaturas humanas as descobertas da ciência como a revelação das leis divinas e não como obra de Satã. Ensinem a elas, enfim, a ler no livro da natureza, sempre aberto diante delas. Nesse livro inesgotável, onde a sabedoria e a bondade do Criador são inscritas em cada página, e então eles compreenderão que um Ser tão grande, que se ocupa de tudo, que vela por tudo, que tudo providencia, deve ser soberanamente poderoso. O trabalhador O verá ao lavrar seus campos e o desafortunado O bendirá em suas aflições, pois dirá: Se sou infeliz, é por minha própria culpa. Então os homens serão verdadeiramente religiosos, sobretudo racionalmente religiosos, muito mais do que se forem forçados a acreditar em pedras que suam sangue ou em estátuas que piscam os olhos e derramam lágrimas.

Capítulo XIV

OS FLUIDOS

Natureza e propriedade dos fluidos – Explicação de alguns
fatos reputados como sobrenaturais

NATUREZA E PROPRIEDADES DOS FLUIDOS

1. A ciência forneceu a chave dos milagres que derivam, particularmente,
do elemento material, quer explicando-os, quer demonstrando a impossibilidade
dos mesmos, pelas leis que regem a matéria. Mas os fenômenos nos quais o
elemento espiritual teve uma parte preponderante, não podendo ser explicados
apenas pelas leis da matéria, escapam às investigações da ciência. É por isso
que eles têm, mais que os outros, as características *aparentes* do maravilhoso.
Então, é nas leis que regem a vida espiritual que se pode encontrar a chave dos
milagres dessa categoria.

2. O fluido cósmico universal é, como já foi demonstrado, a matéria elementar
primitiva, cujas modificações e transformações constituem a inumerável variedade
dos corpos da natureza. Enquanto princípio elementar universal, ele apresenta
dois estados distintos: o de eterização ou de imponderabilidade, que se pode
considerar como o estado normal primitivo, e o de materialização ou de pondera-
bilidade, que vem a ser, de certa forma, sua consequência. O ponto intermediário
é o da transformação do fluido em matéria tangível. Mas, ainda aí, não há uma

transição brusca, pois pode-se considerar nossos fluidos imponderáveis como um meio-termo entre os dois estados. (Cap. IV, nº 10 e seguintes.)

Cada um desses dois estados dá necessariamente lugar a fenômenos especiais: ao segundo pertencem os do mundo visível e ao primeiro os do mundo invisível. Os chamados *fenômenos materiais* são da alçada da ciência propriamente dita, e os outros, qualificados como *fenômenos espirituais* ou *psíquicos*, pelo fato de se ligarem mais especialmente à existência dos espíritos, estão nas atribuições do espiritismo. Mas, como a vida espiritual e a vida corporal estão em contato incessante, os fenômenos dessas duas ordens apresentam-se, com frequência, simultaneamente. O homem, no estado de encarnação, só pode ter a percepção dos fenômenos psíquicos, que se ligam à vida corporal; os que são do domínio exclusivo da vida espiritual escapam aos sentidos materiais e só podem ser percebidos no estado de espírito[53].

3. No estado de eterização, o fluido cósmico não é uniforme. Sem deixar de ser etéreo, passa por modificações tão variadas em seu gênero e mais numerosas, talvez, que no estado de matéria tangível. Essas modificações constituem fluidos distintos que, embora procedentes do mesmo princípio, são dotados de propriedades especiais e dão lugar aos fenômenos particulares do mundo invisível.

Tudo sendo relativo, esses fluidos têm para os espíritos, que também são fluídicos, uma aparência tão material quanto a dos objetos tangíveis para os encarnados, e são para eles o que são, para nós, as substâncias do mundo terrestre. Eles os elaboram e combinam para produzir determinados efeitos, como fazem os homens com seus materiais, muito embora por processos diferentes. Mas lá, como aqui, só é dado aos espíritos mais esclarecidos compreender o papel dos elementos constitutivos de seu mundo. Os ignorantes do mundo invisível são tão incapazes de compreender os fenômenos que testemunham e para os quais concorrem, com frequência maquinalmente, quanto os ignorantes da Terra o são para explicar os efeitos da luz ou da eletricidade, e dizer como veem e ouvem.

4. Os elementos fluídicos do mundo espiritual escapam aos nossos instrumentos de análise e à percepção de nossos sentidos, feitos para a matéria tangível e não para a matéria etérea. Há os que pertencem a um meio tão diferente do nosso, que deles só podemos fazer ideia por comparações tão imperfeitas como as que o cego de nascença tenta fazer para ter uma ideia da teoria das cores.

Mas entre esses fluidos, alguns são intimamente ligados à vida corporal e pertencem, de algum modo, ao meio terrestre. Na falta de percepção direta, pode-se observar seus efeitos e adquirir conhecimentos de certa precisão acerca de sua

---

53. A denominação de fenômeno *psíquico* exprime mais exatamente o que se pensa do fenômeno *espiritual*, visto que esses fenômenos repousam sobre as propriedades e os atributos da alma, ou melhor, dos fluidos perispirituais, que são inseparáveis da alma. Tal qualificação os liga mais intimamente à ordem dos fatos naturais, regidos por leis. Pode-se admiti-los, pois, como efeitos psíquicos, sem admiti-los à conta de milagres.

natureza. Esse estudo é essencial, pois é a chave de uma multidão de fenômenos inexplicáveis apenas pelas leis da matéria.

5. O ponto de partida do fluido universal é o grau de pureza absoluta, da qual nada é capaz de dar-nos uma ideia. O ponto contrário é sua transformação em matéria tangível. Entre esses dois extremos, existem inumeráveis transformações, que se aproximam mais ou menos de um e de outro ponto. Os fluidos mais próximos da materialidade, os menos puros, por conseguinte, compõem o que podemos chamar a atmosfera espiritual terrestre. É nesse meio, onde se encontram, igualmente, diferentes graus de pureza, que os espíritos encarnados e desencarnados da Terra retiram os elementos necessários à economia de sua existência. Esses fluidos, por mais sutis e impalpáveis que sejam para nós, nem por isso são de natureza menos grosseira se comparados aos fluidos etéreos das regiões superiores.

O mesmo se pode dizer quanto à superfície de todos os mundos, exceto quanto às diferenças de constituição e condições de vitalidade próprias de cada um. Quanto menos material é a vida, menos afinidade com a matéria propriamente dita têm os fluidos espirituais.

A qualificação de *fluidos espirituais* não é rigorosamente exata, uma vez que, definitivamente, trata-se sempre de matéria mais ou menos quintessenciada. Nada há realmente *espiritual* exceto a alma ou princípio inteligente. São assim designados por comparação e em razão, sobretudo, de sua afinidade com os espíritos. Pode-se dizer que é a matéria do mundo espiritual: é por isso que são chamados de *fluidos espirituais*.

6. Quem conhece, aliás, a constituição íntima da matéria tangível? Ela talvez só seja compacta em relação aos nossos sentidos, o que pode ser provado pela facilidade com que é atravessada pelos fluidos espirituais e pelos espíritos, aos quais oferece tanto obstáculo quanto os corpos transparentes à luz.

A matéria tangível, tendo por elemento primitivo o fluido cósmico etéreo, deve poder, ao desagregar-se, retornar ao estado de eterização, como o diamante, o mais duro dos corpos, pode volatizar-se em gás impalpável. A solidificação da matéria é, na verdade, apenas um estado transitório do fluido universal, que pode retornar ao seu estado primitivo quando as condições de coesão deixam de existir.

Quem sabe até se, no estado de tangibilidade, a matéria não é suscetível de adquirir um tipo de eterização, que lhe daria propriedades particulares? Certos fenômenos, que parecem autênticos, tenderiam a fazer supor que sim. Por ora só possuímos as balizas do mundo invisível e o futuro nos reserva, sem dúvida, o conhecimento de novas leis, que nos permitirão compreender o que para nós ainda é um mistério.

7. O perispírito ou corpo fluídico dos espíritos é um dos produtos mais importantes do fluido cósmico. É uma condensação desse fluido em torno de um foco de inteligência ou *alma*. Vimos que o corpo carnal tem, igualmente, seu princípio nesse mesmo fluido, transformado e condensado em matéria tangível. No perispírito, a transformação molecular opera-se de maneira diferente, pois o fluido conserva sua imponderabilidade e suas qualidades etéreas. O corpo perispiritual e o corpo carnal têm, pois, sua fonte no mesmo elemento primitivo: ambos são matéria, embora em dois estados diferentes.

8. Os espíritos tiram seu perispírito do meio em que se encontram; quer dizer que esse envoltório é formado por fluidos ambientes. Disso resulta que os elementos constitutivos do perispírito devem variar segundo os mundos. Sendo Júpiter um mundo considerado como muito avançado se comparado à Terra, onde a vida corpórea não tem a materialidade da nossa, os envoltórios perispirituais devem ser aí de natureza infinitamente mais quintessenciada que na Terra. Ora, da mesma forma que nós não poderíamos existir em Júpiter com nosso corpo carnal, nossos espíritos não poderiam aí penetrar com seus perispíritos terrestres. Ao deixar a Terra, o espírito deixa seu envoltório fluídico, e reveste-se de outro apropriado ao mundo para o qual deva ir.

9. A natureza do corpo fluídico está sempre relacionada com o grau de adiantamento moral do espírito. Os espíritos inferiores não podem alterá-lo ao seu gosto e, consequentemente, não podem, por vontade própria, transportar-se de um mundo a outro. Há aqueles cujo envoltório fluídico, embora etéreo e imponderável em comparação com a matéria, é ainda muito pesado – se é que assim podemos dizer –, em relação ao mundo espiritual, para que lhes seja permitido sair de seu meio. É preciso colocar nessa categoria aqueles cujo perispírito é bastante grosseiro para que o confundam com seu corpo carnal e que, por essa razão, acreditam-se sempre vivos. Esses espíritos – e estes são muito numerosos – permanecem na superfície da Terra como os encarnados, acreditando continuar tratando de suas ocupações. Outros, um pouco mais desmaterializados, não o são suficientemente para se elevarem acima das regiões terrestres[54].

Os espíritos superiores, ao contrário, podem vir aos mundos inferiores e até mesmo aí se encarnarem. Eles retiram, dos elementos constitutivos do mundo onde habitam, os materiais do envoltório fluídico ou carnal apropriado ao meio onde se encontram. Fazem como o homem nobre que deixa suas vestes douradas, para se vestir momentaneamente com roupas grosseiras, sem por isso deixar de ser um grande senhor.

É assim que os espíritos da mais elevada ordem podem se manifestar aos habitantes da Terra ou encarnarem, em missão, no meio deles. Esses espíritos trazem com eles, não o invólucro, mas a recordação, por intuição, das regiões de onde vêm e que veem pelo pensamento. São videntes em meio a cegos.

10. A camada de fluidos espirituais que envolve a Terra pode ser comparada às camadas inferiores da atmosfera, mais pesadas, mais compactas, menos puras que as camadas superiores. Esses fluidos não são homogêneos; são uma mistura de moléculas de diversas qualidades, entre as quais se encontram, necessaria-

---

54. Exemplos de espíritos que se acreditam ainda neste mundo: *Revista Espírita,* dezembro de 1859, pág. 310; – novembro de 1864, pág. 339; – abril de 1865, pág. 117.

mente, as moléculas elementares que formam sua base, mais ou menos alteradas. Os efeitos produzidos por esses fluidos estão na razão da *soma* das partes puras que eles encerram. Tal é, por comparação, o álcool retificado ou misturado, em diferentes proporções, com água ou outras substâncias: seu peso específico aumenta em razão dessa mistura, ao mesmo tempo em que sua potência e sua inflamabilidade diminuem, embora no todo exista álcool puro.

Os espíritos, chamados a viver nesse meio, dele extraem seu perispírito. Mas, conforme o espírito seja mais ou menos depurado, seu perispírito se forma das partes mais puras ou mais grosseiras desse meio. O espírito aí produz, sempre por comparação e não por assimilação, o efeito de um reativo químico, que atrai para si as moléculas que sua natureza pode assimilar.

Disso resulta o fato *capital* de que a constituição íntima do perispírito não é idêntica para todos os espíritos encarnados e desencarnados que povoam a Terra ou o espaço que a circunda. O mesmo não acontece com o corpo carnal que, como foi demonstrado, é formado pelos mesmos elementos, qualquer que seja a superioridade ou inferioridade do espírito. Por isso, em todos, os efeitos produzidos pelo corpo são os mesmos, as necessidades são semelhantes, ao passo que diferem em tudo que seja inerente ao perispírito.

Disso resulta ainda que o envoltório perispiritual do mesmo espírito se modifica com seu progresso moral a cada encarnação, mesmo que encarne no mesmo meio; que os espíritos superiores, encarnando excepcionalmente em missão em um mundo inferior, têm um perispírito menos denso que o dos indígenas desse mundo.

11. O meio está sempre em relação com a natureza dos seres que nele devem viver: os peixes estão na água; os seres terrestres estão no ar; os seres espirituais estão no fluido espiritual ou etéreo, mesmo sobre a Terra. O fluido etéreo é, para as necessidades do espírito, o que a atmosfera é para as necessidades dos encarnados. Ora, do mesmo modo que os peixes não podem viver no ar, que os animais terrestres não podem viver em uma atmosfera excessivamente rarefeita para seus pulmões, os espíritos inferiores não podem suportar o brilho e a impressão dos fluidos mais etéreos. Não morreriam, porque o espírito não morre, mas uma força instintiva os mantém afastados, como nos afastamos de um fogo ardente ou de uma luz demasiado ofuscante. Eis por que eles não podem sair do meio apropriado à sua natureza. Para mudar isso, é preciso que eles mudem primeiramente sua natureza, que abandonem os instintos materiais que os retêm em ambientes materiais. Em uma palavra, é preciso que se depurem e se transformem moralmente. Então, gradualmente, eles se identificarão com um meio mais puro, que se tornará para eles uma necessidade, do mesmo modo que os olhos daquele que viveu por muito tempo nas trevas se habituam, paulatinamente, à luz do dia e ao brilho do Sol.

12. Assim, tudo se liga, tudo se encadeia no Universo. Tudo está sujeito à grande e harmoniosa lei de unidade, desde a mais compacta materialidade até a mais pura espiritualidade. A Terra é como um vaso de onde sai uma fumaça espessa, que clareia à medida que sobe, e cujas parcelas rarefeitas se perdem no espaço infinito.

O poder divino brilha em todas as partes desse conjunto grandioso e, no entanto, queriam que, para melhor comprovar Seu poder, Deus, não contente com o que fez, viesse perturbar essa harmonia! Que Ele se rebaixasse ao papel do mágico, a fim de produzir efeitos pueris, dignos de um prestidigitador! E ousam, ainda por cima, dar-Lhe por rival em habilidade o próprio Satã! Jamais, na verdade, se rebaixou tanto a Majestade Divina, e ainda se admiram com o aumento da incredulidade!

Há razão em dizer: "A fé se foi!", mas é a fé em tudo aquilo que contraria o bom-senso e a razão que se extingue. A mesma fé que antes fazia dizer: "Vão-se os deuses!" Mas a fé nas coisas sérias, a fé em Deus e na imortalidade está sempre viva no coração do homem, e se ela esteve sufocada pelas histórias infantis com que a sobrecarregaram, ela se ergue mais forte quando livre desses tolos acessórios, como a planta presa num lugar sombrio se recupera quando torna a ver o Sol!

Sim, tudo é milagre na natureza, pois tudo é admirável e testemunha a sabedoria divina! Esses milagres são para todo mundo, para todos que têm olhos de ver e ouvidos de ouvir, e não para o proveito de alguns. Não! Não há milagres no sentido que costumam dar a essa palavra, porque tudo evidencia as leis eternas da Criação.

13. Os fluidos espirituais, que constituem um dos estados do fluido cósmico universal, são a atmosfera dos seres espirituais. É o elemento de onde eles retiram os materiais sobre os quais agem; o meio onde acontecem os fenômenos especiais, perceptíveis à vista e ao ouvido do espírito e que escapam aos sentidos carnais impressionados somente pela matéria tangível. É, enfim, o veículo do pensamento, como o ar é o veículo do som.

14. Os espíritos agem sobre os fluidos espirituais, não os manipulando como os homens manipulam os gases, mas por intermédio do pensamento e da vontade. O pensamento e a vontade são, para o espírito, o que a mão é para o homem. Pelo pensamento, eles imprimem aos fluidos esta ou aquela direção; eles os aglomeram, combinam ou dispersam. Formam com eles conjuntos que têm uma aparência, forma e cor determinadas. Mudam suas propriedades assim como um químico muda as do gás ou de outros corpos, combinando-os de acordo com certas leis. É o grande ateliê ou laboratório da vida espiritual.

Às vezes, essas transformações são o resultado de uma intenção; não raro, elas são o produto de um pensamento inconsciente; basta que o espírito pense em uma coisa, para que esta se produza.

É assim, por exemplo, que um espírito se apresenta à visão de um encarnado dotado da vista espiritual, sob a aparência que tinha quando estava vivo, na época em que este o conheceu, embora já tenha tido várias outras encarnações. Ele se apresenta com as roupas, os sinais exteriores, enfermidades, cicatrizes, membros amputados etc., que tinha. Um decapitado se apresentará sem a cabeça. Isso não quer dizer que ele tenha conservado tais aparências; certamente que não, pois como espírito ele não é nem coxo, nem maneta, nem caolho, nem decapitado. Mas seu *pensamento* se reportando à época em que ele assim se encontrava, seu perispírito toma instantaneamente essas aparências, a qual ele também abandona instantaneamente. Se ele tinha sido uma vez negro e uma vez branco, ele se apresentará como negro ou branco, de acordo com a encarnação em que seja evocado e para onde vá seu pensamento.

Por um efeito análogo, o pensamento do espírito cria fluidicamente os objetos que ele costumava utilizar. Um avaro manejará ouro, um militar terá suas armas e seu uniforme, um fumante seu cachimbo, um trabalhador sua charrua e seus bois, uma senhora idosa sua roca. Esses objetos fluídicos são tão reais para o espírito como eram, no estado material, para o homem encarnado. Mas pelo fato de serem criados pelo pensamento, sua existência é tão fugidia quanto o pensamento[55].

15. A ação dos espíritos sobre os fluidos espirituais tem consequências de uma importância direta e capital para os encarnados. Na medida em que esses fluidos são o veículo do pensamento, e que o pensamento lhes pode modificar as propriedades, é evidente que eles devem estar impregnados das qualidades boas ou más dos pensamentos que os colocam em vibração, modificados pela pureza ou impureza dos sentimentos. Os maus pensamentos corrompem os fluidos espirituais, como os miasmas deletérios corrompem o ar respirável. Os fluidos que envolvem os espíritos maus e os que eles projetam são, portanto, viciados, ao passo que aqueles que recebem a influência dos bons espíritos são tão puros quanto o permite o grau de perfeição moral deles.

Seria impossível fazer uma enumeração e uma classificação dos bons e maus fluidos, assim como especificar suas qualidades respectivas, pois sua diversidade é tão grande quanto a dos pensamentos.

16. Se os fluidos ambientes são modificados pela projeção dos pensamentos do espírito, seu envoltório perispiritual, que é parte constituinte de seu ser, recebe diretamente e de maneira permanente a impressão de seus pensamentos, e deve ainda conter a marca de suas qualidades boas ou más. Os fluidos viciados pelos eflúvios dos espíritos maus podem se purificar pelo afastamento deles, mas seu perispírito será sempre o que é, enquanto o próprio espírito não se modificar.

17. Sendo os homens espíritos encarnados, têm, em parte, as atribuições da vida espiritual, pois vivem essa vida tanto quanto a vida corpórea, primeiramente durante o sono, e não raro em estado de vigília. Ao encarnar, o espírito conserva seu perispírito com as qualidades que lhe são próprias e este, como se sabe, não está circunscrito ao corpo, mas irradia ao seu redor e o envolve, como uma atmosfera fluídica. Por sua íntima união com o corpo, o perispírito desempenha um papel preponderante no organismo. Por sua expansão, ele coloca o espírito encarnado em relação mais direta com os espíritos livres. O pensamento do es-

---

55. *Revista Espírita,* julho de 1859, pág. 184. – *O Livro dos Médiuns,* cap. VIII.

pírito encarnado age sobre os fluidos espirituais como o dos desencarnados. O pensamento se transmite de espírito a espírito pela mesma via e, conforme seja bom ou mau, saneia ou vicia os fluidos circundantes.

18. Sendo o perispírito dos encarnados de natureza idêntica à dos fluidos espirituais, assimila-os com facilidade, como uma esponja se embebe de um líquido. Esses fluidos têm sobre o perispírito uma ação tanto mais direta quanto, por sua expansão e irradiação, o perispírito confunde-se com eles.

Esses fluidos agindo sobre o perispírito, este, por sua vez, reage sobre o organismo material, com o qual está em contato molecular. Se os eflúvios são de natureza boa, o corpo tem uma impressão salutar; se são de natureza ruim, a impressão é penosa; se os eflúvios de natureza má são permanentes e enérgicos, podem determinar desordens físicas. Certas doenças não têm outra causa.

Os ambientes onde abundam espíritos maus são, portanto, impregnados de maus fluidos, que são absorvidos por todos os poros perispirituais, da mesma maneira como se absorve pelos poros do corpo os miasmas pestilentos.

19. O mesmo acontece nas reuniões de encarnados. Uma reunião é um ambiente onde pensamentos diversos irradiam. O pensamento agindo sobre os fluidos como o som age sobre o ar, esses fluidos nos trazem os pensamentos, como o ar nos traz o som. Pode-se dizer, com toda verdade, que há nesses fluidos ondas e raios de pensamentos que se cruzam sem se confundirem, como há no ar ondas e raios sonoros.

Uma reunião é, como uma orquestra, um coro de pensamentos, onde cada integrante emite sua nota. Resulta daí uma multidão de correntes e eflúvios fluídicos, onde cada um recebe a impressão pelo sentido espiritual, como em um coro musical cada um recebe a impressão sonora pelo sentido da audição.

Mas da mesma forma que há emissões sonoras harmônicas e dissonantes, há também pensamentos harmônicos e discordantes. Se o conjunto for harmônico, a impressão será agradável; se for discordante, a impressão será penosa. Ora, para tal, não é preciso que o pensamento seja expresso em palavras; as irradiações fluídicas sempre existem, quer sejam expressas ou não. Mas se a elas se misturam alguns maus pensamentos, o efeito será o de uma corrente de ar gelado em um meio tépido.

Essa é a causa do sentimento de satisfação que se experimenta em uma reunião simpática, animada por pensamentos bons e benevolentes. Nela reina uma espécie de atmosfera moral saudável, onde se respira à vontade. Dela saímos reconfortados, porque estamos impregnados de eflúvios fluídicos salutares. Assim também se explica a ansiedade, o mal-estar indefinível que sentimos em um ambiente antipático, onde pensamentos maldosos provocam como que correntes de ar fétido.

20. O pensamento produz, então, uma espécie de efeito físico, que reage sobre o moral, fato que somente o espiritismo poderia tornar compreensível. O homem sente isso instintivamente, pois busca reuniões homogêneas e simpáticas, de onde sabe que poderá extrair novas forças morais. Poderíamos dizer que ele aí recupera as perdas fluídicas que sofre diariamente pela irradiação do pensamento, como recupera através dos alimentos as perdas do corpo material. É porque, na verdade, o pensamento é uma emissão que ocasiona uma perda real de fluidos espirituais e, por conseguinte, de fluidos materiais, de tal modo que o homem tem necessidade de se reconfortar através dos eflúvios que recebe de fora.

Quando se diz que um médico cura seu paciente através de boas palavras, estamos expondo uma verdade absoluta, pois o pensamento benevolente traz consigo fluidos reparadores, que atuam tanto sobre o físico quanto sobre o moral.

21. É sem dúvida possível, dirão, evitar os homens que se saiba serem mal--intencionados, mas como subtrair-se à influência dos espíritos maus que pululam ao redor de nós e se insinuam por toda parte sem serem vistos?

É bem simples, pois depende da vontade do próprio homem, que *traz* em si mesmo a necessária prevenção. Os fluidos se unem em razão da semelhança de sua natureza. Os fluidos antagônicos se repelem. Há incompatibilidade entre os bons e os maus fluidos, como entre o óleo e a água.

O que fazer, então, quando o ar está viciado? Deve-se saneá-lo, purificá-lo, destruindo o centro de miasmas, combatendo os eflúvios malsãos com correntes mais fortes de ar saudável. À invasão de maus fluidos, é preciso opor os bons fluidos. E como todos temos em nosso próprio perispírito uma fonte fluídica permanente, trazemos o remédio em nós mesmos. Basta depurar essa fonte e dar-lhe qualidades tais, que elas sejam um *repelente* contra as más influências, em vez de ser uma força atrativa. O perispírito é, então, uma couraça à qual é preciso dar a melhor têmpera possível. Ora, como as qualidades do perispírito são proporcionais às qualidades da alma, é preciso trabalhar em sua melhoria, pois são as imperfeições da alma que atraem os maus espíritos.

As moscas vão onde os focos de corrupção as atraem. Destruindo esses focos, as moscas desaparecerão. Do *mesmo modo, os espíritos maus vão para onde o mal os atrai*. Destruindo o mal, eles se afastarão. Os espíritos realmente bons, encarnados ou desencarnados, não têm motivo para temer a influência dos maus espíritos.

EXPLICAÇÃO DE ALGUNS FATOS REPUTADOS COMO SOBRENATURAIS

22. O perispírito é traço de união entre a vida corporal e a vida espiritual. É através dele que o espírito encarnado está em contínua relação com os espíritos. É através dele, por fim, que acontecem no homem fenômenos especiais, que não têm sua causa básica na matéria tangível e que, por essa razão, parecem sobrenaturais.

É nas propriedades e na irradiação do fluido perispiritual que é preciso buscar a causa da *dupla vista* ou *visão espiritual*, também chamada de *visão psíquica*, de que muitas pessoas são dotadas, frequentemente sem o saber, assim como da vista sonambúlica.

O perispírito é o órgão sensitivo do espírito. É por seu intermédio que o espírito encarnado tem a percepção das coisas espirituais, que escapam aos sentidos carnais. Pelos órgãos do corpo, a visão, a audição e as diversas sensações são localizadas e limitadas à percepção das coisas materiais. Pelo sentido espiritual, elas são generalizadas. O espírito vê, ouve e sente por todo seu ser, o que está na esfera da irradiação de seu fluido perispiritual.

Esses fenômenos são, no homem, a manifestação da vida espiritual. É a alma que atua fora do organismo. Na dupla vista, ou percepção pelo sentido espiritual, ele não vê pelos olhos do corpo, se bem que frequentemente, por hábito, ele os dirige para o ponto sobre o qual coloca sua atenção. Ele vê pelos olhos da alma e prova disso é que ele também vê tudo com os olhos bem fechados e para além do alcance do raio de visão[56].

23. Embora enquanto encarnado o espírito esteja preso ao corpo pelo perispírito, não é tão escravo que não possa alongar suas correntes e transportar-se para longe, seja sobre a Terra, seja sobre algum ponto no espaço. O espírito lamenta estar preso ao corpo, porque sua vida normal é a liberdade, ao passo que a vida corporal é a do servo preso à gleba.

O espírito, portanto, sente-se feliz em deixar seu corpo, como o pássaro deixa a gaiola. Ele usa todas as oportunidades para se libertar e, para isso, aproveita todas as ocasiões em que sua presença não seja necessária à vida de relação. Esse é o fenômeno denominado como *emancipação da alma* e sempre acontece durante o sono. Todas as vezes que o corpo repousa e que os sentidos se encontram inativos, o espírito se liberta. (*O Livro dos Espíritos,* cap. VIII.)

Nesses momentos, o espírito vive a vida espiritual, ao passo que o corpo vive apenas a vida vegetativa. Encontra-se, em parte, no estado em que estará após a morte. Percorre o espaço, entretém-se com os amigos e com outros espíritos livres ou *encarnados* como ele. O laço fluídico que o prende ao corpo só é definitivamente rompido com a morte. A separação completa só acontece quando se dá a extinção completa da atividade do princípio vital. Enquanto o corpo vive, o espírito, por mais distante que esteja, a este retorna assim que sua presença se faz necessária, e retoma o curso da vida exterior de relação. Às vezes, ao despertar, conserva uma lembrança de suas peregrinações, uma imagem mais ou menos precisa, que constitui o sonho. Ele traz deste, em todo caso, intuições que lhe sugerem ideias e pensamentos novos, que justificam o provérbio: A noite é boa conselheira.

Assim se explicam, também, alguns fenômenos característicos do sonambulismo natural e magnético, da catalepsia, da letargia, do êxtase etc., e que nada mais são do que manifestações da vida espiritual[57].

---

56. Fatos de dupla vista e lucidez sonambúlica relatados na *Revista Espírita:* janeiro de 1858, página 25; – novembro de 1858, página 213; – julho de 1861, página 197; – novembro de 1865, página 352.

57. Exemplos de letargia e catalepsia: *Revista Espírita,* senhora Schwabenhaus, setembro de 1858, página 255: – a jovem cataléptica de Souabe, janeiro de 1866, página 18.

24. Se a vista espiritual não se efetua pelos olhos, é porque a percepção das coisas não ocorre pela ação da luz comum. De fato, a luz material é feita para o mundo material. Para o mundo espiritual, há uma luz especial, cuja natureza nos é desconhecida, mas que é, sem dúvida, uma das propriedades do fluido etéreo, destinado às percepções visuais da alma. Há, assim, a luz material e a luz espiritual. A primeira tem focos circunscritos aos corpos luminosos; a segunda tem seu foco por toda parte: esta é a razão pela qual não há obstáculos para a visão espiritual, que não se limita pela distância, nem pela opacidade da matéria. A obscuridade não existe para ela. O mundo espiritual é, portanto, iluminado pela luz espiritual, que tem seus efeitos próprios, assim como o mundo material é iluminado pela luz solar.

25. A alma, envolta por seu perispírito, porta, em si, seu princípio luminoso. Penetrando a matéria em virtude de sua essência etérea, não há corpos opacos para sua visão.

Entretanto, a visão espiritual não tem a mesma extensão, nem a mesma penetração em todos os espíritos: apenas os espíritos puros a possuem em toda sua potência. Nos espíritos inferiores, ela é enfraquecida pela materialidade relativa do perispírito, que se interpõe como um tipo de neblina.

Ela se manifesta em diferentes graus nos espíritos encarnados pelo fenômeno da segunda vista, seja no sonambulismo natural ou magnético, seja em estado de vigília. De acordo com o grau de potência da faculdade, diz-se que a lucidez é maior ou menor. É com o auxílio dessa faculdade que certas pessoas veem o interior do organismo e descrevem a causa das doenças.

26. A visão espiritual permite, assim, percepções especiais que, não tendo por sede os órgãos materiais, operam-se em condições totalmente diversas da visão corporal. Por essa razão, não se pode esperar efeitos idênticos, nem a experimentar pelos mesmos processos. Ocorrendo fora do organismo, ela tem uma mobilidade que frustra todas as previsões. É preciso estudá-la em seus efeitos e causas, e não por comparação com a visão comum, à qual não está destinada a suprir, exceto em casos excepcionais, que não se pode tomar como regra.

27. A visão espiritual é necessariamente incompleta e imperfeita nos espíritos encarnados e, por conseguinte, sujeita a aberrações. Tendo sua sede na própria alma, o estado desta deve influir nas percepções que possibilita. Segundo o grau de seu desenvolvimento, as circunstâncias e o estado moral do indivíduo, ela pode possibilitar, tanto no sono quanto em estado de vigília: 1º – a percepção de certos fatos materiais reais, como o conhecimento de fatos que se desenrolam ao longe, os detalhes descritivos de um local, as causas de uma doença e os remédios convenientes; 2º – a percepção de coisas igualmente reais do mundo espiritual, como a visão de espíritos; 3º – imagens fantásticas criadas pela imaginação, análogas às criações fluídicas do pensamento. (Ver nº 14, acima.) Essas criações estão sempre em relação com as disposições morais do espírito que as cria. É assim que o pensamento de pessoas fortemente imbuídas e preocupadas de certas crenças religiosas lhes apresenta o inferno, suas fornalhas, suas torturas e seus demônios, do modo como elas mesmas imaginam. É, por vezes, toda uma epopeia: os pagãos veem o Olimpo e o Tártaro. Se ao despertar ou ao sair do êxtase, essas pessoas conservam uma lembrança precisa de suas visões, elas as tomam por realidade e confirmação de suas crenças, embora não seja senão um produto de seus próprios pensamentos[58]. Deve ser feita uma distinção muito rigorosa nas visões extáticas, antes de aceitá-las. O remédio para a excessiva credulidade, nesse caso, é o estudo das leis que regem o mundo espiritual.

28. Os sonhos propriamente ditos apresentam as três naturezas de visões descritas acima. É às duas primeiras que pertencem os sonhos premonitórios, de pressentimentos e advertências. É à terceira, ou seja, às criações fluídicas do pensamento que se pode encontrar a causa de certas imagens fantásticas, que nada têm de real em comparação à vida material, mas que têm, para o espírito, às vezes uma realidade tal, que o corpo sofre um impacto, como se tem visto cabelos embranquecerem sob a impressão de um sonho. Essas criações podem ser provocadas por crenças exaltadas, lembranças passadas, pelos gostos, desejos, paixões, medo, remorso, pelas preocupações habituais, pelas necessidades do corpo ou por uma perturbação das funções orgânicas. Finalmente, por outros espíritos, com um objetivo benévolo ou malévolo, conforme sua natureza[59].

29. A matéria inerte é insensível; o fluido perispiritual também o é, mas transmite a sensação ao centro sensitivo que é o espírito. As lesões dolorosas do corpo se repercutem, então, no espírito, como um choque elétrico, por intermédio do fluido perispiritual, do qual os nervos parecem ser os fios condutores. É o influxo nervoso dos fisiologistas, que, não conhecendo as relações desse fluido com o princípio espiritual, não puderam explicar-lhe todos os efeitos.

Essa interrupção pode acontecer pela separação de um membro ou pela secção de um nervo, mas também, parcialmente ou de maneira geral, e sem nenhuma lesão, nos momentos de emancipação, de grande superexcitação ou preocupação do espírito. Nesse estado, o espírito não se concentra mais no corpo, e, em sua atividade febril, atrai para si, por assim dizer, o fluido perispiritual, o qual, retirando-se da superfície, aí produz uma insensibilidade momentânea. É assim que, no ardor do combate, um militar pode não perceber que está ferido, que uma pessoa, cuja atenção está concentrada num trabalho, não ouve o barulho ao seu redor. É um efeito análogo, porém mais pronunciado, que ocorre com certos sonâmbulos, em casos de letargia e de catalepsia. É assim, finalmente, que se pode explicar a insensibilidade dos convulsionários e de certos mártires. (*Revista*

---

58. É assim que se pode explicar as visões da irmã Elmérich, que, se reportando aos tempos da Paixão de Cristo, disse que viu coisas materiais que só existiram nos livros que ela leu; as visões da senhora Cantanille (*Revista Espírita*, agosto de 1866, página 240), e uma parte das visões de Swedenborg.

59. *Revista Espírita*, junho de 1866, página 172; – setembro de 1866, página 284. – *O Livro dos Espíritos*, cap. VII, nº 400.

Espírita, janeiro de 1868: *Estudo sobre os Aïssaouas.*) A paralisia não tem, em absoluto, a mesma causa: nela o efeito é totalmente orgânico. São os próprios nervos, os fios condutores, que não estão mais aptos à circulação fluídica; são as cordas do instrumento que estão alteradas.

30. Em certos estados patológicos, quando o espírito não está mais no corpo e o perispírito a este só adere em alguns pontos, o corpo tem todas as aparências da morte e é absolutamente verdadeiro afirmar que "a vida está por um fio". A duração desse estado pode ser mais ou menos longa. Algumas partes do corpo podem até entrar em decomposição, sem que a vida esteja definitivamente extinta. Enquanto o derradeiro fio não for rompido, o espírito pode, seja por uma ação enérgica de *sua própria* vontade, seja por *um influxo fluídico estranho, igualmente poderoso,* ser trazido de volta ao corpo. Assim se explicam certos prolongamentos da vida contra todas as probabilidades e certas pretensas ressurreições. É a planta que resiste, por vezes, com uma só fibra da raiz. Mas quando as últimas moléculas do corpo fluídico se desprendem do corpo carnal, ou quando este último se encontra num estado de degradação irreparável, todo retorno à vida torna-se impossível[60].

31. O fluido universal é, como vimos, o elemento primitivo do corpo carnal e do perispírito, que dele são apenas transformações. Pela identidade de sua natureza, esse fluido pode fornecer ao corpo os princípios reparadores. Estando condensado no perispírito, o agente propulsor é o espírito, encarnado ou desencarnado, que infiltra em um corpo deteriorado uma parte da substância de seu envoltório fluídico. A cura se opera pela substituição de uma molécula *doente* por outra *sadia.* O poder curador será proporcional à pureza da substância inoculada. Ela depende também da energia da vontade, que provoca uma emissão fluídica mais abundante e dá ao fluido uma maior força de penetração. Depende, enfim, das intenções que animam aquele que deseja ser curado, *seja ele homem ou espírito.* Os fluidos que emanam de uma fonte impura são como substâncias médicas alteradas.

32. Os efeitos da ação fluídica sobre os doentes são extremamente variáveis, de acordo com as circunstâncias.

Às vezes é lenta e requer tratamento prolongado, como no magnetismo comum. Outras vezes é rápida, como uma corrente elétrica. Há pessoas dotadas de um poder tal, que operam curas instantâneas de certos doentes apenas pela imposição das mãos, ou mesmo por um só ato da vontade. Entre os dois polos extremos dessa faculdade, há variações infinitas. Todas as curas desse tipo são variações do magnetismo e só diferem pela potência e rapidez da ação. O princípio é sempre o mesmo: é o fluido que desempenha o papel de agente terapêutico, cujo efeito está subordinado à sua qualidade e a circunstâncias especiais.

33. A ação magnética pode se produzir de várias maneiras:

---

60. Exemplos: *Revista Espírita*, O doutor Cardon, agosto de 1863, página 251; – A mulher corsa, maio de 1866, página 134.

1ª – Pelo próprio fluido do magnetizador. É o magnetismo propriamente dito, ou *magnetismo humano*, cuja ação está subordinada à potência e, sobretudo, à qualidade do fluido.

2ª – Pelo fluido dos espíritos agindo sobre um encarnado diretamente e *sem intermediário*, seja para curar ou minorar um sofrimento, seja para provocar o sono sonambúlico espontâneo ou para exercer uma influência física ou moral qualquer sobre o indivíduo. É o *magnetismo espiritual*, cuja qualidade é proporcional às qualidades do espírito[61].

3ª – Pelo fluido que os espíritos derramam sobre o magnetizador, que lhes serve de condutor. É o magnetismo misto, *semiespiritual*, ou, se preferirem, *humano-espiritual*. O fluido espiritual, combinado com o fluido humano, confere a este último as qualidades que lhe faltam. O concurso dos espíritos em semelhantes circunstâncias é, por vezes, espontâneo, porém é mais frequentemente provocado pelo apelo do magnetizador.

34. A faculdade de curar pela ação fluídica é muito comum e pode se desenvolver pela prática, mas a de curar instantaneamente pela imposição de mãos é mais rara, e seu ponto apogeu pode ser considerado como excepcional. Entretanto, em diversas épocas e em quase todos os povos, viu-se indivíduos possuidores dessa faculdade em grau excepcional. Recentemente, tem-se visto diversos exemplos notáveis, cuja autenticidade não pode ser contestada. Uma vez que esse tipo de curas repousa sobre um princípio natural, e que o poder de as operar não constitui privilégio, elas não fogem do natural e de milagroso têm apenas a aparência[62].

35. O perispírito é invisível para nós em seu estado normal, mas, como é formado de matéria etérea, o espírito pode, em certos casos, submetê-lo, por um ato de sua vontade, a uma modificação molecular, que o torna momentaneamente visível. É assim que se produzem as *aparições,* que não estão mais fora das leis da natureza do que os demais fenômenos. Não é mais extraordinário que o vapor, que é invisível quando muito rarefeito, mas que se torna visível quando condensado.

Conforme o grau de condensação do fluido perispiritual, a aparição é por vezes vaga e vaporosa; outras vezes é mais claramente definida; outras vezes, por fim, ela tem todas as aparências da matéria tangível, podendo ir até a tangibilidade real, a ponto de fazer com que se confunda quanto à natureza do ser que se tem diante de si.

As aparições vaporosas são frequentes e é sob essa forma que muitos indivíduos se apresentam, após sua morte, às pessoas que lhe são caras. As aparições tangíveis são mais raras, embora haja delas muitos exemplos perfeitamente

---

61. Exemplos: *Revista Espírita*, fevereiro de 1863, página 64 ; – abril de 1865, página 113 ; – setembro de 1865, página 264.

62. Exemplos de curas instantâneas relatados na *Revista Espírita:* O Príncipe de Hohenlohe, dezembro de 1866, página 368; – Jacob, outubro e novembro de 1866, páginas 312 e 345; outubro e novembro de 1867, páginas 306 e 339; – Simonet, agosto de 1867, página 232; – Caïd Hassan, outubro 1867, página 303; – o Cura Gassner, novembro de 1867, página 331.

autênticos. Se o espírito deseja fazer-se reconhecer, dará a seu envoltório todos os sinais exteriores que tinha quando encarnado.

36. É de se notar que as aparições tangíveis têm somente a aparência da matéria carnal, mas não suas qualidades. Em razão de sua natureza fluídica, não podem ter a mesma coesão, porque, na verdade, não se trata da carne. Formam-se instantaneamente, da mesma forma que desaparecem ou evaporam-se pela desagregação das moléculas fluídicas. Os seres que se apresentam nessas condições não nascem nem morrem como os outros homens; são vistos e pouco depois já não se pode vê-los mais, sem saber de onde vêm, como vieram, nem para onde vão. Não seria possível matá-los, acorrentá-los ou encarcerá-los, pois não possuem um corpo carnal. Os golpes que lhes fossem desferidos, só atingiriam o vazio.

Tal é o caráter dos *agêneres,* com os quais se pode conversar, sem duvidar do que sejam, mas que não permanecem nesse estado por muito tempo e não se podem tornar frequentadores habituais de uma casa, nem figurar entre os membros de uma família.

Há, aliás, em toda sua pessoa, em suas maneiras, algo de estranho, de insólito, que guarda traços da materialidade e da espiritualidade. Seu olhar, vaporoso e penetrante ao mesmo tempo, não tem a nitidez dos olhos da carne; sua linguagem, breve e quase sempre sentenciosa, nada tem do brilho e da volubilidade da linguagem humana. Sua aproximação faz sentir uma sensação particular indefinível de surpresa, que inspira um tipo de temor, e embora tomando-o por indivíduo semelhante a todo mundo, se diz involuntariamente: Eis aí um ser singular[63].

37. Sendo o perispírito o mesmo nos encarnados e desencarnados, por um efeito absolutamente idêntico, um espírito encarnado pode aparecer, num momento de emancipação, em outro local que não aquele em que seu corpo repousa, com seus traços habituais e com todos os sinais de sua identidade. É esse fenômeno, do qual há exemplos autênticos, que deu lugar à crença dos homens duplos[64].

38. Um exemplo particular desses tipos de fenômenos é que as aparições vaporosas e mesmo tangíveis não são perceptíveis por todo mundo. Os espíritos só se mostram quando querem e para quem querem ser vistos. Um espírito poderia, então, aparecer para um ou muitos assistentes, e não ser visto pelos outros. Isso porque esses tipos de percepção se efetuam pela visão espiritual e não pela visão carnal, pois não apenas a visão espiritual não é dada a todas as pessoas, mas pode por necessidade ser retirada, pela vontade do espírito, daquele por quem este não quer ser visto, assim como ele pode concedê-la, se julgar necessário.

---

63. Exemplos de aparições vaporosas e tangíveis de agêneres: *Revista Espírita*, janeiro de 1858, página 24; – outubro de 1858, página 291; – fevereiro de 1859, página 38; – março de 1859, página 80; – janeiro de 1859, página 11; – novembro de 1859, página 303; – agosto de 1859, página 210; – abril de 1860, página 117; – maio de 1860, página 150; – julho de 1861, página 199; – abril de 1866, página 120; – o trabalhador Martin, apresentado a Luiz XVIII, detalhes completos; dezembro de 1866, página 353.

64. Exemplos de aparições de pessoas vivas: *Revista Espírita,* dezembro de 1858, páginas 329 e 331; – fevereiro de 1859, página 41; – agosto de 1859, página 197; – novembro de 1860, página 356.

A condensação do fluido perispiritual nas aparições, mesmo até a tangibilidade, não tem então as propriedades da matéria ordinária: sem isso, as aparições, sendo perceptíveis pelos olhos do corpo, seria perceptível a todas as pessoas presentes[65].

39. O espírito podendo operar transformações na contextura de seu envoltório perispiritual, e esse envoltório irradiando ao redor dos corpos como uma atmosfera fluídica, um fenômeno análogo ao das aparições se pode produzir na própria superfície do corpo. Sob a camada fluídica, a figura real do corpo pode se apagar mais ou menos completamente e revestir outros traços, ou então os traços primitivos vistos através da camada fluídica modificada, como através de um prisma, podem assumir outra expressão. Se o espírito, saindo do terra-a-terra, identifica-se com as coisas do mundo espiritual, a expressão de uma figura feia pode tornar-se bela, radiosa e, por vezes, até mesmo luminosa. Se, ao contrário, o espírito estiver exaltado por más paixões, um rosto belo pode tomar um aspecto horrendo.

É assim que se operam as *transfigurações,* que são sempre um reflexo das qualidades e dos sentimentos predominantes do espírito. Esse fenômeno é, portanto, o resultado de uma transformação fluídica. É um tipo de aparição perispiritual que se produz sobre o corpo mesmo vivo e, por vezes, no momento da morte, em vez de se produzir ao longe, como nas aparições propriamente ditas. O que diferencia as aparições desse gênero é que geralmente são perceptíveis a todos os presentes pelos olhos do corpo, precisamente porque têm por base a matéria carnal visível, enquanto nas aparições puramente fluídicas não há matéria tangível[66].

40. Os fenômenos das mesas girantes e falantes, da suspensão eterizada de corpos graves, de escrita mediúnica, tão antigas quanto o mundo, mas comuns em nossos dias, fornecem a chave de alguns fenômenos análogos espontâneos, aos quais, por ignorância da lei que os rege, atribuíra-se um caráter sobrenatural e miraculoso. Tais fenômenos baseiam-se nas propriedades do fluido perispiritual, seja de encarnados, seja de espíritos libertos.

41. É com o auxílio de seu perispírito que o espírito atua sobre seu corpo vivo e é também com esse mesmo fluido que ele se manifesta, agindo sobre a matéria inerte, e que produz ruídos, movimentos de mesas e outros objetos que ele levanta, derruba ou transporta. Tal fenômeno nada tem de surpreendente, se considerarmos que, entre nós, os mais potentes motores se encontram nos fluidos mais rarefeitos e mesmo imponderáveis, como o ar, o vapor e a eletricidade.

É igualmente com o auxílio de seu perispírito que o espírito faz com que os médiuns escrevam, falem ou desenhem. Não tendo um corpo tangível para agir

---

65. Deve-se aceitar com extrema reserva os relatos de aparições puramente individuais que, em certos casos, poderiam ser o efeito de uma imaginação superexcitada e, por vezes, uma intervenção feita com um objetivo particular. É conveniente, portanto, tomar extrema cautela com as circunstâncias, com a honorabilidade da pessoa, assim como o interesse que ela pudesse ter de abusar da credulidade de indivíduos excessivamente crédulos.

66. Exemplo e teoria da transfiguração: *Revista Espírita,* março de 1859, página 62. (*O Livro dos Médiuns,* capítulo VII, página 142.)

ostensivamente quando deseja se manifestar, o espírito serve-se do corpo do médium, do qual toma emprestado os órgãos, que ele faz agir como se fosse seu próprio corpo e isso pelo eflúvio fluídico que derrama sobre ele.

42. É da mesma maneira que o espírito age sobre a mesa, seja para fazê-la mover-se sem uma significação determinada, seja para fazê-la bater com golpes inteligentes, indicando as letras do alfabeto, para formar palavras e frases, fenômeno designado sob o nome de *tiptologia*. A mesa é apenas um instrumento do qual o espírito se serve, como de um lápis para escrever. Ele empresta ao objeto uma vitalidade momentânea pelo fluido com que o penetra, mas *não se identifica com o mesmo*. As pessoas, tomadas de emoção, abraçam a mesa ao ver se manifestar um ser que lhes é caro, realizam um ato ridículo, pois é absolutamente como se elas abraçassem o bastão do qual um amigo se serve para dar as pancadas. Há mesmo aquelas que dirigem a palavra à mesa, como se o espírito estivesse encerrado na madeira, ou como se a madeira tivesse se tornado espírito.

Quando as comunicações acontecem por esse meio, será preciso imaginar o espírito, não na mesa, mas ao lado desta, *tal como era quando vivo*, e da maneira como seria visto naquele momento, se pudesse tornar-se visível. O mesmo acontece nas comunicações pela escrita: ver-se-ia o espírito ao lado do médium, dirigindo-lhe a mão ou transmitindo-lhe seu pensamento por uma corrente fluídica.

43. Quando a mesa se desloca do chão e flutua no espaço sem um ponto de apoio, o espírito não a levanta com a força de seu braço, mas a envolve e a penetra com uma espécie de atmosfera fluídica, que neutraliza o efeito da gravitação, como o ar faz nos balões e pipas. O fluido pelo qual é penetrada lhe confere, momentaneamente, uma leveza específica maior. Quando está colada ao chão, está num caso análogo ao da bomba pneumática, com a qual se faz o vácuo. Estas são apenas comparações, para mostrar as analogias dos efeitos e não a semelhança absoluta das causas. (*O Livro dos Médiuns*, capítulo IV.)

Disso se compreende que não é mais difícil para o espírito levantar uma pessoa do que uma mesa, transportar um objeto de um local a outro, ou atirá-lo em algum lugar. Esses fenômenos se produzem segundo a mesma lei[67].

Quando a mesa persegue alguém, não é o espírito que corre – porque este pode permanecer tranquilamente no mesmo lugar –, mas sim que este dá uma impulsão ao objeto por meio de uma corrente fluídica, com o auxílio da qual faz com que o objeto se mova como quiser.

---

67. Tal é o princípio do fenômeno de transportes, fenômeno muito real, mas que convém aceitar com extrema reserva, por ser um dos que mais se presta à imitação e truques. A honradez absoluta da pessoa que os obtém, sem desinteresse material e *moral* absoluto, e o concurso de circunstâncias acessórias, devem ser levados em séria consideração. É preciso, sobretudo, desconfiar da grande facilidade com que tais efeitos são produzidos e tomar por suspeitos aqueles que se repetem com muita frequência e, por assim dizer, à vontade. Os prestidigitadores fazem coisas mais extraordinárias. A levitação de uma pessoa é um fato não menos real, muito mais raro, talvez, porque é mais difícil de ser imitado. É notório que o Sr. Home mais de uma vez levitou até o teto, fazendo a volta pela sala. Diz-se que São Cupertino tinha a mesma faculdade, o que não é miraculoso para um ou para outro.

202 CAPÍTULO XIV A GÊNESE

Quando pancadas se fazem ouvir na mesa ou em outro lugar, não é que o espírito bata com a mão ou com um objeto qualquer, mas dirige sobre o ponto de onde parte o ruído um jato de fluido, que produz o efeito de um choque elétrico. Ele modifica o ruído, como se pode modificar os sons produzidos pelo ar[68].

44. Um fenômeno muito frequente na mediunidade é a aptidão de certos médiuns para escrever em uma língua que lhes é desconhecida, para tratar, pela palavra ou pela escrita, de assuntos fora do alcance de sua instrução. Não é raro ver aqueles que escrevem correntemente, sem terem aprendido a escrever. Há outros que escrevem poesia, sem jamais terem sabido escrever um verso na vida. Outros, ainda, desenham, pintam, esculpem, compõem música, tocam um instrumento, sem conhecer o desenho, a pintura, a escultura ou a ciência musical. É muito comum que um médium psicógrafo reproduza, sem se equivocar, a escrita e a assinatura que os espíritos que se comunicam por ele tinham quando vivos, sem que os tenham jamais conhecido.

Esse fenômeno não é mais maravilhoso do que ver uma criança escrever, quando lhe conduzem a mão. Pode-se, assim, fazer executar tudo que se queira. Pode-se fazer escrever o primeiro que chegar em uma língua qualquer, ditando-lhes palavras, letra por letra. Compreende-se que se possa fazer o mesmo na mediunidade, se nos reportarmos à maneira como os espíritos se comunicam com os médiuns, que são para eles, na realidade, apenas instrumentos passivos. Mas se um médium possui o mecanismo, se venceu as dificuldades práticas, se as expressões lhe são familiares, se ele tem, enfim, em seu cérebro, os elementos para aquilo que o espírito deseja fazê-lo executar, está na posição do homem que sabe ler e escrever correntemente. Assim, o trabalho é mais fácil e rápido. Basta ao espírito transmitir seu pensamento, que seu intérprete o reproduzirá pelos meios de que dispõe.

A aptidão de um médium para coisas que lhe são desconhecidas liga-se, frequentemente, também, aos conhecimentos que possuiu em outra existência e dos quais seu espírito conservou a intuição. Se foi poeta ou músico, por exemplo, terá mais facilidade para assimilar o pensamento poético ou musical que se deseja que ele reproduza. A língua que ignora hoje pode lhe ter sido familiar em outra existência: essa seria a razão, para ele, de uma maior aptidão para escrever mediunicamente nessa língua[69].

---

68. Exemplos de manifestações materiais e perturbações por espíritos: *Revista Espírita,* A jovem filha dos Panoramas, janeiro de 1858, página 13; – Senhorita Clairon, fevereiro de 1858, página 44; – espírito batedor de Bergzabern, relato completo, maio, junho, julho de 1858, páginas 125, 153, 184; – Dibbelsdorf, agosto de 1858, página 219; – O padeiro de Dieppe, março de 1860, página 76; – Negociante de São Petersburgo, abril de 1860, página 115; – Rua de Noyers, agosto de 1860, página 236; – espírito batedor de l'Aube, janeiro de 1861, página 23; – *Id*. No século XVI, janeiro 1864, página 32; – Poitiers, maio de 1864, página 156, e maio de 1865, página 134; – Irmã Marie, junho de 1864, página 185; – Marseille, abril de 1865, página 121; – Fives, agosto de 1865, página 225; – Os ratos de Equihem, fevereiro de 1866, página 55.

69. A aptidão de certas pessoas para línguas que elas sabem, por assim dizer, sem tê-las aprendido, não tem outra causa senão uma recordação intuitiva do que souberam em outra existência. O exemplo

45. Os maus espíritos pululam ao redor da Terra, em consequência da inferioridade moral de seus habitantes. Sua ação malfazeja faz parte dos flagelos com os quais a humanidade se vê em luta aqui embaixo. A obsessão, que é um dos efeitos dessa ação, assim como as doenças e todas as tribulações da vida, deve, portanto, ser considerada como uma prova ou expiação e aceita como tal.

A obsessão é a ação persistente que um mau espírito exerce sobre um indivíduo. Ela apresenta características bem diferentes, desde a simples influência moral sem sinais sensíveis, até a perturbação completa do organismo e das faculdades mentais. Oblitera todas as faculdades mediúnicas; na mediunidade auditiva e de psicografia, ela se traduz pela obstinação de um espírito em se manifestar com a exclusão de todos os outros.

46. Do mesmo modo que as doenças são o resultado de imperfeições físicas, que deixam o corpo acessível às influências exteriores perniciosas, a obsessão é sempre consequência de uma imperfeição moral, que dá acesso a um mau espírito. A uma causa física, opõe-se uma força física; a uma causa moral, opõe-se uma força moral. Para a prevenção das doenças, fortifica-se o corpo; para a prevenção das obsessões, fortalece-se a alma. Sendo assim, há para o obsidiado a necessidade de trabalhar em seu próprio aperfeiçoamento, o que basta, na maioria das vezes, para livrá-lo do obsessor, sem o auxílio de pessoas estranhas. Esse auxílio torna-se necessário quando a obsessão degenera em subjugação e em possessão, pois nesse caso o paciente perde por vezes sua vontade e livre-arbítrio.

A obsessão é quase sempre o fato de uma vingança exercida por um espírito e que, na maioria das vezes, tem sua origem nas relações que o obsidiado teve com este em uma existência anterior.

Nos casos de obsessão grave, o obsidiado fica como que envolto e impregnado por um fluido pernicioso, que neutraliza a ação dos fluidos salutares e os repele. É desse fluido que é preciso livrá-lo. Ora, um mau fluido não pode ser repelido por outro mau fluido. Por uma ação idêntica à de um médium curador nos casos de doença, é preciso expulsar o mau fluido com o auxílio de um fluido melhor.

Esta é a ação mecânica, mas que nem sempre é suficiente. É preciso também e *sobretudo agir sobre o ser inteligente* ao qual é necessário ter o direito de *falar com autoridade,* e essa autoridade só é dada pela superioridade moral. Quanto maior ela é, tanto maior sua autoridade.

E isso ainda não é tudo: para garantir a libertação, é preciso levar o espírito perverso a renunciar dos seus maus intentos. É preciso fazer nascer nele o arrependimento e o desejo do bem, com o auxílio de instruções habilmente dirigidas, em evocações particulares feitas com vistas à sua educação moral. Nesse caso, pode-se ter a dupla satisfação de livrar um encarnado e de converter um espírito imperfeito.

---

do poeta Méry, relatado na *Revista Espírita* de novembro de 1864, página 328, é prova disso. É evidente que se o Sr. Méry tivesse sido médium em sua juventude, teria escrito em latim com a mesma facilidade que em francês, e teriam declarado isso um prodígio.

A tarefa torna-se mais fácil quando o obsidiado, compreendendo sua situação, oferece o auxílio de sua vontade e de suas preces. Isso não acontece quando o obsidiado, seduzido pelo espírito enganador, ilude-se quanto às qualidades de seu dominador e se compraz no erro no qual este último o lança. Porque, então, longe de ajudar, o obsidiado repele toda assistência. É o caso da fascinação, sempre infinitamente mais rebelde que a mais violenta subjugação. (*O Livro dos Médiuns*, capítulo XXIII.)

Em todos os casos de obsessão, a prece é o mais poderoso auxiliar para agir contra o espírito obsessor.

47. Na obsessão, o espírito age exteriormente com a ajuda de seu perispírito, que ele identifica com o do encarnado. Este último encontra-se, então, como que enlaçado numa teia e constrangido a agir contra sua vontade.

Na possessão, em vez de agir exteriormente, o espírito livre substitui, por assim dizer, o espírito encarnado; faz eleição de domicílio em seu corpo sem que, contudo, este o deixe definitivamente, o que só pode acontecer com a morte. A possessão é, portanto, temporária e intermitente, pois um espírito desencarnado não pode tomar definitivamente o lugar de um espírito encarnado, visto que a união molecular do perispírito e do corpo só se pode operar no momento da concepção. (Capítulo XI, nº 18.)

O espírito, em possessão momentânea do corpo, serve-se deste como se fosse seu próprio corpo: fala por sua boca, vê por seus olhos, age com seus braços, como teria feito em vida. Não é mais como na mediunidade falante, em que o espírito encarnado fala transmitindo o pensamento de um espírito desencarnado. Na possessão é o próprio espírito desencarnado que fala e age, e aqueles que o conheceram quando vivo, reconhecem-no por sua linguagem, sua voz, seus gestos e até mesmo por sua expressão fisionômica.

48. A obsessão é sempre o feito de um espírito malévolo. A possessão pode ser o feito de um bom espírito que deseja falar e, para causar mais forte impressão naqueles que o ouvem, *toma emprestado* o corpo de um encarnado, que o empresta voluntariamente, como se emprestasse sua roupa. Isso acontece sem causar perturbação nem desconforto, e durante esse tempo o espírito encontra-se em liberdade, como no estado de emancipação, e no mais das vezes se mantém ao lado de seu substituto, a fim de escutá-lo.

Quando o espírito possessor é mau, as coisas acontecem de maneira diferente: ele não toma emprestado o corpo, mas dele se apodera, se o titular não tiver *força moral para resistir a ele*. Ele o faz por maldade em relação a este, que tortura e martiriza de todas as maneiras, até desejar que morra, seja por estrangulamento, seja lançando-o ao fogo ou outros locais perigosos. Servindo-se dos membros e órgãos do infeliz paciente, ele blasfema, injuria e maltrata aqueles que o cercam. Entrega-se a excentricidades e atos que têm todas as características da loucura furiosa.

Os fatos desse gênero, com diferentes graus de intensidade, são muito numerosos, e muitos casos de loucura têm como causa a possessão. Frequentemente a estes se juntam desordens patológicas que são apenas consequências, e contra as quais os tratamentos médicos são impotentes, enquanto subsistir a causa primeira. O espiritismo, ao fazer conhecida essa fonte de uma parcela das misérias humanas, indica a maneira de remediá-las. Essa maneira é atuar sobre o autor do mal, que sendo um ser inteligente, deve ser tratado pela inteligência[70].

49. A obsessão e a possessão são mais frequentemente individuais, mas, às vezes, são epidêmicas. Quando uma nuvem de maus espíritos se abate sobre uma localidade, é como quando uma tropa de inimigos vem invadi-la. Nesse caso, o número de indivíduos atingidos pode ser considerável[71].

---

70. Exemplos de curas de obsessões e de possessões: *Revista Espírita,* dezembro de 1863, página 373; janeiro de 1864, página 11; junho de 1864, página 168; janeiro de 1865, página 5; junho de 1865, página 172; fevereiro de 1866, página 38; junho de 1867, página 174.

71. É uma epidemia desse gênero que atacou, por alguns anos, a aldeia de Morzine, na Saboia (ver o relato completo dessa epidemia na *Revista Espírita* de dezembro de 1862, página 353; janeiro, fevereiro, abril e maio de 1863, páginas 1, 33, 101, 133).

Capítulo XV

Os milagres do Evangelho

Observações preliminares – Sonhos – Estrela dos magos – Dupla vista – Curas – Possessos – Ressurreições – Jesus caminha sobre as águas – Transfiguração – Tempestade acalmada – Bodas de Caná – Multiplicação dos pães – Tentação de Jesus – Prodígios por ocasião da morte de Jesus – Aparições de Jesus depois de sua morte – Desaparecimento do corpo de Jesus

OBSERVAÇÕES PRELIMINARES

1. Os fatos relatados no Evangelho, e que até agora foram considerados como miraculosos, pertencem, em sua maioria, à ordem dos *fenômenos psíquicos,* ou seja, aqueles que têm por causa primeira as faculdades e os atributos da alma. Comparando-os com os que são descritos e explicados no capítulo anterior, reconhece-se, sem dificuldade, que há entre eles identidade de causa e efeito. A História registra fatos análogos em todos os tempos e em todos os povos, pelo fato de que, uma vez que há almas encarnadas e desencarnadas, os mesmos efeitos deverão se ter produzido. Pode-se, é verdade, contestar a veracidade da História acerca desse ponto; mas, atualmente, esses fatos se produzem diante de nossos olhos, por assim dizer, à vontade, e por indivíduos que nada têm de excepcional.

O simples fato da reprodução de um fenômeno em condições idênticas basta para provar que ele é possível e sujeito a uma lei e, portanto, não é milagroso.

O princípio dos fenômenos psíquicos baseia-se, como vimos, nas propriedades do fluido perispiritual, que constitui o agente magnético sobre as manifestações da vida espiritual durante a existência e após a morte; enfim, sobre o estado constitutivo dos espíritos e seu papel como força ativa da natureza. Conhecidos esses elementos e constatados seus efeitos, a consequência é que se admita a possibilidade de certos fatos que eram rejeitados, enquanto uma origem sobrenatural lhes era atribuída.

2. Sem nada prejulgar da natureza do Cristo, cujo exame não se enquadra no objetivo desta obra, considerando-o, por hipótese, apenas como um espírito superior, não se pode deixar de reconhecer nele um espírito da mais elevada ordem, e que ele se coloca, por suas virtudes, bem acima da humanidade terrestre. Pelos imensos resultados que tem produzido, sua encarnação neste mundo só poderia ser uma dessas missões que só são confiadas aos mensageiros diretos da Divindade, para o cumprimento de seus desígnios. Supondo-se que ele não fosse o próprio Deus, mas um enviado de Deus para transmitir Sua palavra, ele seria mais que um profeta, pois seria um Messias divino.

Como homem, ele tinha a organização dos seres carnais, mas como espírito puro, desprendido da matéria, devia viver a vida espiritual mais do que a corporal, da qual não trazia absolutamente as fraquezas. Sua superioridade em relação aos homens não se prendia, em absoluto, às qualidades particulares de seu corpo, mas às de seu espírito, que dominava a matéria de maneira absoluta, e à qualidade de seu perispírito, extraído da parte mais quintessenciada dos fluidos terrestres. (Capítulo XIV, n° 9). Sua alma devia estar ligada ao corpo apenas pelos liames estritamente indispensáveis. Constantemente desprendida, devia dar-lhe uma dupla vista não apenas permanente, mas de uma penetração excepcional e bem superior à que se vê nos homens comuns. E o mesmo devia acontecer com todos os fenômenos que dependem dos fluidos perispirituais ou psíquicos. A qualidade desses fluidos dava-lhe um imenso poder magnético, secundado pelo desejo incessante de fazer o bem.

Nas curas que operava, agia ele como *médium*? Pode-se considerá-lo como um poderoso médium curador? Não, porque o médium é um intermediário, um instrumento do qual os espíritos desencarnados se utilizam. Ora, o Cristo não tinha necessidade de assistência. Era ele que assistia os outros. Ele atuava, portanto, por si próprio, em virtude de seu poder pessoal, assim como podem fazer os encarnados em certos casos e na medida de suas forças. Que espírito, aliás, teria ousado insuflar-lhe seus próprios pensamentos e encarregá-lo de transmiti-los? Se ele recebesse um influxo estranho, só poderia ser de Deus. Segundo a definição dada por um espírito, ele era médium de Deus.

Sonhos

3. José, diz o Evangelho, foi advertido por um anjo que lhe apareceu em sonho e disse-lhe que fugisse para o Egito com o menino. (Mateus, capítulo II, *vs.* de 19 a 23.)

As advertências por sonhos desempenham papel importante nos livros sagrados de todas as religiões. Sem garantir a exatidão de todos os fatos narrados e sem discuti-los, o fenômeno em si nada tem de anormal, quando se sabe que o período do sono é aquele em que o espírito, desprendendo-se dos liames da matéria, entra momentaneamente na vida espiritual, onde reencontra aqueles que conheceu. Frequentemente, esse é o momento que os espíritos protetores escolhem para se manifestar aos seus protegidos e dar-lhes conselhos mais diretos. Os exemplos autênticos de avisos em sonhos são numerosos, mas não se deve inferir que todos os sonhos sejam avisos, e menos ainda que tudo que se vê em sonho tenha uma significação. Deve-se incluir a arte de interpretar sonhos entre as crenças supersticiosas e absurdas. (Capítulo XIV, nº 27 e 28.)

Estrela dos Magos

4. Diz-se que uma estrela apareceu aos magos que tinham vindo adorar Jesus, que ela caminhou diante deles para indicar-lhes o caminho, tendo parado quando chegaram. (Mateus, capítulo II, *vs.* de 1 a 12.)

A questão não é saber se o fato relatado por Mateus é real ou se é apenas uma figura para indicar que os magos foram guiados de uma maneira misteriosa até o lugar onde estava o menino Jesus, tendo em vista que não existe nenhum meio de comprovação, mas sim se um fato dessa natureza é possível.

O certo é que, nessa circunstância, a luz não poderia ser uma estrela. Podia-se crer, naquela época, em que se pensava que as estrelas fossem pontos luminosos presos ao firmamento e que poderiam cair na Terra, mas não hoje, quando se conhece sua natureza.

Por não ter a causa que se lhe atribui, o fato da aparição de uma luz com o aspecto de uma estrela não deixa de ser possível. Um espírito pode aparecer sob uma forma luminosa ou transformar uma parte de seu fluido perispiritual em um ponto luminoso. Muitos fatos desse gênero, recentes e perfeitamente autênticos, não têm outra causa e essa nada tem de sobrenatural.

Dupla Vista

Entrada de Jesus em Jerusalém

5. E quando se aproximaram de Jerusalém e chegaram a Betfagé, no Monte das Oliveiras, então Jesus enviou dois discípulos, dizendo-lhes: Ide à aldeia, defronte de vós, e logo encontrareis uma jumenta amarrada e um filhote com ela. Após soltá-los, conduzi-os a mim. E se alguém vos disser algo, direis que o Senhor tem necessidade deles, e logo os enviará de volta. Isso aconteceu para que se cumprisse o que foi dito através do profeta: Dizei à filha de Sião: Eis que o teu rei vem a ti, brando e montado em um jumento, em um filhote, filho de animal de carga. Indo os discípulos e fazendo o que Jesus lhes ordenara, conduziram a jumenta e o filhote, puseram sobre eles as vestes; e ele foi montado sobre um deles. (Mateus, capítulo XXI, vs. de 1 a 7.)

O beijo de Judas

6. Levantai-vos, vamos! Eis que se aproxima aquele que está me entregando. Enquanto ele ainda falava, eis que veio Judas, um dos doze, e com ele uma grande turba, com espadas e porretes, da parte dos sumos sacerdotes e anciãos do povo. Aquele que o estava entregando, deu-lhes um sinal, dizendo: Aquele que eu beijar, é esse, prendei-o. Aproximando-se de Jesus, logo disse: Salve, Rabi... – E o beijou. Jesus, porém, lhe disse: Amigo, a que vens? – Então, depois de se aproximarem, lançaram as mãos sobre Jesus e o prenderam. (Mateus, capítulo XXVI, vs. de 46 a 50.)

Pesca milagrosa

7. E sucedeu que, ao espremer-se a multidão em torno dele para ouvir a palavra de Deus, ele mesmo estava de pé junto ao lago de Genesaré e viu dois barcos atracados junto ao lago. Os pescadores, tendo desembarcado, lavavam as redes. Entrando em um dos barcos, que era de Simão, pediu-lhe para afastar-se um pouco da terra. Após sentar-se, ensinava as turbas do barco. E quando acabou de falar, disse a Simão: Faze-te ao mar alto, e desce as vossas redes para a pescaria. – Em resposta disse Simão: Senhor, labutando durante toda a noite, nada apanhamos, mas com base em tua palavra, descerei as redes. – Ao fazerem isso, recolheram uma numerosa quantidade de peixes; as redes deles se rompiam. E acenaram aos parceiros do outro barco, para vir arrastar as redes junto com eles. Vieram e encheram ambos os barcos, a ponto de se afundarem. (Lucas, capítulo V, vs. de 1 a 7.)

Chamado a Pedro, André, Tiago, João e Mateus

8. Enquanto circulava junto ao mar da Galileia, viu dois irmãos, Simão, chamado Pedro, e André, seu irmão, lançando a rede circular no mar, pois eram pescadores. Diz-lhes: Vinde após mim, e vos farei pescadores de homens. – Eles, deixando imediatamente as redes, seguiram-no. Avançando dali, viu outros dois irmãos – Tiago, filho de Zebedeu, e João, seu irmão – no barco com Zebedeu, o pai deles, restaurando suas redes, e os chamou. Eles, deixando imediatamente o barco e o pai, o seguiram. (Mateus, capítulo IV, vs. de 18 a 22.)

Passando adiante dali, Jesus viu um homem, chamado Mateus, sentado na coletoria, e diz-lhe: Segue-me. – Após levantar-se, ele o seguiu. (Mateus, capítulo IV, v. 9.)

9. Esses fatos nada têm de surpreendente, quando se conhece o poder da dupla vista e a causa muito natural dessa faculdade. Jesus a possuía em grau supremo e pode-se dizer que ela era seu estado normal, o que atestava um grande número de atos de sua vida e que explica atualmente os fenômenos magnéticos e o espiritismo.

A pesca qualificada como miraculosa explica-se, igualmente, pela dupla vista. Jesus não produziu espontaneamente peixes, onde não existiam. Ele viu, como teria podido fazer um vidente lúcido, pela visão da alma, o lugar onde os peixes estavam e pôde dizer, com certeza, aos pescadores, que lançassem suas redes naquele lugar.

A penetração do pensamento e, consequentemente, certas previsões são consequência da visão espiritual. Quando Jesus chama a si Pedro, André, Tiago, João e Mateus, era preciso que ele conhecesse suas disposições íntimas, para saber que eles o seguiriam e que eram capazes de cumprir a missão da qual devia incumbi-los. Era preciso que eles mesmos tivessem a intuição dessa missão, para se abandonarem a ele. O mesmo aconteceu quando, na Última Ceia, Jesus anuncia que um dos doze o trairá e que o designa, dizendo que será aquele que colocar a mão no prato, e quando diz a Pedro que o negará.

Em muitos trechos do Evangelho se diz: "Mas Jesus, conhecendo-lhes o pensamento, lhes diz..." Ora, como poderia ele conhecer-lhes o pensamento, se não fosse também pela irradiação fluídica que lhes trazia esse pensamento, e a visão espiritual que lhe permitia ler no foro íntimo dos indivíduos?

Embora se acredite, com frequência, que um pensamento está profundamente enterrado nos refolhos da alma, não se duvide que temos em nós um espelho que reflete, um revelador em sua própria irradiação fluídica em que está impregnado. Se pudéssemos ver o mecanismo do mundo invisível que nos cerca, as ramificações desses fios condutores do pensamento, que ligam todos os seres inteligentes, corpóreos e incorpóreos, os eflúvios fluídicos carregados das marcas do mundo moral e que como correntes aéreas atravessam o espaço, nos surpreenderíamos menos com certos efeitos que a ignorância atribui ao acaso. (Capítulo XIV, n°s 22 e seguintes.)

CURAS

Perda de sangue

10. E uma mulher, que estava com um fluxo de sangue havia doze anos, que muito havia padecido sob os cuidados de muitos médicos, gastando tudo quanto tinha, nada lhe aproveitando, mas tornando-se ainda pior, depois de ouvir a respeito de Jesus, enquanto vinha na multidão, por trás tocou na sua veste. Pois dizia: Se tocar apenas na sua veste, serei salva. E imediatamente secou-se a fonte do seu sangue, e soube em seu corpo que estava curada do flagelo. Jesus, imediatamente, reconhecendo que havia saído poder de si mesmo, e voltando-se em meio à turba, dizia: Quem tocou nas minhas vestes? – Diziam-lhe os seus discípulos: Vês que a turba está te comprimindo, e dizes: Quem me tocou? – Ele olhava ao redor, para ver aquela que fizera isso. A mulher, atemorizada e trêmula, sabendo o que lhe havia acontecido, veio, prosternou-se diante dele, e disse-lhe toda a verdade. Ele, porém, lhe disse: Filha, a tua fé te salvou. Vai em paz, e permanece curada do teu flagelo. (Marcos, capítulo V, vs. de 25 a 34.)

11. Estas palavras: *"Tendo consciência da força que dele saíra"* são significativas. Elas exprimem o movimento fluídico que se operara de Jesus para a mulher doente. Ambos tinham sentido a ação que acabava de se produzir. É notável que o efeito não tenha sido provocado por nenhum ato da vontade de Jesus: não houve nem magnetização, nem imposição de mãos. A irradiação fluídica normal bastou para operar a cura.

Mas por que teria essa irradiação dirigido para aquela mulher e não aos outros, visto que Jesus não pensava nela e que ele estava cercado por uma multidão?

A razão disso é bem simples: o fluido, sendo doado como matéria terapêutica, deve atingir o desequilíbrio orgânico para repará-lo. Pode ser dirigido para o desequilíbrio pela vontade do curador ou atraído pelo desejo ardente, a confiança, em uma palavra, pela fé do enfermo. Em relação à corrente fluídica, o curador atua como uma bomba compressora e o doente como uma bomba aspirante. Às vezes, a simultaneidade dos dois efeitos é necessária, outras vezes, um só basta. Foi o segundo caso que ocorreu na situação em questão.

Jesus tinha, portanto, razão em dizer: *Tua fé te salvou.* Compreende-se que aqui a fé não é a virtude mística como certas pessoas a entendem, mas uma verdadeira *força atrativa,* ao passo que aquele que não a possui opõe à corrente fluídica uma *força repulsiva,* ou pelo menos uma força de inércia, que paralisa a ação. Compreende-se, com base nisso, que, de dois enfermos acometidos do mesmo mal em presença de um curador, um pode ser curado e outro não. Esse é um dos mais importantes princípios da mediunidade curadora e que explica, por uma causa muito natural, certas anomalias aparentes. (Capítulo XIV, nos 31, 32, 33.)

Cura de um cego de Betsaida

12. Dirigem-se a Betsaida; trazem-lhe um cego, rogando-lhe que o tocasse. Segurando a mão do cego, levou-o para fora da aldeia; e, cuspindo-lhe nos olhos e impondo-lhe as mãos, perguntava-lhe: Vês alguma coisa? – Recobrando a visão, dizia: Vejo os homens, porque os vejo como árvores que andam. – Então,

Jesus novamente impôs as mãos sobre seus olhos; ele viu em profundidade e restabeleceu-se; e via pormenorizadamente, com clareza, a todos. E Jesus o enviou para sua casa, dizendo: Não entres na aldeia. (Marcos, capítulo VIII, vs. de 22 a 26.)

13. Aqui o efeito magnético é evidente. A cura não foi instantânea, mas gradual, e, após uma ação sustentada e reiterada, embora mais rápida do que na magnetização comum. A primeira sensação desse homem é bem a que experimentam os cegos em recobrando a luz: por um efeito de ótica, os objetos lhes parecem de uma grandeza desmesurada.

Cura de um paralítico

14. Entrando no barco, atravessou o lago e foi para sua própria cidade. Eis que traziam a ele um paralítico, deitado sobre um leito. E Jesus, vendo a fé deles, disse ao paralítico: Anima-te, filho, os teus pecados estão perdoados. – Eis que alguns dos escribas disseram entre si: Ele blasfema! – E Jesus, vendo as reflexões deles, disse: Por qual razão refletis coisas más em vossos corações? Pois que é mais fácil dizer "estão perdoados os teus pecados" ou dizer "levanta-te e anda?" Ora, para que saibais que o filho do homem tem poder, sobre a terra, de perdoar pecados – então diz ao paralítico: Levanta-te, toma teu leito e vai para tua casa. – E levantando-se, partiu para sua casa. Vendo isso, as turbas temeram e glorificaram a Deus, que dera tal poder aos homens. (Mateus, capítulo IX, vs. de 1 a 8.)

15. O que poderiam significar estas palavras: *"Teus pecados te são perdoados"* e à cura de quem poderiam elas servir? O espiritismo dá a chave a essa questão, como a uma infinidade de outras palavras incompreendidas até os dias atuais. Ele nos ensina, pela lei da pluralidade das existências, que os males e as aflições da vida são frequentemente expiações do passado, e que sofremos na vida presente as consequências das faltas que cometemos em uma existência anterior, sendo as diferentes existências solidárias umas com as outras, até que se tenha pago o débito dessas imperfeições.

Se, pois, a enfermidade daquele homem era uma punição pelo mal que ele tivesse cometido, dizer-lhe: "Teus pecados te são perdoados" era o mesmo que dizer-lhe: "Tu pagaste tua dívida. A causa de tua enfermidade é apagada por tua fé presente. Em consequência, tu mereces ser liberto de tua doença." É por isso que Jesus disse aos escribas: "Com efeito, o que é mais fácil dizer: "Teus pecados te são perdoados", ou dizer: "Levanta-te e anda?" Tendo cessado a causa, o efeito deve cessar igualmente. O caso é o mesmo que para um prisioneiro, a quem se viesse dizer: "Teu crime está expiado e perdoado", o que equivaleria a dizer-lhe: "Podes sair da prisão".

Os dez leprosos

16. E aconteceu que, ao partir para Jerusalém, ele passava pelo meio da Samaria e da Galileia. E ao entrar em certa aldeia, vieram ao encontro dele dez varões leprosos, que pararam a distância. Eles levantaram a voz, dizendo: Jesus, nosso Senhor, tem misericórdia de nós! Ao vê-los, disse-lhes: Ide e mostrai-vos aos sacerdotes. E sucedeu que, ao saírem, foram purificados. E um deles, vendo que estava curado, retornou, glorificando a Deus em alta voz. E prosternou-se aos pés dele, rendendo-lhe graças; ele era samaritano. Em resposta, Jesus disse: Não foram purificados dez? Onde estão os nove? Não se encontrou ninguém que voltasse para dar glória a Deus, senão este estrangeiro? – E disse-lhe: Levanta-te e vai; a tua fé te salvou. (Lucas, capítulo XVII, vs. de 11 a 19.)

17. Os samaritanos eram estigmatizados, mais ou menos como os protestantes aos olhos dos católicos, e desprezados pelos judeus como heréticos. Ao curar indistintamente os samaritanos e os judeus, Jesus deu, ao mesmo tempo, uma lição e um exemplo de tolerância. E ao destacar que apenas o samaritano voltara para dar glória a Deus, Jesus mostrou que havia neste mais fé verdadeira e reconhecimento do que naqueles que se diziam ortodoxos. E ao acrescentar: "Tua fé te salvou", fez ver que Deus olha o fundo do coração e não a forma exterior de adoração. Entretanto, os outros foram curados e isso era preciso para a lição que Jesus queria dar e para provar-lhes a ingratidão. Mas quem sabe o que terá resultado disso e se eles se terão beneficiado do favor que lhes foi concedido? Ao dizer ao samaritano: "Tua fé te salvou", Jesus deu a entender que não acontecera o mesmo aos outros.

Mão seca

18. Novamente entrou na sinagoga, e ali estava um homem cuja mão estava atrofiada. E o observavam, para ver se nos sábados ele o curaria, para que o acusassem. Jesus diz ao homem que tinha a mão atrofiada: Levanta-te! Vem para o meio! – Diz-lhes: É lícito no sábado fazer o bem ou fazer o mal? Salvar uma vida ou matar? – Eles, porém, silenciaram. Olhando em derredor deles, com ira, afligindo-se da dureza do coração deles, Jesus diz ao homem: Estende a mão. – Ele a estendeu e foi restaurada, como a outra. – Após saírem, os fariseus imediatamente formaram um conselho com os herodianos, contra ele, a fim de matá-lo. E Jesus, com seus discípulos, retirou-se para o mar; e seguia-o uma numerosa multidão da Galileia, da Judeia, de Jerusalém, da Idumeia, do outro lado do Jordão, ao redor de Tiro e Sidon; uma numerosa multidão, ouvindo quantas coisas fazia, veio até ele. (Marcos, capítulo III, vs. 1 a 8.)

A mulher curvada

19. Estava ensinando, no sábado, em uma das sinagogas, e eis que uma mulher, que tinha um espírito de enfermidade havia dezoito anos, estava encurvada, não podendo endireitar-se completamente. Ao vê-la, Jesus chamou-a e disse: Mulher, estás livre da tua enfermidade. E lhe impôs as mãos; imediatamente, ela se endireitou, e glorificava a Deus. – Em resposta, o chefe da sinagoga, indignado porque Jesus curou no sábado, dizia à turba: "Há seis dias nos quais é necessário trabalhar. Vinde, portanto, nestes dias para serdes curados, e não no dia de sábado. – Respondeu-lhe o Senhor e disse: Hipócritas, cada um de vós, no sábado, não solta do estábulo seu boi ou seu jumento, levando-o para beber água? Esta, sendo filha de Abraão, a quem Satanás amarrou durante dezoito anos, não devia ser solta dessa amarra no dia de sábado? – Ao dizer essas coisas, todos os seus opositores ficaram envergonhados, mas toda a turba se alegrava com todas as coisas gloriosas feitas por ele. (Lucas, capítulo XIII, vs. de 10 a 17.)

20. Este fato prova que naquela época a maior parte das enfermidades era atribuída ao demônio e que se confundia, como ainda hoje, os possessos com os doentes, porém em sentido inverso. Isto é, que atualmente aqueles que não creem nos espíritos maus confundem as obsessões com as moléstias patológicas.

O paralítico da piscina

21. Depois dessas coisas, havia uma festa dos judeus, e Jesus subiu para Jerusalém. Há em Jerusalém, perto da Porta das Ovelhas, um tanque chamado, em hebraico, Bethzatha, que tem cinco pórticos. Nesses pórticos estava deitada uma multidão de enfermos, cegos, coxos e atrofiados, esperando que se movesse a água, porquanto um anjo descia, em certo tempo, agitando-a. E o primeiro que entrava no tanque, uma vez agitada a água, era curado de qualquer enfermidade que tivesse. Estava ali um homem que se encontrava enfermo havia 38 anos. Jesus, vendo-o deitado e sabendo que estava assim há muito tempo, lhe diz: "Queres tornar-te são?" – Respondeu-lhe o enfermo: "Senhor, não tenho uma pessoa que me jogue no tanque quando a água for agitada; enquanto eu estou indo, outro desce antes de mim". – Disse-lhe Jesus: "Levanta-te, toma o teu catre e anda". – O homem logo ficou são; tomou o seu catre e andava. E aquele dia era sábado. Assim, diziam os judeus ao que fora curado: "É sábado e não te é lícito tomar o teu catre". – Ele lhes respondeu: "Aquele que me fez são me disse: 'Toma o teu catre e anda'". – Perguntaram-lhe: "Quem é o homem que te disse 'Toma teu catre e anda?'" – O que fora curado não sabia quem era, pois, havendo uma turba naquele lugar, Jesus retirou-se. Depois dessas coisas, encontrando-o no Templo, Jesus lhe disse: "Eis que te tornaste são, não mais peques, para que não te suceda algo pior". – O homem partiu e anunciou aos judeus que fora Jesus que o fizera são. E, por causa disso, os judeus perseguiam Jesus, que fazia essas coisas no sábado. Ele, porém, lhes respondeu: "O meu Pai trabalha até agora, eu também trabalho". (João, capítulo V, vs. de 1 a 17.)

22. Piscina (do latim *piscis,* peixe) se dizia, entre os romanos, dos reservatórios ou viveiros onde se nutriam os peixes. Mais tarde, a acepção dessa palavra estendeu-se aos tanques destinados às casas de banho coletivo.

A piscina de Betesda, em Jerusalém, era uma cisterna, próxima ao Templo, alimentada por uma fonte natural, cuja água parecia ter propriedades curativas. Era, sem dúvida, uma fonte intermitente, que em certas épocas jorrava com força e agitava as águas. Segundo a crença comum, aquele momento era o mais favorável às curas. Talvez, na realidade, no momento de sua saída, a água tivesse uma propriedade mais ativa, ou que a agitação produzida pela água que jorrava movimentasse o lodo, salutar para certas doenças. Esses efeitos são muito naturais e perfeitamente conhecidos hoje em dia; mas naquele tempo as ciências estavam pouco avançadas e via-se uma causa sobrenatural na maior parte dos fenômenos incompreendidos. Os judeus atribuíam, pois, a agitação dessas águas à presença de um anjo e tal crença lhes parecia ainda melhor fundamentada, porque nesse momento a água era mais salutar. Após ter curado aquele homem, Jesus lhe disse: *Não peques mais, para que não te aconteça coisa pior.* Por aquelas palavras, Jesus fez com que o homem entendesse que sua enfermidade era uma punição e que, se ele não melhorasse, poderia ser novamente punido ainda mais rigorosamente. Essa doutrina está inteiramente de acordo com a que o espiritismo ensina.

23. Jesus parecia dar preferência a operar suas curas no sábado, para ter ocasião de protestar contra o rigorismo dos fariseus no tocante à observação desse dia. Ele desejava mostrar-lhes que a verdadeira piedade não consiste na observância de práticas exteriores e de coisas formais, mas que ela está nos sentimentos do coração. Ele se justifica dizendo: *Meu Pai não cessa de trabalhar até o presente, e eu também trabalho incessantemente,* ou seja, Deus não suspende nunca Suas obras, nem Sua ação sobre as coisas da natureza em dia de sábado. Ele continua no labor produtivo do que seja necessário à vossa nutrição e à vossa saúde, e eu sou Seu exemplo.

Cego de nascença

24. Ao passar, Jesus viu um homem cego de nascença. E os seus discípulos o interrogaram, dizendo: Rabi, quem pecou, ele ou os seus genitores, para que fosse gerado cego? – Respondeu Jesus: Nem ele pecou, nem seus genitores, mas para que nele fossem manifestadas as obras de Deus. É necessário realizarmos as obras d'Aquele que me enviou, enquanto é dia; a noite vem, quando ninguém pode trabalhar. Enquanto estiver no mundo, sou a luz do mundo. – Ao dizer essas coisas, cuspiu na terra, fez barro com a saliva, e aplicou o barro sobre os olhos dele. E disse-lhe: Vai, lava-te no tanque de Siloam, que interpretado é "Enviado". – Então, ele partiu, se lavou e voltou vendo. Então, os vizinhos e aqueles que o viam, porque era pedinte, diziam: Não é este o que ficava sentado mendigando? – Uns diziam: É este. – Outros diziam: Não, mas é semelhante a ele. – Ele mesmo, porém, dizia: Sou eu. – Diziam-lhe, portanto: Como os teus olhos foram abertos? – Ele respondeu: O homem chamado Jesus fez barro, aplicou em meus olhos e me disse: Vai ao tanque de Siloam e lava-te. Assim, depois de partir e me lavar, recobrei a visão. – Disseram-lhe: Onde está ele? – Ele diz: Não sei. – Eles conduzem o que antes fora cego aos fariseus. E era um sábado o dia em que Jesus fez o barro e lhe abriu os olhos. Novamente, então, também os fariseus lhe perguntaram como recobrara a visão. E ele disse: Aplicou barro sobre os meus olhos, lavei-me e estou vendo. – Alguns dos fariseus, então, diziam: Este homem não está junto de Deus, porque não observa o sábado. – Outros diziam: Como pode um pecador fazer tais sinais? – E havia divisão entre eles. Assim, diziam novamente ao cego: O que tu dizes a respeito dele, já que abriu os teus olhos? – Ele disse: É um profeta. – No tocante a ele, então, não creram os judeus que fora cego e recobrara a visão, até que chamaram os genitores daquele que recobrara a visão, e os interrogaram, dizendo: Este é o vosso filho, o qual vós dizeis ter sido gerado cego? Como, então, está vendo agora? – Desse modo, em resposta, disseram os genitores dele: Sabemos que este é o nosso filho e que foi gerado cego. Como está vendo agora, porém, não sabemos. Ou, quem lhe abriu os olhos nós não sabemos. Interrogai-o, tem idade, falará por si mesmo. – Os genitores dele disseram isso porque estavam com medo dos judeus; pois os judeus já haviam acordado que, se alguém o declarasse Cristo, se tornaria um excluído da sinagoga. Por isso, os genitores dele disseram: Tem idade, interrogai-o. – Então, chamaram, pela segunda vez, o homem que fora cego e lhe disseram: Dá glória a Deus. Nós sabemos que esse homem é pecador. – Ele, então, respondeu: Se é pecador, não sei; uma coisa sei: Era cego e agora estou vendo. – Disseram-lhe; pois: Que te fez? Como abriu os teus olhos? – Respondeu-lhes: Eu já vos disse e não ouvistes. Que quereis ouvir novamente? Porventura, vós quereis tornar-vos discípulos dele? – Eles o insultaram e disseram: Tu és discípulo dele, mas nós somos discípulos de Moisés. Nós sabemos que Deus falou a Moisés. Não sabemos, porém, de onde este é. – Em resposta, o homem lhes disse: Nisto, pois, está o maravilhoso, que vós não saibais de onde ele é, e que ele tenha aberto os olhos de um cego de nascença. Se este homem não estivesse junto de Deus, não poderia fazer nada. – Em resposta, disseram-lhe: Tu foste gerado todo em pecado, e nos ensina? – E o expulsaram. (João, capítulo IX, vs. de 1 a 34.)

25. Este relato tão simples e tão ingênuo traz em si um caráter evidente de verdade. Nada de fantástico, nem de maravilhoso, apenas uma cena da vida real, tomada sobre o fato. A linguagem do cego é bem a linguagem típica dos homens simples, em quem o saber é substituído pelo bom-senso, e que responde aos argumentos de seus adversários com boa disposição, e por razões às quais não faltam justeza, nem propósito. O tom dos fariseus não é o mesmo dos orgulhosos, que não admitem nada que esteja acima de sua inteligência e que se indignam diante da simples ideia de que um homem do povo lhes possa superar? Exceção feita ao colorido local dos nomes, se poderia crer que esse fato ocorreu em nossos dias. Ser expulso da sinagoga equivalia a ser posto para fora da Igreja. É um tipo de excomunhão. Os espíritas, cuja doutrina é a do Cristo, interpretada de acordo com o progresso das luzes atuais, são tratados como os judeus que reconheciam Jesus como sendo o Messias. Ao excomungá-los, coloca-os fora da Igreja, como fizeram os escribas e os fariseus em relação aos partidários de Jesus. Assim sendo, vemos nessa passagem um homem que é enxotado, porque não pode crer que aquele que o curou seja um pecador e um possesso do demônio, e porque ele glorifica a Deus pela cura obtida! Não é isso que se faz com os espíritas? O que eles obtêm: sábios conselhos dos espíritos, o retorno a Deus e ao bem, curas, tudo é obra do diabo e lança-se sobre eles o anátema. Não se tem visto padres dizerem, do alto de suas cátedras, que *era preferível permanecer incrédulo do que voltar à fé pelas vias do espiritismo?* Não se tem dito aos doentes que não se deviam fazer curar pelos espíritas que possuem o dom da cura, porque é um dom satânico? O que faziam de diferente os sacerdotes judeus e os fariseus? De resto, se diz que tudo deve acontecer hoje como nos tempos do Cristo.

A pergunta dos discípulos: "Foi o pecado desse homem a causa de ele ter nascido cego?" indica a intuição de uma existência anterior, do contrário ela não faria sentido. Pois o pecado que seria a causa de uma *enfermidade de nascença* deveria ter sido cometido antes do nascimento e, por conseguinte, em uma existência anterior. Se Jesus tivesse visto aí uma ideia errada, teria dito aos discípulos: "Como esse homem poderia ter pecado antes de nascer?" Em vez disso, ele lhes diz que aquele homem era cego não porque pecara, mas para que o poder de Deus brilhasse nele. Se não era uma expiação do passado, era uma prova que deveria servir ao seu adiantamento, pois Deus, que é justo, não lhe poderia impor um sofrimento sem compensação.

Quanto ao meio empregado para curá-lo, é evidente que a espécie de barro feito com saliva e terra não poderia ter o poder de cura, mas sim pela ação do fluido curador do qual estava impregnado. É assim que as substâncias mais insignificantes, a água, por exemplo, podem adquirir qualidades poderosas e efetivas sob a ação do fluido espiritual ou magnético, ao qual servem de veículo ou, se preferirem, de *reservatório*.

Numerosas curas de Jesus

26. Jesus percorria toda a Galileia, ensinando nas sinagogas, proclamando o Evangelho do reino, curando toda doença e toda enfermidade entre o povo. A sua fama espalhou-se pela Síria inteira, e trouxeram-lhe todos os que estavam mal, acometidos de diversas doenças e tormentos, os possessos, os lunáticos e os paralíticos; e ele

218   CAPÍTULO XV   A GÊNESE

os curou. E seguiram-no turbas numerosas da Galileia, da Decápole, de Jerusalém, da Judeia e do outro lado do Jordão. (Mateus, capítulo IV, vs. 23, 24, 25.)

27. De todos os fatos que testemunham o poder de Jesus, os mais numerosos são, sem dúvida, as curas; ele queria provar por isso que o verdadeiro poder é aquele que faz o bem, que seu objetivo era tornar-se útil e não satisfazer a curiosidade dos indiferentes por meio de coisas extraordinárias.

Ao aliviar o sofrimento, as pessoas ficavam ligadas a ele pelo coração, e fazia adeptos mais numerosos e mais sinceros do que se tivessem sido atingidos apenas pelo espetáculo que tinham perante os olhos. Por esse meio ele se fazia amar, ao passo que se tivesse se limitado a produzir efeitos materiais surpreendentes, como pediam os fariseus, a maioria das pessoas só teria visto nele um feiticeiro ou um mágico hábil, que os desocupados iriam ver para se distrair.

Assim, quando João Batista lhe enviou seus discípulos para perguntar se ele era o Cristo, ele não disse: "Eu sou", pois qualquer impostor poderia ter dito isso. Ele não lhes fala de prodígios, nem de coisas maravilhosas, mas lhes responde simplesmente: *"Dizei a João: Os cegos veem, os enfermos são curados, os surdos ouvem, o Evangelho é anunciado aos pobres"*. Era o mesmo que dizer: *"Reconhecei-me por minhas obras, julgueis a árvore por seus frutos"*, pois esse é o verdadeiro caráter de sua missão divina.

28. É também pelo bem que faz que o espiritismo prova sua missão providencial: cura males físicos, mas cura, sobretudo, as enfermidades morais, e é aí que residem os maiores prodígios pelos quais ele se afirma. Seus adeptos mais sinceros não são os que foram atingidos pela visão de fenômenos extraordinários, mas sim os que foram tocados no coração pelo consolo, os que se libertaram das torturas da dúvida, aqueles cuja coragem se fortaleceu nas aflições, que hauriram força na certeza do futuro que o espiritismo lhes mostrou, no conhecimento de seu ser espiritual e de sua destinação. Eis aqueles cuja fé é inquebrantável, porque sentem e compreendem.

Aqueles que veem no espiritismo apenas efeitos materiais não podem compreender sua moral. Da mesma forma, não podem compreendê-lo os incrédulos que só o conhecem pelos fenômenos, cuja causa primeira não admitem, e que veem nos espíritos apenas malabaristas e charlatães. Portanto, não é pelos prodígios que o espiritismo triunfará sobre a incredulidade, mas, sim, multiplicando seus benefícios morais, pois, se os incrédulos não admitem os prodígios, conhecem, como todo mundo, o sofrimento e as aflições, e ninguém há que recuse o alívio e a consolação. (Capítulo XIV, n°30.)

POSSESSOS

29. Entram em Cafarnaum, e após entrar na Sinagoga, logo no sábado, ensinava. Maravilhavam-se do seu ensino, pois estava ensinando a eles como quem tem autoridade, e não como os escribas. E logo estava na Sinagoga deles um homem com um espírito impuro; e ele gritou, dizendo: O que queres de nós, Jesus Nazareno? Vieste destruir-nos? Sei quem tu és: O Santo de Deus. – Jesus o repreendeu, dizendo: Cala-te, e sai dele. O espírito imundo, convulsionando-o e bradando em alta voz, saiu dele. E todos ficaram assombrados, de sorte que debatiam entre si, dizendo: Que é isto? Um novo ensino? Com autoridade, ordena aos espíritos impuros, e eles o obedecem. (Marcos, capítulo I, vs. de 21 a 27.)

30. Ao saírem, eis que lhe trouxeram um homem mudo, que estava possesso, e expulsou o demônio, o mudo falou. As turbas se admiraram, dizendo: Nunca se fez visível de tal maneira em Israel. – Os fariseus diziam: Pelo chefe dos endemoninhados, expulsa os demônios. (Mateus, capítulo IX, vs. 32, 33, 34.)

31. Dirigindo-se aos outros discípulos, viram uma numerosa turba ao redor deles; e escribas debatiam com eles. Vendo-o, imediatamente, toda a turba ficou pasma e, correndo para ele, saudava-o. Perguntou-lhes: Que debateis entre vós? – Alguém da turba lhe respondeu: Mestre, eu trouxe a ti meu filho, que tem um espírito mudo. E onde quer que o subjugue, convulsiona-o; ele espuma, rilha os dentes e definha-se. Disse aos teus discípulos que o expulsassem, mas não foram capazes. – Em resposta, Jesus diz a eles: Ó geração incrédula! Até quando estarei convosco? Até quando vos suportarei? Trazei-o para mim. – E o trouxeram para ele. Ao vê-lo, o espírito imediatamente o atormentou; caindo sobre a terra, rolava, espumando. – Jesus perguntou ao pai dele: Há quanto tempo isso lhe acontece? – Disse-lhe: Desde a infância. Muitas vezes o lançou tanto no fogo quanto na água para o destruir. Mas, se podes algo, tende compaixão de nós, e socorre-nos. Respondeu-lhes Jesus: Se posso?! Tudo é possível àquele que crê. – Imediatamente, gritando, o pai do menino dizia: Eu creio! Socorre minha falta de fé. – E Jesus, vendo que a turba se aglomerava, repreendeu o espírito impuro, dizendo-lhe: espírito mudo e surdo, eu te ordeno, sai dele e não mais entres nele. – Gritando e contorcendo-se muito, saiu; o menino se tornou como morto, a ponto de muitos dizerem que havia morrido. Mas, Jesus, agarrando sua mão o ergueu; e ele se levantou. Quando entrou em casa, seus discípulos o interrogavam, em particular: Por que não pudemos expulsá-lo? – Jesus disse-lhes: Esse gênero de espírito de nenhum modo pode sair, senão com oração. (Marcos, capítulo IX, vs. de 14 a 29.)

32. Então lhe trouxeram um possesso cego e mudo; e ele o curou, de modo que o mudo passou a falar e ver. Todas as turbas ficaram extasiadas, e diziam: Acaso não é este o filho de David? – Mas, tendo ouvido isso, os fariseus disseram: Ele não expulsa os possessos senão por Belzebu, o chefe dos demônios. – Jesus, porém, conhecendo as reflexões deles, disse-lhes: Todo reino dividido contra si mesmo está deserto, e toda cidade ou casa dividida contra si mesma não permanecerá de pé. Se Satanás expulsa Satanás, dividiu-se contra si mesmo. Como então permanecerá de pé o seu reino? E se eu expulso os demônios por Belzebu, por quem os vossos filhos os expulsam? Por esta razão, eles serão os vossos juízes. Se, porém, eu expulso demônios pelo espírito de Deus, chegou até vós o Reino de Deus. (Mateus, capítulo XII, vs. 22 a 28.)

33. As libertações de possessos figuram, ao lado das curas, entre os atos mais numerosos de Jesus. Entre os fatos dessa natureza, há o que foi reportado acima, no nº 30, em que a possessão não é evidente. É provável que naquela época, como ainda ocorre atualmente, se atribuísse à influência de demônios todas as doenças cuja causa era desconhecida, principalmente o mutismo, a epilepsia e a catalepsia. Mas há outros casos em que a ação de espíritos maus é indubitável. Eles têm uma analogia impressionante com os casos de que somos testemunhas, que neles se reconhece todos os sintomas desse gênero de afecção. A prova de uma inteligência oculta, em casos semelhantes, evidencia-se por um fato material: são as numerosas curas radicais obtidas, em alguns centros espíritas, pela mera evocação e moralização dos espíritos obsessores, sem magnetização nem medicamentos e, frequentemente, estando o paciente ausente e a distância. A imensa superioridade do Cristo conferia-lhe uma tal autoridade sobre os espíritos imperfeitos, então chamados demônios, que lhe bastava recomendar que se retirassem, para que eles pudessem resistir a essa injunção. (Capítulo XIV, nº 46.)

34. O fato de maus espíritos serem enviados aos corpos de porcos é contrário a toda probabilidade. Um espírito mau, nem por isso deixa de ser um espírito humano, ainda muito imperfeito para fazer o mal após a morte, como já o fazia anteriormente, e é contra as leis da natureza que ele possa animar o corpo de um animal. É necessário ver nisso um desses exageros de um fato real, em tempos de ignorância e superstição. Ou, quem sabe, uma alegoria para caracterizar as tendências imundas de certos espíritos.

Parece que os obsidiados e os possessos eram muito numerosos na Judeia no tempo de Jesus, o que lhe deu a oportunidade de curar a muitos. Os maus espíritos tinham, sem dúvida, feito uma invasão naquele país e causado uma epidemia de possessões. (Capítulo XIV, nº 49.)

35. Sem estarem em estado epidêmico, as obsessões individuais são extremamente frequentes e se apresentam sob aspectos muito variados, que um conhecimento aprofundado do espiritismo possibilita reconhecer facilmente. Podem ter, não raro, consequências nocivas sobre a saúde, seja agravando afecções orgânicas, seja determinando-as. Elas serão, um dia, incontestavelmente, colocadas entre as causas patológicas que, por sua natureza especial, requerem meios de tratamento especiais. Fazendo conhecer a causa do mal, o espiritismo abre um novo caminho à arte de curar, e fornece à ciência o meio de obter êxito onde ela frequentemente fracassa, porque lhe falta atacar a causa primeira do mal. (*O Livro dos Médiuns*, capítulo XXIII.)

36. Jesus era acusado pelos fariseus de expulsar os demônios por meio dos demônios. O próprio bem que ele fazia era, segundo eles, obra de Satã, sem refletir que, ao expulsar a si mesmo, Satã cometia um ato de insensatez. Tal é ainda a

doutrina que a Igreja busca fazer prevalecer atualmente contra as manifestações espíritas[72].

RESSURREIÇÕES

Filha de Jairo

37. Depois de Jesus atravessar novamente para o outro lado [no barco], reuniu-se uma turba numerosa sobre ele; ele estava junto ao mar. E chega um dos chefes da Sinagoga, de nome Jairo. Assim que o viu, prosternou-se junto aos pés dele. E roga-lhe muito, dizendo: Minha filhinha está nas últimas; vem, para que imponhas as mãos nela, para que seja salva e viva. Saindo com ele, uma turba numerosa o seguia, e o comprimia. Enquanto ele ainda falava, vieram alguns da parte do chefe da Sinagoga, dizendo: Tua filha morreu. Por que ainda incomodas o Mestre? Jesus, ouvindo de relance a palavra que falavam, diz ao chefe da Sinagoga: Não temas, apenas crê. E não permitiu a ninguém seguir junto com ele, senão Pedro, Tiago e João, irmão de Tiago. Chegando à casa do chefe da Sinagoga, contempla o tumulto, e muitas pessoas chorando e gritando. Após entrar, diz-lhes: Por que estais alvoroçados e chorais? A criancinha não morreu, mas dorme. E zombavam dele. Ele, porém, fazendo todos saírem, tomou consigo o pai e a mãe da criancinha, e os que com ele estavam, e ingressa onde estava a criancinha. E agarrando a mão da criancinha, diz-lhe: Talitha cumi, que traduzido é "Mocinha, eu te digo: Levanta-te". E imediatamente a mocinha se levantou e andava, pois estava com doze anos; e extasiaram-se com grande êxtase. (Marcos, vs. 21 a 24, e de 35 a 42.)

Filho da viúva de Naim

38. E aconteceu que, no dia seguinte, Jesus partiu para uma cidade chamada Naim, e iam com ele seus discípulos e numerosa turba. Quando se aproximou da porta da cidade, eis que era carregado para fora, morto, o filho único de sua mãe, e ela era viúva; e uma grande turba da cidade estava com ela. Vendo-a, o Senhor compadeceu-se dela, e disse-lhe: Não chores. – Aproximando-se, tocou

---

72. Os teólogos estão longe de professar opiniões também absolutas sobre a doutrina dos demônios. Temos aqui a opinião de um eclesiástico, cujo valor o Clero não poderá contestar. Encontra-se a seguinte passagem nas *Conferências sobre a religião*, de autoria de Monsenhor Freyssinous, bispo de Hermópolis, Tomo II, página 341; Paris, 1825. "Se Jesus tivesse operado seus milagres pela virtude do demônio, este teria, pois, trabalhado para destruir seu império e teria empregado seu poder contra si mesmo. Com certeza, *um demônio que buscasse destruir o reino do vício para estabelecer o da virtude, seria um estranho demônio*. Eis por que Jesus, a fim de repelir a absurda acusação dos judeus, dizia-lhes: "Se eu opero prodígios em nome do demônio, o demônio está, então, dividido contra si mesmo. Busca, então, destruir-se"; resposta que não admite réplica. É precisamente o argumento que os espíritas apresentam àqueles que atribuem ao demônio os bons conselhos que recebem dos espíritos. O demônio agiria como um ladrão profissional que devolvesse tudo quanto tivesse roubado, e induziria outros ladrões a se tornarem pessoas honestas.

o esquife; os carregadores pararam, e ele disse: Jovem, eu te digo: Levanta-te. – O morto sentou-se e começou a falar. E ele o deu à sua mãe. O temor tomou a todos, e glorificavam a Deus, dizendo: Um grande profeta se levantou entre nós. Deus visitou o seu povo. – Esse relato, a respeito dele, se espalhou em toda a Judeia e em toda a circunvizinhança. (Lucas, capítulo VII, vs. de 11 a 17.)

39. O fato do retorno à vida corpórea de um indivíduo, estivesse ele realmente morto, seria contrário às leis da natureza e, por conseguinte, miraculoso. Ora, não é necessário recorrer a essa ordem de fatos para explicar as ressurreições operadas pelo Cristo. Se, entre nós, as aparências enganam por vezes até os especialistas, é provável que acidentes dessa natureza fossem bem frequentes num país em que não se tomavam precauções e onde o sepultamento se fazia de imediato[73].

Há, portanto, toda probabilidade de que, nos exemplos acima, só houvesse síncope ou letargia. O próprio Jesus diz isso, claramente, da filha de Jairo: *Essa menina*, diz ele, *não está morta. Apenas dorme.*

A partir do poder fluídico que Jesus possuía, nada há de surpreendente no fato de que esse fluido vivificante, dirigido por uma vontade forte, tenha reanimado os sentidos entorpecidos; que ele tenha mesmo podido trazer de volta ao corpo o espírito prestes a deixá-lo, enquanto o laço perispiritual não estivesse definitivamente rompido. Para os homens daquele tempo, que acreditavam que o indivíduo estivesse morto desde que não respirasse mais, teria havido ressurreição, e eles podiam afirmá-lo de muito boa-fé. Na verdade, o que houve foi uma *cura*, e não ressurreição na acepção do termo.

40. A ressurreição de Lázaro, não importa o que digam, não anula esse princípio. Ele estava, segundo dizem, há quatro dias no sepulcro, mas sabe-se que há letargias que duram oito dias e até mais. Acrescente-se a isso o fato de que ele cheirava mal, o que é um sinal de decomposição. Essa alegação também nada prova, visto que em alguns indivíduos acontece decomposição parcial do corpo mesmo antes da morte, e que exalam um odor pútrido. A morte só acontece quando os órgãos essenciais à vida são atacados.

E quem poderia saber se ele cheirava mal? Sua irmã Marta é quem o diz. Mas como poderia ter certeza? Como Lázaro estava enterrado havia quatro dias, ela poderia supor, mas não ter certeza disso. (Capítulo XIV, nº 29.)[74]

---

73. Uma prova desse costume encontra-se nos Atos dos Apóstolos, capítulo V, v. 5 e seguintes: "Ao ouvir essa admoestação, Ananias caiu morto. Então, grande temor tomou conta de todos os que souberam do que havia acontecido. E alguns jovens tomaram a iniciativa de cobri-lo, carregaram-no para fora e o sepultaram. Cerca de três horas mais tarde, entrou sua esposa (Safira), sem saber o que havia se passado. E Pedro a questionou: etc. – Naquele mesmo instante, ela caiu morta aos pés de Pedro. Então, aqueles jovens entraram e, encontrando-a morta, levaram-na e a sepultaram ao lado de seu marido.

74. O seguinte fato prova que a decomposição precede, por vezes, a morte. No convento do Bom Pastor, fundado em Toulon pelo abade Marin, capelão dos presídios para as filhas arrependidas, encontrava-se uma jovem que havia suportado os mais terríveis sofrimentos com a calma e a impassibilidade de uma vítima expiatória. Em meio às dores, ela parecia sorrir ante uma visão celeste. Como Santa Teresa, ela pedia sofrimentos maiores; sua carne ia-se em frangalhos, a

JESUS CAMINHA SOBRE AS ÁGUAS

41. Em seguida, compeliu os discípulos a entrar no barco e ir adiante dele para o outro lado, até que despedisse as turbas. Após despedir as turbas, subiu ao monte para orar, em particular. Chegado o fim da tarde, estava ali sozinho. O barco já estava distante da terra muitos estádios, atormentado pelas ondas, pois o vento era contrário. Na quarta vigília da noite, dirigiu-se a eles, caminhando sobre o mar[75]. Os discípulos, vendo-o caminhando sobre o mar, ficaram perturbados e diziam: É um fantasma! e gritaram de medo. Mas prontamente Jesus lhes disse: Animai-vos, sou eu, não temais. Em resposta, Pedro disse: Senhor, se és tu, ordena-me de ir a ti, sobre as águas. Jesus disse: Vem! Descendo do barco, Pedro caminhou sobre as águas e dirigiu-se a Jesus. Porém, depois de ter visto o vento forte, teve medo e, começando a afundar, gritou, dizendo: Senhor, salva-me! Imediatamente, estendendo a mão, Jesus o segurou e disse: Homem de pouca fé! Por que duvidaste? – Ao subirem no barco, amainou o vento. E os que estavam no barco o reverenciaram, dizendo: Verdadeiramente, tu és o filho de Deus! (Mateus, capítulo XIV, vs. 22 e 23.)

42. Este fenômeno encontra sua explicação natural nos princípios acima expostos, no capítulo XIV, n° 43.

Exemplos análogos provam que não é nem impossível, nem miraculoso, pois está dentro das leis da natureza. Pode ter-se produzido de duas maneiras.

Jesus, embora vivo, pôde aparecer sobre as águas sob uma forma tangível, enquanto seu corpo carnal estava em outro lugar. Essa é a hipótese mais provável. Pode-se mesmo reconhecer nesse relato certos sinais característicos das aparições tangíveis. (Capítulo XIV, n°s 35 a 37.)

Por outro lado, seu corpo poderia ter sido sustentado e seu peso neutralizado pela mesma força fluídica que mantém uma mesa no espaço, sem um ponto de apoio. O mesmo efeito produziu-se, muitas vezes, sobre corpos humanos.

TRANSFIGURAÇÃO

43. E depois de seis dias. Jesus toma consigo a Pedro, Tiago e João, e os leva a sós[76], em particular, a um alto monte. E transfigurou-se diante deles; suas vestes tornaram-se resplandecentes, muitíssimo brancas, como nenhum lavadeiro sobre a Terra pode assim branquear. E se tornou visível para eles, Elias com Moisés, e

---

gangrena tomava seus membros. Por uma sábia previdência, os médicos recomendaram que o sepultamento do corpo fosse feito imediatamente após o falecimento. Coisa estranha! Mal deu ela o último suspiro, todo o processo de decomposição parou; as exalações cadavéricas cessaram; durante trinta e seis horas ela permaneceu exposta às preces e veneração da comunidade.

75. O lago de Genesaré ou de Tiberíades.

76. O monte Thabor ou Tabor, a sudoeste do lago de Tabarich, 11 quilômetros a sudoeste de Nazaré; com aproximadamente 1.000 metros de altitude.

estavam conversando com Jesus. Em resposta, Pedro diz a Jesus: Rabi, é bom nós estarmos aqui, e que façamos três tendas, uma para ti, uma para Moisés e uma para Elias. Pois não sabia o que responder, porquanto ficaram atemorizados. Surgiu uma nuvem, fazendo sombra sobre eles; e surgiu uma voz da nuvem, que dizia: Este é o meu filho amado, ouvi-o! – E, subitamente, olhando em redor, não viram mais ninguém, mas somente Jesus com eles. Enquanto desciam do monte, ordenou-lhes que não relatassem a ninguém o que tinham visto, a não ser quando o filho do homem tivesse se levantado dentre os mortos. (Marcos, capítulo IX, vs. de 1 a 9.)

44. É mais uma vez nas propriedades do fluido perispiritual que se pode encontrar a razão desse fenômeno. A transfiguração explicada no capítulo XIV, nº 39, é um fato bastante comum, que, em consequência da irradiação fluídica, pode modificar a aparência do indivíduo; mas a pureza do perispírito de Jesus pôde permitir a seu espírito dar-lhe uma claridade excepcional. Quanto à aparição de Moisés e Elias, entra inteiramente no caso de todos os fenômenos do mesmo gênero. (Capítulo XIV, nº 35 e seguintes.)

De todas as faculdades que se revelaram em Jesus, não há nenhuma que esteja em desacordo com as condições da humanidade e que não se encontre no comum dos homens, porque elas são da natureza; mas pela superioridade de sua essência moral e de suas qualidades fluídicas, atingem, no caso dele, proporções acima do comum. Ele nos representava, exceção feita ao seu envoltório carnal, o estado dos espíritos puros.

TEMPESTADE ACALMADA

45. E sucedeu, num dos dias, que ele entrou em um barco, e também seus discípulos. Ele lhes disse: Atravessemos para o outro lado do lago. E fizeram-se ao mar. Enquanto eles navegavam, ele adormeceu. E desabou uma tempestade de vento no lago; os barcos estavam ficando cheios de água e corriam perigo. Aproximando-se, despertaram-no, dizendo: Mestre, Mestre, estamos perecendo! – Desperto, Jesus repreendeu o vento e a agitação da água; cessaram e houve calmaria. Disse-lhes, porém: Onde está a vossa fé? – Temendo, maravilharam-se, dizendo uns aos outros: Então, quem é este que ordena aos ventos e à água, e lhe obedecem? (Lucas, capítulo VIII, vs. de 22 a 25.)

46. Ainda não conhecemos suficientemente os segredos da natureza para afirmar se há, ou não, inteligências ocultas que presidem à ação dos elementos. Nessa hipótese, o fenômeno em questão poderia ser o resultado de um ato de autoridade sobre essas mesmas inteligências, e provaria um poder que não é dado a nenhum homem exercer. Em todo caso, Jesus, dormindo tranquilamente durante a tempestade, atesta uma segurança que pode se explicar pelo fato

A Gênese   Os milagres do Evangelho   225

de que seu espírito *via* que não havia nenhum perigo, e que a tempestade iria se acalmar.

As bodas de Caná

47. Este milagre, mencionado somente no Evangelho de João, é indicado como sendo o primeiro que Jesus fez e, por isso mesmo, deveria ter sido um dos mais marcantes. É preciso que tenha produzido bem pouca sensação, para que nenhum outro evangelista fale dele. Um fato tão extraordinário poderia ter deixado o mais alto dos convivas atônito, e sobretudo o dono da casa, que não parece nem sequer ter se apercebido dele.

Considerado em si mesmo, esse fato tem pouca importância em comparação àqueles que testemunham, verdadeiramente, as qualidades espirituais de Jesus. Admitindo-se que as coisas se tenham passado como são relatadas, é de se notar que se trata do único fenômeno deste gênero que ele produziu. Jesus era de natureza elevada demais para dar atenção a efeitos puramente materiais, apenas capazes de incitar a curiosidade da multidão, que o teriam por mágico. Ele sabia que as coisas úteis lhe conquistariam mais simpatias e lhe trariam mais adeptos do que aquelas que poderiam passar como resultado de uma grande habilidade ou destreza, mas não tocariam o coração.

Se bem que a rigor o fato possa ser explicado, até certo ponto, por uma ação fluídica que, assim como o magnetismo oferece exemplos, teria mudado as propriedades da água, dando-lhe o gosto do vinho. Mas essa hipótese é pouco provável, uma vez que neste caso a água, tendo conservado apenas o gosto do vinho, teria conservado sua cor, o que não teria deixado de ser notado. É mais racional ver neste caso uma dessas parábolas tão frequentes nos ensinamentos de Jesus, como a do Filho Pródigo, a do Festim de Bodas e tantas outras. Ele teria feito, durante a refeição, uma alusão ao vinho e à água, da qual teria extraído uma instrução. O que justifica esta opinião são as palavras que o mordomo lhe dirige a esse respeito: "Todo homem põe primeiro o bom vinho e, quando estão embriagados, serve o inferior. Tu conservaste o bom vinho até agora".

Multiplicação dos pães

48. A multiplicação dos pães é um dos milagres que mais têm intrigado os comentadores, ao mesmo tempo em que alimenta o escárnio dos incrédulos. Sem se dar ao trabalho de sondar seu sentido alegórico, estes últimos viram nele apenas um conto pueril. Mas a maior parte das pessoas sérias viram nesse relato, embora numa forma diferente da comum, uma parábola em que se compara o alimento espiritual da alma com o alimento do corpo.

Pode-se ver aí, entretanto, mais de uma figura e admitir, sob determinado ponto de vista, a realidade de um efeito material, sem para isso recorrer ao prodígio. Sabe-se que uma grande preocupação do espírito ou a atenção sustentada sobre uma determinada coisa fazem esquecer a fome. Ora, aqueles que seguiam a Jesus eram pessoas ávidas por ouvi-lo. Não há, portanto, nada de espantoso no fato de que, fascinados por sua palavra e talvez também pela poderosa ação magnética que ele exercia sobre eles, não tenham experimentado a necessidade material de comer.

Jesus, que previa esse resultado, pôde então tranquilizar seus discípulos, dizendo, na linguagem figurada que lhe era habitual, admitindo-se que tenham realmente trazido alguns pães, que esses bastariam para saciar a fome da multidão. Ao mesmo tempo, ele lhes dava uma lição: "Dai-lhes de comer, vós mesmos", disse aos seus discípulos, ensinando-lhes com essas palavras que eles também podiam nutrir através da palavra.

Desse modo, ao lado do sentido alegórico moral, ele pode produzir um efeito fisiológico natural muito conhecido. O prodígio, neste caso, encontra-se na ascendência da palavra de Jesus, poderosa o bastante para cativar a atenção de uma multidão imensa, a ponto de fazê-la esquecer de comer. Esse poder moral testemunha a superioridade de Jesus, muito mais do que o fato puramente material da multiplicação dos pães, que deve ser considerada como uma alegoria.

Esta explicação se encontra, aliás, confirmada pelo próprio Jesus, nas duas passagens a seguir:

Fermento dos fariseus e saduceus

49. E os discípulos, dirigindo-se para o outro lado, haviam se esquecido de pegar pães. Jesus lhes disse: Olhai e acautelai-vos do fermento dos fariseus e saduceus! – E eles arrazoavam entre si, dizendo: É porque não pegamos pães. – E Jesus, sabendo disso, disse: Por que arrazoais entre vós, homens de pouca fé, que não tendes pães? Não compreendeis ainda, nem vos lembrais dos cinco pães para cinco mil homens e de quantos cestos de vime recolhestes? Nem dos sete pães para quatro mil homens e de quantos cestos redondos recolhestes? Como não compreendeis que não vos falei a respeito de pães? Acautelai-vos, porém, do fermento dos fariseus e saduceus. – Então entenderam que não disse para se acautelarem do fermento dos pães, mas do ensino dos fariseus e saduceus. (Mateus, capítulo XVI, vs. de 5 a 12.)

O pão do céu

50. No dia seguinte, a turba que ficara de pé do outro lado do mar viu que não havia outro barco ali, senão um somente, e que Jesus não entrara no barco com seus discípulos, mas somente os seus discípulos partiram. Entretanto, outros barcos vieram do Tiberíades, próximo do lugar onde haviam comido o pão, rendendo graças ao Senhor. Assim, quando a turba viu que Jesus não estava ali, nem os seus discípulos, entraram nos barcos e foram para Cafarnaum, à procura de Jesus. Encontrando-o do outro lado do mar, disseram-lhe: Rabi, quando chegaste aqui? – Em resposta a eles, disse Jesus: Em verdade vos digo: Buscais a mim não porque vistes sinais, mas porque comestes dos pães e vos saciastes. Trabalhai, não pela comida que perece, mas pela comida que permanece para a vida eterna, a qual o filho do homem vos dará, pois Deus, o Pai, o certifica. – Então disseram a ele: Que faremos para realizar as obras de Deus? – Em resposta, disse-lhes Jesus: Esta é a obra de Deus, que creiais naquele que Ele enviou. – Então, disseram-lhe: Que sinal, pois, fazes tu, para que vejamos e creiamos em ti? Que realizas? Nossos pais comeram o maná no deserto, como está escrito: Deu-lhes para comer o pão do céu. – Então disse-lhes Jesus: Em verdade vos digo que Moisés não vos deu o pão do céu, mas meu Pai vos dá o verdadeiro pão do céu; pois o pão de Deus é o que desce do céu e dá vida ao mundo. – Então, disseram a ele: Senhor, dá-nos sempre este pão. – Disse-lhes Jesus: Eu sou o pão da vida. Quem vem a mim não terá fome e quem crê em mim não terá sede jamais. Mas eu vos disse que também me vistes e não credes. Em verdade vos digo: Quem crê tem vida eterna. Eu sou o pão da vida. Os vossos pais comeram o maná no deserto e morreram. Este é o pão que desce do céu, a fim de que não morra quem dele comer. (João, capítulo VI, vs. de 22 a 36 e de 47 a 50.)

51. Na primeira passagem, Jesus, recordando o efeito produzido anteriormente, dá claramente a entender que não se tratava de pães materiais; do contrário, a comparação que estabeleceu com o fermento dos fariseus não faria sentido. *"Não compreendeis nunca e não vos lembrais nunca que cinco pães foram suficientes para cinco mil homens, e quanto vos sobrou na cesta? E que sete pães foram suficientes para quatro mil homens, e quanto tereis levado no cesto? Como não compreendeis que esse não é o pão de que vos falei, quando vos disse para vos guardar do levedo dos fariseus e dos saduceus?"* Essa comparação não teria nenhuma razão de ser na hipótese de uma multiplicação material. O fato devia ter sido bastante extraordinário em si mesmo para ter atingido a imaginação de seus discípulos que, entretanto, dele não pareciam lembrar.

É o que ressalta, não menos claramente, no discurso de Jesus sobre o pão do céu, no qual ele se esforça para fazer compreender o sentido verdadeiro do alimento espiritual. *"Trabalhai, não pela comida que perece, mas pela comida que permanece para a vida eterna, a qual o filho do homem vos dará."* Este alimento é sua palavra, que é o pão descido do céu e que dá vida ao mundo. *"Eu sou o pão da vida. Quem vem a mim não terá fome e quem crê em mim não terá sede jamais."*

Mas estas distinções eram excessivamente sutis para aquelas naturezas brutas, que compreendiam apenas as coisas tangíveis. O maná que havia nutrido os corpos de seus ancestrais era, para eles, o verdadeiro pão do céu: aí estava o milagre. Se, então, o fato da multiplicação dos pães tivesse acontecido materialmente, como aqueles homens, em proveito dos quais fora produzido poucos

228 CAPÍTULO XV A GÊNESE

dias antes, teriam sido tão pouco tocados, para dizer: "Que sinal, pois, fazes tu, para que vejamos e creiamos em ti? Que realizas?" É que eles entendiam por milagres os prodígios que pediam os fariseus, ou seja, os sinais no céu, operados sob ordem, como pela varinha de um mágico. O que Jesus fazia era demasiado simples e não se afastava muito das leis da natureza. As próprias curas não tinham um caráter suficientemente estranho e extraordinário. Os milagres espirituais não tinham substância suficiente para eles.

TENTAÇÃO DE JESUS

52. Jesus transportado pelo diabo ao alto do Templo, depois sobre uma montanha, e tentado por este, é uma dessas parábolas que lhe eram tão familiares e que a credulidade pública transformou em fatos materiais[77].

53. "Jesus não foi conduzido, mas ele queria fazer com que os homens compreendessem que a humanidade está sujeita a falir, e que ela deve estar sempre vigilante contra as más inspirações, às quais sua natureza fraca a levam a ceder. A tentação de Jesus é, portanto, uma figura, e seria preciso ser cego para tomá-la ao pé da letra. Como queríeis vós que o Messias, o Verbo de Deus encarnado, se houvesse submetido por um tempo, por mais curto que fosse, às sugestões do demônio, e que, como diz o Evangelho de Lucas, o demônio o haja deixado *por algum tempo,* o que daria a pensar que ele estaria ainda a seu poder. Não. Compreendei melhor os ensinamentos que vos foram dados. O espírito do mal nada podia sobre a essência do bem. Ninguém diz ter *visto* Jesus sobre a montanha, nem sobre o pináculo do templo. Com certeza, esse teria sido um fato de natureza tal, que se espalharia por entre todos os povos. A tentação não foi, portanto, um ato material e físico. Quanto ao ato moral, podeis admitir que o espírito das trevas pudesse dizer àquele que conhecia sua origem e poder: "Tudo isto te darei, se prostrado me adorares". O demônio teria, então, ignorado quem era aquele a quem fazia tais ofertas, o que não é provável. Se o conhecia, sua proposta era um contrassenso, pois ele sabia bem que seria repelido por aquele que vinha arruinar seu império sobre os homens.

"Compreendei, pois, o sentido desta parábola, pois é semelhante à do *Filho Pródigo* e do *Bom Samaritano.* Uma nos mostra os perigos que correm os homens, se não resistirem a essa voz íntima que lhes grita sem cessar: "Tu podes ser mais do que és; podes possuir mais do que possuis; podes te tornar grande, ter posses. Cede à voz da ambição, e todos os teus desejos serão satisfeitos." Ela vos mostra o perigo e o modo de evitá-lo, dizendo às más inspirações: *Vai-te, Satanás! Em* outras palavras: *Afasta-te, tentação!*

As duas outras parábolas que vos lembrei mostram o que também pode esperar aquele que, fraco demais para repelir o demônio, sucumbe às suas tentações. Elas vos mostram a misericórdia do pai de família, estendendo a mão sobre a

---

77. A explicação a seguir é tirada textualmente de uma instrução dada acerca desse assunto por um espírito.

fronte do filho arrependido, concedendo-lhe, com amor, o perdão implorado. Elas vos mostram o culpado, o cismático, o homem rejeitado por seus irmãos, tendo mais valor aos olhos do Juiz supremo do que aqueles que o desprezam, porque ele pratica as virtudes ensinadas pela lei do amor.

"Pesai bem os ensinamentos dados nos Evangelhos. Sabei distinguir o que está no sentido próprio ou no sentido figurado, e os erros que vos cegaram durante tantos séculos se apagarão pouco a pouco, para dar lugar à luz resplandecente da verdade." (Bordeaux, 1862. João Evangelista.)

Prodígios por ocasião da morte de Jesus

54. Desde a hora sexta até a hora nona, houve treva sobre toda a Terra.

Eis que o véu do Santuário rasgou-se, de cima a baixo, em dois; a terra tremeu e as pedras racharam-se. Os sepulcros foram abertos, e muitos corpos dos santos, que estavam deitados, foram levantados. E, saindo dos sepulcros, após o erguimento dele, entraram na cidade santa e se manifestaram a muitos. (Mateus, capítulo XXVII, vs. 45, 51, 52, 53.)

55. É estranho que tais prodígios, acontecendo no mesmo momento em que a atenção da cidade estava voltada para o suplício de Jesus, que era o acontecimento do dia, não tivessem sido notados, uma vez que nenhum historiador os menciona. Parece impossível que um tremor de terra e *toda a Terra* coberta pelas trevas durante três horas, num país onde o céu é sempre de uma limpidez perfeita, pudessem passar despercebidos.

A duração dessa obscuridade é bem próxima da de um eclipse do Sol, mas esse tipo de eclipse só se produz na lua nova, e a morte de Jesus aconteceu durante a lua cheia, em 14 do mês de *nisan*, dia da Páscoa dos judeus.

O obscurecimento do Sol pode também ser produzido pelas manchas que se nota em sua superfície. Em tais casos, o brilho da luz é sensivelmente afetado, mas jamais a ponto de produzir a obscuridade e as trevas. Supondo-se que um fenômeno desse gênero tivesse acontecido naquela época, teria tido uma causa perfeitamente natural[78].

Quanto aos mortos ressuscitados, é possível que *algumas pessoas* tenham tido visões ou aparições, o que nada tem de excepcional. Mas como então não se conhecia a causa desse fenômeno, acreditava-se que os indivíduos que apareciam tinham saído do sepulcro.

---

78. Há constantemente na superfície do Sol manchas fixas, que seguem seu movimento de rotação e serviram de base para determinar a duração desse movimento. Mas essas manchas por vezes aumentam em número, extensão e intensidade, e é então que se produz uma diminuição na luz e no calor. Esse aumento no número de manchas parece coincidir com certos fenômenos astronômicos e com a posição relativa de alguns planetas, o que resulta no seu retorno periódico. A duração desse obscurecimento é muito variável; às vezes não dura mais que duas ou três horas, mas em 535 houve um que durou quatorze meses.

Os discípulos de Jesus, emocionados com a morte de seu Mestre, relacionaram a esse fato alguns acontecimentos particulares aos quais não teriam prestado atenção em outros tempos. Teria bastado que um fragmento de rocha se partisse naquele momento, para que pessoas predispostas ao maravilhoso vissem nisso um prodígio e, amplificando o fato, dissessem que pedras se haviam partido.

Jesus é grande por suas obras e não pelos quadros fantásticos com que um entusiasmo pouco esclarecido entendeu dever cercá-lo.

APARIÇÕES DE JESUS APÓS SUA MORTE

56. Maria (Madalena), porém, permanecia de pé junto à saída do sepulcro, chorando. Assim, enquanto chorava, inclinou-se para frente do sepulcro, e observa dois anjos em vestes brancas, sentados onde estivera deposto o corpo de Jesus, um junto à cabeça e um junto aos pés. E eles dizem a ela: Mulher, por que choras? – Ela lhes diz: Porque levaram o meu Senhor, e não sei onde o colocaram. – Ao dizer essas coisas, voltou-se para trás e viu Jesus em pé, mas não reconheceu que era Jesus. E Jesus lhe diz: Mulher, por que choras? A quem buscas? – Ela, supondo ser o jardineiro, lhe diz: Senhor, se tu o carregaste, dizei-me onde o colocaste, e eu o levarei. – Jesus lhe diz: Maria! – Voltando-se, ela lhe diz em hebraico: Raboni! (que se diz Mestre). – Jesus lhe diz: Não me toques, pois ainda não subi ao Pai. Vai aos meus irmãos e dize a eles: "Subo para meu Pai e vosso Pai, para meu Deus e vosso Deus". Maria Magdalena sai anunciando aos discípulos: Vi o Senhor! E que lhe dissera essas coisas. (João, capítulo XX, vs. de 14 a 18.)

57. Eis que dois deles, nesse mesmo dia, estavam caminhando para uma aldeia, distante sessenta estádios de Jerusalém, cujo nome era Emaús. Eles conversavam entre si a respeito de todas estas coisas que haviam sucedido. E sucedeu que, enquanto eles conversavam e debatiam, o próprio Jesus aproximando-se, caminhava junto com eles. Os seus olhos, porém, estavam impedidos de reconhecê-lo. Disse Jesus para eles: Que palavras são essas que trocais entre vós, enquanto caminhais? – E pararam, entristecidos. Em resposta, um deles, de nome Cleofas, disse para ele: Tu és o único peregrino em Jerusalém que não sabes as coisas ocorridas nela nestes dias? – Disse-lhes: Quais? – Eles lhe disseram as coisas a respeito de Jesus Nazareno, que se tornou varão profeta, poderoso em obra e palavra, diante de Deus e de todo o povo, e como os sumos sacerdotes e as nossas autoridades o entregaram a uma condenação de morte e o crucificaram. Ora, nós esperávamos que ele fosse quem haveria de redimir Israel; mas, com todas estas coisas, este é o terceiro dia que se passa desde que estas coisas aconteceram. Mas, também, dentre os nossos, algumas mulheres nos extasiaram, as quais estiveram de madrugada no sepulcro, e não encontrando o corpo dele, vieram dizendo terem visto também uma visão de anjos, os quais dizem que ele vive. Alguns dos que estavam conosco partiram para o sepulcro e encontraram assim como as mulheres também haviam dito; não o viram. – Disse-lhes ele: Ó tolos e lentos de coração para crer em todas as coisas que falaram os profetas! Porventura, não era necessário o Cristo padecer estas coisas e entrar em sua glória? E começando por Moisés e por todos os profetas, interpretou para eles, em todas as Escrituras, as coisas a respeito dele mesmo. – Ao se aproximarem da aldeia para onde estavam indo, ele simulou ir para mais longe. Eles o pressionaram, dizendo: Permanece conosco, porque está para anoitecer e o dia já declinou. – Ele entrou para permanecer com eles. E sucedeu que, ao reclinar-se à mesa com eles, tomando o pão, abençoou-o e, depois de parti-lo, dava a eles. Seus olhos foram abertos e o reconheceram; mas ele se tornou invisível a eles. E disseram um ao outro: Porventura não estava nosso coração queimando em nós, quando nos falava pelo caminho, quando nos abria as Escrituras? – E, na mesma hora, levantando-se, voltaram para Jerusalém; e encontraram reunidos os onze e os que estavam com eles, dizendo que, realmente, o Senhor se levantou e tornou-se visível a Simão. Eles explicaram as coisas ocorridas no caminho, e como o haviam reconhecido pelo partir do pão.

Enquanto falavam estas coisas, ele fica de pé no meio deles e lhes diz: Paz para vós! – Atemorizados, pensavam estar contemplando um espírito e ficaram amedrontados. E ele lhes disse: Por que estais perturbados, e por que sobem tais pensamentos ao vosso coração? Vede as minhas mãos e os meus pés: Sou eu mesmo! Tocai-me e vede, porque um espírito não tem carne e ossos como observais que eu tenho. – Dizendo isso, mostrou-lhes as mãos e os pés. Maravilhando-se, e ainda não acreditando nele por causa da alegria, disse-lhes: Tendes aqui algo para comer? Eles lhe deram uma porção de peixe assado; tomando-o, ele comeu na presença deles. E disse para eles: Estas são as minhas palavras que vos falei, estando ainda convosco: É necessário cumprirem-se todas as coisas escritas na Lei de Moisés, nos Profetas e nos Salmos a respeito de mim. – Então, o entendimento deles foi aberto e compreenderam as Escrituras. Disse-lhes: Assim está escrito: deve o Cristo padecer e levantar-se dos mortos no terceiro dia, e que em seu nome seja proclamado o arrependimento a todas as nações, começando por Jerusalém, para perdão dos pecados. Vós sois testemunhas destas coisas. Eu envio sobre vós a promessa de meu Pai. Vós, porém, permanecei na cidade, até que sejais revestidos de poder pelo alto. (Lucas, capítulo XXIV, de 13 a 49.)

58. Tomé, chamado Dídimo, um dos doze, não estava com eles quando veio Jesus. Diziam-lhe, então, os outros discípulos: Vimos o Senhor. – Ele, porém, lhes disse: Se eu não vir em suas mãos a marca dos cravos, não puser meu dedo na marca dos cravos e não puser a minha mão em sua pleura, não crerei.

Depois de oito dias, novamente os discípulos estavam dentro da casa, e Tomé com eles. Estando fechadas as portas, veio Jesus, ficou de pé no meio deles e disse: Paz convosco! – Então diz a Tomé: Traz o teu dedo aqui e vê as minhas mãos; traz também a tua mão e põe na minha pleura; não te tornes incrédulo, mas crente. – Em resposta, disse-lhe Tomé: Meu Senhor e meu Deus! – Jesus lhe diz: Porque me viste, creste. Bem-aventurados os que não viram e creram. (João, capítulo XX, vs. de 24 a 29.)

59. Depois disso, Jesus manifestou-se aos discípulos no mar de Tiberíades; e manifestou-se assim: Estavam juntos Simão Pedro, Tomé, chamado Dídimo, Natanael, que era de Caná da Galileia, os filhos de Zebedeu e mais dois dos seus discípulos. Simão Pedro lhes diz: Vou pescar. – Dizem-lhe: Nós também vamos contigo. – Saíram, entraram no barco, e naquela noite nada apanharam.

Ao raiar do dia, Jesus estava na praia, todavia os discípulos não sabiam que era Jesus. Então, Jesus diz a eles: Amados, acaso tendes algo para comer? – Responderam-lhe: Não. – Ele lhes disse: Lançai a rede para a parte direita do barco, e encontrareis. – Lançaram, então, e já não podiam puxar, devido à grande quantidade de peixes. – Aquele discípulo, a quem Jesus amava, diz a Pedro: É o Senhor! – Simão Pedro, ao ouvir que era o Senhor, vestiu a roupa, pois estava nu; e lançou-se ao mar. Os outros discípulos, porém, vieram no barco, puxando a rede de peixes, pois não estavam longe da terra, mas a cerca de duzentos côvados. (João, capítulo XXI, vs. 1 a 8.)

60. Ele os conduziu até Betânia, e erguendo as mãos, os abençoou. E aconteceu que, ao abençoá-los, apartou-se deles e foi elevado ao céu. E eles, após reverenciá-lo, voltaram para Jerusalém, com grande alegria; e estava no templo por todo tempo, bendizendo a Deus. (Lucas, capítulo XXIV, vs. de 50 a 53.)

61. As aparições de Jesus após sua morte são relatadas por todos os evangelistas com detalhes circunstanciados, que não permitem duvidar da realidade do fato. Elas se explicam, aliás, perfeitamente, pelas leis fluídicas e pelas propriedades do perispírito, e nada apresentam de anormal com os fenômenos do mesmo gênero, dos quais a História Antiga e a História Contemporânea oferecem numerosos exemplos, sem excetuar a tangibilidade. Observando as circunstâncias que acompanharam suas diversas aparições, reconhece-se nele, nesses momentos, todos os caracteres de um ser fluídico. Ele aparece repentinamente e desaparece do mesmo modo; é visto por uns e não por outros, sob aparências que não o fazem reconhecer mesmo por seus discípulos; mostra-se em lugares fechados, onde um corpo carnal não teria podido penetrar; sua própria linguagem não tem a verve própria de um ser corporal; ele tem o tom breve e sentencioso, particular aos espíritos que se manifestam dessa maneira. Resumindo, todas as suas atitudes têm algo que não é do mundo terrestre. Sua visão causa, ao mesmo tempo, surpresa e temor. Ao vê-lo, seus discípulos não lhe falam com a mesma liberdade; sentem que não é mais o homem.

Jesus mostrou-se com seu corpo perispiritual, o que explica que só tenha sido visto por aqueles a quem desejava se mostrar. Se estivesse em seu corpo carnal, teria sido visto pelo primeiro que chegasse, como quando era vivo. Seus discípulos, ignorando a causa primeira do fenômeno das aparições, não se davam conta dessas particularidades, que provavelmente não notavam. Eles viam Jesus e o tocavam, e para eles aquele devia ser seu corpo ressuscitado. (Capítulo XIV, nº 14, e de 35 a 38.)

62. Enquanto que a incredulidade rejeita todos os fatos realizados por Jesus porque têm aparência sobrenatural, e os considera, sem exceção, como lendários, o espiritismo dá uma explicação natural à maioria desses fatos. Prova sua possibilidade, não apenas pela teoria das leis fluídicas, mas por sua identidade com fatos análogos produzidos por uma multidão de pessoas, nas condições mais comuns. Visto que esses fatos são, de certo modo, do domínio público, nada provam, em princípio, no que diz respeito à natureza excepcional de Jesus[79].

63. O maior dos milagres que Jesus fez, aquele que atesta verdadeiramente sua superioridade, é a revolução que seus ensinamentos operaram no mundo, apesar da exiguidade de seus meios de ação.

Com efeito, Jesus, obscuro, pobre, nascido na mais humilde condição, num pequeno povo quase ignorado e sem importância política, artística ou literária, pregou apenas por três anos. Durante esse curto espaço de tempo, foi menosprezado e perseguido por seus compatriotas, caluniado, tratado como impostor; é obrigado a fugir, para não ser morto; é traído por um de seus apóstolos, renegado por outro, abandonado por todos no momento em que cai nas mãos de seus inimigos. Ele só fazia o bem, e isso não o colocava ao abrigo da malevolência, que tornava contra ele os próprios serviços que ele prestava. Condenado ao suplício reservado aos criminosos, morre ignorado pelo mundo, pois a História contemporânea se cala a seu respeito[80]. Ele não escreveu nada e, no entanto, ajudado por alguns homens obscuros como ele, sua palavra foi capaz de regenerar o mundo; sua doutrina matou o paganismo todo-poderoso e tornou-se a bandeira da civilização. Ele tinha, portanto, contra si, tudo que é capaz de fazer fracassar os homens e é por isso que dizemos que o triunfo de sua doutrina é o maior de seus milagres, ao mesmo tempo em que prova sua missão divina. Se, ao invés de princípios sociais e regeneradores, fundados sobre o futuro espiritual do homem, ele tivesse oferecido à posteridade senão alguns fatos maravilhosos, talvez hoje mal se conheceria seu nome.

DESAPARECIMENTO DO CORPO DE JESUS

64. O desaparecimento do corpo de Jesus após sua morte foi objeto de muitos comentários. Ele é atestado pelos quatro evangelistas, segundo o relato das

---

79. Os numerosos fatos contemporâneos de curas, aparições, possessões, dupla vista e outros, que são relatados na *Revista Espírita* e lembrados nas referências anteriores, oferecem, até nas circunstâncias de detalhes, uma analogia tão marcante com as que o Evangelho narra, que a semelhança de efeitos e causas se torna evidente. Perguntamo-nos, então, por que o mesmo fato teria uma causa natural atualmente, e sobrenatural outrora; diabólica, para uns, e divina, para outros? Se tivesse sido possível colocá-los, um a par dos outros, aqui, a comparação teria sido muito mais fácil; mas sua quantidade e os desenvolvimentos que a maior parte necessita, não o permitiram.

80. O historiador judeu Flávio Josefo é o único que fala dele, e diz bem pouca coisa.

mulheres que foram ao sepulcro no terceiro dia e ali não o encontraram. Alguns viram nesse desaparecimento um fato milagroso, outros supuseram ter havido uma remoção clandestina.

De acordo com outra opinião, Jesus não se teria revestido de um corpo carnal, mas apenas de um corpo fluídico. Ele teria sido apenas, ao longo de toda sua vida, uma aparição tangível, em outras palavras, um tipo de agênere. Seu nascimento, sua morte e todos os atos materiais de sua vida não teriam sido mais que uma aparência. Teria sido assim, dizem alguns, que seu corpo, retornando ao estado fluídico, pôde desaparecer do sepulcro, e é com esse mesmo corpo que ele se teria mostrado após sua morte.

Sem dúvida, tal fato não é radicalmente impossível, conforme o que se sabe atualmente acerca das propriedades dos fluidos. Mas isso seria pelo menos inteiramente excepcional e em oposição formal com o caráter dos agêneres. (Capítulo XIV, nº 36.) A questão é, portanto, saber se tal hipótese é admissível, se ela é confirmada ou refutada pelos fatos.

65. A permanência de Jesus na Terra apresenta dois períodos: o que precedeu e o que se seguiu à sua morte. No primeiro, desde o momento da concepção até o nascimento, tudo acontece, em casa de sua mãe, de acordo com as condições comuns da vida[81]. Desde seu nascimento até sua morte, tudo, em seus atos, em sua linguagem e nas diversas circunstâncias de sua vida, apresenta as características inequívocas da corporeidade. Os fenômenos de ordem psíquica que nele se produzem são acidentais e nada têm de anormal, pois se explicam pelas propriedades do perispírito e são encontrados em diferentes graus em outros indivíduos. Após sua morte, ao contrário, tudo nele revela o ser fluídico. A diferença entre os dois estados é de tal forma marcante, que não é possível compará-los.

O corpo carnal tem as propriedades inerentes à matéria propriamente dita, que diferem essencialmente das propriedades dos fluidos etéreos; a desorganização ali se opera pela ruptura da coesão molecular. Um instrumento cortante, penetrando no corpo material, divide os tecidos; se os órgãos essenciais à vida são atingidos, seu funcionamento para e a morte se segue, ou seja, a morte do corpo. Não existindo essa coesão nos corpos fluídicos, a vida neles não repousa no funcionamento de órgãos especiais, e neles não se podem produzir desordens análogas. Um instrumento cortante, ou qualquer outro, aí penetra como em um vapor, sem ocasionar qualquer lesão. Eis por que esse tipo de corpos *não pode morrer,* e por que os seres fluídicos designados pelo nome de *agêneres* não podem ser mortos.

Após o suplício de Jesus, seu corpo lá permaneceu, inerte e sem vida. Foi sepultado como os corpos comuns e todos puderam vê-lo e tocá-lo. Após sua ressurreição, quando ele quis deixar a Terra, não morreu outra vez. Seu corpo se eleva, desvanece-se e desaparece sem deixar nenhum vestígio, prova evidente de

---

81. Não falamos do mistério da encarnação, do qual não nos cabe nos ocupar aqui, e que será examinado posteriormente.

que este corpo era de natureza diferente daquele que pereceu na cruz; de onde é forçoso concluir que se Jesus pôde morrer, é porque tinha um corpo carnal.

Em consequência de suas propriedades materiais, o corpo carnal é a sede das sensações e dores físicas, que repercutem no centro sensitivo ou espírito. Não é o corpo que sofre, é o espírito que recebe a repercussão das lesões ou alterações dos tecidos orgânicos. Em um corpo privado de espírito, a sensação é absolutamente nula. Pela mesma razão, o espírito, que não tem um corpo material, não pode experimentar os sofrimentos que são o resultado da alteração da matéria; daí é preciso concluir, igualmente, que se Jesus sofreu materialmente, do que não se poderia duvidar, é porque ele tinha um corpo material de natureza semelhante ao de todas as pessoas.

66. Aos fatos materiais, vêm juntar-se considerações morais do mais elevado poder.

Se Jesus tivesse estado, durante sua vida, nas condições dos seres fluídicos, não teria experimentado nem a dor, nem nenhuma necessidade do corpo. Supor que ele assim fosse, seria negar-lhe todo o mérito da vida de privações e sofrimentos que ele escolhera, como exemplo de resignação. Se tudo nele fosse apenas aparência, todos os atos de sua vida, o anúncio reiterado de sua morte, a cena dolorosa do Jardim das Oliveiras, sua prece a Deus para que afastasse o cálice de seus lábios, sua paixão, sua agonia, tudo que se passou até o derradeiro grito, no momento de entregar o espírito, não teria sido senão um simulacro vazio, para enganar quanto à sua natureza e fazer crer no sacrifício ilusório de sua vida, uma farsa indigna de um simples homem honesto, o que dirá de um ser tão superior. Em uma palavra, ele teria abusado da boa-fé de seus contemporâneos e da posteridade. Tais são as consequências lógicas desse sistema, consequências que não são admissíveis, pois o rebaixariam moralmente, ao invés de elevá-lo.

Jesus teve, então, como todo mundo, um corpo carnal e um corpo fluídico, o que é atestado pelos fenômenos materiais e os fenômenos psíquicos que assinalaram sua vida.

67. Em que se transformou o corpo carnal? Esse é um problema cuja solução não se pode deduzir, até nova ordem, senão por hipóteses, pela falta de elementos suficientes para assegurar uma convicção. Essa solução, aliás, é de importância secundária e nada acrescentaria aos méritos do Cristo, nem aos fatos que atestam, de maneira muito categórica, sua superioridade e sua missão divina. Não pode haver, portanto, sobre o modo como ocorreu esse desaparecimento, mais que opiniões pessoais, que não teriam valor até que fossem confirmadas por uma lógica rigorosa e pelo ensinamento geral dos espíritos. Ora, até o presente momento, nenhuma das que foram formuladas recebeu a sanção desse duplo controle.

Se os espíritos ainda não resolveram a questão pela unanimidade de seus ensinamentos, é porque, sem dúvida, o momento de resolvê-la ainda não chegou, ou porque ainda nos faltam conhecimentos, com a ajuda dos quais seria possível resolvê-la por si própria. Entretanto, descartando-se a suposição de um rapto clandestino, poder-se-ia encontrar, por analogia, uma explicação provável na teoria do duplo fenômeno dos transportes e da invisibilidade. (*O Livro dos Médiuns,* capítulos IV e V.)

68. Essa ideia acerca da natureza do corpo de Jesus não é nova. No século IV, Apolinário de Laodiceia, chefe da seita dos *apolinaristas,* alegara que Jesus não se revestira de um corpo como o nosso, mas de um corpo *impassível,* que descera do céu no seio da Santa Virgem, e que não nascera dela. Que, desse modo, Jesus não era nascido, não tinha sofrido e morrera apenas *em aparência.* Os apolinaristas foram condenados no Concílio de Alexandria em 360, no de Roma em 374 e no de Constantinopla em 381.

AS PREDIÇÕES
SEGUNDO O ESPIRITISMO

Capítulo XVI

Teoria da presciência

1. Como é possível o conhecimento do futuro? Compreende-se a previsão dos acontecimentos que sejam consequência do estado presente, mas não daqueles que não tenham nenhuma relação, e ainda menos dos que são atribuídos ao acaso. As coisas futuras, diz-se, não existem. Ainda estão no nada. Como, então, saber que elas acontecerão? Os exemplos de predições realizadas são, todavia, bastante numerosas, do que se deve concluir que se trata de um fenômeno, do qual não temos a chave, pois não há efeito sem causa. É essa causa que nós iremos buscar encontrar, e é ainda o espiritismo, ele próprio, a chave de tantos mistérios, que irá fornecê-la e que, ainda mais, nos mostrará que o próprio fato das predições não foge às leis naturais.

Tomemos, para efeito de comparação, um exemplo entre as coisas comuns, e que ajudará a fazer compreender o princípio que pretendemos desenvolver.

2. Suponhamos um homem colocado sobre uma alta montanha, observando a vasta extensão da planície. Nessa situação, o espaço de uma légua será pouca coisa, e ele poderá facilmente abarcar, com um só olhar, todos os acidentes do terreno, desde o começo até o fim da estrada. O viajante que segue essa rota pela primeira vez sabe que, caminhando, chegará ao seu destino: eis aí uma simples previsão da consequência de sua caminhada. Mas, os acidentes do terreno, as subidas e as descidas, os rios a transpor, os bosques a atravessar, os precipícios onde poderá cair, os ladrões escondidos para roubá-lo, as casas hospitaleiras onde poderá repousar, tudo isso é independente de sua pessoa: para ele é o futuro, o desconhecido, porque sua vista não se estende para além do pequeno círculo que o cerca. Quanto à duração, ele a mede pelo tempo que emprega para percorrer o caminho; retirai dele os pontos de referência, e a duração se apaga. Para o homem que está sobre a montanha e que acompanha com os olhos o viajante, tudo isso é o presente. Suponhamos que esse homem desça da montanha, se aproxime do viajante e lhe diga: "Em tal momento tu encontrarás tal coisa, serás atacado e socorrido"; ele estará lhe prevendo o futuro. O futuro existe para o viajante; para o homem sobre a montanha, esse futuro é o presente.

3. Se sairmos agora do círculo das coisas puramente materiais e entrarmos, pelo pensamento, no domínio da vida espiritual, veremos esse fenômeno se produzir em uma escala maior. Os espíritos desmaterializados são como o homem sobre a montanha: o espaço e a duração se apagam para eles. Mas a extensão e a penetração de sua visão são proporcionais à sua pureza e à sua elevação dentro da hierarquia espiritual. Eles são, em comparação com os espíritos inferiores, como o homem armado de um poderoso telescópio, ao lado daquele que não tem olhos. Para os últimos, a visão é circunscrita, não somente porque só podem com dificuldade se distanciar do Globo ao qual estão vinculados, mas porque a materialidade de seu perispírito encobre as coisas distantes, como o faz o nevoeiro em relação aos olhos do corpo.

Compreende-se então que, segundo o grau de perfeição, um espírito possa abarcar um período de alguns anos, de alguns séculos e até mesmo de vários milhares de anos. Afinal, o que é um século perante o infinito? Os acontecimentos não se desenrolam sucessivamente diante dele, como os incidentes da rota do viajante: ele vê, simultaneamente, o começo e o fim do período. Todos os acontecimentos que, nesse período, representam o futuro para o homem da Terra, são para ele o presente. Ele poderia, então, vir nos dizer com certeza: tal coisa acontecerá em tal época, porque ele vê essa coisa, do mesmo modo que o homem da montanha vê o que aguarda o viajante em sua estrada. Se não o faz, é porque o conhecimento do futuro seria prejudicial ao homem; entravaria seu livre-arbítrio, paralisando-o no trabalho que deve realizar para seu progresso. O bem e o mal que o aguardam, permanecendo no desconhecido, são para ele uma prova.

Se tal faculdade, mesmo restrita, pode estar entre os atributos da criatura, a que grau de poder não se há de elevar no Criador, que abarca o infinito? Para Ele, o tempo não existe: o começo e o fim dos mundos são o presente. Nesse imenso panorama, o que é a duração da vida de um homem, de uma geração, de um povo?

4. Entretanto, como o homem deve concorrer para o progresso geral, e que certos acontecimentos devem resultar de sua cooperação, pode ser útil, em certos casos, que ele tenha o pressentimento desses acontecimentos, a fim de que prepare os caminhos e se mantenha pronto a agir quando chegar o momento. É por isso que Deus permite, às vezes, que uma ponta do véu seja levantada, mas sempre com um objetivo útil e jamais para satisfazer uma curiosidade vã. Essa missão pode ser dada, então, não a todos os espíritos, uma vez que entre estes há muitos que não conhecem melhor o futuro do que os homens, mas a alguns espíritos suficientemente avançados para exercê-la. Ora, é de se notar que tais tipos de revelação são sempre feitos espontaneamente, e jamais, ou bem raramente pelo menos, em resposta a uma pergunta direta.

5. Essa missão pode igualmente ser confiada a certos homens, da seguinte maneira:

Aquele a quem é confiado o encargo de revelar uma coisa oculta pode receber, sem o saber, a inspiração dos espíritos que a conhecem e, então, ele a transmite maquinalmente, sem se dar conta de que o faz. Sabe-se, por outro lado, que, seja durante o sono, seja no estado de vigília ou nos êxtases da dupla vista, a alma se desprende e possui, num grau maior ou menor, as faculdades do espírito livre. Se for um espírito adiantado, se tiver, sobretudo, como os profetas, recebido uma missão especial com essa finalidade, ele frui, nos momentos de emancipação da alma, da faculdade de abranger, por si próprio, um período mais ou menos extenso, e vê, como se fossem presentes, os acontecimentos desse período. Ele poderá, então, revelá-los no mesmo instante, ou conservá-los na memória até o despertar. Se tais acontecimentos devem permanecer em segredo, ele perderá deles a lembrança ou lhe restará apenas uma vaga intuição, suficiente para guiá-lo instintivamente.

É assim que se vê essa faculdade se desenvolver providencialmente em certas ocasiões, nos perigos iminentes, nas grandes calamidades, nas revoluções, e que a maior parte das seitas perseguidas têm tido numerosos *videntes;* é também assim que se veem grandes capitães marcharem resolutamente em direção ao inimigo, com a certeza da vitória; homens de gênio, como Cristóvão Colombo, por exemplo, perseguir um alvo, prevendo, por assim dizer, o momento em que este será atingido. É que viram esse alvo, que não é desconhecido para seu espírito.

O dom da predição não é, pois, mais sobrenatural do que uma multidão de outros fenômenos. Repousa sobre as propriedades da alma e a lei das relações do mundo visível e do mundo invisível, que o espiritismo vem dar a conhecer. Mas como admitir a existência de um mundo invisível, se não se admitir a existência da alma, ou se não se admite sua individualidade após a morte? O incrédulo que nega a presciência é consequente consigo mesmo; resta saber se é consequente com a lei natural.

6. Essa teoria da presciência não resolve, talvez, de uma maneira absoluta, todos os casos que possam apresentar a revelação do futuro, mas não se pode discordar de que ela estabelece seu princípio fundamental. Se não se pode explicar tudo, é pela dificuldade, para o homem, de se colocar nesse ponto de vista extraterrestre. Por sua própria inferioridade, seu pensamento incessantemente voltado para o sentido da vida material, mostra-se com frequência Impotente para se destacar do chão. A esse respeito, alguns homens são como jovens pássaros, cujas asas muito fracas não lhes permitem se elevar no ar, ou como aqueles cuja vista é curta demais para ver ao longe ou, finalmente, como aqueles a quem falta um sentido para certas percepções.

7. Para compreender as coisas espirituais, ou seja, para que se faça uma ideia tão precisa quanto a que temos de uma paisagem que esteja diante de nossos olhos, falta-nos de fato um sentido, exatamente como ao cego falta o sentido necessário para compreender os efeitos da luz, das cores e da visão sem o contato. Então, é somente com um esforço da imaginação que chegamos a essa compreensão, e com a ajuda de comparações tiradas das coisas que nos sejam familiares. Mas as coisas materiais só nos podem dar ideias muito imperfeitas das coisas espirituais, razão pela qual não se deve tomar essas comparações ao pé da letra e acreditar, por exemplo, no caso em questão, que o alcance das faculdades perceptivas dos espíritos depende de sua elevação efetiva e que eles tenham necessidade de estar sobre uma montanha ou acima das nuvens, para abarcar o tempo e o espaço.

Essa faculdade é inerente ao estado de espiritualização ou, se preferirem, de desmaterialização. Ou seja, a espiritualização produz um efeito que se pode comparar, ainda que muito imperfeitamente, ao da vista de conjunto do homem que está sobre a montanha. Essa comparação teve por objetivo simplesmente mostrar que os acontecimentos que estão no futuro para uns, estão no presente para outros, e podem assim ser preditos, o que não implica que o efeito se produza da mesma maneira.

Portanto, para gozar dessa percepção, o espírito não tem necessidade de se transportar para um ponto qualquer no espaço. Aquele que está na Terra, ao nosso lado, pode possuí-la em plenitude, como se estivesse a mil léguas, enquanto nós nada vemos além de nosso horizonte visual. Como a visão nos espíritos não se produz da mesma maneira, nem com os mesmos elementos que no homem, seu horizonte visual é absolutamente outro. Ora, este é precisamente o sentido que nos falta para concebê-lo. *O espírito, comparado ao encarnado, é como o vidente comparado ao cego.*

8. Além disso, é preciso compreender que essa percepção não se limita à extensão, mas abrange a penetração de todas as coisas. Trata-se, repetimos, de uma faculdade inerente e proporcional ao estado de desmaterialização. Essa faculdade é *amortecida* pela encarnação, mas não é completamente anulada, porque a alma não está encerrada no corpo como em uma caixa. O encarnado a possui, embora sempre em um grau menor do que quando está inteiramente desprendido. É o que dá a certos homens um poder de penetração que está totalmente ausente em outros, uma maior justeza no que diz respeito à visão moral, uma compreensão mais fácil das coisas extramateriais.

O espírito encarnado não somente percebe, mas lembra-se do que viu no estado de espírito, e essa lembrança é como um quadro que se reflete em seu pensamento. Durante a encarnação o espírito vê, mas vagamente e como através de um véu; no estado de liberdade, vê e compreende claramente. *O princípio da visão não é externo a ele, mas está nele*, e é por isso que ele não precisa de nossa luz externa. Pelo desenvolvimento moral, o círculo de ideias e a concepção se ampliam; pela desmaterialização gradual do perispírito, este se depura dos elementos grosseiros que alteravam a delicadeza das percepções; donde se conclui que a extensão de todas as faculdades acompanha o progresso do espírito.

9. É o grau de extensão das faculdades do espírito que, durante a encarnação, torna-o mais ou menos apto a conceber as coisas espirituais. Todavia, essa aptidão não é a consequência necessária do desenvolvimento da inteligência; a ciência vulgar não a confere. É por isso que encontramos homens de grande saber que são tão cegos para as coisas espirituais, assim como outros o são para as coisas materiais. São refratários, porque não as compreendem. Isso significa que seu progresso *ainda* não se realizou nesse sentido, ao passo que se veem pessoas de um grau de instrução e inteligência comuns dominá-las com a maior facilidade, o que prova que delas possuíam a intuição prévia. É para elas uma lembrança retrospectiva do que viram e souberam, quer na erraticidade, quer em suas existências anteriores, do mesmo modo que outras têm a intuição das línguas e das ciências que antes já conheceram e possuíram.

10. A faculdade de mudar seu ponto de vista e de tomá-lo do alto não oferece apenas a solução do problema da presciência; dá, também, a chave da verdadeira fé, da fé sólida. É também o mais poderoso elemento de força e resignação, pois, olhando-se do alto, a vida terrestre aparece como um ponto na imensidão e se compreende o pouco valor das coisas que, vistas de baixo, pareciam importantes. Os incidentes, as misérias, as vaidades da vida se reduzem, à medida que se desenrola o imenso e esplêndido horizonte do porvir. Aquele que vê assim as coisas deste mundo, pouco ou nada é atingido pelas vicissitudes e, por isso mesmo, é tão feliz quanto se pode ser neste mundo. É preciso, pois, lamentar aqueles que concentram seus pensamentos na estreita esfera terrestre, porque experimentam, com toda força, o impacto de todas as tribulações que, como outros tantos aguilhões, os atormentam sem cessar.

11. Quanto ao futuro do espiritismo, os espíritos, como se sabe, são unânimes em afirmar seu triunfo próximo, apesar dos entraves que se lhe opõem. Essa previsão é fácil para eles, primeiramente, porque sua propagação é sua obra pessoal; colaborando com o movimento ou dirigindo-o, sabem, por conseguinte, o que devem fazer. Em segundo lugar, basta-lhes abranger um período de curta duração e, nesse período, veem ao longo de seu caminho os poderosos auxiliares que Deus lhes suscita e que não tardarão a se manifestar.

Sem serem espíritos desencarnados, que os espíritas se transportem apenas a trinta anos antes, no meio da geração que surge; que daí considerem o que se passa atualmente; que sigam a marcha progressiva e verão consumir-se em esforços vãos aqueles que acreditam ser chamados a derrotá-lo. E verão como desaparecerão pouco a pouco de cena, ao lado da árvore que cresce e cujas raízes se estendem cada dia mais.

12. Os acontecimentos comuns da vida privada são, na maioria das vezes, consequência da maneira de agir de cada um; este terá êxito segundo suas capacidades, sua habilidade, sua perseverança, sua prudência e sua energia, onde outro fracassará por sua incapacidade. De modo que se pode dizer que cada um é o artesão de seu próprio futuro, que jamais estará sujeito a uma fatalidade cega, independentemente de sua pessoa. Conhecendo o caráter de um indivíduo, pode-se facilmente predizer a sorte que o aguarda, no caminho que tenha escolhido.

13. Os acontecimentos que dizem respeito aos interesses gerais da humanidade são regulados pela Providência. Quando algo está nos desígnios de Deus, deve cumprir-se, de um modo ou de outro. Os homens contribuem para sua execução, mas ninguém é indispensável, do contrário o próprio Deus estaria à mercê de Suas criaturas. Se aquele a quem cabe executar uma missão falhar, outro será encarregado de executá-la. Não existe missão fatal; o homem é sempre livre para cumprir o que lhe é confiado e que ele voluntariamente aceitou. Se não o faz, perde o benefício que adviria da tarefa e assume a responsabilidade pelo atraso que possa resultar de sua negligência e má vontade; se ele se torna um obstáculo à sua realização, Deus pode afastá-lo com um sopro.

14. O resultado final de um acontecimento pode, pois, ser certo, porque está nos desígnios de Deus. Mas como, na maioria das vezes, os detalhes e o modo de execução são subordinados às circunstâncias e ao livre-arbítrio dos homens, os caminhos e meios podem ser eventuais. Os espíritos podem nos prevenir sobre o conjunto, se for útil que sejamos prevenidos. Mas, para precisar o lugar e a data, seria preciso que eles conhecessem de antemão a determinação que este ou aquele indivíduo tomará. Ora, se essa determinação não está ainda em seu pensamento, conforme este venha a ser, ela poderá acelerar ou retardar o desfecho, modificar os meios secundários de ação, tudo o que conduza ao mesmo resultado. É assim, por exemplo, que os espíritos podem, pelo conjunto das circunstâncias, prever que uma guerra esteja mais ou menos próxima, que ela seja inevitável, sem poder prever o dia em que ela irá começar, nem os incidentes de minúcias que podem ser modificados pela vontade dos homens.

15. Para a fixação da época dos acontecimentos futuros é preciso, por outro lado, levar em conta uma circunstância inerente à própria natureza dos espíritos.

O tempo, assim como o espaço, só pode ser avaliado com o auxílio de pontos de comparação ou de referência, que o dividem em períodos que possam ser contados. Na Terra, a divisão natural do tempo em dias e anos é marcada pelo nascer e pelo pôr do Sol, e pela duração do movimento de translação da Terra. A subdivisão dos dias em vinte e quatro horas é arbitrária; ela é indicada com o auxílio de instrumentos especiais, como as ampulhetas, as clepsidras, os relógios, os quadrantes solares etc. As unidades de medida do tempo devem variar conforme os mundos, uma vez que os períodos astronômicos são diferentes. É assim, por exemplo, que em Júpiter os dias equivalem a dez de nossas horas, e os anos a quase doze anos terrestres.

Há, assim, para cada mundo, uma maneira diferente de medir a duração do tempo, segundo a natureza das revoluções astrais que ali se realizam. Essa já seria uma dificuldade para a determinação de nossas datas pelos espíritos que não conhecessem o nosso mundo. Mas, fora dos mundos, esses meios de apreciação não existem. Para um espírito, no Espaço, não há nem o nascer, nem o pôr-do-sol marcando os dias, nem a revolução periódica marcando os anos. Para ele, há apenas o tempo e o espaço infinitos. (Capítulo VI, nº 1 e seguintes.) Aquele espírito que jamais tivesse estado na Terra não teria conhecimento de nossos cálculos, que, de resto, seriam completamente inúteis para ele. E há outra coisa: aquele que não tivesse encarnado em nenhum mundo, não teria qualquer noção das frações do tempo. Quando um espírito estranho à Terra vem aqui se manifestar, só pode apresentar datas para os acontecimentos se identificando com nossos costumes, o que lhe é possível, mas que, o mais frequentemente, não considerará útil fazer.

16. O modo de contar o tempo é uma convenção arbitrária, estabelecida pelos encarnados para as necessidades da vida corporal de relação. Para medir o tempo como nós, os espíritos só poderiam fazê-lo com o auxílio de nossos instrumentos de precisão, que não existem na vida espiritual.

Entretanto os espíritos, que compõem a população invisível de nosso Globo, onde já viveram e onde continuam a viver entre nós, estão naturalmente identificados com nossos costumes, dos quais mantêm a lembrança na erraticidade. Têm, portanto, menos dificuldade para se colocar em nosso ponto de vista, no que concerne aos costumes terrestres. Na Grécia, eles calculam pelas Olimpíadas; em outros lugares, por períodos lunares ou solares, de acordo com as épocas e os lugares. Estariam aptos, por conseguinte, a indicar mais facilmente uma data para os acontecimentos futuros, desde que a conheçam. Mas, além do fato de que isso não lhes é sempre permitido, eles são impedidos de fazê-lo pelo fato de que sempre que as circunstâncias de detalhe são subordinadas ao livre-arbítrio e à decisão final do homem, a data precisa não existe realmente senão quando o acontecimento se realiza.

Eis por que as predições circunstanciais não podem oferecer uma certeza e não devem ser aceitas senão como probabilidades, mesmo que não trouxessem consigo uma *legítima suspeita* oculta. Assim sendo, os espíritos verdadeiramente sábios jamais fazem predições para épocas fixas; limitam-se a nos presumir a respeito daquilo que nos é útil conhecer. Insistir para obter detalhes precisos é se expor às mistificações de espíritos levianos, que predizem tudo quanto se deseje, sem sequer desconfiar da verdade, e divertem-se com nossos temores e com as decepções que estes causam.

As predições que oferecem mais probabilidade são aquelas que têm um caráter de utilidade geral e humanitária. Não se deve contar com as demais até que sejam cumpridas. Pode-se, conforme as circunstâncias, aceitá-las a título de advertência, mas haveria imprudência em agir prematuramente, em vista de sua ocorrência num dia determinado. Pode-se tomar por certo que quanto mais circunstanciais elas sejam, tanto mais suspeitas.

17. A forma geralmente muito empregada nas predições, até hoje, fazem delas verdadeiros enigmas, frequentemente indecifráveis. Essa forma misteriosa e cabalística, da qual Nostradamus nos apresenta o tipo mais completo, garante um certo prestígio aos olhos do vulgo, que lhes atribui tanto mais valor, quanto mais incompreensíveis elas são. Por sua ambiguidade, prestam-se a interpretações muito diferentes, de tal modo que, segundo o sentido atribuído a certos termos alegóricos ou de convenção, a maneira de realizar o cálculo bizarramente complicado das datas, e com um pouco de boa vontade, pode-se encontrar aí tudo quanto se queira.

Seja como for, não se pode negar que algumas tenham um caráter sério e chegam a confundir por sua veracidade. É provável que essa forma velada tenha tido, em certa época, sua razão de ser e mesmo sua necessidade.

Atualmente as circunstâncias não são mais as mesmas. O positivismo do século não se ajustaria à linguagem sibilina. Além disso, as predições de nossos dias não comportam mais essas formas estranhas. As que os espíritos fazem nada têm de místico. Falam a linguagem de todas as pessoas, como teriam feito quando estavam vivos, uma vez que não deixaram de pertencer à humanidade. Fazem-nos presumir as coisas futuras, pessoais ou gerais, quando isso possa ser útil, conforme a perspicácia de que sejam dotados, como fariam conselheiros ou amigos. Suas predições são, desse modo, mais advertências que em nada prejudicam o livre-arbítrio, do que predições propriamente ditas, que implicariam uma fatalidade absoluta. A opinião dos espíritos é, por outro lado, quase sempre motivada, porque eles não desejam que o homem aniquile sua razão sob uma fé cega, o que permite apreciar a sua justeza.

18. A humanidade contemporânea também tem seus profetas; mais de um escritor, poeta, literário, historiador ou filósofo pressentiu, em seus escritos, a marcha futura das coisas que hoje se vê realizar.

Essa aptidão deve-se não raro, sem dúvida, à retidão do julgamento que deduz as consequências lógicas do presente. Mas, não raro, também, ela é o resultado de uma clarividência especial inconsciente ou de uma inspiração externa. O que tais homens fizeram, enquanto encarnados, podem com mais forte razão fazer e com mais exatidão no estado de espírito, quando a visão espiritual não está mais obscurecida pela matéria.

Capítulo XVII

Predições do Evangelho

Ninguém é profeta em sua terra – Morte e paixão de Jesus – Perseguição dos apóstolos – Cidades impenitentes – Ruína do templo de Jerusalém – Maldição dos fariseus – Minhas palavras não passarão – A pedra angular – Parábola dos vinhateiros homicidas – Um só rebanho e um só pastor – Advento de Elias – Anúncio do Consolador – Segunda vinda de Cristo – Sinais precursores – Vossos filhos e filhas profetizarão – Julgamento final

Ninguém é profeta em sua terra

1. Após vir para sua pátria, ensinava na sinagoga deles, a ponto de se maravilharem e dizerem: De onde lhe vêm essa sabedoria e esses poderes? Não é esse o filho do carpinteiro? Não se chama sua mãe Maria, e os seus irmãos, Tiago, José, Simão e Judas? E suas irmãs não estão todas junto de nós? De onde lhe vêm todas essas coisas? – E se escandalizavam por causa dele. Jesus, porém, lhes disse: Não há profeta sem honra, a não ser em sua pátria e na sua casa. – E não realizou ali muitos prodígios, por causa da falta de fé deles.

2. Naquele momento, Jesus enunciou uma verdade que se transformou em um provérbio, que é de todos os tempos e ao qual se poderia acrescentar que *ninguém é profeta, enquanto vivo.*

Na linguagem atual, essa máxima se aplica ao crédito do qual um homem desfruta entre os seus e entre aqueles com os quais vive, pela confiança que lhes inspira por sua superioridade de saber e inteligência. Se há exceções a ela, pode-se dizer que são raras e em todos os casos não são absolutas. O princípio dessa verdade é uma consequência natural da fraqueza humana e pode ser explicada assim:

O hábito de se ver desde a infância, nas circunstâncias comuns da vida, estabelece entre os homens um tipo de igualdade material, que faz com que muitas vezes a pessoa se recuse a reconhecer uma superioridade moral naquele de quem se tem sido companheiro ou conviva, e que é saído do mesmo ambiente e de quem se viu as primeiras fraquezas. O orgulho sofre pela ascendência que é obrigado a suportar. Quem quer que se eleve acima do nível comum é sempre alvo de ciúme e inveja. Aqueles que se sentem incapazes de chegar à sua altura esforçam-se por rebaixá-lo denegrindo-o, maldizendo-o e caluniando-o. Gritam tanto mais forte quanto menores se enxerguem, acreditando engrandecer-se e eclipsá-lo pelo barulho que fazem. Essa foi e será a história da humanidade, enquanto os homens não tiverem compreendido sua natureza espiritual e ampliado seu horizonte moral. Além disso, esse preconceito é próprio dos espíritos estreitos e vulgares, que tomam sua personalidade como medida de tudo.

Por outro lado, é comum que se faça dos homens, que são conhecidos apenas por seu espírito, um ideal que se engrandece com o passar do tempo e dos lugares. Tende-se mesmo a quase despojá-los de sua humanidade. Tem-se a impressão que eles não devem falar, nem sentir como todo mundo, que sua linguagem e seus pensamentos devam estar constantemente no diapasão da sublimidade, sem imaginar que o espírito não seria capaz de permanecer incessantemente em estado de tensão e num estado perpétuo de excitação extrema. No contato diário da vida privada, vê-se excessivamente o homem material, que em nada se distingue do comum. O homem corporal, que toca os sentidos, quase que apaga o homem espiritual, que não atinge o espírito: *de longe, só se vê o brilho do gênio; de perto, vê-se as limitações do espírito.*

Após a morte, deixando de existir a comparação, apenas o homem espiritual permanece, e ele parece tanto maior quanto a lembrança do homem corpóreo se distancia. Eis por que os homens que marcaram sua passagem na Terra por obras de valor real são mais apreciados após a morte do que quando em vida. São julgados com mais imparcialidade, porque, tendo os invejosos e os ciumentos desaparecido, os antagonismos pessoais não mais existem. A posteridade é um juiz desinteressado, que aprecia a obra do espírito, aceita-o sem entusiasmo cego se for boa, e rejeita-a sem ódio se ela é má, abstração feita à individualidade que a produziu.

Jesus muito menos poderia escapar às consequências desse princípio, inerente à natureza humana, pois vivia num meio pouco esclarecido e em meio a homens inteiramente apegados à vida material. Seus compatriotas só viam nele o filho do carpinteiro, irmão de homens tão ignorantes quanto eles, e se perguntavam o que poderia torná-lo superior a eles e dar-lhe o direito de censurá-los. Assim, vendo que sua palavra tinha menos crédito entre os seus, que o desprezavam, que entre os estrangeiros, partiu para pregar entre estes, que o escutavam e entre os quais encontrava simpatia.

Pode-se imaginar de que sentimentos seus próximos estavam animados contra ele por isso, a ponto de seus próprios irmãos, acompanhados por sua mãe, virem, numa reunião em que ele se encontrava, para se *apoderar* dele, alegando que ele *havia perdido o juízo*. (Marcos, capítulo III, vs. 20, 21, e de 31 a 35, – *O Evangelho segundo o Espiritismo*, capítulo XIV.)

Assim, por um lado os escribas e os fariseus acusavam Jesus de agir pelo demônio; por outro, era tachado de louco por seus parentes mais próximos. Não é assim que acontece, em nossos dias, com os espíritas? E estes devem se queixar por não serem mais bem tratados por seus concidadãos do que Jesus o foi? O que nada tinha de surpreendente há dois mil anos, em meio a um povo ignorante, é mais estranho neste século XIX nas nações civilizadas.

MORTE E PAIXÃO DE JESUS

3. (Após a cura do lunático.) – E todos se maravilharam com a grandeza de Deus. Enquanto todos estavam maravilhados de todas as coisas que ele fazia, disse para os seus discípulos: Ponde vós essas palavras em vossos ouvidos, pois o filho do homem está para ser entregue nas mãos dos homens. – Eles, porém, desconheciam essa palavra, que estivera encoberta para eles, a fim de que não percebessem; e temiam interrogá-lo a respeito deste dito. (Lucas, capítulo IX, vs. 43 a 45.)

4. A partir de então, Jesus começou a mostrar aos seus discípulos que era necessário ele partir para Jerusalém, padecer muitas coisas nas mãos dos senadores, escribas e príncipes dos sacerdotes; e que tinha de ser morto e ser levantado no terceiro dia. (Mateus, capítulo XVI, v. 21.)

5. Reunindo-se na Galileia, Jesus lhes disse: O filho do homem está para ser entregue nas mãos dos homens; o matarão e, no terceiro dia, se levantará. E eles se entristeceram muito. (Mateus, capítulo XVII, vs. 22 e 23.)

6. Enquanto subia a Jerusalém, Jesus tomou consigo os doze em particular, e, no caminho, lhes disse: Eis que estamos subindo para Jerusalém, e o filho do homem será entregue aos príncipes dos sacerdotes e aos escribas, que o condenarão à morte, e o entregarão aos gentios, para o ridicularizarem, açoitarem e crucificarem; mas se levantará no terceiro dia. (Mateus, capítulo XX, vs. 17, 18, 19.)

7. Tomando consigo os doze, disse-lhes: Eis que estamos subindo para Jerusalém, e serão consumadas todas as coisas escritas através dos profetas sobre o Filho do homem. Pois será entregue aos gentios, que o ridicularizarão, insultarão, cuspindo-lhe no rosto, e, depois de açoitá-lo, o matarão; mas se levantará ao terceiro dia. – Eles, porém, não compreenderam nada destas coisas; esta palavra estava escondida e não sabiam o que estava sendo dito. (Lucas, capítulo XVIII, vs. 31 a 34.)

8. E sucedeu que, concluindo todo esse discurso, Jesus disse aos seus discípulos: Sabeis que após dois dias ocorre a Páscoa, na qual o Filho do homem é entregue para ser crucificado.

Ao mesmo tempo, os príncipes dos sacerdotes e anciãos do povo reuniram-se na corte do sumo sacerdote, chamado Caifás, e deliberaram que prenderiam, ardilosamente, a Jesus e o matariam. Mas diziam: Não durante a festa, para que não ocorra tumulto entre o povo. (Mateus, capítulo XXVI, vs. 1 a 5.)

9. Nessa mesma hora, alguns fariseus aproximaram-se, dizendo-lhe: Sai e vai embora daqui, porque Herodes quer te matar. – Disse-lhes: Ide e dizei a esta raposa: Eis que expulso demônios, levo ao cumprimento curas hoje e amanhã, e no terceiro dia estou consumado. (Lucas, capítulo XIII, vs. 31 e 32.)

PERSEGUIÇÃO DOS APÓSTOLOS

10. Acautelai-vos dos homens, pois vos entregarão aos sinédrios e vos açoitarão nas suas sinagogas, e sereis conduzidos a governantes e reis por minha causa, em testemunho para eles e para os gentios. (Mateus, capítulo X, vs. 17 e 18.)

11. Tenho vos dito essas coisas para que não vos escandalizeis. Eles vos expulsarão da sinagoga, mas vem a hora em que todo aquele que vos tenha matado suponha estar oferecendo serviço a Deus. E farão tais coisas porque não conhecem o Pai, nem a mim. Mas vos tenho falado essas coisas a fim de que, quando vier a hora delas, vos lembreis de que eu vos disse a respeito delas. Não vos disse essas coisas desde o princípio, porque eu estava convosco. (João, capítulo XVI, vs. 1 a 4.)

12. Sereis entregues até pelos genitores, irmãos, parentes e amigos; e matarão alguns de vós. E sereis odiados por todos, por causa do meu nome. Mas nenhum fio de cabelo de vossa cabeça se perderá. Com a vossa perseverança, adquiram as vossas almas. (Lucas, capítulo XXI, vs. 16 a 19.)

13. (Martírio de Pedro.) Em verdade, em verdade, te digo: Quando eras jovem, cingias a ti mesmo e andavas onde querias; quando envelheceres, estenderás as tuas mãos e outro te cingirá, e te levará aonde não queres. – Disse isto, indicando com que tipo de morte glorificaria a Deus. (João, capítulo XXI, vs. 18 e 19.)

CIDADES IMPENITENTES

14. Então, começou a censurar as cidades nas quais ocorreram a maior parte dos seus prodígios, e não se arrependeram. "Ai de ti, Corazim! Ai de ti, Betsaida! Porque, se em Tiro e em Sidon tivessem ocorrido os prodígios que entre vós ocorreram, há muito tempo teriam se arrependido, em pano de saco e cinza. Todavia vos digo que haverá mais tolerância, no dia do juízo, para Tiro e Sidon do que para vós. E tu, Cafarnaum, acaso serás elevada até o céu? Serás rebaixada até o Hades! Porque, se em Sodoma tivessem ocorrido os prodígios que ocorreram em ti, ela teria permanecido até hoje. Todavia vos digo que haverá mais tolerância, no dia do juízo, para Sodoma do que para ti. (Mateus, capítulo XI, vs. de 20 a 24.)

RUÍNA DO TEMPLO DE JERUSALÉM

15. Tendo Jesus saído do Templo, estava partindo, quando se aproximaram dele os seus discípulos para lhe mostrar as edificações do Templo. Em resposta lhes disse: Não vedes tudo isso? Em verdade vos digo que não ficará aqui pedra sobre pedra que não seja derribada. (Mateus, capítulo XXIV, vs. 1 e 2.)

16. Quando se aproximou, ao ver a cidade, chorou por ela, dizendo: Se soubesses, também tu, neste dia, as coisas que conduzem para a paz! Agora, porém, estão escondidas dos teus olhos. Porque dias virão sobre ti, e os teus inimigos te cercarão com paliçada, te sitiarão e te apertarão de todos os lados; deitarão por terra a ti e a teus filhos, no meio de ti, e não deixarão em ti pedra sobre pedra, porque não reconhecestes o tempo da tua visitação. (Lucas, capítulo XIX, vs. de 41 a 44.)

17. Todavia, é necessário caminhar hoje, amanhã e no dia seguinte, porque não é admissível um profeta perecer fora de Jerusalém. Jerusalém, Jerusalém! Que matais os profetas e apedrejais os que vos são enviados! Quantas vezes eu quis juntar os vossos filhos, do modo como uma galinha junta seus pintainhos, debaixo das asas, e não quisestes! Vede! Vossa casa é deixada para vós. Eu vos digo: Não me vereis até dizerdes: "Bendito o que vem em nome do Senhor!" (Lucas, capítulo XIII, vs. 33, 34, 35.)

18. Quando virdes Jerusalém sitiada pelos exércitos, então sabereis que está próxima a sua devastação. Então, os que estiverem na Judeia fujam para os montes; os que estiverem no meio de Jerusalém emigrem e os que estiverem nos arredores não entrem nela, porque estes dias são de punição, para que se cumpram todas as coisas escritas. Ai das grávidas e das que amamentarem naqueles dias! Pois haverá grande necessidade sobre a Terra e ira contra este povo. Cairão ao fio da espada e serão levados cativos para todas as nações. E Jerusalém será pisoteada pelos estrangeiros até se completar o tempo das nações. (Lucas, capítulo XXI, vs. de 20 a 24.)

19. (Jesus caminhando para o suplício.) Ora, seguiam-no grande multidão de povo e mulheres, que se lamentavam, batendo no peito, e chorando. Voltando-se para elas, Jesus disse: Filhas de Jerusalém, não choreis por mim! Todavia, chorai por vós mesmas e por vossos filhos! Porque eis que vêm dias nos quais dirão: Bem-aventuradas as estéreis e os ventres que não geraram e os seios que não amamentaram! – Então começaram a dizer aos montes: "Cai sobre nós"; e às colinas: "Cobri-nos"! Porque, se fazem essas coisas ao lenho viçoso, o que acontecerá ao seco? (Lucas, capítulo XXIII, vs. de 27 a 31.)

20. A faculdade de pressentir as coisas futuras é um dos atributos da alma e se explica pela teoria da presciência. Jesus a possuía, como todas as demais, em um grau elevado. Pôde, assim, prever os acontecimentos que se seguiriam à sua morte, sem que houvesse em tal fato algo de sobrenatural, visto que vemos fatos desse tipo se produzirem sob nossos olhos nas condições mais comuns. Não é raro que indivíduos anunciem, com precisão, o instante de sua morte: é que sua alma, no estado de desprendimento, é como o homem sobre a montanha (Capítulo XVI, nº 1). Abarca o caminho a percorrer e vê o seu término.

O mesmo, em grau superior, devia acontecer a Jesus, que, tendo consciência da missão que vinha cumprir, sabia que a morte pelo suplício era sua consequência necessária. A visão espiritual, que era permanente nele, assim como a penetração do pensamento, devia mostrar-lhe as circunstâncias e a época fatal em que ocorreria. Pela mesma razão, ele podia prever a ruína do Templo e a de Jerusalém, os infortúnios que atingiriam seus habitantes e a dispersão dos judeus.

21. A incredulidade, que não admite a vida espiritual independente da matéria, não consegue compreender a presciência. É por isso que a nega, atribuindo ao acaso os fatos autênticos que acontecem sob seus olhos. É notável que ela recue perante o exame de todos os fenômenos psíquicos que se produzem em toda parte, por medo, sem dúvida, de ver neles a alma surgir e desmenti-la.

MALDIÇÃO DOS FARISEUS

22. (João Batista). Vendo muitos dos fariseus e saduceus, que vinham ao seu batismo, disse-lhes: Raça de víboras, quem vos ensinou a fugir da ira vindoura? Produzi, portanto, fruto digno do arrependimento. E não supondes que deveis dizer entre vós: "Temos por pai a Abraão", porque eu vos digo que mesmo destas pedras pode Deus erguer filhos para Abraão. O machado já está colocado junto à raiz das árvores, pois toda árvore que não produz bom fruto é cortada e lançada ao fogo. (Mateus, capítulo III, vs. 7 a 10.)

23. Ai de vós escribas e fariseus, hipócritas, que cerrais o Reino dos Céus diante dos homens; pois vós não entrais, nem deixais entrar os que estão entrando. Ai de vós, escribas e fariseus hipócritas, que devorais as casas das viúvas, orando com grande ostentação; por isso recebereis condenação mais severa. Ai de vós escribas e fariseus, hipócritas, que percorreis o mar e a terra seca para fazer um prosélito e, quando se torna, o fazeis filho do Geena duas vezes mais que vós. Ai de vós, guias cegos, que dizeis: Se alguém jura pelo Santuário, é nada; quem, porém, jura pelo ouro do Santuário, deve. Tolos e cegos! Pois qual é maior: a oferenda ou o altar que santifica a oferenda? Portanto, quem jurou pelo altar, está jurando por ele e por tudo que está sobre ele. E quem jurou pelo Santuário, está jurando por ele e por aquele que habita nele. E quem jurou pelo céu, está jurando pelo trono de Deus e por aquele que está sentado sobre ele. Ai de vós escribas e fariseus, hipócritas, que pagais o dízimo da hortelã, do endro e do cominho, e deixais as coisas mais pesadas da Lei: a justiça, a misericórdia e a fé. Deveis fazer estas coisas e não deixar aquelas. Guias cegos! Coais o mosquito e engolis o camelo! Ai de vós, escribas e fariseus, hipócritas, que limpais o lado de fora do copo e do prato, mas o lado de dentro está cheio do que provém do saque e da intemperança. Fariseu cego! Limpa primeiro o interior do copo, para que também o exterior se torne limpo. Ai de vós, escribas e fariseus, hipócritas, que vos assemelhais a sepulcros caiados, os quais se mostram vistosos por fora, mas por dentro estão cheios de ossos e de toda impureza. Assim, também vós, por fora vos mostrais justos aos homens, mas por dentro estais cheios de hipocrisia e iniquidade. Ai de vós, escribas e fariseus, hipócritas, que edificais os sepulcros dos profetas e adornais os túmulos dos justos, e dizeis: Se estivéssemos vivendo nos dias de nossos pais, não seríamos cúmplices do sangue dos profetas. Assim, testemunhais contra si mesmos, que sois filhos dos que mataram os profetas. Vós completais a medida de vossos pais. Serpentes, raça de víboras! Como fugireis do julgamento da Geena? Por isso, vede! Eu vos envio profetas, sábios e escribas; a uns deles matareis e crucificareis, a outros deles açoitareis nas vossas sinagogas e perseguireis de cidade em cidade, a fim de que venha sobre vós todo sangue justo derramado sobre a terra; desde o sangue de Abel, o justo, até o sangue de Zacarias, filho de Baraquias, que matastes entre o Santuário e o altar. Amém vos digo: Todas essas coisas virão sobre esta geração. (Mateus, capítulo XXIII, vs. de 13 a 36.)

Minhas palavras não passarão

24. Então, aproximando-se dele os seus discípulos, dizem-lhe: Sabes que os fariseus, ouvindo essas palavras, se escandalizaram? Em resposta, Jesus disse: Toda planta que meu Pai celestial não plantou será arrancada. Deixai-os! São cegos guiando cegos. Se um cego guia um cego, ambos cairão no fosso. (Mateus, capítulo XV, vs. 12, 13, 14.)

25. O céu e a terra passarão, mas minhas palavras não passarão. (Mateus, capítulo XXIV, v. 35.)

26. As palavras de Jesus não passarão, porque elas serão verdadeiras em todos os tempos; seu código moral será eterno, porque encerra as condições do bem, que conduz o homem à sua destinação eterna. Mas terão suas palavras chegado até nós livres de misturas e de falsas interpretações? Terão todas as seitas cristãs lhe apreendido o espírito? Não terá alguma delas distorcido seu verdadeiro sentido, em consequência de preconceitos e de ignorância das leis da natureza? Não terá alguma delas feito dessas palavras um instrumento de dominação, para servir à ambição e aos interesses materiais, um degrau para se elevar na Terra e não para elevar-se ao céu? Terão todas elas adotado como regra de conduta a prática das virtudes, das quais Jesus fez a condição expressa para a salvação? Estarão todas elas isentas das repreensões que ele dirigiu aos fariseus de seu tempo? Finalmente, serão todas elas, na teoria como na prática, a expressão pura de sua doutrina?

A verdade, sendo uma só, não pode estar em afirmações contrárias, e Jesus não pode ter desejado dar um duplo sentido a suas palavras. Se, pois, as diferentes seitas se contradizem; se umas consideram como verdadeiro o que outras condenam como heresia, é impossível que todas estejam com a verdade. Se todas tivessem apreendido o sentido verdadeiro do ensinamento evangélico, elas se teriam encontrado sobre o mesmo terreno, e não teria havido seitas.

O que não passará, isto é o verdadeiro sentido das palavras de Jesus; *o que passará*, isto é o que os homens construíram sobre o falso sentido que deram a essas mesmas palavras.

Tendo Jesus a missão de trazer aos homens o pensamento de Deus, sua doutrina *pura* só pode ser a expressão desse pensamento. Foi por isso que ele disse: *Toda planta que meu Pai celestial não plantou será arrancada.*

A PEDRA ANGULAR

27. Jesus lhes diz: Nunca lestes nas Escrituras: A pedra que os construtores rejeitaram, essa se tornou a **pedra angular; proveio do Senhor e é maravilhosa aos nossos olhos?** Por isso vos digo que o Reino de Deus vos será tirado e será dado a uma nação que produza frutos. Quem cair sobre essa pedra, ficará despedaçado; sobre quem ela cair, o esmagará. E tendo ouvido as suas parábolas, os sumos sacerdotes e os fariseus entenderam que falava a respeito deles e, procurando prendê-lo, temiam as turbas que o consideravam profeta. (Mateus, capítulo XXI, vs. de 42 a 46.)

28. A palavra de Jesus tornou-se a pedra angular, ou seja, a pedra de consolidação do novo edifício da fé, erguido sobre as ruínas do antigo; os judeus, os príncipes dos sacerdotes e os fariseus, tendo rejeitado essa palavra, ela os esmagou, como esmagará aqueles que mais tarde a desprezarem ou desnaturarem seu sentido em prol de sua ambição.

PARÁBOLA DOS VINHATEIROS HOMICIDAS

29. Ouvi outra parábola. Havia um homem, senhor de casa, que plantou uma vinha, circundou-a com uma sebe, e, cavando a terra, nela construiu uma torre, arrendou-a a agricultores e ausentou-se do seu país. Quando se aproximou o tempo dos frutos, enviou seus servos aos agricultores para receber seus frutos.

E os agricultores, tomando os seus servos, açoitaram a um, mataram a outro e apedrejaram outro. Novamente, enviou outros servos, em maior número que os primeiros, e fizeram-lhes do mesmo modo. E, por último, enviou-lhes seu filho, dizendo: Respeitarão a meu filho. Mas os agricultores, vendo o filho, disseram entre si: Este é o herdeiro. Vamos! Matemo-lo e apoderemo-nos da sua herança. E, tomando-o, lançaram-no fora da vinha e o mataram. Então, quando vier o senhor da vinha, que fará àqueles agricultores? Eles lhe dizem: Fará perecer horrivelmente os malvados, e arrendará a vinha a outros agricultores, que lhe entregarão os frutos, a seu tempo. (Mateus, capítulo XXI, vs. de 33 a 41.)

30. O pai de família é Deus; a vinha que Ele plantou é a lei que estabeleceu; os vinhateiros aos quais Ele arrendou sua vinha são os homens que devem ensinar e praticar Sua lei; os servos que Ele enviou até os vinhateiros são os profetas, que eles fizeram perecer; Seu filho, que ele envia por fim, é Jesus, que eles também mataram. Como, então, o Senhor tratará seus mandatários prevaricadores da lei? Ele os tratará como eles trataram Seus enviados e chamará outros que cuidarão melhor de Seus bens e da condução de Seu rebanho.

Assim aconteceu aos escribas, príncipes dos sacerdotes e fariseus; assim acontecerá quando Ele voltar para pedir contas a cada um do que fez da Sua doutrina; tirará a autoridade de quem tiver abusado dela, pois quer que Seu campo seja administrado de acordo com Sua vontade.

Após dezoito séculos, a humanidade, tendo chegado à idade viril, encontra-se madura para compreender o que Cristo não aprofundou, porque, como ele próprio disse, não teria sido compreendido. Ora, a que resultado chegaram aqueles a quem, durante esse longo período, foram encarregados da educação religiosa, ao ver a indiferença suceder à fé e a incredulidade se erigir como doutrina? Em nenhuma outra época, na verdade, o ceticismo e o espírito de negação estiveram mais disseminados em todas as classes da sociedade.

Mas se algumas palavras do Cristo estão veladas sob a alegoria, em tudo que diz respeito à regra de conduta, às relações de homem para homem, aos princípios morais de que ele faz condição expressa de salvação (*O Evangelho segundo o Espiritismo,* capítulo XV), seus ensinamentos são claros, explícitos e sem ambiguidade.

O que foi feito de suas máximas de caridade, de amor e de tolerância, das recomendações que ele fez aos seus apóstolos, para que convertessem os homens pela doçura e pela persuasão? Da simplicidade, da humildade, do desinteresse e de todas as virtudes das quais ele deu o exemplo? Em seu nome, os homens lançaram-se, uns aos outros, o anátema e a maldição; massacraram-se em nome daquele que disse: Todos os homens são irmãos. Fizeram um Deus ciumento, cruel, vingativo e parcial daquele que Jesus proclamara infinitamente justo, bom e misericordioso; sacrificou-se a esse Deus, de paz e de verdade, milhares de vítimas nas fogueiras, pelas torturas e perseguições, o que jamais sacrificaram os pagãos aos falsos deuses. Venderam-se preces e os favores do céu em nome daquele que expulsou os vendilhões do Templo, e que disse aos seus discípulos: Dai de graça o que de graça receberdes.

O que diria o Cristo, se vivesse atualmente entre nós? Se visse seus representantes ambicionar as honras, as riquezas, o poder e o fausto dos príncipes da Terra, quando ele, mais rei do que os reis da Terra, fez sua entrada em Jerusalém montado sobre um jumento? Não teria ele o direito de lhes dizer: O que fizestes de meus ensinamentos, vós que incensais o bezerro de ouro, que atribuis, em vossas preces, uma grande parte aos ricos e uma mísera parte aos pobres, quando eu vos disse: Os primeiros serão os últimos e os últimos serão os primeiros no reino dos céus? Mas se Jesus não está entre nós materialmente, está em espírito, e como o senhor da parábola, pedirá contas aos seus vinhateiros, quando o tempo da colheita chegar.

Um só rebanho e um só pastor

31. Tenho também outras ovelhas que não são deste aprisco; é preciso que eu conduza também a elas; ouvirão a minha voz e haverá um só rebanho e um só pastor. (João, capítulo X, v. 16.)

32. Por estas palavras, Jesus anuncia claramente que um dia os homens se reunirão em uma crença única. Mas como poderia se dar essa unificação? Parece difícil, se considerarmos as diferenças que existem entre as religiões, o antagonismo que mantêm entre seus respectivos adeptos, sua obstinação em se acreditar de posse exclusiva da verdade. Todas desejam a unidade, mas todas se gabam de que ela se fará a seu favor, e nenhuma pretende fazer concessões em suas crenças.

Entretanto, a unidade se fará em religião como ela tende a se fazer socialmente, politicamente, comercialmente, pela queda das barreiras que separam os povos, pela assimilação dos costumes, dos usos, da língua. Os povos do mundo inteiro já confraternizam, como os das províncias de um mesmo império. Tem-se urgência dessa unidade, todos a desejam. Ela se dará pela força das coisas, por que ela se tornará uma necessidade para estreitar os laços de fraternidade entre as nações; ela se fará pelo desenvolvimento da razão humana, que fará compreender a puerilidade dessas dissidências; pelo progresso das ciências que demonstra, a cada dia, os erros materiais sobre os quais elas se apoiam, e pouco a pouco soltam as pedras carcomidas de seus alicerces. Se a ciência demoliu nas religiões o que é obra dos homens e que é fruto de sua ignorância das leis da natureza, não pode destruir, apesar da opinião de alguns, o que é a obra de Deus e de eterna verdade. Eliminando os acessórios, ela prepara os caminhos da unidade.

Para chegar à unidade, as religiões deverão se encontrar num terreno neutro, embora comum a todas; para isso, todas terão que fazer concessões e sacrifícios maiores ou menores, conforme a multiplicidade de seus dogmas particulares. Mas, em virtude do princípio de imutabilidade que todas elas professam, a iniciativa das concessões não poderia vir do campo oficial. Em vez de começar do alto, elas o tomarão de baixo, pela iniciativa individual. Há algum tempo vem se operando um movimento de descentralização, que tende a adquirir uma força irresistível. O princípio de imutabilidade, que as religiões consideravam até agora como uma égide conservadora, tornar-se-á um elemento destrutivo, pois uma vez que os cultos se imobilizam enquanto a sociedade progride, acabarão sendo ultrapassados, para depois serem absorvidos na corrente das ideias de progressão.

Entre as pessoas que se destacam em tudo ou em parte dos troncos principais, e cujo número aumenta sem cessar, se alguns nada quiserem, a imensa maioria, que não se acomoda ao nada, quer alguma coisa. Esse algo ainda não está definido em seu pensamento, mas elas o pressentem; tendem ao mesmo fim por vias diferentes e será por elas que começará o movimento de concentração para a unidade.

No estado atual da opinião e dos conhecimentos, a religião que deverá unir um dia todos os homens sob uma mesma bandeira será aquela que melhor satisfizer a razão e as legítimas aspirações do coração e do espírito. Será aquela que não será desmentida pela ciência positiva; aquela que, ao invés de se imobilizar, acompanhará a humanidade em sua marcha progressiva, sem se deixar jamais ultrapassar; que não será nem exclusiva, nem intolerante; que será emancipadora da inteligência, admitindo apenas a fé racional; aquela cujo código de moral será o mais puro, o mais racional, o mais em harmonia com as necessidades sociais, a mais apropriada, enfim, para fundar o reino do bem sobre a Terra, pela prática da caridade e da fraternidade universais.

Entre as religiões existentes, aquelas que mais se aproximam dessas condições normais terão menos concessões a fazer. Se uma delas as preenchesse completamente, tornar-se-ia naturalmente o eixo (*pivot*) da unidade futura. Essa união se fará em torno daquela que deixar menos a desejar à razão, não por uma decisão oficial, porque não se submete a consciência a regulamentos, mas pelas adesões individuais e voluntárias.

O que sustenta o antagonismo entre as religiões é a ideia que cada uma delas tem de seu Deus particular e sua pretensão de que o seu seja o único verdadeiro e o mais poderoso, e que está em constante hostilidade com os deuses de outros cultos, e ocupado em combater sua influência. Quando as religiões se convencerem de que há apenas um Deus no Universo e que, em definitivo, é o mesmo que elas adoram sob os nomes de Jeová, Alá ou Deus; quando se puserem de acordo quanto aos Seus atributos essenciais, compreenderão que um Ser único só pode ter uma vontade. Então, elas se darão as mãos, como servidores de um mesmo Mestre e filhos de um mesmo Pai, e terão dado um grande passo rumo à unidade.

ADVENTO DE ELIAS

33. Mas os discípulos o interrogaram, dizendo: Então, por que os escribas dizem ser necessário vir primeiro Elias? – Em resposta, ele disse: Elias, por um lado, vem e restaurará todas as coisas. Digo-vos, por outro lado, que Elias já veio, e não o reconheceram, mas fizeram-lhe tudo quanto queriam. Assim também o filho do homem está na iminência de padecer sob as mãos deles. Então, os discípulos entenderam que ele lhes tinha falado a respeito de João Batista. (Mateus, capítulo XII, vs. de 10 a 13.)

34. Elias já tinha vindo na pessoa de João Batista. (*O Evangelho segundo o Espiritismo*, capítulo IV, n° 10.) Seu novo advento é anunciado de maneira explícita; ora, como ele só pode voltar com um novo corpo, é a consagração formal do princípio da pluralidade das existências. (*O Evangelho segundo o Espiritismo*, capítulo IV.)

ANÚNCIO DO CONSOLADOR

35. Se me amais, observai os meus mandamentos. E eu rogarei ao Pai, e Ele vos dará outro Consolador, a fim de que esteja convosco para sempre: O Espírito de Verdade, que o mundo não pode receber, porque não o vê nem o conhece; vós, porém, o conhecereis porque permanecerá convosco e estará entre vós. – Mas o Consolador, o Espírito Santo que o Pai enviará em meu nome, esse vos ensinará todas as coisas e vos lembrará todas as coisas que vos disse. (João, capítulo XIV, vs. 15, 16, 17, 26. – *O Evangelho segundo o Espiritismo*, capítulo VI.)

36. Mas eu vos digo a verdade: É melhor para vós que eu vá. Pois, se eu não partir, o Consolador não virá para vós; se, porém, eu for, o enviarei para vós. Quando ele vier, vai arguir o mundo a respeito do pecado, a respeito da justiça e a respeito do juízo: a respeito do pecado, por não terem acreditado em mim; a respeito da justiça, porque estou indo para o Pai, e não mais me vereis; a respeito do juízo, porque o príncipe deste mundo já está julgado.

37. Ainda tenho muitas coisas para vos dizer, mas não podeis suportar agora. Quando, porém, aquele vier – o Espírito de Verdade –, ele vos guiará em toda a Verdade, pois não falará de si mesmo, mas falará o quanto ele ouvir, e vos anunciará o que há de vir. Ele me glorificará, porque receberá do que é meu, e vos anunciará. (João, capítulo XVI, vs. 7 a 14.)

38. Esta predição é, sem dúvida, uma das mais importantes do ponto de vista religioso, pois ela constata de maneira inequívoca que *Jesus não disse tudo que tinha para dizer*, porque não teria sido compreendido, nem mesmo por seus apóstolos, uma vez que é a eles que ele se dirige. Se ele lhes houvesse dado instruções secretas, eles o teriam mencionado nos Evangelhos. Uma vez que ele não disse tudo aos seus apóstolos, seus sucessores não poderiam saber mais do que eles e poderiam ter se enganado a respeito do sentido de suas palavras, dando uma falsa interpretação aos seus pensamentos, não raro velados sob a forma de parábolas. As religiões fundadas sobre o Evangelho não podem, dessa forma, dizer que estão de posse de toda a verdade, já que ele reservou para si a complementação ulterior de suas instruções. Seu princípio de imutabilidade é um protesto contra as próprias palavras de Jesus.

Ele anuncia, sob o nome de *Consolador* e de *Espírito de Verdade,* aquele que deve *ensinar todas as coisas* e *fazer lembrar* o que ele disse. Desse modo, seu ensinamento não estava completo; mais ainda, ele previu que se teria esquecido o que ele disse e que seu ensinamento seria descaracterizado, uma vez que o Espírito de Verdade deveria fazer *recordar* e, de acordo com Elias, *restabelecer todas as coisas,* segundo o verdadeiro pensamento de Jesus.

39. Quando este novo revelador deverá vir? É bem óbvio que, se, na época em que Jesus falava, os homens não estavam em condições de compreender aquilo que lhe restava dizer, não seria em alguns poucos anos que poderiam adquirir as luzes necessárias. Para o entendimento de certas partes do Evangelho, com exceção dos preceitos de moral, eram necessários conhecimentos que apenas o progresso das ciências podia dar, e que deveria ser obra do tempo e de várias gerações. Se, então, o novo Messias tivesse vindo pouco tempo depois do Cristo, teria encontrado o terreno ainda pouco propício e não teria feito mais do que ele. Ora, desde o Cristo até nossos dias não se produziu nenhuma grande revelação que tenha completado o Evangelho e que lhe tenha elucidado as partes obscuras, indicação segura de que o enviado ainda não tinha aparecido.

Qual deve ser esse enviado? Tendo Jesus dito: "Eu rogarei a meu Pai e ele vos enviará um outro Consolador", indica claramente que esse enviado não é ele mesmo. Do contrário, ele teria dito: "Eu voltarei para completar o que vos tenho ensinado". E, depois, ele acrescentou: *A fim de que ele permaneça eternamente convosco e em vós.* Não seria possível que ele estivesse falando de uma indivi-dualidade encarnada, que não pode permanecer eternamente conosco, e menos ainda permanecer em nós. Mas compreende-se bem que poderia ser uma doutrina que, de fato, uma vez assimilada, pode estar eternamente em nós. O *Consolador* é, assim, no pensamento de Jesus, a personificação de uma doutrina soberana-mente consoladora, cujo inspirador deve ser o *Espírito de Verdade.*

40. O *espiritismo* realiza, como foi demonstrado (Capítulo I, nº 30), todas as condições do *Consolador* prometido por Jesus. Não se trata de uma doutrina individual, uma concepção humana. Ninguém pode se declarar criador dela. É o produto do ensinamento coletivo dos espíritos, aos quais preside o Espírito de Verdade. Nada suprime do Evangelho, mas o completa e elucida. Com o auxílio das novas leis que revela, aliadas à ciência, faz compreender o que era ininte-ligível, admitir a possibilidade do que a incredulidade considerava inadmissível. Teve seus precursores e seus profetas, que pressentiram sua vinda. Por seu poder moralizador, ele prepara o reino do bem sobre a Terra.

A doutrina de Moisés, incompleta, ficou circunscrita ao povo judeu; a de Jesus, mais completa, espalhou-se por toda a Terra pelo cristianismo, mas não converteu todo mundo. O espiritismo, mais completo ainda, tendo raízes em todas as crenças, converterá a humanidade[82].

41. Cristo, ao dizer aos seus apóstolos: *Outro virá mais tarde, e vos ensinará o que eu não posso vos dizer agora*, proclamou, por isso mesmo, a necessidade da reencarnação. Como aqueles homens poderiam aproveitar o ensinamento mais completo que deveria ser dado posteriormente? Como estariam mais aptos a compreendê-lo, se não devessem reviver? Jesus teria dito uma inconsequência se os homens futuros devessem, segundo a doutrina comum, ser homens novos, almas saídas do nada ao nascerem. Mas admita-se, ao contrário, que os apóstolos e os homens de seu tempo tenham vivido depois, que revivem ainda hoje, e a promessa de Jesus se encontra justificada. Suas inteligências, que devem ter se desenvolvido no contato com o progresso social, podem admitir agora o que não teriam admitido no passado. Sem a reencarnação, a promessa de Jesus teria sido ilusória.

42. Se dissessem que essa promessa se realizou no dia de Pentecostes pela descida do Espírito Santo sobre os apóstolos, responder-se-ia que o Espírito Santo os inspirou, que pôde abrir suas inteligências, desenvolver neles aptidões medianímicas que deveriam facilitar sua missão, mas ele não lhes ensinou nada mais do que Jesus havia ensinado, pois não se encontra nenhum traço de um ensinamento especial. O Espírito Santo não realizou, portanto, o que Jesus tinha anunciado acerca do Consolador: não fosse assim, os apóstolos teriam elucidado, desde enquanto vivos, tudo que havia permanecido obscuro no Evangelho até hoje, e cuja interpretação contraditória deu lugar a incontáveis seitas, que dividiram o cristianismo desde o primeiro século.

Segunda vinda de Cristo

43. Então Jesus disse aos seus discípulos: Se alguém quer vir após mim, negue a si mesmo, tome a sua cruz, e siga-me. Pois quem quiser salvar a sua vida, a perderá, e quem perder a sua vida por minha causa, a encontrará. Porquanto, que benefício terá o homem se ganhar o mundo inteiro, e sua alma sofrer perda? Ou que dará o homem em troca de sua alma? Pois o filho do homem está para vir na glória do seu Pai, com os seus anjos; então, restituirá a cada um segundo as suas ações. Em verdade vos digo que há alguns dos que estão de pé aqui que não provarão a morte, até que vejam o filho do homem vindo em seu Reino. (Mateus, capítulo XVI, vs. de 24 a 28.)

44. E, levantando-se o sumo sacerdote, no meio, interrogou a Jesus, dizendo: Não respondes nada ao que estes testemunham contra ti? – Ele silenciava e não

---

82. Todas as doutrinas filosóficas e religiosas trazem o nome da individualidade que a fundou. Diz--se: o mosaísmo, o cristianismo, o maometismo, o budismo, o cartesianismo, o fourierismo, o sansimonismo etc. A palavra espiritismo, ao contrário, não lembra nenhuma personalidade; encerra uma ideia geral, que indica, ao mesmo tempo, o caráter e a fonte múltipla da doutrina.

respondeu nada. – Novamente, o sumo sacerdote o interrogava, e diz a ele: Tu és o Cristo, o filho do Bendito? – Jesus disse: Eu sou, e vereis o filho do homem sentado à direita do Poder, vindo com as nuvens do céu. O sumo sacerdote, rasgando suas túnicas, diz: Que necessidade temos ainda de testemunhas? (Marcos, capítulo XIV, vs. de 60 a 63.)

45. Jesus anuncia seu segundo advento, mas não diz que voltará para a Terra com um corpo carnal, nem que o *Consolador* será personificado nele. Ele se apresenta como devendo vir em espírito, na glória de seu Pai, julgar o mérito e o demérito, e dar a cada um segundo suas obras, quando os tempos forem chegados.

Estas palavras: "*há alguns dos que estão de pé aqui que não provarão a morte, até que vejam o filho do homem vindo em seu Reino*", parecem uma contradição, uma vez que é certo que ele não veio durante a vida de nenhum daqueles que estavam presentes. Jesus não poderia, todavia, enganar-se numa previsão dessa natureza e sobretudo por um assunto contemporâneo que lhe dizia respeito pessoalmente. É preciso, primeiramente, que se pergunte se suas palavras foram sempre fielmente reproduzidas. Pode-se duvidar, se pensarmos que ele próprio nada escreveu; que suas palavras só foram anotadas após sua morte; e uma vez que se vê o mesmo discurso quase sempre reproduzido em termos diferentes por cada evangelista, é uma prova evidente de que aquelas não são as expressões textuais de Jesus. Por outro lado, é provável que o sentido tenha sido por vezes alterado ao passar por sucessivas traduções.

Por outro lado, se Jesus tivesse dito tudo o que tivesse podido dizer, teria se expressado sobre todas as coisas de maneira clara e precisa, que não teria dado lugar a nenhum equívoco, como fez com relação aos princípios morais, ao passo que teve que velar seu pensamento acerca dos assuntos que ele não julgou oportuno aprofundar. Os apóstolos, convencidos de que a geração à qual pertenciam devia ser testemunha do que ele anunciava, devem ter interpretado o pensamento de Jesus segundo suas ideias. Puderam, consequentemente, redigi-lo no sentido de então, e de maneira mais absoluta do que ele talvez tivesse feito. Seja como for, o fato prova que as coisas não se passaram da maneira que eles acreditaram.

46. Um ponto capital que Jesus não pôde desenvolver, porque os homens de seu tempo não estavam suficientemente preparados para essa ordem de ideias e suas consequências, mas das quais, todavia, apresentou o princípio, como fez para todas as coisas, é a grande e importante lei da reencarnação. Essa lei, estudada e esclarecida em nossos dias pelo espiritismo, é a chave de muitas passagens do Evangelho que, sem ela, parecem um contrassenso.

É nessa lei que se pode encontrar a explicação racional das palavras acima, se as admitirmos como textuais. Uma vez que elas não podem ser aplicadas à pessoa dos apóstolos, é evidente que se reportam ao reino futuro do Cristo, ou seja, ao tempo em que sua doutrina, melhor compreendida, será a lei universal. Ao lhes dizer que *alguns dos que estão presentes* verão seu advento, isso não podia ser entendido senão no sentido de que renasceriam nessa época. Mas os judeus pensavam que iriam ver tudo que Jesus anunciava e tomavam suas alegorias ao pé da letra.

De resto, algumas de suas predições cumpriram-se na época deles, como a ruína de Jerusalém, as desgraças que dela resultaram e a dispersão dos judeus; mas ele leva sua visão mais longe e, falando do presente, faz constantemente alusão ao futuro.

SINAIS PRECURSORES

47. E estareis na iminência de ouvir de guerras e de rumores de guerras; olhai, não vos alarmeis, pois é necessário acontecer essas coisas, mas ainda não é o fim. Pois se levantará nação contra nação, reino contra reino; haverá pestes, fome e terremotos em todos os lugares. Todas essas coisas são o começo das dores de parto. (Mateus, capítulo XXIV, vs. 6,7,8.)

48. E irmão entregará à morte irmão e pai entregará filho. Filhos se levantarão contra genitores e os matarão. E sereis odiados por todos, por causa do meu nome; mas quem perseverar até o fim, esse será salvo. (Marcos, capítulo XIII, vs. 12 e 13.)

49. Portanto, quando virdes a abominação devastadora, que foi falada através do profeta Daniel, estabelecida no lugar santo – quem estiver lendo compreenda. Então, os que estiverem na Judeia fujam para os montes; o que estiver no terraço não desça para pegar as coisas dentro da sua casa; quem estiver no campo, não volte atrás para pegar sua veste. Ai das grávidas e das que amamentarem naqueles dias! Orai para que a vossa fuga não aconteça no inverno, nem no sábado. Pois haverá, nesse tempo, grande provação como não tem havido desde o princípio do mundo até agora, nem jamais haverá. E se aqueles dias não fossem encurtados, nenhuma carne seria salva, mas por causa dos escolhidos aqueles dias serão encurtados. (Mateus, capítulo XXIV, vs. 15 a 22.)

50. E logo depois da provação daqueles dias, o Sol escurecerá, a lua não dará seu brilho, as estrelas cairão do céu, e os poderes dos céus serão abalados. Então, aparecerá no céu o sinal do filho do homem; todos os povos da Terra se lamentarão e verão o filho do homem vindo sobre as nuvens do céu, com poder e muita glória. Ele enviará os seus anjos, com grande trombeta; e eles reunirão os seus escolhidos dos quatro ventos, da extremidade dos céus até sua outra extremidade. Aprendei a parábola da figueira: quando os seus ramos já se tornaram tenros, e as folhas brotam, sabeis que está próximo o verão. Assim também vós, quando virdes todas essas coisas, sabei que está próximo, às portas. Em verdade vos digo que não passará esta geração até que todas essas coisas aconteçam. (Mateus, capítulo XXIV, vs. de 29 a 34.) Pois, assim como os dias de Noé, assim também será a vinda do filho do homem. Porquanto, assim como nos dias anteriores ao cataclismo, estavam comendo, bebendo, casando e sendo dadas em casamento até o dia em que Noé entrou na arca; e não perceberam nada até que veio o cataclismo e levou a todos, assim será a vinda do filho do homem. (Mateus, capítulo XXIV, vs. 37 a 39.)

51. A respeito daquele dia ou hora, ninguém sabe; nem os anjos do céu, nem o filho, senão o Pai. (Marcos, capítulo XIII, v. 32.)

52. Em verdade, em verdade, vos digo que vós chorareis e entoareis lamentações; o mundo se alegrará, vós estareis entristecidos, mas a vossa tristeza se tornará alegria. A mulher, quando está prestes a dar à luz, tem tristeza porque sua hora chegou; quando, porém, a criancinha é gerada não mais se lembra da provação, por causa da alegria, uma vez que foi gerado um ser humano para o mundo. Assim, vós também, agora, tendes tristeza, mas vos verei novamente e o vosso coração se alegrará; e a vossa alegria ninguém tira de vós. (João, capítulo XVI, vs. 20, 21, 22.)

53. Muitos falsos profetas serão levantados e enganarão a muitos. E por se multiplicar a iniquidade, o amor de muitos se esfriará. Mas quem perseverar até o fim, esse será salvo. Este Evangelho do reino será proclamado em toda a Terra, para testemunho a todas as nações. E então virá o fim. (Mateus, capítulo XXIV, vs. 11 a 14.)

54. Esse quadro do fim dos tempos é evidentemente alegórico, como a maior parte dos que Jesus apresentava. As imagens que contém são de modo, por sua energia, a impressionar inteligências ainda pouco desenvolvidas. Para impressionar essas imaginações pouco sutis, era necessário recorrer a quadros vigorosos, de cores fortes. Jesus se dirigia sobretudo ao povo, aos homens menos esclarecidos, incapazes de compreender abstrações metafísicas e de apreender a delicadeza das formas. Para chegar ao coração, era preciso falar aos olhos com o auxílio de sinais materiais, e aos ouvidos com uma linguagem vigorosa.

Por uma consequência natural dessa disposição de espírito, o poder supremo só poderia, segundo a crença de então, manifestar-se através de coisas extraordinárias, sobrenaturais. Quanto mais impossíveis, melhor eram aceitas como prováveis.

O Filho do homem vindo sobre as nuvens do céu, com grande majestade, cercado por seus anjos e ao som de trombetas, parecia-lhe bem mais imponente do que um ser investido apenas de poder moral. Também os judeus, que esperavam no Messias um rei da Terra, o mais poderoso de todos os reis, para colocar sua nação em primeiro plano e restaurar o trono de Davi e de Salomão, não haveriam de reconhecê-lo no humilde filho de um carpinteiro, sem autoridade material, tratado como louco por alguns e como agente de Satã por outros. Eles não poderiam compreender um rei sem palácio e cujo reino não era deste mundo.

Entretanto, esse pobre proletário da Judeia tornou-se o maior entre os grandes; conquistou para sua soberania mais reinos que os mais poderosos potentados; apenas com sua palavra e alguns miseráveis pescadores, ele revolucionou o mundo, e é a ele que os judeus deverão sua reabilitação.

55. É de se notar que, para os antigos, os tremores de terra e o obscurecimento do Sol eram símbolos obrigatórios de todos os acontecimentos e de todos os presságios sinistros. Podemos encontrá-los no momento da morte de Jesus, na de César e numa multidão de circunstâncias da História do paganismo. Se tais fenômenos se tivessem produzido com tanta frequência como se conta, pareceria impossível que os homens não tivessem deles conservado a memória pela tradição. Aqui se acrescenta que as estrelas caem do céu, como a testemunhar para as futuras gerações mais esclarecidas que se trata apenas de ficção, já que se sabe atualmente que as estrelas não podem cair.

56. Entretanto, sob tais alegorias, ocultam-se grandes verdades: é, primeiramente, o anúncio das calamidades de todos os gêneros que atingirão a humanidade e a dizimarão; calamidades engendradas pela luta suprema entre o bem e o mal, a fé e a incredulidade, as ideias progressivas e as ideias retrógradas. Em segundo lugar, a difusão, por toda a Terra, do Evangelho restabelecido em sua pureza primitiva; depois, o reino do bem, que será o da paz e da fraternidade universal, sairá do código da moral evangélica colocada em prática por todos os povos. Esse será verdadeiramente o reino de Jesus, pois ele presidirá seu estabelecimento e os homens viverão sob a égide de sua lei; reino de felicidade, pois, como ele diz, "após os dias de aflição virão os dias de alegria".

57. Quando se cumprirão essas coisas? *"Ninguém o sabe"*, diz Jesus, *"nem mesmo o Filho";* mas quando o momento tiver chegado, os homens serão advertidos pelos indícios precursores. Tais indícios não serão nem no Sol, nem nas estrelas, mas no estado social e nos fenômenos mais morais do que físicos, de que se pode deduzir, em parte, a partir das alusões feitas por Jesus.

É bem certo que essa mudança não podia se operar no tempo em que viviam os apóstolos; do contrário, Jesus não poderia tê-la ignorado e tal transformação não poderia se realizar em alguns anos. Todavia, ele fala como se eles devessem ser testemunhas dessa transformação; é porque, de fato, eles poderão renascer nessa época e trabalhar, eles próprios, para essa transformação. Ele ora fala do destino próximo de Jerusalém, ora toma esse fato como ponto de comparação para o futuro.

58. É o fim do mundo que Jesus anuncia pela sua nova vinda, quando ele diz: "Quando o Evangelho for pregado por toda a Terra, é então que o fim chegará"?

Não é racional supor que Deus destruísse o mundo precisamente no momento em que ele entrar na via do progresso moral, pela prática dos ensinamentos evangélicos; nada, aliás, nas palavras do Cristo indica uma destruição universal que, em tais condições, não seria justificada.

Devendo a prática geral do Evangelho levar a uma melhora no estado moral dos homens, trará, por isso mesmo, o reino do bem e ocasionará a queda do reino do mal. É, portanto, ao *fim do velho mundo*, governado pelos preconceitos, pelo orgulho, pelo egoísmo, pelo fanatismo, pela incredulidade, pela ganância e todas as más paixões que o Cristo faz alusão, ao dizer: "Quando o Evangelho for

264 CAPÍTULO XVII A GÊNESE

pregado por toda a Terra, é então que o fim chegará"; mas esse fim trará uma luta e é dessa luta que surgirão os males que ele previu.

VOSSOS FILHOS E FILHAS PROFETIZARÃO

59. E será que nos últimos dias, diz Deus, derramarei do meu espírito sobre toda carne; vossos filhos e vossas filhas profetizarão, vossos jovens terão visões e vossos anciãos sonharão sonhos. E, mesmo sobre os meus servos e minhas servas, naqueles dias, derramarei do meu espírito, e profetizarão. (Atos, capítulo II, vs. 17 e 18.)

60. Se considerarmos o estado atual do mundo físico e do mundo moral, as tendências, as aspirações, os pressentimentos das massas, a decadência das velhas ideias que se debatem em vão há um século contra as ideias novas, não se pode duvidar que uma nova ordem de coisas se prepara, e que o velho mundo chega ao seu fim.

Então, levando em conta a forma alegórica de certos quadros e sondando o sentido íntimo de suas palavras, pode-se comparar a situação atual com os tempos descritos por Jesus como devendo marcar a era da renovação, e não se pode negar que várias de suas predições têm atualmente seu cumprimento; de onde se deve concluir que chegamos aos tempos anunciados, o que confirmam, sobre todos os pontos do Globo, os espíritos que se manifestam.

61. Como temos visto (Capítulo I, nº 32), o advento do espiritismo, coincidindo com outras circunstâncias, realiza uma das mais importantes predições de Jesus, pala influência que ele deve forçosamente exercer sobre as ideias. É, por outro lado, claramente anunciado naquela que se relaciona aos Atos dos Apóstolos: "Nos últimos tempos", diz o Senhor, "derramarei de meu espírito sobre toda carne; vossos filhos e vossas filhas profetizarão".

É o anúncio inequívoco da vulgarização da mediunidade, que se revela em nossos dias em indivíduos de todas as idades, de ambos os sexos e de todas as condições, como consequência da manifestação universal dos espíritos, pois sem os espíritos não haveria médiuns. Diz-se que isso acontecerá *nos últimos tempos*. Ora, visto que não chegamos ao fim do mundo, mas, ao contrário, à sua regeneração, é preciso que se compreenda por estas palavras: os últimos tempos do mundo moral que termina. (*O Evangelho segundo o Espiritismo*, capítulo XXI.)

JULGAMENTO FINAL

62. Quando o filho do homem vier em toda a sua glória, e todos os anjos com ele, então se assentará sobre o trono de sua glória. E serão reunidas diante dele todas as nações, separará uns dos outros, como o pastor separa as ovelhas dos cabritos; e colocará as ovelhas à sua direita e os cabritos à sua esquerda.

Então, o rei dirá aos que estiverem à sua direita: Vinde, benditos do meu Pai etc. (Mateus, capítulo XXV, vs. 31 a 34.)

63. Devendo o bem reinar sobre a Terra, é preciso que os espíritos endurecidos no mal e que poderiam trazer-lhe perturbação sejam dela excluídos. Deus lhes concedeu o tempo necessário à sua melhoria. Mas tendo chegado o momento em que o Globo se deva elevar na hierarquia dos mundos pelo progresso moral de seus habitantes, a permanência nele será interditada tanto aos espíritos quanto aos encarnados que não tenham aproveitado as instruções que aí vieram receber. Serão exilados para mundos inferiores, como o foram outrora, sobre a Terra, os da raça adâmica, ao mesmo tempo em que serão substituídos por espíritos melhores. É a essa separação, à qual Jesus presidirá, que aparece figurada por estas palavras do julgamento final: "Os bons passarão à minha direita, e os maus à minha esquerda". (Capítulo XI, n°s 31 e seguintes.)

64. A doutrina de um julgamento final, único e universal, pondo fim à humanidade, repugna à razão, no sentido de que ele implicaria a inatividade de Deus ao longo da eternidade que precedeu a criação da Terra e a eternidade que se seguirá à sua destruição. Pergunta-se qual seria, então, a utilidade do Sol, da Lua e das estrelas que, segundo a Gênese, foram feitos para iluminar nosso mundo. É de espantar que uma obra tão imensa tenha sido feita para tão pouco tempo e em proveito de seres, em sua maioria, votados aos suplícios eternos.

65. Materialmente, a ideia de um julgamento único era, até certo ponto, admissível para aqueles que não buscam a razão das coisas e que acreditavam que toda a humanidade se encontrava concentrada na Terra, e que tudo no Universo tinha sido feito para seus habitantes. Tal ideia é inadmissível desde que se soube que há milhares de mundos semelhantes ao nosso, que perpetuam humanidades pela eternidade, e entre os quais a Terra é um ponto imperceptível dos menos consideráveis.

Vê-se, por este único fato, que Jesus tinha razão de dizer aos seus discípulos: "Há muitas coisas que não vos posso dizer, porque não me compreenderíeis", pois o progresso das ciências era indispensável para uma interpretação correta de algumas de suas palavras. Certamente os apóstolos, Paulo e os primeiros discípulos, teriam estabelecido de maneira completamente diferente alguns dogmas, se tivessem tido os conhecimentos astronômicos, geológicos, físicos, químicos, fisiológicos e psicológicos que se possui atualmente. Por isso, Jesus adiou o complemento de suas instruções e anunciou que todas as coisas deviam ser restabelecidas.

66. Moralmente, um julgamento definitivo e sem apelação é inconciliável com a bondade infinita do Criador, que Jesus nos apresenta, sem cessar, como um bom Pai, que deixa sempre uma via aberta ao arrependimento e pronto a estender seus braços ao filho pródigo. Se Jesus tivesse entendido o julgamento nesse sentido, teria desmentido suas próprias palavras.

Além disso, se o julgamento final devesse surpreender os homens de improviso, em meio aos seus trabalhos cotidianos, e as mulheres grávidas, seria de perguntar com que objetivo Deus, que nada faz de inútil e injusto, faria nascer crianças e *criaria almas novas* nesse momento supremo, no término fatal da humanidade, para fazê-los passar em julgamento ao sair do seio da mãe, antes que tivessem consciência de si mesmas, enquanto que outras tiveram milhares de anos para se reconhecerem? De que lado, à direita ou à esquerda, passarão essas almas que não são ainda nem boas, nem más, e às quais todo caminho posterior de progresso está doravante fechado, já que a humanidade não existirá mais? (Capítulo II, n° 19.)

Que aqueles cuja razão se contenta com tais crenças as conservem, é um direito que têm, e ninguém tem nada a dizer quanto a isso. Mas não levem a mal que nem todos partilhem de sua opinião.

67. O julgamento, pela via da emigração, tal como definido acima (63), é racional. Fundamenta-se sobre a mais rigorosa justiça, visto que deixa eternamente ao espírito seu livre-arbítrio, que não constitui privilégio de ninguém; que uma igual atitude é dada por Deus a todas Suas criaturas, sem exceção, para progredir; que a porta do céu está sempre aberta para aqueles que se tornem dignos de lá entrar; que mesmo o aniquilamento de um mundo, acarretando a destruição do corpo, não traria nenhuma interrupção à marcha progressiva do espírito. Tal é a consequência da pluralidade dos mundos e da pluralidade das existências.

De acordo com essa interpretação, a qualificação de *julgamento final* não é exata, pois os espíritos passam por semelhantes julgamentos a cada renovação dos mundos que habitam, até que tenham chegado a um certo grau de perfeição. Não há, portanto, propriamente dizendo, um *julgamento final*, mas há *julgamentos gerais* em todas as épocas de renovação parcial e total da população dos mundos, em consequência dos quais se operam as grandes emigrações e imigrações dos espíritos.

Capítulo **XVIII**

Os tempos são chegados

Sinais dos tempos – A nova geração

Sinais dos tempos

1. Os tempos marcados por Deus são chegados, disso somos informados em todos os lugares, em que grandes acontecimentos serão realizados para a regeneração da humanidade. Em que sentido é preciso que se entendam essas palavras proféticas? Para os incrédulos, elas não têm nenhuma importância. Aos seus olhos, não é mais que a expressão de uma crença pueril sem fundamento; para a grande maioria dos crentes, elas têm algo de místico e de sobrenatural, que lhes parece ser o precursor da perturbação das leis da natureza. Essas duas interpretações são igualmente errôneas: a primeira, porque implica a negação da Providência; a segunda, porque essas palavras não anunciam a perturbação das leis da natureza, mas seu cumprimento.

2. Tudo está em harmonia na Criação; tudo revela uma providência que não é desmentida nas menores coisas, nem nas maiores. Devemos, portanto, primeiramente, descartar toda ideia de capricho, que é inconciliável com a sabedoria divina; em segundo lugar, se nossa época é marcada para a realização de certas coisas, é porque elas têm sua razão de ser na marcha do conjunto.

Isto posto, diremos que nosso Globo, como tudo que existe, está sujeito à lei do progresso. Ele progride fisicamente pela transformação dos elementos que o compõem, e moralmente pela depuração dos espíritos encarnados e desencarnados que o povoam. Esses dois progressos seguem e caminham paralelamente, pois a perfeição da habitação está em relação com a do habitante. Fisicamente, o Globo sofreu transformações, constatadas pela ciência, e que o tornaram sucessivamente habitável por seres cada vez mais aperfeiçoados; moralmente, a humanidade progride pelo desenvolvimento da inteligência, do senso moral e do abrandamento dos costumes. Ao mesmo tempo que a melhoria do Globo se opera sob o império de forças materiais, os homens contribuem para isso pelos esforços de sua inteligência; eles saneiam as regiões insalubres, tornam as comunicações mais fáceis e a terra mais produtiva.

Esse duplo progresso se realiza de duas maneiras: uma, lenta, gradual e insensível; a outra por mudanças mais bruscas; em cada uma delas se opera um movimento ascensional mais rápido, que marca, por caracteres bem definidos, os períodos progressivos da humanidade. Esses movimentos, subordinados *em seus detalhes* ao livre-arbítrio dos homens, são de certo modo fatais em seu conjunto, porque estão submetidos a leis, como as que se operam na germinação, no crescimento e na maturidade das plantas, visto que o objetivo da humanidade é o progresso, não obstante a marcha retardatária de algumas individualidades; é por isso que o movimento progressivo é às vezes parcial, ou seja, limitado a uma raça ou a uma nação, e outras vezes é geral.

O progresso da humanidade se dá, assim, em virtude de uma lei; ora, como todas as leis da natureza são a obra eterna da sabedoria e da presciência divinas, tudo que é resultado dessas leis é o resultado da vontade de Deus, não de uma vontade acidental e caprichosa, mas de uma vontade imutável. Assim sendo, quando a humanidade está madura para subir um degrau, pode-se dizer que os tempos marcados por Deus são chegados, do mesmo modo que se pode dizer que em tal estação, o tempo é chegado para o amadurecimento dos frutos e da colheita.

3. Da afirmação de que o movimento progressivo da humanidade é inevitável, porque está na natureza, não se deve concluir que Deus a ele seja indiferente e que, após haver estabelecido Suas leis, Ele tenha entrado em inação, deixando que as coisas corram por conta própria. Suas leis são eternas e imutáveis, sem dúvida, mas porque Sua própria vontade é eterna e constante, e porque Seu pensamento anima todas as coisas ininterruptamente. Seu pensamento, que tudo permeia, é a força inteligente e permanente que mantém tudo em harmonia. Se esse pensamento cessasse por um só instante de agir, o Universo seria como um relógio sem o pêndulo regulador. Deus vela, assim, incessantemente pela execução de Suas leis, e os espíritos que povoam o espaço são Seus ministros, encarregados dos detalhes, de acordo com as atribuições correspondentes ao seu grau de adiantamento.

4. O Universo é, por sua vez, um mecanismo incomensurável, conduzido por um número não menos incomensurável de inteligências, um imenso governo, onde cada inteligência tem sua parte de ação sob o olhar soberano do Criador, cuja vontade *única* mantém, por toda parte, *a unidade*. Sob o império desse vasto poder regulador, tudo se move, tudo funciona numa ordem perfeita; o que nos parece perturbações são os movimentos parciais e isolados, que só nos parecem irregulares por causa de nossa visão circunscrita. Se pudéssemos abarcar o conjunto, veríamos que essas irregularidades são apenas aparentes e que se harmonizam no todo.

5. A previsão de movimentos progressivos da humanidade nada tem de surpreendente para seres desmaterializados que veem o objetivo para o qual tendem todas as coisas, sendo que alguns deles possuem o pensamento direto de Deus, e que presumem, nos movimentos parciais, o tempo em que poderá se realizar um movimento geral, da mesma forma que se calcula com antecedência o tempo necessário a uma árvore para dar frutos e como os astrônomos calculam a época de um fenômeno astronômico pelo tempo necessário a um astro para completar sua revolução.

Mas todos os que anunciam esses fenômenos, os autores de almanaques que predizem as elipses e as marés não estão, por certo, em condições de fazer os cálculos necessários: apenas os repetem. Assim acontece também com os espíritos secundários, cuja visão é limitada, e que nada mais fazem do que repetir o que *coube* aos espíritos superiores lhes revelar.

6. A humanidade realizou até os dias atuais incontestáveis progressos. Os homens, por sua inteligência, chegaram a resultados que não tinham jamais alcançado no que diz respeito às ciências, artes e bem-estar material. Falta-lhe, ainda, um imenso progresso a realizar: é *fazer reinar entre eles a caridade, a fraternidade e a solidariedade, para assegurar o bem-estar moral.* Eles não poderiam chegar a isso nem com suas crenças, nem com suas instituições ultrapassadas, que são vestígios de outra época, boas num determinado momento, suficientes para um estado transitório, mas que, tendo dado tudo o que podiam, seriam atualmente um obstáculo. É como uma criança que era estimulada pelos movimentos de um móbile, mas que deixa de se interessar por eles quando se torna adulta. Não é mais apenas o desenvolvimento da inteligência que os homens necessitam, é da elevação do sentimento, e para isso é preciso destruir tudo que lhes poderia superexcitar o egoísmo e o orgulho.

Esse é o período em que eles vão entrar a partir de agora e que marcará uma das fases principais da humanidade. Essa fase, em elaboração neste momento, é o complemento necessário do estado anterior, do mesmo modo que a idade adulta é o complemento da juventude. Ela poderia, então, ser prevista e anunciada antecipadamente, e é por isso que se diz que os tempos marcados por Deus são chegados.

7. Neste tempo não se trata de uma mudança parcial, de uma renovação limitada a uma região, a um povo, a uma raça; é um movimento universal que se opera no sentido do *progresso moral*. Uma nova ordem de coisas tende a se estabelecer, e os homens que mais se opõem a ela para ela contribuem, sem o saber. A geração futura, livre das cinzas do velho mundo e formada por elementos mais depurados, se encontrará animada por ideias e sentimentos completamente diferentes da geração presente, que se vai a passos gigantes. O velho mundo morrerá e viverá na História como atualmente vivem os tempos da Idade Média com seus costumes bárbaros e suas crenças supersticiosas.

De resto, todos sabemos que a ordem de coisas atual deixa a desejar. Após ter, de algum modo, esgotado o bem-estar material que é o produto da inteligência, chega-se a compreender que o complemento desse bem-estar só pode estar no desenvolvimento moral. Quanto mais se avança, mais se sente o que falta, sem, todavia, ser capaz de defini-lo claramente. Trata-se do efeito do trabalho íntimo que se opera pela regeneração; tem-se desejos, aspirações, que são como que o pressentimento de um estado melhor.

8. Mas uma mudança tão radical quanto essa que se elabora não pode ocorrer sem comoção: há uma luta inevitável entre as ideias. Desse conflito nascerão forçosamente perturbações temporárias, até que o terreno seja limpo e o equilíbrio restabelecido. É, portanto, da luta entre as ideias que surgirão os graves acontecimentos anunciados, e não de cataclismos ou catástrofes puramente materiais. Os cataclismos gerais eram a consequência do estado de formação da Terra; *atualmente não são as entranhas da Terra que se agitam, mas sim as da humanidade.*

9. A humanidade é um ser coletivo em que se operam as mesmas revoluções morais que se operam em cada ser individual, com a diferença de que nestes últimos elas se realizam de ano em ano, e com a humanidade de século em século. Acompanhemos a humanidade em suas evoluções através dos tempos e veremos a vida de diversas raças marcada por períodos que dão a cada época uma fisionomia particular.

Ao lado dos movimentos parciais, há um movimento geral que dá impulsão à humanidade inteira; mas o progresso de cada parte do conjunto é relativo a seu grau de adiantamento. Assim seria uma família de muitos filhos, em que o mais jovem está no berço e o mais velho com 10 anos, por exemplo. Dentro de dez anos, o mais velho terá 20 e será um homem; o caçula terá 10 e, embora mais adiantado, será ainda uma criança. Mas a seu tempo ele se tornará um homem. Assim ocorre nas diferentes partes da humanidade: as mais atrasadas avançam, mas não podem alcançar o nível das mais adiantadas de um salto.

10. A humanidade, tendo chegado à idade adulta, tem novas necessidades, aspirações maiores, mais elevadas. Ela compreende o vazio das ideias que a embalaram, a insuficiência de suas instituições para sua felicidade. Não encontra mais, nessas condições, as satisfações legítimas às quais se sente chamada. É por isso que ela abandona a infância e se lança, impelida por uma força irresistível, para litorais desconhecidos, em busca de novos horizontes menos limitados.

E é no momento em que ela se sente excessivamente limitada em sua vida material, em que a vida intelectual transborda e o sentimento da espiritualidade desabrocha, que homens que se dizem filósofos esperam preencher o vazio com as doutrinas no niilismo e do materialismo! Estranha aberração! Esses mesmos homens que pretendem impulsionar a humanidade para frente, esforçam por circunscrevê-la no círculo estreito da matéria, da qual ela aspira sair. Eles fecham-lhe o aspecto da vida infinita e lhe dizem, apontando para o túmulo: *Nec plus ultra!* ou seja, nada além disso!

11. A marcha progressiva da humanidade se opera de duas maneiras, como já dissemos: uma, gradual, lenta, imperceptível, se considerarmos as épocas próximas, que se traduz por melhorias sucessivas nos costumes, nas leis, nos usos, e que só se nota a longo termo, como as mudanças que as correntes de água fazem na superfície do Globo; a outra, por movimentos relativamente bruscos, rápidos, semelhantes aos de uma torrente que rompe os diques, transpondo em alguns anos o espaço que ela teria levado séculos para percorrer. Trata-se, assim, de um cataclismo moral que engole, em alguns instantes, as instituições do passado, sucedido por uma nova ordem que se estabelece pouco a pouco, à medida que a calma se restabelece e se torna definitiva.

Àquele que vive tempo suficiente para vivenciar as duas versões da nova fase, parecerá que um mundo novo emergiu das ruínas do antigo; os caracteres, os costumes, os usos, tudo mudou. É porque, de fato, surgiram homens novos, ou melhor, regenerados; as ideias trazidas pela geração que finda deram lugar a ideias novas na geração que surge.

É a um desses períodos de transformação, ou, se preferirem, de *crescimento moral,* que a humanidade chegou. Da adolescência ela passa à idade adulta; o passado não pode mais satisfazer as suas novas aspirações e necessidades; não pode mais ser conduzida pelos mesmos meios; não se prende mais a ilusões e prestígios: sua razão amadurecida pede alimentos mais substanciais. O presente é muito efêmero; ela sente que seu destino é mais amplo e que a vida corporal é excessivamente restrita para compreendê-lo por inteiro. É por isso que ela mergulha seus olhos no passado e no futuro, a fim de descobrir neles o mistério de sua existência e extrair daí uma segurança consoladora.

12. Quem quer que tenha meditado acerca do espiritismo e suas consequências, sem circunscrevê-lo à produção de alguns fenômenos, compreenderá que ele abre um caminho novo para a humanidade, descortinando os horizontes do infinito. Ao iniciá-la nos mistérios do mundo invisível, o espiritismo mostra-lhe seu verdadeiro papel na criação, um papel *perpetuamente ativo,* tanto no estado espiritual quanto no estado corporal. O homem não caminha mais às cegas: sabe de onde vem, para onde vai e por que está na Terra. O futuro se apresenta a ele em sua realidade, livre dos preconceitos da ignorância e da superstição. Não é mais uma vaga esperança, mas uma verdade palpável, tão certa para ele quanto a sucessão do dia e da noite. Sabe que seu ser não está limitado a alguns instantes de uma existência efêmera; que a vida espiritual não é interrompida pela morte, que já viveu, que viverá de novo, e que de tudo quanto adquiriu com perfeição, através de seu trabalho, nada se perderá. Encontra em suas existências anteriores a razão daquilo que é hoje e compreende que, *a partir do que o homem tenha feito hoje, pode concluir o que será um dia.*

13. Com a ideia de que a atividade e a cooperação individuais na obra geral da civilização estão limitadas à vida presente, não havendo nada antes dela nem depois, que importa ao homem o progresso futuro da humanidade? Que lhe importa que no futuro os povos sejam mais bem governados, mais felizes, mais esclarecidos, melhores uns para com os outros? Já que ele próprio disso não retirará nenhum fruto, esse progresso não estará perdido para ele? De que lhe serve trabalhar para aqueles que virão depois dele, se não os conhecerá jamais, se são seres novos, que pouco depois retornarão, eles também, no nada? Sob o império da negação do futuro individual, tudo se reduz forçosamente às mesquinhas proporções do momento e da personalidade.

Mas, ao contrário, que amplitude dá ao pensamento do homem a *certeza* da perpetuidade de seu ser espiritual! O que pode ser mais racional, mais grandioso, mais digno do Criador que esta lei, segundo a qual a vida espiritual e a vida corporal são apenas dois modos de existência, que se alternam para a realização do progresso! O que há de mais justo e consolador do que a ideia dos mesmos seres progredindo sem cessar, primeiramente através das gerações de um mesmo mundo e, depois, de mundo em mundo até a perfeição, *sem solução de continuidade!* Todas as ações têm, desse modo, uma finalidade, pois ao trabalhar para todos, trabalha-se para si próprio, e assim reciprocamente, de modo que o progresso individual e o progresso geral jamais são estéreis, pois servirão às individualidades e às gerações futuras, que são as mesmas individualidades e gerações passadas, que atingiram um grau mais alto de adiantamento.

14. A vida espiritual é a vida normal e eterna do espírito, sendo a encarnação apenas uma forma temporária de sua existência. Exceto pela veste exterior, há identidade entre os encarnados e desencarnados; são as mesmas individualidades sob dois aspectos diferentes, pertencendo tanto ao mundo visível quanto ao mundo invisível. Estando neste ou naquele mundo, contribuem para o mesmo objetivo, através de meios apropriados à sua situação.

Desta lei decorre a da perpetuidade das relações entre os seres; a morte em absoluto os separa, nem põe fim aos seus vínculos afetivos, nem a seus deveres recíprocos. Daí a *solidariedade* de todos por cada um, e de cada um por todos. Daí advém, também, a *fraternidade.* Os homens só viverão felizes na Terra quando esses dois sentimentos entrarem em seus corações e em seus costumes, pois então eles adequarão a eles suas leis e instituições. Esse será um dos principais resultados da transformação que se opera.

Mas como conciliar os deveres da solidariedade e da fraternidade com a crença de que a morte torna os homens, para sempre, estranhos uns aos outros? Pela lei da perpetuidade das relações, que une todos os seres, o espiritismo fundamenta esses dois princípios nas próprias leis da natureza. Faz deles não apenas um dever, mas uma necessidade. Pelo princípio da pluralidade das existências, o homem se liga ao que fez e ao que fará, aos homens do passado e do futuro. Não pode dizer que nada tem em comum com aqueles que morrem, pois uns e outros se reencontram sem cessar, neste mundo e no outro, para subirem juntos a escada do progresso, prestando-se apoio mútuo. A fraternidade não se restringe mais a alguns indivíduos que o acaso uniu ao longo da duração efêmera da vida; ela é perpétua como a vida do espírito, universal como a humanidade, que forma uma grande família, na qual todos os membros são solidários uns com os outros, *qualquer que seja a época em que tenham vivido.*

Tais são as ideias que resultam do espiritismo e que ele suscitará entre todos os homens, quando estiver universalmente divulgado, compreendido, ensinado e praticado. Com o espiritismo, a fraternidade, sinônimo da caridade pregada pelo Cristo, deixa de ser uma palavra vã, mas tem sua razão de ser. Do sentimento da fraternidade nasce o da reciprocidade e dos deveres sociais, de homem a homem, de povo a povo, de raça a raça. Desses dois sentimentos bem compreendidos sairão, forçosamente, as instituições mais proveitosas ao bem-estar de todos.

15. A fraternidade deve ser a pedra angular da nova ordem social. Mas não há fraternidade real, sólida e efetiva se ela não estiver apoiada sobre uma base inquebrantável. Essa base é a *fé;* não a fé nestes ou naqueles dogmas particulares, que mudam com o tempo e os povos, e se apedrejam mutuamente, pois, anatematizando-se, mantêm o antagonismo, mas a fé nos princípios fundamentais que todo mundo pode aceitar: Deus, a alma, o futuro, O PROGRESSO INDIVIDUAL INFINITO, A PERPETUIDADE DAS RELAÇÕES ENTRE OS SERES. Quando todos os homens se convencerem de que Deus é o mesmo para todos, que esse Deus, soberanamente justo e bom, nada pode desejar de injusto, que o mal vem dos homens e não d'Ele, passarão a olharem-se como filhos de um mesmo Pai e se estenderão as mãos mutuamente.

É essa a fé que dá o espiritismo e que será, de agora em diante, o eixo sobre o qual se moverá o gênero humano, quaisquer que sejam suas formas de adoração e suas crenças particulares, que o espiritismo respeita, mas das quais não tem que se ocupar.

Somente dessa fé pode resultar o verdadeiro progresso moral, porque apenas ela valida, pela lógica, os legítimos direitos e deveres. Sem ela, o direito é do mais forte e o dever um código humano imposto pela coerção. Sem ela, o que é o homem? Um pouco de matéria que se deteriora, um ser efêmero que apenas passa. O próprio gênio é apenas uma centelha que brilha por um instante, para se apagar para sempre. Não há nisso, com certeza, nada que possa exaltar o homem aos seus próprios olhos.

A partir de tais ideias, onde estão realmente os direitos e os deveres? Qual a finalidade do progresso? Apenas essa fé faz com que o homem sinta sua dignidade, pela perpetuação e progressão de seu ser, não num futuro mesquinho e circunscrito à personalidade, mas grandioso e esplêndido. Esse pensamento o eleva acima da Terra. Ele sente-se grande ao pensar que tem seu papel no Universo; que esse Universo é seu domínio, que ele poderá percorrer um dia, e que a morte não fará dele uma nulidade ou um ser inútil a si mesmo e aos outros.

16. O progresso realizado até hoje nas mais vastas proporções é um grande passo, e marca a primeira fase da humanidade, mas sozinho é impotente para regenerá-la. Enquanto o homem for dominado pelo orgulho e pelo egoísmo, utilizará sua inteligência e seus conhecimentos a benefício de suas paixões e de seus interesses pessoais, e é por isso que ele os aplica no aperfeiçoamento de meios de prejudicar os outros e de destruição mútua.

Somente o progresso moral pode assegurar a felicidade dos homens sobre a Terra, colocando um freio às más paixões. Apenas ele pode fazer reinar, entre os homens, a concórdia, a paz e a fraternidade.

É o progresso moral que derrubará as barreiras entre os povos, que fará cair os preconceitos de casta e calar os antagonismos das seitas, ensinando os homens a se verem como irmãos, chamados a se ajudarem uns aos outros, e não a viver às custas uns dos outros.

É ainda o progresso moral, secundado pelo progresso da inteligência, que unirá os homens numa mesma crença estabelecida sobre as verdades eternas, não sujeitas à discussão e, por isso mesmo, aceitas por todos.

A unidade de crença será o mais poderoso laço, o mais sólido fundamento da fraternidade universal, rompido em todas as épocas pelos antagonismos religiosos que dividem os povos e as famílias, que fazem ver no próximo um inimigo do qual é preciso fugir, o qual é preciso combater e exterminar, ao invés de um irmão que se deve amar.

17. Um tal estado de coisas supõe uma mudança radical no sentimento das massas, um progresso geral que só se poderia realizar saindo do círculo das ideias estreitas do terra a terra, que fomentam o egoísmo. Em diversas épocas, homens capacitados tentaram impulsionar a humanidade nesse caminho; mas a humanidade, ainda muito jovem, permaneceu surda e seus ensinamentos foram como a boa semente que caiu sobre a pedra.

Atualmente, a humanidade está madura para elevar seus olhos mais alto do que nunca, para assimilar ideias mais amplas e compreender o que não havia compreendido.

A geração que parte levará com ela seus preconceitos e erros; a geração que desponta, banhada em uma fonte mais pura, imbuída de ideias mais sadias, imprimirá no mundo o movimento ascensional no sentido do progresso moral, que deve marcar a nova fase da humanidade.

18. Essa fase já se revela através de sinais inequívocos, por tentativas de reformas úteis, por ideias grandes e generosas que estão surgindo e que começam a repercutir. É assim que se vê uma multidão de instituições protetoras, civilizadoras e emancipadoras serem fundadas sob o impulso e pela iniciativa de homens evidentemente predestinados à obra da regeneração. Vemos que as leis penais se impregnam, a cada dia, de um sentimento mais humano. Os preconceitos de raça enfraquecem, os povos começam a se olhar como membros de uma grande família. Pela uniformidade e facilidade dos meios de transações comerciais, suprimem as barreiras que os separavam; de todas as partes do mundo, reúnem-se em comícios universais, para os torneios pacíficos da inteligência.

Mas falta a essas reformas uma base para se desenvolverem, completarem e consolidarem, uma predisposição moral mais geral para frutificarem e se fazerem aceitas pelas massas. Esse é um sinal característico da época, o prelúdio do que se realizará em mais larga escala, à medida que o terreno se tornar mais propício.

19. Um sinal não menos característico do período no qual adentramos é a reação evidente que ocorre no sentido das ideias espiritualistas; uma repulsa instintiva se manifesta contra as ideias materialistas. O espírito de incredulidade que se havia apoderado das massas, ignorantes ou esclarecidas, e as havia feito rejeitar, com a forma, o próprio fundo de toda crença, parece ter sido um sono, em cujo despertar se experimenta a necessidade de respirar um ar mais vivificante. Involuntariamente, busca-se algo onde antes havia o vazio, um ponto de apoio, uma esperança.

20. Nesse grande movimento regenerador, o espiritismo tem um papel considerável, não o espiritismo ridículo, inventado por uma crítica escarnecedora, mas o espiritismo filosófico, tal como o compreende aquele que se dá ao trabalho de buscar a amêndoa sob a casca. Pelas provas que oferece das verdades fundamentais, preenche o vazio que a incredulidade deixou nas ideias e crenças. Pela certeza que dá de um futuro conforme com a justiça de Deus, e que a razão mais severa pode admitir, ameniza as amarguras da vida e previne os funestos efeitos do desespero.

Dando a conhecer novas leis da natureza, o espiritismo dá a chave de fenômenos incompreendidos e de problemas insolúveis até o momento presente, e elimina, ao mesmo tempo, a incredulidade e a superstição. Para ele não há nem o sobrenatural, nem o maravilhoso. Tudo acontece no mundo em virtude de leis imutáveis.

Longe de substituir um exclusivismo por outro, o espiritismo se coloca como campeão absoluto da liberdade de consciência. Combate o fanatismo sob todas as formas, cortando-o pela raiz ao proclamar a salvação para todos os homens de bem, e a possibilidade, para os mais imperfeitos, de chegar, por seus esforços, pela expiação e pela reparação, à perfeição que é a única que conduz à suprema felicidade. Em vez de desencorajar o fraco, encoraja-o, mostrando-lhe o porto que pode alcançar.

Ele não diz: *Fora do espiritismo* não há salvação, mas com o Cristo proclama: *Fora da caridade não há salvação*, princípio de união e tolerância, que unirá os homens num sentimento comum de fraternidade, em lugar de separá-los em seitas inimigas.

Por este outro princípio: *Fé inabalável é aquela que pode encarar a razão face a face em todas as épocas da humanidade,* o espiritismo destrói o império da fé cega, que aniquila a razão, da obediência passiva, que embrutece. Emancipa a inteligência do homem e eleva sua moral.

Consequente consigo mesmo, não se impõe. Diz o que é, o que quer, o que oferece e aguarda que se venha até ele livremente, voluntariamente; quer ser aceito pela razão e não pela força. Respeita todas as crenças sinceras e combate apenas a incredulidade, o egoísmo, o orgulho e a hipocrisia, que são as chagas da sociedade e os mais sérios obstáculos ao progresso moral. Mas não lança o anátema a ninguém, nem mesmo aos seus inimigos, porque está convencido de que o caminho do bem está aberto aos mais imperfeitos, que cedo ou tarde nele entrarão.

21. Caso se suponha a maioria dos homens imbuídos desses sentimentos, pode-se facilmente imaginar as modificações que estes trarão às relações sociais: caridade, fraternidade, benevolência para com todos, tolerância com todas as crenças, tal será sua divisa. É a meta à qual a humanidade evidentemente tende, objeto de suas aspirações, de seus desejos, sem dar-se bem conta de como realizá-los. Ela ensaia, tateia, mas é detida por resistências ativas ou pela força da inércia dos preconceitos, das crenças estacionárias e refratárias ao progresso. Essas resistências é que precisam ser vencidas, e essa será a obra da nova geração. Quem acompanha o curso atual das coisas, reconhece que tudo parece predestinado a lhe abrir caminho. Essa geração terá a seu favor a dupla força da quantidade e das ideias, além da experiência do passado.

22. A nova geração caminhará, assim, para a realização de todas as ideias humanitárias compatíveis com o grau de adiantamento que tiver alcançado. Uma vez que o espiritismo caminha para o mesmo alvo e realiza seus objetivos, irá se encontrar com ela no mesmo terreno. Os homens favoráveis ao progresso encontrarão nas ideias espíritas uma poderosa alavanca, e o espiritismo encontrará nos homens novos espíritos dispostos a acolhê-lo. Nessas circunstâncias, o que poderão fazer aqueles que quiserem se colocar em seu caminho?

23. Não é o espiritismo que cria a renovação social; é a maturidade da humanidade que faz dessa renovação uma necessidade. Por seu poder moralizador, por suas tendências progressivas, pela amplidão de sua visão, pela generalidade das questões que abraça, o espiritismo está, mais do que qualquer outra doutrina, apto a secundar o movimento regenerador, e é por isso que lhe é contemporâneo. Chegou no momento em que podia ser útil, visto que para ele também os tempos são chegados. No início, encontrou obstáculos insuperáveis e teria inevitavelmente sucumbido, por que os homens, satisfeitos com o que tinham, não experimentavam ainda a necessidade daquilo que ele traz. Atualmente, nascido com o movimento das ideias que fermentam, o espiritismo encontra o terreno preparado para recebê-lo. As almas, cansadas da dúvida e da incerteza, assustadas com o abismo que se abre diante de si, acolhem-no como uma âncora de salvação e suprema consolação.

24. Dizer que a humanidade se encontra madura para a regeneração não implica que todos os indivíduos o estejam na mesma medida, mas muitos têm, por intuição, o germe das ideias novas que as circunstâncias farão desabrochar. Então, eles se mostrarão mais avançados do que se supunha, e seguirão com vontade o impulso da maioria.

Há, contudo, aqueles que são profundamente refratários, mesmo entre os mais inteligentes, e que, certamente, não aderirão jamais, pelo menos nesta existência: uns, de boa-fé, pela convicção; outros, por interesse. Aqueles cujos interesses materiais ligam-se à atual conjuntura, e que não são bastante avançados para abrir mão deles, a quem o bem geral importa menos do que o seu próprio bem, só podem ver com apreensão o menor movimento reformador. A verdade é para eles uma questão secundária ou, para dizer melhor, *a verdade, para algumas pessoas, está inteiramente no que não lhes causa transtorno algum;* todas as ideias progressistas são, aos seus olhos, subversivas, e é por isso que nutrem para com elas um ódio implacável e lhe fazem uma guerra ferrenha. São inteligentes demais para não verem no espiritismo um auxiliar das ideias progressistas e os elementos da transformação que temem, e por não se sentirem à sua altura, esforçam-se para abatê-lo. Se o julgassem sem valor e sem importância, não se preocupariam com ele. Já o dissemos anteriormente: *"Quanto maior é uma ideia, mais adversários encontra, e pode-se avaliar sua importância pela violência dos ataques de que é objeto."*

25. O número de retardatários ainda é grande, sem dúvida, mas o que podem eles contra a onda que se ergue senão lançar algumas pedras contra ela? Essa onda é a geração que surge, ao passo que eles desaparecem com a geração que parte a cada dia, rapidamente. Até lá, contudo, eles defenderão cada passo de seu terreno. Há então uma luta inevitável, mas desigual, pois é a luta do passado decrépito, que cai em pedaços, contra o futuro jovem; da estagnação contra o progresso; da criatura contra a vontade de Deus, porque os tempos assinalados por Ele são chegados.

A NOVA GERAÇÃO

26. Para que os homens sejam felizes na Terra é preciso que ela seja povoada apenas por bons espíritos, tanto encarnados quanto desencarnados, que só queiram o bem. Tendo chegado esse tempo, uma grande emigração se realiza neste momento entre aqueles que habitam nosso planeta. Aqueles que fazem o mal pelo mal, e que *não são tocados* pelo sentimento do bem, não sendo mais dignos da Terra transformada, dela serão excluídos, porque lhe trariam, novamente, a perturbação e a confusão e seriam um obstáculo ao progresso. Irão expiar seu endurecimento, uns em mundos inferiores, outros junto a raças terrestres atrasadas, que serão o equivalente dos mundos inferiores, para onde levarão seus conhecimentos adquiridos e que terão por missão fazer progredir. Serão substituídos por espíritos melhores, que farão reinar entre si a justiça, a paz e a fraternidade.

A Terra, no dizer dos espíritos, não deverá ser transformada por um cataclismo, que aniquilaria subitamente uma geração. A geração atual desaparecerá gradualmente, e a nova a sucederá do mesmo modo, sem que nada seja mudado na ordem natural das coisas.

Assim sendo, tudo acontecerá exteriormente como de costume, com uma única diferença, que é capital, porque uma parte dos espíritos que aí encarnavam não encarnarão mais. Em uma criança que nasce, em lugar de um espírito atrasado e dado ao mal, quem encarnará será um espírito mais avançado e *inclinado ao bem*.

Trata-se, então, bem menos de uma nova geração corporal que de uma nova geração de espíritos. Desse modo, aqueles que esperavam ver a transformação acontecer através de efeitos sobrenaturais e maravilhosos ficarão desapontados.

27. A época atual é de transição. Os elementos das duas gerações se confundem. Colocados no ponto intermediário, assistimos à partida de uma e à chegada da outra, e cada uma delas já se distingue no mundo por características que lhe são próprias.

As duas gerações que se sucedem têm ideias opostas. Pela natureza das disposições morais, mas sobretudo das disposições *intuitivas e inatas*, é fácil distinguir a qual das duas pertence cada indivíduo.

Devendo fundar a era do progresso moral, a nova geração se distingue por uma inteligência e uma razão geralmente precoces, unidas ao sentimento *inato* do bem e das crenças espiritualistas, o que constitui o sinal indubitável de um certo grau de adiantamento *anterior*. Não será composta exclusivamente por espíritos eminentemente superiores, mas daqueles que, já tendo progredido, estão predispostos a assimilar todas as ideias progressistas e aptos a secundar o movimento regenerador.

O que distingue, ao contrário, os espíritos atrasados, é primeiramente a revolta contra Deus, pela recusa em reconhecer algum poder superior à humanidade; e além disso a inclinação instintiva às paixões degradantes, aos sentimentos pouco fraternais de egoísmo, orgulho e de apego a tudo que é material.

É desses vícios que a Terra deve ser purgada, pelo afastamento daqueles que se recusam a emendar-se, porque são incompatíveis com o reino da fraternidade e porque os homens de bem sofrerão sempre com seu contato. Quando a Terra estiver livre deles, os homens caminharão sem obstáculos em direção ao futuro melhor que lhes está reservado aqui embaixo, como prêmio por seus esforços e sua perseverança, aguardando que uma depuração ainda mais completa lhes abra a porta dos mundos superiores.

28. Não se deve entender por essa emigração dos espíritos que todos os espíritos retardatários serão expulsos da Terra e relegados a mundos inferiores. Pelo contrário, muitos a ela voltarão por terem cedido à influência das circunstâncias e do mau exemplo; a aparência deles era pior do que o fundo. Uma vez livres da influência da matéria e dos preconceitos do mundo corporal, a maioria verá as coisas de maneira muito diferente do que quando vivia, o que nos é confirmado por numerosos exemplos. Nisso são ajudados pelos espíritos benfeitores que se interessam por eles e que se apressam a esclarecê-los e mostrar-lhes o caminho equivocado que seguiram. Através de nossas preces e exortações, nós próprios podemos contribuir para sua melhora, porque há solidariedade perpétua entre mortos e vivos.

A maneira como se opera a transformação é muito simples e, como se vê, é toda moral e em nada se afasta das leis da natureza.

29. Sejam os espíritos da nova geração novos espíritos melhores ou espíritos antigos melhorados, o resultado é o mesmo. Desde o instante em que apresentam melhores disposições, é sempre uma renovação. Os espíritos encarnados formam, desse modo, duas categorias, segundo suas disposições naturais: de um lado, os espíritos retardatários que partem; de outro, os espíritos progressistas que chegam. Quer se trate de um povo, de uma raça, ou do mundo inteiro, a situação dos costumes e da sociedade será preponderantemente aquela da categoria que prevalece sobre a outra.

Para simplificar a questão, suponhamos um povo, num grau qualquer de adiantamento e composto por vinte milhões de almas, por exemplo. A renovação dos espíritos acontecendo de acordo com as extinções, isoladas ou em massa, haverá necessariamente um momento em que a geração de espíritos retardatários será mais numerosa do que a de espíritos progressistas, que seriam raros representantes sem influência e cujos esforços para fazer com que o bem e as ideias progressistas predominem ficariam paralisados. Ora, uns partindo e outros chegando, depois de um determinado tempo, as duas forças se equilibram e sua influência se contrabalança. Mais tarde, os novos chegados tornam-se maioria e sua influência torna-se preponderante, embora ainda entravada pela dos primeiros. Estes continuando a diminuir, enquanto os outros se multiplicam, acabarão por desaparecer. Haverá, então, um momento em que a influência da nova geração será exclusiva. Mas isso não pode ser compreendido se não se admitir a vida espiritual independente da vida material.

30. Assistimos a essa transformação, ao conflito que resulta da luta das ideias contrárias que buscam ser implantadas. Umas marcham com a bandeira do passado e as outras com a do futuro. Examinando-se o estado atual do mundo, se reconhecerá que, considerada no todo, a humanidade está ainda longe do ponto intermediário, em que as forças se equilibram; que os povos, considerados isoladamente, estão a uma grande distância, uns dos outros, nessa escala; que alguns podem ter chegado a esse ponto, mas que nenhum ainda o ultrapassou. De resto, a distância que os separa dos pontos extremos está longe de ter a mesma duração, e uma vez transposto o limite, a nova estrada será percorrida com uma velocidade tanto maior quanto a quantidade de circunstâncias ajudarem a superar os obstáculos.

Assim se realiza a transformação da humanidade. Sem a emigração, ou seja, sem a partida dos espíritos retardatários que não devem mais voltar, ou que só devem voltar depois de se terem melhorado, a humanidade não permaneceria por isso indefinidamente estacionária, porque os espíritos mais atrasados progridem, por sua vez; mas seriam necessários séculos ou, talvez, milhares de anos para alcançar o resultado que bastará meio século para realizar.

31. Uma comparação comum ajudará a entender melhor ainda o que se passa nesta circunstância. Imaginemos um regimento formado em grande maioria por homens turbulentos e indisciplinados, que trarão, sem cessar, uma desordem que a severidade da lei penal terá, com frequência, dificuldade para reprimir. Esses homens são os mais fortes, porque são mais numerosos. Apoiam-se, encorajam-se e estimulam-se pelo exemplo. Alguns homens bons não têm influência sobre eles. Seus conselhos são desprezados: são escarnecidos e maltratados pelos outros e sofrem com esse contato. Não é essa a imagem da sociedade atual?

Suponhamos que se retire esses homens do regimento um a um, às dezenas, às centenas, e que eles sejam substituídos pouco a pouco por um número igual de bons soldados, mesmo por aqueles que foram expulsos, mas que se emendaram seriamente: ao fim de algum tempo, ter-se-á o mesmo regimento, porém, transformado. A boa ordem sucederá à desordem. Assim acontecerá com a humanidade regenerada.

32. As grandes emigrações coletivas não têm como única finalidade promover as saídas, mas transformar mais rapidamente o espírito da massa, livrando-a das más influências, e dar maior ascendência às ideias novas.

É pelo fato de muitos, apesar de suas imperfeições, estarem maduros para essa transformação, que muitos partem, para se revitalizar numa fonte mais pura. Enquanto permanecessem no mesmo meio e sob as mesmas influências, teriam persistido em suas opiniões e em sua maneira de ver as coisas. Uma temporada no mundo dos espíritos basta para lhes abrir os olhos, porque lá eles veem o que não podiam ver na Terra. O incrédulo, o fanático, o absolutista, poderão então voltar com ideias *inatas* de fé, tolerância e liberdade. Ao voltarem, encontrarão as coisas mudadas, e receberão a influência do novo ambiente em que nascerem. Em vez de fazerem oposição às novas ideias, serão seus auxiliares.

33. A regeneração da humanidade não tem, absolutamente, necessidade da renovação integral dos espíritos: basta uma modificação em suas disposições morais. Essa modificação se dá com todos aqueles que a ela estão predispostos, quando são subtraídos à influência perniciosa do mundo. Portanto, aqueles que voltam não são sempre outros espíritos, mas, não raro, são os mesmos espíritos, pensando e sentindo de modo diferente.

Quando essa melhoria é isolada e individual, passa despercebida, e não tem influência ostensiva sobre o mundo. O efeito é completamente outro quando ela se opera simultaneamente sobre as grandes massas, pois então, segundo as proporções, as ideias de um povo ou de uma raça podem ser profundamente modificadas em uma geração.

É o que se nota, quase sempre, após os grandes abalos que dizimam populações. Os flagelos destruidores aniquilam apenas o corpo, mas não atingem o espírito. Ativam o movimento de ida e volta entre o mundo corporal e o mundo espiritual e, consequentemente, o movimento progressivo dos espíritos encarnados e desencarnados. É de se notar, que em todas as épocas da História, as grandes crises sociais foram seguidas por uma era de progresso.

34. É um dos movimentos gerais que se opera neste momento, e que deve levar à reorganização da humanidade. A multiplicidade das causas de destruição é um sinal característico dos tempos, pois elas aceleram a eclosão de novos germes. São as folhas de outono que caem, e que serão sucedidas por folhas novas cheias de vida, pois a humanidade tem suas estações, como os indivíduos têm suas idades. As folhas mortas da humanidade caem levadas pelas rajadas de vento, porém, para renascerem mais vivazes, sob o mesmo sopro da vida, que não se extingue, mas se purifica.

35. Para o materialista, os flagelos são calamidades sem compensação, sem resultados úteis, pois, segundo ele, eles *aniquilam os seres para sempre*. Mas para aquele que sabe que a morte destrói apenas o invólucro, os flagelos não têm as mesmas consequências e não lhe causam o menor temor. Ele compreende o objetivo dos mesmos e sabe também que os homens não perdem mais em morrerem juntos do que isoladamente, visto que, de uma maneira ou de outra, é preciso sempre chegar a isso.

Os incrédulos rirão dessas coisas e as tratarão como quimeras. Mas, digam o que disserem, não escaparão à lei geral. Na hora certa morrerão como os outros, e então, o que será deles? Eles dizem: nada. Mas viverão, a despeito de si mesmos, e serão forçados, um dia, a abrir os olhos.

FIM

Apêndice da Editora EME

Allan Kardec

Denizard Hippolyte Léon Rivail

O CODIFICADOR

ALLAN KARDEC NASCEU em Lyon, França, em 3 de outubro de 1804; seus primeiros estudos foram realizados em sua terra natal. Dali, mudou-se para Yverdun, Suíça, onde realizaria estudos orientados pelo renomado educador Henri Pestalozzi, a quem viria substituir nas atividades letivas, posteriormente.

Aos 20 anos de idade, voltou à França, mais precisamente a Paris, onde traria a público sua primeira obra, um curso de aritmética para crianças, segundo Pestalozzi. Começou a lecionar em 1834, com exatos 30 anos, em Paris, e publicou mais de uma obra didática, vindo a tornar-se membro da Real Academia de Ciências Naturais. Essa marcante fase de sua formação tem muita influência sobre a obra religiosa de Kardec. Seus textos exalam uma clareza didática gerada pela atividade letiva e pelo aprofundamento nas questões da educação. A divulgação da doutrina espírita deve muito a essa limpidez retórica de seu codificador, que a capacitou a espalhar-se e penetrar as múltiplas camadas sociais.

Os primeiros contatos de Kardec com os fenômenos espirituais datam de 1852, devido à efervescente curiosidade social levantada por tais ocorrências nos Estados Unidos, Reino Unido e Alemanha. Depois iria testemunhar, através de amigos, os

Imagem em que se vê o prédio de quatro andares na Rua dos Mártires, nº 8 (fundos), em Paris; no segundo andar viveu o codificador. Neste apartamento manifestou-se, pela primeira vez, o Espírito de Verdade.

fenômenos conhecidos como as "mesas girantes", os quais despertariam o seu interesse e desconfiança.

Em 1854, participa de reuniões semanais realizadas na casa do Sr. Baudin, a convite deste. As médiuns eram as irmãs Caroline e Julie Baudin – os espíritos escreviam numa lousa sob a imposição dos dedos das meninas na borda de uma pequena cesta, que continha um lápis especialmente preso num dos cantos. As respostas, dadas com uma rapidez espantosa, eram redigidas no idioma em que a pergunta havia sido feita, e até as perguntas mentais eram respondidas. O pedagogo então compreendeu que deveria haver uma inteligência estranha produzindo aqueles fenômenos. Através da escrita mediúnica assim iniciada, aliada ao método científico empregado por Kardec na formulação e direcionamento das perguntas, nasceria uma duradoura e frutífera comunicação com o mundo espiritual; deste contato nasceriam as mais significativas obras do codificador: *O Livro dos Espíritos*, 1857; *O que é o Espiritismo*, 1859; *O Livro dos Médiuns*, 1861; *O Evangelho segundo o Espiritismo*, 1864; *O Céu e o Inferno*, 1865; *A Gênese*, 1868.

Em janeiro de 1858 surge o primeiro número da *Revista Espírita*, periódico que viria a se tornar um apoio fundamental às obras da Codificação. Kardec, incansável, manteria a publicação dessa revista até sua morte, redigindo a quase totalidade dos textos.

Leia todas as obras básicas

Tradução exclusiva da Editora EME

Não encontrando os livros da **EME** na livraria de sua preferência,
solicite o endereço de nosso distribuidor mais próximo de você através de
Fones: (19) 3491-7000 / 3491-5449
(claro) 9 9317-2800 (vivo) 9 9983-2575
E-mail: vendas@editoraeme.com.br – Site: www.editoraeme.com.br

OBRAS BÁSICAS

Amai-vos, eis o primeiro ensinamento. Instruí-vos, eis o segundo. Todas as verdades são encontradas no cristianismo; os erros que nele criaram raízes são de origem humana. E eis que, além-túmulo, em que acreditáveis o nada, vozes vêm clamar-vos: Irmãos! Nada perece. Jesus Cristo é o vencedor do mal; sede os vencedores da impiedade!

Espírito de Verdade
O Evangelho segundo o Espiritismo

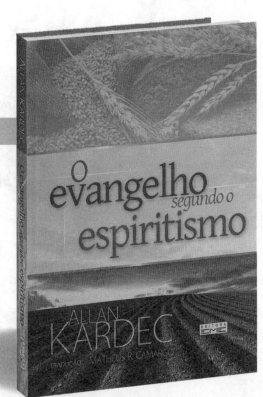

15,5x21,5 cm • 296 pp.

Tradução:
Matheus Rodrigues de Camargo

OBRAS BÁSICAS

Com tradução da professora Cristina Florez, *O Céu e o Inferno* de Allan Kardec elucida sobre a vida após a morte, demonstrando a imortalidade do espírito e sua condição no mundo espiritual, como consequência de seus próprios atos.

Trecho da obra:
O homem, em qualquer grau da escala evolutiva a que pertença, desde o estado de selvageria, possui o sentimento inato do futuro. Sua intuição lhe diz que a morte não é a última palavra da existência e que aqueles que pranteamos não estão perdidos para sempre.

Capítulo II, A preocupação com a morte

15,5x21,5 cm • 304 pp.

Nossa edição de *O Livro dos Médiuns* tem tradução exclusiva do beletrista Matheus Rodrigues de Camargo respeitando o original e a objetividade dos textos de Allan Kardec

Trecho da obra:
Que importa crer na existência dos espíritos, se essa crença não nos tornar melhores, mais bondosos e mais indulgentes para os nossos semelhantes, mais humildes e mais pacientes na adversidade?

Capítulo XXIX, item 350

15,5x21,5 cm • 320 pp.

Prece

De Cáritas

Deus, nosso Pai, que sois todo Poder e Bondade, dai a força àqueles que passam pela provação, dai a luz àquele que procura a verdade, ponde no coração do homem a compaixão e a caridade.

Deus! Dai ao viajor a estrela-guia, ao aflito a consolação, ao doente o repouso.

Pai! Dai ao culpado o arrependimento, ao Espírito a verdade, à criança o guia, ao órfão o pai.

Senhor! Que vossa bondade se estenda sobre tudo que criastes.

Piedade, Senhor, para aqueles que vos não conhecem, esperança para aqueles que sofrem.

Que a vossa bondade permita aos Espíritos consoladores derramarem por toda parte a paz, a esperança e a fé.

Deus! Um raio, uma faísca do vosso amor pode abrasar a Terra; deixai-nos beber nas fontes dessa bondade fecunda e infinita, e todas as lágrimas secarão, todas as dores se acalmarão.

Um só coração, um só pensamento subirá até vós, como um grito de reconhecimento e de amor.

Como Moisés sobre a montanha, nós vos esperamos com os braços abertos, oh! Bondade, oh! Poder, oh! Beleza, oh! Perfeição, e queremos de alguma sorte merecer a vossa misericórdia.

Deus! dai-nos a força de ajudar o progresso a fim de subirmos até vós; dai-nos a caridade pura, dai-nos a fé e a razão; dai-nos a simplicidade que fará das nossas almas o espelho onde se refletirá a Vossa Imagem.

Cáritas

(Oração recebida na noite de Natal, 25/12/1873, pela médium Madame W. Krell, num círculo espírita denominado "Grupo Comera" de Bordeaux, França)